Nicolaus Cusanus: Der Laie über den Geist / Idiota de mente

Klassiker Auslegen

Herausgegeben von
Otfried Höffe

Band 73

Nicolaus Cusanus: Der Laie über den Geist / Idiota de mente

Herausgegeben von
Isabelle Mandrella

DE GRUYTER

ISBN 978-3-11-072872-9
e-ISBN (PDF) 978-3-11-072887-3
e-ISBN (EPUB) 978-3-11-072891-0
ISSN 2192-4554

Library of Congress Control Number: 2021937516

Bibliografische Information der Deutschen Nationalbibliothek
Die Deutsche Nationalbibliothek verzeichnet diese Publikation in der Deutschen Nationalbibliografie; detaillierte bibliografische Daten sind im Internet über http://dnb.dnb.de abrufbar.

© 2021 Walter de Gruyter GmbH, Berlin/Boston
Umschlagabbildung: Nikolaus von Kues. Zeitgenössisches Stifterbild vom Hochaltar der Kapelle des St.-Nikolaus-Hospitals, Bernkastel-Kues.
© Heritage Images / Fine Art Images / akg-images
Druck und Bindung: CPI books GmbH, Leck

www.degruyter.com

Inhalt

Isabelle Mandrella
1   **Einleitung** —— 1

Norbert Winkler
2   **Der antigelehrt philosophierende Laie (*De mente* c. 1)** —— 11

Christian Kny
3   **Der menschliche Geist zwischen Assimilation und Kreativität (*De mente* c. 2, n. 58–64 und n. 68)** —— 29

Markus L. Führer
4   **The mind and the levels of cognition (*De mente* c. 2, n. 64–68)** —— 47

Arne Moritz
5   **Der Geist als Bild göttlicher Einfaltung (*De mente* c. 3 und 4)** —— 63

Harald Schwaetzer
6   **Der Geist als lebendige Substanz (*De mente* c. 5)** —— 85

Gregor Nickel
7   **Geist und Zahl (*De mente* c. 6)** —— 107

Stephan Grotz
8   **Der Geist als angleichende Kraft (*De mente* c. 7 und 8)** —— 131

M. Cecilia Rusconi
9   **Der Geist als Punkt und Maß (*De mente* c. 9)** —— 147

Thomas Leinkauf
10   **Geist und (göttliche) Dreieinigkeit (*De mente* c. 11)** —— 159

Isabelle Mandrella
11   **Geist und Wille (*De mente* c. 13)** —— 177

Martin Thurner
12   **Geist und Unsterblichkeit (*De mente* c. 15)** —— 193

Auswahlbibliographie —— 215

Hinweise zu den Autoren —— 221

Personenregister —— 225

Sachregister —— 229

Isabelle Mandrella
1 Einleitung

Nikolaus von Kues, latinisiert Nicolaus Cusanus, geboren 1401 in Kues an der Mosel, gestorben am 11. August 1464 in Todi in Italien, gehört zu den großen Denkern des ausgehenden Mittelalters. Als Philosoph und Theologe, obwohl nie an einer Universität tätig, hat er ein breites und originelles Werk hinterlassen, das schon zu seinen Lebzeiten große Beachtung fand und dessen Wirkungsgeschichte bis in die Neuzeit hinein verfolgt werden kann (zur Einführung in sein Denken vgl. Jacobi [Hg.] 1979, Leinkauf 2006, Flasch 2007).

Im Jahre 1450, auf dem Höhepunkt seines Schaffens, verfasst Cusanus seine Idiota-Schriften: *Der Laie über die Weisheit* (*Idiota de sapientia*), *Der Laie über den Geist* (*Idiota de mente*) und *Der Laie über Versuche mit der Waage* (*Idiota de staticis experimentis*). Im Mittelpunkt der Schriften steht die Figur des Laien (*idiota*), der – in *De mente* in Gestalt eines Löffelschnitzers, der von seiner Hände Arbeit lebt – den armen, einfachen Ungebildeten und damit den Gegenpol zum universitär oder schulisch ausgebildeten Gelehrten repräsentiert. Trotz der auf den ersten Blick anzunehmenden denkerischen Überlegenheit des Universitätsgelehrten bzw. akademisch Gebildeten, die in den *Idiota*-Schriften in Gestalt eines Philosophen bzw. eines Redners auftreten, zeigt die Lektüre der Schrift sehr rasch, dass der Laie deren Gelehrtheit bei weitem übertrifft. Seine Vorzüge bestehen darin, wahres, nämlich weisheitlich-intellektuelles Wissen erlangt zu haben, statt wie der Philosoph oder der Redner die Höchstform des Wissens darin zu erblicken, möglichst viel Einzelwissen aufzuhäufen. Ein solches Verständnis von Wissen, das sich in Einzelproblemen verliert, statt den Blick auf das Ganze zu eröffnen, verschließt sich nicht nur der Weisheit, sondern steht ihr sogar im Weg, sofern man es als die einzig legitime Form des Wissens versteht. Der Laie macht hingegen deutlich, dass vollkommenes Wissen nur durch die Weisheit als die rechte Erkenntnishaltung gewonnen werden kann. Statt auf Bücherwissen und Autoritäten setzt er – in aller Bescheidenheit – auf das eigene Philosophieren, das immer wieder neu nach der Wahrheit fragt.

Über die Herkunftsgeschichte der Figur des Laien (in der doppelten Bedeutung des Ungebildeten und des Nicht-Klerikers) ist in der Forschung viel vermutet worden; vollständig rekonstruierbar ist sie nicht. Unbestritten hingegen ist, dass der Laie die cusanische Philosophie in besonderem Maße verkörpert. Fundamentale anthropologische, erkenntnistheoretische und metaphysische Bestimmungen des Cusanus finden sich hier in einer Gestalt vereint. Zu nennen wäre zunächst das Programm der *docta ignorantia*, jener belehrten Unwissenheit, deren Ziel gerade nicht darin besteht, detailliertes Einzelwissen über die Dinge zu erlangen, die der Mensch doch nie in ihrer absoluten Präzision zu erfassen vermag, sondern eben aus der Bewusstseinshaltung heraus, dass menschliches Erkennen immer nur mutmaßend und annähernd sein kann, das rechte kritische Verhältnis zu den eigenen Erkenntnispotentialen einzunehmen. Das Ergebnis dieses Reflexionsprozesses ist die im sokratisch inspirierten „Ich weiß, dass ich nichts weiß" zum Ausdruck kommende Einsicht, dass das Wissen um die eigene Unwissenheit belehrend wirkt. An der Figur des Laien macht Cusanus nämlich deutlich, dass diese belehrte Unwissenheit keineswegs in einen erkenntnistheoretischen Skeptizismus führt, der die Möglichkeit sicheren Wissens von vornherein für nicht erreichbar und infolgedessen die menschlichen Erkenntnisbemühungen für überflüssig hält, sondern dass darin das unendliche und dynamische Potential des Menschen zum Ausdruck kommt, sich unermüdlich an die Wahrheit annähern zu können.

Im Hintergrund steht dabei zweitens die Gegenüberstellung rationalen und intellektuellen Wissens, die auf den menschlichen Erkenntnisvermögen *ratio* und *intellectus* (bzw. hier: *mens*) basiert. Die Vorstellung, dass der Mensch – in Abgrenzung von der rein sinnlichen Wahrnehmung – einerseits einen rational-diskursiven und andererseits einen intellektuell-intuitiven Zugang zu den Gegenständen seiner Erkenntnis hat, gehört bereits zu den klassischen Vorstellungen der antiken Philosophie (dort terminologisch in der Unterscheidung von *dianoia* und *nous* bestimmt). Die *ratio* repräsentiert das Vermögen, das diskursiv und syllogistisch vorgeht, das – gebunden an das Widerspruchsprinzip und die Regeln der Logik – Widersprüche aufzeigt, schlussfolgert, forscht und sucht, und so sukzessive Erkenntnisgewinn ermöglicht. Der Intellekt oder Geist hingegen ist das Erkenntnisvermögen, das höchste Gewissheit bietet und dabei nicht mehr an die Sinneserkenntnis gebunden ist, sondern vielmehr – wie Cusanus in *De mente* zeigen wird: nicht essentiell, aber begrifflich – alle seine Inhalte in sich trägt. Er ist in der Lage, zur Koinzidenz der Gegensätze (*coincidentia oppositorum*) zu gelangen und in ihr den einen absoluten Ursprung all dessen, was ist, zu erkennen. Deshalb ist er weisheitsfähig und repräsentiert folglich das Vermögen, in dem die *docta ignorantia* ihren Ort hat. Als das höchste Erkenntnisvermögen des Menschen ist es der Geist, in dem sich die Gottähnlichkeit des Menschen zum Ausdruck bringt.

Im Laien verkörpert findet sich deshalb drittens auch die cusanische Vorstellung, der Mensch sei aufgrund seiner gottähnlichen kreativen Intellektualität ein zweiter Gott (*secundus Deus*; vgl. hierzu *De beryllo* n. 7). Denn das Schnitzen eines Löffels oder das Experimentieren mit der Waage, mit denen sich der Laie beschäftigt, sind nicht Resultat der statisch-unproduktiven Nachahmung der Natur, sondern der dynamisch-geistigen Kreativität des Künstlers und Wissenschaftlers. Über das Erschaffen von Kunstprodukten oder das Messen und Wiegen hinaus manifestiert sich diese Kreativität in erkenntnistheoretischer Hinsicht auch im begrifflichen Erkennen. So symbolisiert die der geistbedingten Kreativität entsprungene Tätigkeit des Laien wirkliche Gottähnlichkeit und der Laie erweist sich als das wahre lebendige Abbild (*viva imago*) Gottes.

Wie bereits erwähnt, zählt *Idiota de mente* zu den so genannten *Idiota*-Dialogen. Deren erster Teil, die Schrift *Idiota de sapientia*, kreist um die ewige göttliche Weisheit, zu der sich der Mensch stets hingezogen fühlt, da sie eine „köstliche Wissenschaft" ist – so die etymologische Erklärung von *sapientia* als *sapida scientia*. Der tiefere systematische Grund dafür liegt darin, dass der menschliche Geist als Abbild nach seinem Urbild strebt und erst dort zur Ruhe zu kommen vermag. Der menschliche Geist stößt also bei der ihm eigentümlichen intellektuellen Tätigkeit auf ein absolutes und höchstes Prinzip, das alles Wissen und Erkennen begründet und ermöglicht: die (göttliche) Weisheit. Sie hat jedoch nicht nur epistemologische Priorität, sondern auch ontologische, sofern sie als das eine, absolute Urbild alle Verschiedenheit und Vielheit in sich einfaltet.

Auch im abschließenden *Idiota de staticis experimentis* ist die intellektuelle Tätigkeit des Geistwesens Mensch als lebendiges Abbild Gottes die Ausgangsbasis. Zählen, Messen und Wiegen gehören zu diesen Tätigkeiten. Cusanus veranschaulicht sie am Beispiel der Waage, mit der der Laie seine Experimente durchführt. Obwohl die wissenschaftlichen Ergebnisse dieser Experimente aus heutiger Sicht nicht mehr haltbar sind, ist man sich über die große Wirkung der cusanischen Ausführungen für die Entstehungsgeschichte der Naturwissenschaften einig.

Idiota de mente schließlich nimmt mit seiner geistphilosophischen Ausrichtung innerhalb der cusanischen Schriften eine besondere Stellung ein. Auf der einen Seite finden sich dort, wie schon in Bezug auf die Figur des Laien generell festgestellt werden konnte, fast alle Themen des cusanischen Denkens – Anthropologie, Erkenntnistheorie, Metaphysik – angesprochen. Auf der anderen Seite wählt Cusanus in *De mente* einen so einmaligen Zugang, dass viele seiner Themen in dieser Schrift in einer anderen Perspektive erscheinen. Kurt Flasch hat einmal zu Recht festgestellt, dass die zu Beginn des 20. Jahrhunderts einsetzende Geschichte der deutschen Cusanusforschung anders verlaufen wäre, wenn nicht – wie geschehen – *De docta ignorantia*, sondern *De mente* als Ausgangspunkt der Erforschung gewählt worden wäre (Flasch 2001, 273–275).

Zunächst ist der außergewöhnliche Erkenntnisoptimismus zu nennen, von dem *De mente* durchzogen ist. Die auch immer mit Demut gegenüber den eigenen Erkenntnismöglichkeiten verbundene Haltung der *docta ignorantia* ist zwar im Hintergrund durchaus präsent, findet jedoch weder thematisch noch begrifflich Erwähnung. Gleiches gilt für den Begriff der Mutmaßung (*coniectura*), der noch in der wenige Jahre zuvor verfassten, zweiten großen Hauptschrift *De coniecturis* tonangebend war und mittels dessen Cusanus noch einmal den konjekturalen, mutmaßenden Charakter menschlichen Erkennens thematisiert. In *De mente* ist von solchen erkenntnisbeschränkenden Tönen nichts mehr zu lesen; Cusanus setzt vielmehr ganz uneingeschränkt auf die gottähnlichen Potentiale des menschlichen Geistes, der sich seine Begriffswelt erschafft. Dieser andere Blick auf die Erkenntnisproblematik meint freilich nicht, dass er einen inhaltlichen Kurswechsel vornimmt und etwa ältere Thesen zugunsten der neuen verwirft. Gemeint ist vielmehr ein Perspektivenwechsel, der auch in anderen Zusammenhängen zu beobachten ist und durchaus als Eigenart cusanischen Philosophierens der Konjekturalität gedeutet werden darf.

Ein weiterer auffälliger Befund, der *De mente* eine besondere Note verleiht, ist das Fehlen jeglicher Christologie, nicht nur dogmatisch-theologischer, sondern auch spekulativ-philosophischer Färbung. Obwohl die christologischen Ausführungen des Cusanus immer auch spekulativ-philosophisch gelesen werden müssen und es folglich vorschnell wäre, erst im hier zu konstatierenden Fehlen der Christologie einen genuin philosophischen Zug erblicken zu wollen, hat der Verzicht auf christologische Implikationen Konsequenzen: Indem Cusanus in *De mente* ganz darauf verzichtet, Christus, die mit dem Vater wesensgleiche, zweite Person der Trinität, als Mittler zwischen Gott und seiner Kreatur anzunehmen, schafft er eine Atmosphäre der direkten Verbindung zwischen dem göttlichen Geist und seinem geistbegabten Abbild Mensch.

Die Tradition, in der *De mente* steht, ist zum einen die von Augustinus in *De trinitate* entworfene Geistphilosophie, die erstmals die trinitarisch gedachte Strukturähnlichkeit des göttlichen und menschlichen Geistes aufzuzeigen versucht. Zum anderen sind es die Intellekttheorien Alberts des Großen und Meister Eckharts, die in der Intellektfähigkeit des Menschen seinen Anteil am Göttlichen, ja sogar das Göttliche selbst erblicken, wie Alberts Vorstellung eines *intellectus adeptus* oder Eckharts Lehre von der Gottesgeburt in der Seele zeigen. In der cusanischen Geistphilosophie stehen indes erkenntnistheoretische Fragen im Vordergrund. Ausgehend von der platonisch inspirierten These, dass die absolute Wahrheit der Dinge, so wie sie in Gott verankert ist, für den Menschen nie in ihrer Präzision, sondern nur konjektural, d. h. „in unbeendlicher Annäherung" (Stallmach 1989, 44) erfassbar ist, stellt sich die Frage, wie Erkenntnis erklärt und begründet werden kann. Die beiden Pole, zwischen denen sich diese Frage bewegt, sind zum einen die aus der These der stets konjekturalen Erkenntnis folgende unabschließbare Dynamik der Wahrheitsannäherung, und zum anderen die Tatsache der ontologischen Vorgegebenheit der Erkenntnisgegenstände, die sich dem göttlichen Geist als der seinverleihenden Kraft (*vis entificativa*) verdanken. Cusanus trägt beidem Rechnung, insofern er dem menschlichen Erkenntnisvermögen sowohl eine kreative, als auch eine assimilative Funktion zuschreibt (vgl. Kny 2018). Letztere sollte nicht im Sinne einer naiven Korrespondenztheorie verstanden werden – denn eine Wahrheit vermittelnde Korrespondenz vermag ja, so die Überzeugung des Cusanus, gerade nicht hergestellt zu werden –, sondern muss durch die dynamisch-kreativen Momente ergänzt werden, die Cusanus dem menschlichen Geist zuschreibt und in denen er eben jene Gottähnlichkeit erblickt, die den Geist als einmaliges, lebendiges Abbild Gottes ausweist.

In der Geschichte der Erkenntnistheorie, vor allem mit Blick auf Immanuel Kant und das, was er die Kopernikanische Wende nannte, spielt die cusanische Schrift *Idiota de mente* eine fundamentale Rolle. Sie ist keineswegs als Bruch mit der mittelalterlichen Erkenntnistheorie zu sehen, die sich der kreativen Leistung des menschlichen Erkenntnisvermögens im Erkenntnisprozess immer schon bewusst war und die mittels der dynamisch-prozessual (nicht statisch-korrespondenztheoretisch) zu verstehenden Formulierung von der im Erkenntnisprozess stattfindenden *adaequatio rei et intellectus* versucht hat, dieser Kreativität angemessen Rechnung zu tragen. Durch den – wenn auch nicht explizit durchgeführten – Rückgriff auf nominalistisches Gedankengut, das die im 13. Jahrhundert noch zugestandene Wesenserkenntnis von Gegenständen zunehmend in Frage stellt und sich folglich als Hinwendung zum Singulären und Kontingenten charakterisieren lässt, erlaubt die cusanische These von der grundsätzlichen Nichterkennbarkeit der Gegenstände, so wie sie an sich sind, erstmals den kantischen Gedanken einer Konstitution des Erkenntnisgegenstandes durch das erkennende Subjekt. Dies hat bereits Ernst Cassirer dazu geführt, Cusanus „als den ersten modernen Denker" zu bezeichnen (Cassirer 1987, 10).

Die Schrift *Idiota de mente* enthält insgesamt 15 Kapitel, die im Folgenden jedoch nicht alle jeweils getrennt behandelt werden können. Im *ersten* Beitrag wird die Rahmenhandlung der Schrift – ein nach Selbsterkenntnis strebender Philosoph holt sich Rat bei einem löffelschnitzenden Laien – näher erläutert; dies betrifft insbesondere die bereits oben angesprochene Figur des Laien (*idiota*) und seine philosophische Funktion. Der *zweite* Beitrag präsentiert anhand einer Theorie der Namen und am Beispiel des kreativen Aktes des Löffelschnitzers den menschlichen Geist als erkenntnistheoretisch angesiedelt zwischen Assimilation und Kreativität. Der *dritte* Beitrag widmet sich den Erkenntnisstufen *sensus, ratio* und *intellectus* und klärt mit Blick auf die höchste Stufe der geistig-intellektuellen Erkenntnis ihr Verhältnis untereinander. Im *vierten* Beitrag wird gezeigt, dass sich der menschliche Geist als Abbild des göttlichen Geistes durch eine besondere Ähnlichkeit zu seinem Urbild ausweist, nämlich insofern er nicht einfach unter die Ausfaltungen (*explicationes*) des absoluten Einen fällt, sondern als Bild der göttlichen Einfaltung (*complicatio*) sich strukturähnlich zu Gott in seiner kreativen Intellektualität mittels einer anerschaffenen Urteilskraft entfaltet. Cusanus verdeutlicht diese Strukturähnlichkeit, wie der *fünfte* Beitrag zeigt, am Beispiel der Metapher des Lebendigen: Der Geist ist in seiner Kreativität lebendige Substanz (*viva substantia*), lebendiges Bild, lebendiges Gesetz, eine lebendige Diamantspitze, lebendiger Spiegel... Der *sechste* Beitrag thematisiert die Metapher des Geistes als einer des Zählens und Messens fähigen lebendigen Zahl (*vivus numerus*); hier manifestiert sich die andernorts ausführlich behandelte besondere Leistung des menschlichen Geistes im Hervorbringen der Mathematik. Im *siebten* Beitrag steht das wissenschaftstheoretische Modell der drei theoretischen Wissenschaften Physik, Mathematik und Theologik/Metaphysik im Vordergrund, an dem Cusanus die Angleichungsmechanismen des menschlichen Geistes durchexerziert und zu erklären versucht, wie Erkenntnis auf jeder dieser Stufen möglich ist. Der *achte* Beitrag greift auf die etymologische Ableitung des Begriffs *mens* von *mensurare* zurück und widmet sich der Bestimmung des Geistes als eines Maßes, das insofern lebendig ist, als es sich selbst misst. Die sich darin manifestierende gottähnliche Produktivität der Ausfaltung führt darüber hinaus zur Bezeichnung des Geistes als Punkt (*punctum*). Der *neunte* Beitrag thematisiert die Verknüpfung von Einheit und Dreiheit, die nicht nur den göttlichen, sondern auch den menschlichen Geist strukturiert. Im *zehnten* Beitrag ist das Verhältnis von Geist und Wille zu klären; denn das dem menschlichen Geist als Abbild Gottes anerschaffene, unendliche intellektuelle Potential kann nur dann verwirklicht werden, wenn sich der Wille über ein natürliches Streben hinaus in Freiheit für dessen Umsetzung entscheidet. Ein *zwölfter* Beitrag schließlich beschäftigt sich mit der cusanischen Deutung des klassischen philosophischen Motivs der Unsterblichkeit des Geistes.

Ich schließe mit einigen formalen Hinweisen: Die Werke des Nikolaus von Kues werden nach der *Editio Heidelbergensis* (h) zitiert: Nicolai de Cusa Opera omnia, iussu et auctoritate Academiae Litterarum Heidelbergensis ad codicum fidem edita, Leipzig bzw. Hamburg 1932–2010. Für diese Texte steht eine lateinisch-deutsche Ausgabe, die den Nummerierungen der kritischen Edition folgt, zur Verfügung: Schriften des Nikolaus von Kues in deutscher Übersetzung. Im Auftrag der Heidelberger Akademie der Wissenschaften hg. v. Ernst Hoffmann u. a. (Philosophische Bibliothek), 22 Hefte, Hamburg 1967 ff.; daraus: Nikolaus von Kues, Philosophisch-theologische Werke. Lateinisch – deutsch. 4 Bände. Hamburg 2002 (für weitere Übersetzungen der Werke des Nikolaus von Kues vgl. Mandrella [Hg.] 2014, 7 f.).

Aus dieser *Editio minor* stammt auch die deutsche Übersetzung von *Idiota de mente*, die den folgenden Beiträgen zugrunde liegt bzw. an der sich die Darstellungen im Wortlaut orientieren (mit Ausnahme von Markus Führer, der sich auf die englische Übersetzung von Jasper Hopkins bezieht [Nicholas of Cusa 1996]). Sie stammt von Renate Steiger (Nikolaus von Kues 1995), die auch den lateinischen Originaltext von *De mente* in der zweiten Auflage – die erste Auflage besorgte Ludwig Baur – für die *Editio Heidelbergensis* kritisch ediert hat (Nicolaus de Cusa 1983).

Diese beiden Textausgaben, für die Renate Steiger verantwortlich ist – der lateinische Originaltext in der *Editio Heidelbergensis* sowie die deutsche Übersetzung in der *Editio minor* –, sind für das Verständnis von *De mente* eine unverzichtbare Quelle. Die kritische Edition enthält einen reichen und detaillierten Quellen- und Parallelenapparat, in dem zahlreiche weiterführende Hinweise enthalten sind, die im vorliegenden Band unmöglich alle aufgegriffen werden können. Eine Auswahl der wichtigsten Informationen hat Steiger in Gestalt von Anmerkungen ihrer deutschen Übersetzung angefügt (Nikolaus von Kues 1995, 131–182). Für die Beschäftigung und die kritische Auseinandersetzung mit *De mente* empfiehlt es sich deshalb immer, diese Anmerkungen zusätzlich zu Rate zu ziehen.

Die Werke des Cusanus werden in diesem Band abgekürzt und nur unter Angabe von Buch, Kapitel und Nummer zitiert. Die Abkürzungen folgen der Zitationsweise der kritischen Ausgabe, die sich auch in der Cusanusforschung eingebürgert hat (ein vollständiges Verzeichnis findet sich bei Mandrella [Hg.] 2014, 5–7). Alle Stellenangaben, die ohne Buchtitel zitiert werden, betreffen *De mente* als die Schrift, auf die die folgenden Auslegungen sich hauptsächlich beziehen.

Auf genauere bibliographische Angaben klassischer Werke wie der platonischen Dialoge, Aristoteles' *Metaphysik*, Augustins *Confessiones* oder Thomas von Aquins *Summa theologiae* wird verzichtet.

Abkürzungsverzeichnis

Zitierte cusanische Werke

Apologia	Apologia doctae ignorantiae, ed. Raymund Klibansky (h ^{2}II). Hamburg 2007.
Comp.	Compendium, ed. Bruno Decker, Karl Bormann (h XI/3). Hamburg 1964.
Cribr. Alk.	Cribratio Alkorani, ed. Ludwig Hagemann (h VIII). Hamburg 1986.
De aequal.	De aequalitate (Vita erat lux hominum), ed. Hans Gerhard Senger (h X/1). Hamburg 2001.
De apice	De apice theoriae, ed. Raymund Klibansky, Hans Gerhard Senger (h XII). Hamburg 1982.
De beryllo	De beryllo, ed. Hans Gerhard Senger, Karl Bormann (h ^{2}XI/1). Hamburg 1988.
De coni.	De coniecturis, ed. Joseph Koch, Karl Bormann (h III). Hamburg 1972.

De dato patris	De dato patris luminum, ed. Paul Wilpert (h IV). Hamburg 1959.
De docta ign.	De docta ignorantia, ed. Ernst Hoffmann, Raymund Klibansky (h I). Leipzig 1932.
De fil. Dei	De filiatione Dei, ed. Paul Wilpert (h IV). Hamburg 1959.
De ludo	Dialogus de ludo globi, ed. Hans Gerhard Senger (h IX). Hamburg 1998.
De mente	Idiota de mente, ed. Renate Steiger (h ²V). Hamburg 1983.
De non aliud	Directio speculantis seu de non aliud, ed. Ludwig Baur, Paul Wilpert (h XIII). Leipzig 1944.
De pace	De pace fidei, ed. Raymund Klibansky, Hildebrand Bascour OSB (h VII). Hamburg 1959.
De possest	Trialogus de possest, ed. Renate Steiger (h XI/2). Hamburg 1973.
De princ.	Tu quis es <De principio>, ed. Karl Bormann, Heide Dorothea Riemann (h X/2b), Hamburg 1988.
De sap.	Idiota de sapientia, ed. Renate Steiger (h ²V). Hamburg 1983.
De stat. exper.	Idiota de staticis experimentis, ed. Ludwig Baur (h V). Hamburg 1983.
De theol. compl.	De theologicis complementis, ed. Heide Dorothea Riemann, Karl Bormann (h X/2a). Hamburg 1994.
De ven. sap.	De venatione sapientiae, ed. Raymund Klibansky, Hans Gerhard Senger (h XII). Hamburg 1982.
De vis. Dei	De visione Dei, ed. Heide Dorothea Riemann (h VI). Hamburg 2000.
Sermo I–XXVI	Sermones I (1430–1441), ed. Rudolf Haubst, Martin Bodewig, Werner Krämer, Heinrich Pauli (h XVI). Hamburg 1970–1991.
Sermo XXVII–CXXI	Sermones II (1443–1452), ed. Marc-Aeilko Aris, Rudolf Haubst, Heidi Hein, Hermann Schnarr (h XVII). Hamburg 1983–2009.
Sermo CXXII–CCIII	Sermones III (1452–1455), ed. Silvia Donati, Rudolf Haubst, Isabelle Mandrella, Heinrich Pauli, Harald Schwaetzer, Franz-Bernhard Stammkötter (h XVIII). Hamburg 1995–2007.
Sermo CCIV–CCXCIII	Sermones IV (1455–1463), ed. Marc-Aeilko Aris, Silvia Donati, Walter Andreas Euler, Isabelle Mandrella, Klaus Reinhardt, Heide Dorothea Riemann, Harald Schwaetzer, Franz-Bernhard Stammkötter (h XIX). Hamburg 1996–2008.

Weitere Abkürzungen

1 Kor	Der erste Brief des Paulus an die Korinther
Apg	Die Apostelgeschichte des Lukas
Gen	Das 1. Buch Mose (Genesis)
Kol	Der Brief des Paulus an die Kolosser
MFCG	Mitteilungen und Forschungsbeiträge der Cusanus-Gesellschaft. 34 Bände, Mainz 1961–1986, Trier 1989–2016
Ps	Der Psalter (Psalmen)
Spr	Die Sprüche Salomos
Weish	Die Weisheit Salomos

Literaturverzeichnis

Cassirer, Ernst (1987): Individuum und Kosmos in der Philosophie der Renaissance, 6. Aufl., Darmstadt

Flasch, Kurt (2001): Nikolaus von Kues. Geschichte einer Entwicklung, 2. Aufl., Frankfurt am Main

Flasch, Kurt (2007): Nicolaus Cusanus, 3. Aufl., München

Jacobi, Klaus (Hg.) (1979): Nikolaus von Kues. Einführung in sein philosophisches Denken, Freiburg/München

Kny, Christian (2018): Kreative, asymptotische Assimilation. Menschliche Erkenntnis bei Nicolaus Cusanus, Münster

Leinkauf, Thomas (2006): Nicolaus Cusanus. Eine Einführung, Münster

Mandrella, Isabelle (Hg.) (2014): Nikolaus von Kues (Das Mittelalter. Perspektiven mediävistischer Forschung. Zeitschrift des Mediävistenverbandes, Band 19, Heft 1), Berlin

Nicholas of Cusa (1996): The Layman on Mind. Translated by Jasper Hopkins, Minnesota. Online abrufbar unter: https://www.jasper-hopkins.info/DeMente12-2000.pdf (letzter Zugriff: 05.01.2021)

Nicolaus de Cusa (1983): Idiota de mente, ed. Renata Steiger, in: Nicolai de Cusa opera omnia, iussu et auctoritate Academiae Litterarum Heidelbergensis ad codicum fidem edita, vol. V, 2. Aufl., Hamburg, S. 81–218

Nikolaus von Kues (1995): Der Laie über den Geist. Mit einer Einleitung von Giovanni Santinello auf der Grundlage des Textes der kritischen Ausgabe neu übersetzt und mit Anmerkungen hg. von Renate Steiger, Lateinisch – deutsch, Hamburg

Stallmach, Josef (1989): Ineinsfall der Gegensätze und Weisheit des Nichtwissens. Grundzüge der Philosophie des Nikolaus von Kues, Münster

Norbert Winkler
2 Der antigelehrt philosophierende Laie (*De mente* c. 1)

1 Der cusanische *idiota* als literarisches Konstrukt

„Und Du maßt dir an, mit hochberühmten Meistern zu disputieren, als ob dein kleines Urteil die Ordnung der Städte und das Verhalten der Bürger bestimmen müsste. In die Schule! Sokrates, geh in die Schule!" (Alain 1991, 125) Die Schule und Sokrates, es sind dies jene Antipoden, die uns in einem übergreifenden Zusammenhang beispielhaft begegnen werden, denn weder Sokrates noch Cusanus haben vorgehabt, sich dem Reglement irgendeiner Schule zu unterwerfen. Ganz im Gegenteil, ihr Denken, das sich den unabgesicherten Ort des Selbstdenkenden zu reservieren pflegte, thematisierte gerade ihre übergroße Reserve gegenüber dieser Art von Belehrung. Der Sokrates im platonischen *Menon* wird sogar massive, philosophisch abgestützte Zweifel daran vorbringen, dass Lehre wie Lernen überhaupt möglich sind. Cusanus hat sich des bildungsskeptischen Agora-Prinzips, das auf ewig mit dem Namen Sokrates verbunden sein wird, zu seiner Zeit wieder erinnert, hatte es doch am Beginn der den Menschen geistig ertüchtigenden Philosophie gestanden.

In seiner literarischen Gestalt des *idiota*, von der nun in mehrerlei Hinsicht zu handeln sein wird, überdauert eben auch jenes Pathos, womit der bewusste Neuanfang im Denken von je her versucht worden ist. Dieser *idiota* nun, den Cusanus ersann, ist aus dem grundlegenden Zweifel an der Gewissheit zeitgenössischen Wissens geboren. In der versuchten Auflösung der vorhandenen Schwierigkeiten ist dieser Figur in idealischem Vorgriff mitgegeben worden, dass Wissen als Wissen nur lebt und in der prozessualen Aneignung akkumulativ erweitert werden kann, wenn es sich nie verschließt und in dieser Eigenschaft sich zugleich jedermann erschließt. Unter dieser Perspektive ist denn auch der nichtprofessoral denkende Cusanus zwischen die wirkmächtigen Philosophen Sokrates und Descartes einzureihen.

Das umgrenzte Thema, die antiprofessorale Rolle des *idiota* in dem Werk *De mente* zu erhellen, ist allerdings so unbeackert nicht, als dass man gänzlich unbelastet daran herantreten könnte. Dies hat auch damit zu tun, inwieweit einige Cusanus-Interpreten dem philosophierenden Kardinal Elemente von Modernität zusprechen möchten. Seit Ernst Cassirer gilt der von Cusanus in die philosophische Diskussion eingeführte *idiota* als ein solches Element, das dem Ideal renaissancetypischer Denkungsart bereits entsprochen hätte (Cassirer 1927, 53, 59 et passim). Dahinter stand auch die schlecht begründete Vermutung, einem Denker des Mittelalters könne dieses Pochen auf selbstständiges Denken einfach nicht zukommen. Das aber wissen wir heute anders.

Die Einführung eines *idiota* in die Literatur durch Cusanus ist nicht ganz neu, denn bspw. im Werk Petrarcas lässt er sich gleichfalls finden. Ein Vergleich würde sicher lohnen, muss hier aber unterbleiben. Im Werk des Cusanus tritt die Gestalt des *idiota* auf mindestens drei Ebenen auf: der philosophisch-theologischen, der bildungssoziologischen und der literarischen mit fiktionalem Überschuss. Wie wichtig Cusanus der *idiota* ist, zeigt der Umstand, dass er ihn als exponierte Bezugsperson in einem dreiteiligen Werkzyklus an zentraler Redeposition auftreten lässt. Zu diesem Schriftkorpus gehören die beiden Bücher von *Idiota de sapientia* (Der Laie über die Weisheit), das Buch *Idiota de mente* (Der Laie über den Geist) sowie *Idiota de staticis experimentis* (Der Laie über Versuche mit der Waage) – alle verfasst nach 1450. Die Figur des *idiota* erhält ihre literarisch kräftigste Ausprägung in *De sapientia*; von dem klärenden Einfallsblitz rollt in *De mente* noch einiges nach, während in den Ausführungen zur tabellarischen Universalmessung in *De staticis experimentis* der *idiota* unprätentiös als eine Art Messingenieur auftritt. Cusanus geht es da um das Verständnis der Weisheit, des Geistes im Verbund mit der praktisch angelegten Präzisierung von Sinneserkenntnis durch objektivierende Messungen von Phänomenunterschieden (vgl. Nagel 1984). Mit diesem universal angelegten Verbesserungsprogramm für Messgewissheiten aller Art will Cusanus die Welterschließungsweisen hinsichtlich Diagnose und Prognose verlässlicher machen; in den kritischen Fokus gerät dabei die angemaßte und lebensfremde Weisheit der in der Universität isolierten Buchgelehrten.

2 Die Aura des *idiota* und seine intellektuellen Gegner

Die literarische Gestalt des *idiota* hat eine Geschichte, die weit hinter Petrarca zurückreicht und hier nur angerissen werden kann. Bereits die Kirchenväter konnten sich im Gebrauch des *idiota*-Begriffs auf biblisches Zeugnis berufen. Dabei trat er im *Vulgata*-Text in recht gegenläufigen Bedeutungen hervor. Während in der *Apostelgeschichte* Petrus und Johannes als ungebildete und einfache Männer (*idiotae*), aber doch als wahrhafte Anhänger Jesu gelten (*Apg* 4, 13), spricht Paulus im *1. Brief an die Korinther* anders von den *idiotae:* Ein *idiota* werde nicht verstehen, was er, Paulus, der Christengemeinde zu sagen habe (1 *Kor* 14, 16). Paulus sieht in dem *idiota* schließlich einen Ungläubigen (1 *Kor* 14, 23), der erst durch die prophetische Rede der vereinten Gemeinde zu überzeugen ist.

An nur Weniges soll erinnert werden, das zum Verständnis des cusanischen *idiota* dienlich ist (vgl. Cassirer 1927, 51–62; Grundmann 1958; Imbach 1989). Keinesfalls ist der *idiota* des Mittelalters mit dem verächtlich gemachten „Idioten", auf den er im 18. Jahrhundert reduziert wurde, zu verwechseln. Da eine Übersetzung – etwa mit „der Laie" – den mehrschichtigen Bedeutungsgehalt von *idiota* nicht erfasst, belassen wir es hier weitgehend bei dem lateinischen Ausdruck und versuchen, verschiedene Bedeutungsschichten daran freizulegen.

Dieser *idiota* galt vordem, obgleich ein *illiteratus*, nicht als schlichtweg dumm, sondern als wenig gebildet. Damit war im Grundverständnis dieser Zeit jemand gemeint, der die Sprache der Gelehrtenwelt, das Lateinische, nicht beherrschte. Franziskus etwa nannte sich selbst einen *idiota*, was neben der apostolischen Nachfolge in Armut die Einheit von rechtem Lebensstil, Tätigsein und Denken zum Ausdruck bringen sollte. Es ist dies jene am Mönchtum orientierte Idealvorstellung gewesen, die, von den Bettelorden nunmehr ins städtische Milieu verlagert, noch Geert Groote im 14. Jahrhundert feierte und an der er, die Bewegung der *Devotio moderna* („Die neue Frömmigkeit") initiierend, die Arbeit als heilig heraushob, vor den sittlich verderbten Auswüchsen städtischer Geschäftigkeit aber eindringlich warnte (vgl. Southern 1970, 348). Diese historisch eingekerbten Subtilitäten sind bei Cusanus samt ihres paulinisch-augustinischen Hintergrundes nicht verschwunden. Sie werden in die Figur seines *idiota* eingetragen, die aber, und das macht sie besonders – auch über den von Petrarca konzipierten *idiota* hinaus –, als philosophisch denkender und argumentierender Antipode auftritt.

Dagegen stand der des Lateins kundige *litteratus*, wozu sowohl der spätantike *orator* als auch der *philosophus* der mittelalterlichen Hohen Schule zu rechnen war – beides *litterati* von eingeübt hoher Professionalität. Es war kein Zufall, dass Cusanus in *De mente* seinen *idiota* sowohl auf den die Weisheit aus dem Buchwissen extrahierenden *philosophus* als auch auf den geschmeidig moderierenden *orator* treffen lässt (c. 1). Drei sehr unterschiedlich spezifiziert Wissende sind zu Demonstrationszwecken typologisch darin nebeneinander- und gegeneinander gestellt: der philosophierende Rhetor des städtischen Milieus, in der antiken Tradition bewandert, der das Trivium, die drei sprachlichen Fächer der Sieben freien Künste (Grammatik, Rhetorik, Dialektik) durchlaufen hatte, der systematisch philosophierende Gelehrte, der mindestens das *studium generale* an der Universität absolviert hatte, und jener frei philosophierende Nichtgelehrte, dessen durch fromme Demut geläuterte Seele die göttliche Weisheit unverstellt empfängt. Auch für Cusanus gilt, dass allein diese Weisheit in der Lage ist, jegliches rationale Wissen, das gelehrt und gelernt wird, zu übersteigen. Somit gerät der natürliche Gegenspieler zum *idiota*, der Gelehrte, der als ein Mann des dem Leben entrückten Bücherwissens skizziert ist, in die direkte Kritik. Subtilerer Kritik sieht sich der Rhetor ausgesetzt. Damit ist jener aufsteigende Bildungsträger des städtischen Milieus in den Fokus gerückt, den die italienischen Humanisten der Zeit als Erfolgstypus ansahen, der die auch in ihren Augen steril gewordene Bildungselite der eingekapselten Universitäten ablösen sollte. Bereits Petrarca hatte in einem auf seine Person zugeschnittenen Entwurf die Synthese von franziskanischer Armut und diesem neuartigen Bildungsideal zu leben versucht. Dante Alighieri zeigte, dass außerhalb der Universitäten, aber in städtischer Umgebung, viel freier philosophiert werden konnte. Cusanus allerdings vermisste sowohl beim Gelehrten alten Zuschnitts wie auch beim stadtbürgerlich geprägten Rhetor philosophisch gereifte Tiefe. Er zeigte sich mit der Konstruktion seines *idiota* skeptisch gegenüber dem aristokratisch verknöcherten Alten als auch gegenüber dem sich in den aufstrebenden Städten beredsam aufdrängenden Neuen. Die da immer noch mitgeführte Debatte, inwiefern der *idiota* als *laicus* zur Kirche zählte und inwiefern nicht, muss hier übergangen werden.

3 Der philosophierende *idiota* – Staunen, Wissen und Glaube

Betrachten wir die Disposition, die Cusanus zu Beginn von *De mente* liefert. Man kann noch deutlich sehen, welche biblischen Motive bezüglich des *idiota* er kombiniert und welche er übergeht. Sein *idiota* entspricht hinsichtlich der ihm angesonnenen Mentalität jenen Aposteln, deren auf die Welt bezogenes Nichtwissen ihnen eine höhere, weil glaubensgetragene Weisheit ermöglicht. Gemäß der *Apostelgeschichte* stehen *idiota* und *fidelis* in einer speziellen Art von wissendem Nichtwissen perfekt zusammen. Einerseits ist damit die Idee einer apostolischen Nachfolge bewahrt, andererseits geht der cusanische *idiota* in seiner geistphilosophischen Explikation über diese Vorbilder hinaus. Petrus und Johannes hätten sich – anders als der cusanische Laie – niemals unterfangen, mit dem heidnischen Neuplatoniker Proklos im intellektuellen Gepäck über Jesus, die Weisheit und den hoch gestimmten Geist zu spekulieren (vgl. Flasch 1998, 500 f.).

Ein weiteres Motiv nimmt Cusanus auf und lässt es changieren. Wer nämlich sind in der Heiligen Schrift jene, die im Kontext der zitierten Stelle über Petrus und Johannes erstaunen und schließlich erkennen? Es sind die „Führer des Volkes und die Ältesten", denen sich Petrus gegenübersieht (*Apg* 4, 8). Staunen und Wissen tauchen leitmotivisch auf. Auch den *philosophus* in *De mente* zeichnet das

Staunen aus. Bereits nach Aristoteles war dies ein dem Menschen eigener Stimulus, von den ihn umgebenden Dingen unbedingt Wissen erlangen zu wollen (*Metaphysik* I 1, 980a 21), um sie in ihrer Ursache zu erkennen. Das dem zugrunde liegende *admirari* (erstaunen, sich wundern) bezieht sich in *De mente* jedoch mitnichten allein auf philosophisches Gebiet, sondern gemäß der Bibelexegese auch auf den einen Glauben aller, der in so großer Verschiedenheit in der Menschheit präsent und dann auch zu bewundern ist. Jenes ‚Staunen' erscheint jetzt doppelt konnotiert. Zu Dialogbeginn erstaunt der *philosophus* (c. 1, n. 51) und an dessen Ende stellt Cusanus klar, dass das aristotelische Staunen zwar den Beginn allen Wissenwollens bildet, dass aber die *religio* darüber hinausgeht, die der *philosophus* in einträchtiger Verschiedenheit bestaunt, eine *religio*, deren alles übergreifende Einheit sich „in der Verschiedenheit der Weisen" (*in modorum diversitate*) universal zeigt (c. 15, n. 159). Jene konziliaristisch beeinflusste Einheitsformel „Eine Religion in der Verschiedenheit der Glaubensausübungen" (*religio una in rituum varietate*; *De pace* c. 1, n. 6) legt sich dabei über die philosophische Debatte, die den Kirchenjuristen Cusanus von Basel bis Rom begleitet hat (vgl. Winkler 2010, 176–184).

Mit der Einheit im Glauben soll zugleich die Einheit von Leben und Wissen zurückgewonnen werden. Dem *idiota* ist die Aufgabe zugedacht, die prägenden philosophischen Strömungen der Zeit in einem synthetisierenden Ansatz zur Eintracht bringen. Das aber kann nur passieren, wenn die in den Hohen Schulen, den Universitäten, abgehoben geführten Diskurse, deren Anhänger nur mehr der eigenen Profilierung nachgehen, auf die Straße verlagert werden, wo das verengte Denken geweitet und wieder verflüssigt werden kann. Dass in *De mente* die Kontroversen der Hochscholastik nachhallen, wie sie etwa Albertus Magnus, Thomas von Aquin und andere gegen die philosophischen Lehren des muslimischen Aristoteleskommentators Averroes geführt haben, ersieht man an einem darauf zugeschnittenen Kapitel der Schrift (c. 12, n. 142ff.). Darin streitet der *idiota* – seltsamerweise intellektuell ausgesprochen klarsichtig – sowohl gegen Averroes und seine lateinischen Anhänger, die an der Pariser Universität zu finden waren, als auch gegen diejenigen, welche mit Platon die Individualseele in einer Weltseele aufgehen lassen wollen. Das aber ist für einen Christen unannehmbar, denn dann erreicht die Einzelseele nicht mehr das göttliche Strafgericht, das die individuelle Schuld feststellt, und mit der Anerkennung einer die Einzelseelen beeinflussenden Weltseele wäre der göttliche Einfluss auf diese empfindlich geschmälert. Konfrontiert mit diesen philosophischen Lehren, lässt Cusanus den *idiota* ein entwaffnendes „das verstehe ich nicht" (*non capio*) ausrufen. Und er kontert in einer Art, die bezeugt, wie er die Sache am philosophischen Nerv packt, was den mit ihm disputierenden philosophischen Experten in anderer Weise staunen macht. Mit derselben unbekümmerten Expertise spricht sich der *idiota* gegen den Gedanken von einer durchgehenden Notwendigkeit im Weltzusammenhang aus, wie er von Platonikern und Peripatetikern verfochten worden war, um für den Schöpfungsgrund die kausale Unverfügbarkeit göttlicher Willensbekundung zu bekräftigen (c. 13, n. 146 f.). Rein kausal bestimmtes Denken kann für den Christen nur bedingt Geltung beanspruchen, denn sowohl den unvordenklichen Schöpfungswillen, wie auch den ungebundenen Entscheidungswillen des einzelnen Menschen gilt es zu berücksichtigen.

4 Cusanus, Meister Eckhart und Ramon Lull

Dem mit Beginn der Schrift einsetzenden Disput, zu dem man sich nicht in den Elfenbeinturm des Philosophen, sondern in den symbolträchtigen Keller des „armen" (*pauper*) *idiota* begibt (c. 1, n. 54), wird in Gestalt des nun eingreifend argumentierenden *idiota* von Cusanus ein zeituntypischer Taktgeber zugewiesen. Vielsagend kehrt sich dabei das Lehrer-Schüler-Verhältnis um, das seit Alkuin und Johannes Scottus Eriugena die philosophische Dialogkultur des lateinischen Westens geprägt hatte. Hier nun wird der Philosoph im Verlauf der Unterredung in die Rolle des belehrten Stichwortgebers abgedrängt, während der *idiota* eine intellektuelle Wegbahnung vornimmt, die sich um die herrschenden philosophischen Schulmeinungen herzlich wenig zu kümmern scheint. Diese ostentative Gleich-Gültigkeit, die dem doppelten Wortsinn gehorcht, wird von Cusanus programmatisch ausgestellt. Und auch, wenngleich die Motivationskunst des schriftstellernden Kardinals in der Abhandlung nicht sonderlich ausgefeilt daherkommt, so steuert er doch zügig den Punkt an, über die Figur des *idiota* eine radikal geänderte Sichtweise in die Disputation einzuführen, wodurch sich die Struktur der Auseinandersetzung überhaupt zu wandeln scheint. Indes, es wird sich zeigen müssen, ob der vollzogene Rollentausch intellektuelles Glasperlenspiel bleibt oder ob er über die Verlautbarung hinaus theoretischen Mehrwert zeitigt. Um das beurteilen zu können, wäre die cusanische *mens*-Theorie mit ihrem boethianisch-augustinischen Vorläufer einmal detailliert zu vergleichen, was ein Thema ist, dass seiner systematischen Aufarbeitung noch harrt.

Dass der *idiota* in diesem Lehrgespräch die Führungsrolle übernimmt, steht im Kontrast zu einer Tradition, in der die Laienbelehrung durch Kleriker das gängige Modell gewesen ist. Cusanus optiert stattdessen für eine Rollenumkehrung, sodass jeder, dessen Intellekt natürlich funktioniert, die eingebrachten Philosopheme dann auch mitzudenken vermag. Da nun zeigt sich ein interessantes Detail aus des Cusanus' intellektueller Biographie seiner Frühzeit, dass auch späterhin der Einfluss des Meister Eckhart in ihm nachklingt, der hochphilosophische Themen in volkssprachlich vorgetragenen Predigten tiefsinnig erörtert und somit popularisiert hatte. Bereits der junge Cusanus hatte sich in dessen von der Amtskirche geschmähte Werke vertieft, woraus deutlich mehr entstand als Predigten von erfrischter Gestaltungskraft und abenteuerlichem Schwung (vgl. Winkler 2011). Von Eckhart war, befördert durch die dominikanische Denktradition, die vom Wirken des Albertus Magnus in Köln mit angeregt wurde, im Kern ein urchristlich inspirierter Egalisierungsanspruch ausgegangen, in dessen Konsequenz die Heiligen der Kirchentradition gleichsam von ihren Statuspodesten gehoben wurden, um in die Abstellkammer sittlich nutzloser Volksfrömmigkeit geräumt zu werden. Stattdessen sollte der bloß eingewöhnte Glaube durch den tagtäglich gelebten Glauben ersetzt werden. Indem Eckhart den Gerechten, der in der Gerechtigkeit lebt, mit apostolischen Zügen ausstattet, werden die angestammten Positionen der dem Leben enthobenen Heiligen ebenso wertlos wie diejenigen jener Weisheitslehrer, die von den Gelehrten doktrinär verteidigt werden. Der lebensferne Prophet wie der nur formal tugendhafte Weise haben nicht länger ganz selbstverständlich an der göttlich erleuchteten Welt teil, um in die unerleuchtete Welt das Licht zu bringen. Allein der, der in der Welt ist, das Göttliche in den Grund seiner Seele einlässt und aus diesem Grund und geistig klar orientiert *in* der Gerechtigkeit lebt, überwindet diese Entfremdung. Die kirchenoffizielle theologische Expertokratie sah sich seit Eckharts Deprofessionalisierungsbemühen für die geistig Klarsichtigen und aus sich selbst Tugendhaften, die *nicht wie* Christus, sondern *in* Christus leben wollten, in ihren machtpolitisch bestimmten Grundfesten bedroht. 1329 ließ Papst Johannes XXII. 28 Lehrsätze aus dem Werk Eckharts verurteilen. Obgleich der Kirchenfürst Cusanus darum wohl wusste, zeigt sich sein Denken dennoch nicht unbeeinflusst von der Kraft dieser Gedanken.

Ein weiteres kam hinzu. Die Vorstellung von einem statuarisch aufgestellten letzten Wissen wurde im Angesicht der von Cusanus proklamierten wesentlichen Ortlosigkeit der Wissenden, die allesamt *nur innerhalb* Gottes unendlicher Allumfassung zu Wissen gelangen und somit niemals das Ganze überblicken können, wertlos. Wie sich die räumlichen Fixpunkte Innen und Außen vor dem verwirklicht unendlichen Gott Stück um Stück auflösten, so die ontologisch verfestigten Zuschreibungen der Nähe und Ferne zum Heiligen (vgl. Winkler 2010, 95–113). Das Heilige schwebt wie Goldstaub nun allüberall, ist in jeden Menschen eingetreten, fand sich dort doch der alles entscheidende Ort, wo es in tugendhafter Selbstertüchtigung und geistiger Konzentration freigelegt und zu gelebter Wirksamkeit gebracht werden konnte. In einem entgrenzten Universum, in dem ein unendlicher Gott im Kleinsten wie im Größten präsent ist, muss jegliches mit jeglichem verknüpft sein. Das diesen unbegrenzt vielfältigen Relationen nachjagende Wissen konnte nicht länger als zu fixierender Besitz angesehen werden, wenn alles Wissen darin auf unendliche Näherung gestellt ist und dessen vollendeter Zielpunkt, die Schöpfungswahrheit Gottes, im starr definitionsumgrenzten Begriff nicht eingeholt werden kann (*De docta ign.* II, c. 1 [n. 91–97]). Cusanus hatte, um die nicht vollendete Unendlichkeit Gottes in *seiner* Schöpfung denken zu können, in *De docta ignorantia* (Über das wissende Nichtwissen) den Urentwurf zu einer infiniten Teleologie vorgelegt, die es für einen Aristoteliker, der in abgeschlossenen Endlichkeiten dachte, nicht geben konnte. Da nun wies die goldene Himmelsleiter derer, die das Letzte zu wissen begehrten, ins unendliche Nichts Gottes, aber derselbe, der von Gott an sich nichts wissen konnte, erkannte dabei immer etwas von dessen Schöpfung, jedoch niemals im ganzen Zusammenhang. Jeder, der wissen wollte, konnte das unendlich verknüpfte kosmisch Seiende nur im Ausschnitt begreifen, aus seiner Perspektive. So, wie in diesem Universum die Erde nicht mehr in dessen Zentrum ruhte, weil es im Unendlichen kein Zentrum geben kann, so fand sich für den Menschen, der allein *in* der vom unendlich wirkenden Gott geschaffenen Welt existiert und demgegenüber niemals eine Außenperspektive einnehmen kann, keine Erkenntnisperspektive, die absolut sicheres und unveränderliches Wissen hätte garantieren können. Es ist dem Menschen nicht möglich, auf den göttlichen Schöpfungsplan draufzuschauen, aber es ist seinem Intellekt sehr wohl möglich, sich den geistig erfassbaren Schöpfungsprinzipien Gottes auf unendlich verbesserbare Weise anzunähern.

Über diesen Gestus der Bescheidung gewann paradoxerweise die rational begründete Spekulation ihre Flügel zurück. Jene weißen Tauben, die auf den Mosaikbildern der Alten ins Ohr der Heiligen sprachen, um sie an der absoluten Weisheit des Heiligen Geistes teilhaben zu lassen, fanden sich bildhaft gewendet als Weisheitsanzeiger nunmehr auf den Straßen ein (vgl. *De sap.* I, n. 3). Im Unendlichen ist doch die Weisheit überall zu finden, im Himmel wie auf der Straße. Cusanus hat den ungeheuren Schritt zur Egalisierung, den der Thüringer Eckhart in einem Ausbruch heiliger Intellekterregung getan hatte, nicht in all seinen Konsequenzen mitvollzogen, aber er hatte begriffen, dass das althergebrachte Weisheitsmonopol unrettbar erodiert war und dass das immer noch zu erstrebende Weisesein auf eine neue Grundlage gestellt werden musste (vgl. Winkler 2012). Der Horror vor dem Unendlichen, das seit den Griechen für reine Denkvergeblichkeit stand und durch die Aufnahme des aristotelisch-ptolemäischen Weltbildes im 13. Jahrhundert noch einmal verfestigt worden war, galt nicht länger. K. Flasch hat zu recht bei Cusanus ein neues „Pathos der Grenzenlosigkeit" heraufkommen sehen (Flasch 2004, 41). In der Furcht vor der Unbehaustheit im Unendlichen hatte die Scholastik ja über Jahrhunderte ihre Selbstentmächtigung gegenüber der Theologie kultiviert. Unterhalb derer rang die Philosophie in einer Art Zubringerposition um Übersicht und Ordnung in einer höchst fragilen, von tiefen Verwerfungen gekennzeichneten Welt, um im Ergebnis beherrschbare

Begrenztheit zu erhalten. Vom *idiota* des Cusanus wird demgegenüber der Anspruch vertreten, dass der wahre Weisheitsexperte dieses selbstgezimmerte Gerüst abzumontieren und sich von nun an im permanenten Aneignungsprozess aus sich selbst und seinen Verstehensmöglichkeiten zu legitimieren hat. Dazu gehört, ungeschützt von der aus der Tradition zugewiesenen Stellung ins Offene zu denken.

Auf gleichsam kontrollierte Weise lebt in der Philosophie des Cusanus der urchristlich inspirierte Egalisierungsgedanke fort, den Meister Eckhart in eine die kirchliche Traditionsstatik erschütternde Konsequenz getrieben hatte. Eckhart hatte in der Selbstgewissheit eines seinem Gott nahen Propheten gepredigt und philosophiert. Den *idiota* des Cusanus umgibt noch immer diese sich selbst legitimierende Aura, nun aber in der Form eines Prophetentums, das die seit Sokrates ungenutzten Selbstverständigungsreserven aus dem Wissen um Nichtwissen gewinnt. Man kann sagen, dass im *idiota* die von Eckhart erdachte Form des Laien-Apostolats eine von Cusanus abgewandelte Form gewinnt.

Cusanus hat den von Eckhart ersonnenen Typus vom überall seienden Allerweltsheiligen in das Pantheon der Aus-sich-Wissenden aufgenommen – diesen aber sogleich auch von der ordnungspolitischen Ebene ferngehalten. Der Kardinal Cusanus als vorsichtig manövrierender und öffentlich Abstand haltender Adept Eckharts verlor nie aus den Augen, dass man als Kirchenmann in der irdischen Interessenslogik von rechtlich zu sichernden Institutionen denken muss. Dieses Ordnungsdenken, das mit der Philosophie vom Unendlichen überhaupt nicht zusammenging, bildete für Cusanus den letzten Sicherungsanker in einem Universum, dem mit der spekulativen Auflösung der die Menschen abschirmenden Gestirnsphären wesentliche Gewissheiten und Orientierungspunkte abhanden zu kommen drohten (vgl. Winkler 2018, 36–42). Einen *idiota* etwa in die ordnungspolitisch zentrale Rechtslehre einzuführen, das freilich wäre dem studierten Juristen Cusanus niemals in den Sinn gekommen.

Das Feld der Politik, insbesondere das der rechtsetzenden Kirchenpolitik, muss dem cusanischen *idiota* verwehrt bleiben. Der philosophierende *idiota* des Cusanus unterschied sich inhaltlich beträchtlich von jener programmatisch entwickelten Laizität Dantes, die sich am städtebürgerlichen Bildungsideal einer Metropole wie Florenz orientierte. Da nun, und das soll nicht vergessen sein, tritt eine seltsame Ambivalenz am *idiota*-Konzept des Kardinals Cusanus hervor, denn man kann Anzeichen dafür sammeln, dass die fiktionale Figur des *idiota* die Klerikerbelehrung nur mit anderen Mitteln betreibt. Dieser *idiota* spricht das aus, was der Kleriker Cusanus ihn aussprechen lässt. Diese Beobachtung wird bestärkt durch den Umstand, dass Cusanus in seinen späteren Werken zur offenen Klerikerbelehrung umstandslos zurückkehrt. Dies geschieht etwa in der Schrift *Über* das Globusspiel (*De ludo globi*), worin er zwei Fürstensöhne (*nobiles*) in philosophisch-spielerischer Lehrermanier anleitet (vgl. Winkler 2016, 357–372).

Auf einen weiteren, von Cusanus geschätzten Außenseiter ist kurz einzugehen, wenn es um das spezifisch welterschließende Denken des Philosophen Cusanus in immer weiter auszuforschenden Relationen geht. Es betrifft den schreibwütigen Katalanen Ramon Lull, der sich in der sog. „Lullischen Kunst" unterfing, sowohl die Einheit von Wissen und Glauben als auch die Einheit im Glauben dem Abendland zurückzubringen. Jene *ars magna* (große Kunst) hatte zum Inhalt, die philosophisch-theologischen Sachverhalte nicht länger vom fixierten Dingverständnis, sondern in der Hauptsache von den Relationen her zu denken, in denen sie sich zueinander befinden. Zu diesem Zweck entwickelte Lull begriffliche Reihungen, deren Verhältnisse untereinander er in geometrischen Figuren darstellte. Dieser Ansatz ist in der Erkenntnislehre des Cusanus wiederzufinden. Und jener *doctor phantasticus* besaß bereits vor Cusanus ein Bewusstsein davon, dass die hochgebildeten Klerikertheologen die Einheit und Reinheit des Kirchenglaubens nicht zu retten vermochten, blieben sie doch Gefangene ihres Spezialistentums und ihres sozial abgekapselten Standes. Und also geht diese Aufgabe auch für Lull an den Laien über, der, ausgehend von unverstellter Frömmigkeit, sozialen Beschränkungen und fern von philosophischer Professionalität, auf frommer Grundlage selbst zu systematischen Denkbemühungen fortgeht. Lull teilt dabei noch die Ansicht des Albertus Magnus und anderer, dass die wahre Philosophie niemals in den Gegensatz zum Glauben geraten kann. Der philosophierende Laie, den Ramon Lull in seinen Werken auftreten lässt, steht dem cusanischen *idiota* bereits recht nahe, was einer weiteren Erörterung durchaus würdig wäre.

5 Kritik am zeitgenössischen Wissenschaftsbetrieb

Bezüglich der von Cusanus angewandten literarischen Technik darf allerdings nicht zu sehr modernisiert und somit übersehen werden, dass der in *De mente* abgebildete Dialog keine wirklich offene Problematisierungsform darstellt. Eine grundplatonische Gesprächsführung, die auch ein offenes Ende zuließe, ist, obgleich solches immer wieder behauptet worden ist, nicht zu erkennen. Und auch ein intellektueller Pulsgeber von sokratischer Impertinenz fehlt völlig.[1] Der Dia-

---

[1] Dies etwa im Gegensatz zu H. Blumenberg, der freilich auch auf zu Bedenkendes verweist (Blumenberg 1983, 60): „Die Unvermitteltheit von außen durch Lehre und Buch, die Nikolaus in

log, wie Cusanus ihn ersinnt, bleibt Frage-und-Antwort-Spiel mit Belehrungscharakter (vgl. Borsche 1999). Bereits die vom *idiota* eingeführten Fragen verraten traditionellen Schulgeruch und die formulierten Antworten erheben einen kompetenzgetragenen Lösungsanspruch. Es ist, als verliere das Denken in unendlichen Zusammenhängen alle Kraft und falle in ein Muster zurück, das zu überwinden es angetreten war. Der inszenierte Rollentausch, in dem der *idiota* die Lehrerstelle einnimmt, ermöglicht es zwar, das unorthodox ausschauende Lehrgespräch aus Studierstube und Vorlesungssaal herauszunehmen, um es an einen Ort zu verlegen, der die überhitzte Distinktionskultur professioneller Gedankenanalyse der Universitäten nicht kennt. Aber, so ist zu fragen, bleibt der so symbolträchtig zelebrierte Ortswechsel letztlich nicht doch nur Dekor?

Betrachtet man den Dialog im Ganzen, wird offenkundig, dass er gegen Ende in die traditionelle *quaestio*-Struktur übergeht. Und schließlich übernimmt der *idiota* – kaum mehr unterbrochen von seinen Mitdiskutanten – die gesamte Last der richtungsweisenden Antworten. Sicher drückt sich in dem lehrkritischen Gestus des Cusanus Unbehagen an einer Universitätskultur aus, deren Debatten nach erstaunlichen Erfolgen im 13. Jahrhundert nun begannen, in sich selbst zu kreisen, unübersichtlich in ihrer Aufschüttung von Unterscheidungen zu werden, um letztlich in bekennerhafter Schulbildung zu erstarren. Cusanus hat sich bekanntlich nach seinem Juristenstudium in Padua nie einer Universität inkorporieren lassen, obgleich man ihm eine Stelle in Löwen zweimal antrug (vgl. Meuthen 1992, 27). Mit der literarischen Einführung seines *idiota* kultiviert Cusanus dieses Außenseitertum, das seine dann nichtuniversitär geprägte intellektuelle Daseinsweise spiegelt. Wird man aber sagen können, dass dies über die rein private Selbstbestätigung hinausreicht?

Denn was leistet der *idiota* für Cusanus im philosophischen Kontext? Als literarisch eingeführte Kunstfigur transportiert er zunächst einmal den besonderen Denkstil ihres Urhebers, verquickt mit einer verdeckten Apologie in eigener Sache gegen jene Traditionalisten vom Schlage eines Wencks von Herrenberg, eines Aristotelikers, deren es in der Zeit an den Universitäten zuhauf gab. Aber die intellektuelle Inthronisation des *idiota* trägt zugleich damit methodisch in Form einer beispielhaften Subtilitätsreduktion Gewinn ein. Sie erst ermöglicht eine

---

seinen Dialogen betont, wurzelt in der platonischen Tradition und wohl schließlich in jenem unwissenden Knaben des Dialogs ‚Menon', dem Sokrates die Anfangsgründe der Geometrie entlockt. Der *Idiota* allerdings benötigt keine sokratische Hebammenkunst mehr. Es ist erkennbar, worauf diese Verselbständigung beruht: Der Erfahrungsraum des avancierten Laien bietet neue Metaphern in Fülle, die zu Auslösern seiner natürlichen Mitgift an Wahrheitsbesitz werden, wie die aller Nachahmung der Natur enthobene Kunstfertigkeit des Löffelschnitzers oder die auf dem Markt geläufigen Reglemente von Zahl, Maß und Gewicht."

Rückführung des Denkens auf die philosophischen Kernareale. Der Wald an Unterscheidungen war zu lichten, wenn man wieder etwas sehen wollte. Cusanus beabsichtigt am *idiota* zu zeigen, wie man zu den wesentlichen Fragestellungen zurückfindet. Das geschieht in einer Zeit, in der immer umfangreichere Abhandlungen entstehen, worin die Autoren gedanklich das uferlose Delta einer sich immer tiefer verzweigenden Wissenslandschaft absuchen. Um diese Unübersichtlichkeit zu bannen und in der Grundlagenarbeit voranzukommen, ist Reduktion und Neubesinnung gefordert. Und so stellt Cusanus das Nachdenken seit seinem philosophischen Aufbruch unter eine bis dato wenig angewandte Methode, die vom wissenden Nichtwissen. Mit deren Hilfe soll die geschaffene Grundlage allen spekulativen Denkens aufgegraben werden, um in veränderter Weise denken zu können. Denn erst, wenn das Wesentliche grundsätzlich begriffen ist, erlangt Welterklärung in sich eine neue Festigkeit. Dazu ist zu allererst festzustellen, inwieweit menschliche Erkenntnis im dynamischen Verbund von sinnlichem, rationalem und vernunfthaftem Erkennen Gewissheit liefern kann. Seit der Frühschrift *De coniecturis* (c. 13 ff.) widmet sich Cusanus dieser Suche mit Entschiedenheit.

Diesen programmatischen Anspruch gab Cusanus dem *idiota* in *De mente* mit. Er ist wesentlicher Teil dieser Kunstfigur. Nach Renate Steiger, der Editorin des dreiteiligen Werk-Zyklus, in den *De mente* eingebettet ist, finden wir in diesem Typus „eine höchst manierierte Gestalt" vor (Steiger 1988, XXIX). Aber dieser *illiteratus* wird nur dem bekannt, der des Lateinischen mächtig ist, anders als Eckhart, Seuse oder Tauler, die große Teile ihres Werkes in der Volkssprache abfassen. Auch volkstümlich reduzierte Scholastik treibt Cusanus nicht, wie neben Geert Groote einige Adepten der *Devotio moderna*-Bewegung, zu der der junge Cusanus vor Zeiten einmal selbst gerechnet worden ist. Bemühungen, den cusanischen *idiota* als Sympathieträger für ungebildete Schichten festzuschreiben, laufen somit ins Leere. Cusanus reflektiert hingegen mithilfe dieser Figur die sich ihm als universal Gebildeten anzeigende Kluft zwischen dem, was das unwissende Volk (*populus ignorans*) sicher glaubt, und dem, was der luzide Verstand der Philosophen seiner Meinung nach noch nicht vollkommen berührt hat (c. 1, n. 51). Der Kardinal als mentalistischer Seismograph schreibt vor dem Hintergrund einer geistigen Krise und präsentiert im *idiota* das Rettende auch. Sein gläubiger *idiota* will zuallererst verstehen, was er glaubt. Anselm von Canterburys altehrwürdiges *fides quaerens intellectum* („Der Glaube, der nach Einsicht sucht.") schwingt mit. Nun soll jener *idiota* auch die *connata religio* (das angeborene Verlangen nach Religion) des Volkes besitzen, was eine heikle Vereinfachung des dahinter sitzenden Problems darstellt und bestenfalls die Hereinnahme eines populären Motivs anzeigt. Aber aus eben dieser Einebnung zieht Cusanus den Gedanken, dass der *pauper idiota* (der arme Nichtwissende) die Doktrin von der *immortalitas animae* (Unsterblichkeit der Seele) aus einer Art ‚natürlicher Theologie' zu gewinnen imstande sei (c. 15, n. 159). Es ist anzumerken, dass diese Konstruktion bedenklich plakativ bleibt und voller ungedeckter Behauptungen steckt.

Die Ansicht, des Cusanus' Bemühen, dem *laicus* in der Kirche hierarchieüberwindend Gehör zu verschaffen, würde von dort aus in die Geistphilosophie durchschlagen, überzeichnet gewiss. Nicht bestritten soll werden, dass der Schifferssohn aus Kues an der Mosel, der philosophische Autodidakt, der als in Handschriften vernarrter Kirchenjurist begann und sich sodann intensiv in die Astronomie, Mathematik und Philosophie einlas, die feudalen Standesgrenzen durch umfassende Bildung bis zu einem beachtlichen Grade selbst überwunden hatte. Unbändiger Stolz spricht aus dem autobiographischen Abriss, den er 1449 nach Erlangung seines Kardinalats anfertigen ließ (Acta Cusana I, n. 849). Aber sein kircheninterner Weg blieb in dieser Zeit ein besonderer. Es mag auch sein, dass ihn seine Beobachtungen im fortgeschritteneren Italien bestärkt haben, im *idiota* dem städtisch geprägten Dilettanten das Wort zu erteilen. Aber man sollte sich hüten, in das cusanische Verständnis vom *idiota* einen aufklärerischen, gar sozial aufbrechenden Horizont einzuzeichnen. Jenes persönliche Bekenntnis, das Cusanus im *idiota* hinterlegt, ist auch keinem frühen ‚Geniekult' geschuldet. Die Ansprüche eines elitären Bildungsverständnisses sind in Wahrheit für diesen *idiota* nur scheinbar obsolet, denn in höchst sublimer Weise treten sie bei ihm mit umgekehrtem Vorzeichen wieder auf. Man könnte auch sagen, in seiner demonstrativ ausgestellten Demut steckt immer auch ein spezifisch gewendeter Selbstbehauptungswille. Und so, wie die biblischen *idiotae* für zuhöchst würdige Apostel anzusehen sind, so ist es nun der hochgeschätzte Privatgelehrte, den Cusanus hier fest ins Auge fasst und preist.

6 Der *idiota* als Handwerker, der Kopf und Hand zusammenführt

Freilich gibt es ein singuläres Moment, das der oben vorgenommene Bibelstellenvergleich nicht liefert. Es ist dies die dem *idiota* angesonnene eigenartige Kunst des Löffelschnitzens (c. 1, n. 54). Wenn das Eingehen auf dessen Kunstfertigkeit auch lediglich sichtbar machen soll, wie das Material nach einem geistigen Entwurf, der platonischen Idee, geformt wird, so hat die Interpreten seither die Aufnahme dieses künstlerisch-konstruktiven Moments durch Cusanus fast durchweg fasziniert. Aber auch von der Künstlichkeit des *idiota* als Künstler ist zu reden, denn um das Prospektivische der Kunst selbst geht es dabei nicht. Denn dieser Künstler hantiert mit einem im Geiste fertigen Entwurf, dessen Realisation sich in der sterilen Kopie des Plans erschöpft. Nicht die Kunst bringt den Entwurf hervor, sondern der Entwurf die Kunst,[2] worin allein das fixierte Vorwissen eines sich auf den Geist fokussierten Konstruktivismus wichtig wird.

Zwar finden in *De mente* Philosoph und Rhetor den *idiota* bei einer rustikalen Handtätigkeit vor, dennoch ist der Philosoph zu ihm hinabgestiegen, um aus seinem Munde – wie nebenbei – Theorien zu vernehmen. Und eben diese, und keine simplen Meinungen, werden ihm geliefert. Die dabei geübte Praxis des Löffelschnitzens zeigt symbolisch an, dass in der Gestalt des *idiota* Körper und Geist beispielhaft zusammengebracht sind (c. 1, n. 54 f.). Das Bild vom ganzen Menschen ist als Gegenentwurf in Szene gesetzt. Dem gegenüber situiert Cusanus den Philosophen so, lediglich seinen begrenzten Verstand und das diesen stützende Bücherwissen bemühen zu können. Er tritt als eine Art halber Mensch auf, dem aufgrund dieser selbstgewählten Reduktion die Hoheit über sein eigenes Denken abhanden gekommen ist. Der *idiota* steht dagegen für einen Menschen ein, der praktischen und theoretischen Geist in sich vereint. Dieser wichtige Punkt, der von der aristotelischen Ethik angeregt ist, könnte nun tragend werden, denn Geistes- und Tugendadel gehören seit Platon und Aristoteles zusammen. Man wird freilich bei Cusanus finden, dass die Einheit von Sinnen- und Intellektwelt in der intellektuellen Durchführung nur äußerst bedingt auf die cusanische Lehre vom Geist durchschlägt, denn die basale Funktion der Sinneserkenntnis, die sie hätte haben können, wenn sie nicht völlig der Idee untergeordnet bliebe, verdünnt sich in dem platonisch dominierten Kontext der Schrift lediglich zur Erkenntnisanregung (etwa c. 4, n. 77 f.). Die praktische Nützlichkeit der *ars* wird auch alsbald in den Hintergrund gedrängt, weswegen zur Aufrechterhaltung des Symbolischen daran die Kunst bei Bedarf dann auch wieder überhöht dargestellt werden muss (c. 1, n. 55).

In *De sapientia* nimmt der *idiota* demonstrativ kein Buch zur Hand oder zitiert aus einem solchen, um seine Ansichten zu beglaubigen. Wenige namentliche Hinweise auf bekannte Denker genügen ihm, gleichwohl kennt er undurchsichtigerweise deren Lehren recht genau. Der *idiota* gibt, den Gestus des Nichtwissens bis zum Nichtswissen verstärkend, vor, Fachbücher nicht gelesen, sondern allein in den Büchern Gottes ‚studiert' zu haben, die dieser mit seinen ‚Fingern' geschrieben habe (*De sap.* I, n. 4). Renate Steiger hat dies das „Pathos der Unmittelbarkeit" (Steiger 1988, XII) genannt. Aber um diese Außerordentlichkeit halten

---

[2] Alain 1991, 168 u. 170: „Gewiss gibt es kein Werk ohne Entwurf; was aber am Werk Kunstwerk ist, hängt allein von der Ausführung ab und erscheint dem Künstler nur während der Ausführung […] Kunst ist letztlich ein Tun, das den Gedanken hervorbringt."

zu können, muss Cusanus symbolische Überhöhungen an dieser funktional bestimmten Figur recht oft in den Dienst nehmen. An der Idee, Kopf und Hand im Kunsthandwerk zusammenzuführen, lässt sich schließlich auch demonstrieren, wie kunsthandwerkliche Befähigung über das natürlich Gegebene konstruktiv hinausgeht. Ein Löffel hat kein Vorbild in der Natur, sondern dessen Form wird allein im menschlichen Geist gebildet (c. 2, n. 62). Er ist nicht einfach da, er muss gemacht werden, was einer Schöpfung im Kleinen entspricht. Der *idiota* demonstriert bei alldem eine konstruktive „Weltklugheit", wie Hans Blumenberg dies einmal genannt hat (Blumenberg 1997, 558–638).

7 Der *idiota* als Nicht-Wissender

Der *idiota* des Cusanus erweist sich weithin als symbolbestücktes Konstrukt, versehen mit Alleinstellungsmerkmalen, die vordergründig der Abgrenzung dienen, in der strategischen Absicht, philosophisch und theologisch neu ausrichtend und zugleich integrierend wirken zu können. Zu beobachten ist aber auch, wie das betont Praktisch-Nützliche an der Kunst seine hintergründige Vergeistigung erlebt, denn über diese Art, die Kunst zu betrachten, ist dem Leser die Brücke zum rein geistphilosophisch operierenden Weisen gespannt. Denn der wahre und eigentliche Künstler ist für Cusanus, wie für jeden Platoniker, noch immer der Mathematiker, der die Welt in geometrischen Gestalten und Zahlen erfasst, sie sodann vermisst und gemäß dem für angemessen Erkannten Dinge konstruiert und formt, die sich – wie der durch Schnitztätigkeit in Proportionen ausgeformte Löffel – in der Natur nicht finden lassen (vgl. c. 2, n. 62). Cusanus kann auf diese schaffend-konstruktive Tätigkeit des Geistes setzen, hatte doch der Schöpfer alles nach Maß, Zahl und Gewicht in der Welt eingerichtet (*Weish* 11, 21). Diese der Welt bereits eingeschriebenen Proportionalitätsrelationen galt es freilich in groß angelegten Vergleichsserien wiederzufinden, was ein gigantisches Vermessungsprojekt im Gefolge gehabt haben würde und selbst in der von Cusanus unsystematisch erdachten Form noch nicht zu realisieren war. Immerhin, Cusanus sucht das Vorhaben als Idee in seiner schmalen Schrift *Idiota de staticis experimentis* zu streuen. Angerissen wird dabei auch die von Geert Groote für gefährlich angesehene Welt der Geschäftigkeit, denn kurz gewährt Cusanus einen Blick auf das in den Städten Offensichtliche: Geld wird gezählt, Waren werden gewogen, diese Be-Wertung verlässt die Ebene des Moralischen und kommt in der Sphäre der städtisch sozialisierten Marktökonomie an. Es ist die Zeit, in der die Kaufmannshäuser der Fugger und Welser allmählich aufzusteigen beginnen.

Das Literarkonstrukt seines *idiota* stellt Cusanus als nichtwissenden Laien vor, der bei allem Understatement, das ihm von seinem Schöpfer reichlich in den

Mund gelegt wird, unerklärlich kenntnisreiche Argumente liefert, die ohne vorheriges Umbrechen des universitären Gedankengutes niemals hätten ersonnen werden können. Sein *idiota* ist, all den eingestreuten Versicherungen zum Trotz, kein Mann aus dem ungebildeten Volke. Aber über diesen Antitypus lassen sich traditionell verfestigte Vorurteile erst einmal destruieren und neue Seh- und Denkfelder erschließen. Indem Cusanus die Gelehrtenprägung seines *idiota* in subversiver Absicht auf Null setzt, wird es ihm möglich, über dieser scheinbaren intellektuellen Wüstung eine geistphilosophische Morgenröte aufziehen zu lassen, in der alles bislang Gedachte vereinfacht, neu zugeordnet und schließlich auch neu konstruiert werden kann. Die dem *idiota* eingesenkte intellektuelle Demut rasiert alle stolzen Gewissheiten einer bis dahin reputierlichen Vernunft, ein Zug übrigens, der die paulinische Vernunftaversion gemildert bewahrt. Das subversive Vorgehen des „Mähe alles, um frisches Wachstum üppig zu initiieren", es war seit Sokrates erprobt. Allerdings hat dieser mit seinem Tod für die geistige Radikalkur dann auch einstehen müssen.

Der Absicht auf einen echten Neubeginn fügt sich das ins Feld geführte intellektuelle Material freilich nur, wenn Cusanus die intern angelegte Widersprüchlichkeit des *idiota* übergeht. Es ist ja nicht so, dass er nichts weiß, er weiß es nur anders, so dass es ausschaut, als würde er alle Tabus brechen. Das ist jedoch nur bedingt der Fall. Im Text ist der *idiota* um Antworten nie verlegen und er argumentiert gedanklich ungebunden, ist er doch frei von jeglichem Korpsgeist. Die Männer der Hohen Schule hingegen können gerade das nicht sein, da die Geißel der gruppendominierten Reputation sie zwingt, unter den ‚Augen' ihrer Autoritäten bedachtsam linientreu zu argumentieren. Drei starke Abgrenzungen zum buchverdauenden Universitätsbetrieb lässt Cusanus dabei am *idiota* aufscheinen:
1. Im Denken ist er frei und ungebunden;
2. er ist ohne Sorge um die Standesreputation;
3. und er geht ohne Umstände auf den Problemkern ein, spricht offen und unverstellt.

Jener *idiota* gewinnt unter der Hand des Schriftstellers Cusanus den Charakter einer literarischen Projektionsfläche, den Zweck verfolgend, seinen Philosophieimpuls in der zerrissenen Zeitdebatte als von der Arbeit an der Überblicksweisheit gesteuertes Integral zu positionieren. Aber würde die dem *idiota* attestierte Offenheit und Unverstelltheit gereicht haben, in dem eingezeichneten naiven Überschwang auch einmal grundsätzlich zu irren? So weit geht die Naivität des theologischen Laien nicht, die sich im Grunde als von Natur aus rechtgläubig kontrolliert ausweist. Leichtgläubig und unbedacht Gottes schmähend, wie der biblische Tor (*stultus*; Ps 14, 1 oder 53, 1), kommt ihm ebenso wenig zu, wie es

Cusanus, trotz der ihm nicht selten zugesprochenen Toleranzidee, nicht eingefallen wäre, im *idiota* einen weltweisen Heiden zu sehen.

Des Cusanus *idiota* ist auf der philosophischen Betrachtungsebene als Personifikation der *docta ignorantia* (des belehrten Nichtwissens) konzipiert, einer *docta ignorantia* indes, die der Autor von dem ontologischen Korsett der gleichnamigen philosophischen Erstlingsschrift in seinen nachfolgenden Werken emanzipiert hat. Das dort eingestiftete sokratische Motiv wird in *De sapientia* (I, n. 1–3) sogleich differenzsetzend entpackt, denn der „arme" *idiota* weiß selbstredend, dass er nichts weiß, und expliziert sein unter dieser Demutsgeste geläutertes Wissen, während der „sehr reiche" *orator* über diesen Vorsprung an reflektierter Einsicht nicht verfügt und sich in seinem intellektuellen Hochmut verfangen muss. Da hinein platziert Cusanus die normative Aussage, die Paulus und Augustinus autorisiert hatten: *Vera autem scientia humiliat* („Wahres Wissen aber macht demütig."). Der schnöselhaft angelegte *orator* irrt eben fundamental, wenn er den *idiota* als komplett ungebildet abqualifiziert, weil der das Bücherstudium (*studium litterarum*) geringschätzt. Im Gegenzug macht der *idiota* klar, dass sich der *orator* von papiernen Autoritäten buchstäblich am Nasenring führen lässt. Von dort erwirbt er, so sieht es sein Kontrahent, lediglich eine Art Secondhandwissen, während die göttlich autorisierte Weisheit unmittelbar auf den Straßen ruft und nur gehört und angenommen sein will.

In *De mente* werden all die aufgebotenen Attribute noch einmal sichtbar. Da ist der *idiota* vorgestellt als ein Mann von großer Fülle des Geistes, der inhaltsschwer (*ponderose*) redet (c. 4, n. 74; c. 5, n. 82). Und der Philosoph lobt dessen klare Lehre, der jeder beipflichten müsse (c. 4, n. 78). Stets proklamiert der *idiota*, dass ihn keine Autorität leite (*quod nullius auctoritas me ducit*; c. 6, n. 88). Und doch steht er für höchste Spekulation ein, wobei Cusanus darunter die theologische versteht (c. 7, n. 106). Auf den Philosophen muss diese Rede des *idiota* faszinierend schmucklos wirken, ist sie doch in der Darlegung klar und gefällig (*aperta et delectabilis*) gehalten (c. 11, n. 130). Da sind die Bestimmungen zur *mens* (zum Geist), die der *idiota* vornimmt, die ihm unmittelbar einleuchten. Und auch für den *orator* enthalten sie eine glänzende Erklärung (*explanatio lucida*; c. 13, n. 148). Das Gespräch wird zum Ende hin als ein „erhabenes und überaus anziehendes Gespräch" (*sanctum et dulcissimum colloquium*) gepriesen, worin der *idiota* als ein Mann der Theorie (*viro admodum theoretico*) geglänzt habe (c. 15, n. 160).

Es liegt zu Tage, dass Cusanus mit der Erschaffung des *idiota* den Bildungskanon seiner Zeit dunkel spiegelt, um ihn gleichsam aufzubrechen. In diesem Kontext ist der *idiota* kein Nichts-Wissender, sondern einer, der um sein stets mutmaßendes Wissen reflektiert weiß, was den sokratischen Impuls, Wissen zu klären bewahrt, ohne in einer radikalen Skepsis alles Gewusste aufzulösen. So gelangt der *idiota* in die Position, in selbstbewusster Weise sich seines vorankommenden Denkens zu versichern,[3] obgleich er weiß, dass es kein Ende, keine letzte Gewissheit, geben kann. Alles geistige Erkennen muss Annäherung bleiben.

Literaturverzeichnis

Acta Cusana. Quellen zur Lebensgeschichte des Nikolaus von Kues, Bd. I, 1401–1452, hg. v. E. Meuthen/H. Hallauer, Hamburg 2000
Alain (1991): Die Kunst sich und andere zu erkennen, übers. v. F. J. Krebs, Frankfurt am Main
Blumenberg, Hans (1983): Die Lesbarkeit der Welt, 2. Aufl., Frankfurt am Main
Blumenberg, Hans (1997): Die Legitimität der Neuzeit, Frankfurt am Main
Borsche, Tilman (1999): „Der Dialog – im Gegensatz zu anderen literarischen Formen der Philosophie – bei Nikolaus von Kues, in: K. Jacobi (Hg.), Gespräche lesen. Philosophische Dialoge im Mittelalter, Tübingen, S. 407–433
Cassirer, Ernst (1927): Individuum und Kosmos in der Philosophie der Renaissance, Leipzig/Berlin
Flasch, Kurt (1998): Nikolaus von Kues. Geschichte einer Entwicklung. Vorlesungen zur Einführung in seine Philosophie, Frankfurt am Main
Flasch, Kurt (2004): Nikolaus von Kues in seiner Zeit. Ein Essay, Stuttgart
Grundmann, Herbert (1958): „Litteratus – illitteratus. Der Wandel einer Bildungsnorm vom Altertum zum Mittelalter", in: Archiv für Kulturgeschichte 40, S. 1–65
Imbach, Ruedi (1989): Laien in der Philosophie des Mittelalters. Hinweise und Anregungen zu einem vernachlässigten Thema (Bochumer Studien zur Philosophie 14), Amsterdam
Meuthen, Erich (1992): Nikolaus von Kues 1401–1464. Skizze einer Biographie, 7. Aufl., Münster
Nagel, Fritz (1984): Nicolaus Cusanus und die Entstehung der exakten Wissenschaften, Münster
Southern, Richard W. (1970): Western society and the church in the middle ages, London
Steiger, Renata (1988): Einleitung, in: Nikolaus von Kues, Der Laie über die Weisheit (PhB 411), Hamburg, S. VII–XXXVIII
Winkler, Norbert (2010): Nikolaus von Kues – Zur Einführung, 2. Aufl., Hamburg
Winkler, Norbert (2011): Meister Eckhart – Zur Einführung, 2. Aufl., Hamburg
Winkler, Norbert (2012): Eine Reform der Reform – Cusanus' *renovatio* der eckhartschen Denkungsart unter christologischem Vorbehalt, in: Th. Frank/N. Winkler (Hg.), Renovatio und unitas – Nikolaus von Kues als Reformer. Theorie und Praxis der *reformatio* im 15. Jahrhundert, Göttingen, S. 53–86
Winkler, Norbert (2016): Fürstliche Laien von Cusanus spielerisch belehrt. Philosophische Begrifflichkeit und metaphorische Rede in *De ludo globi*, in: T. Borsche/H. Schwaetzer (Hg.), Können – Spielen – Loben. Cusanus 2014, Münster, S. 357–372
Winkler, Norbert (2018): Cusanus. Die göttliche und die irdische Ordnung, in: agora42, Heft 2, Stuttgart, S. 36–42

---

[3] Blumenberg 1983, 60: „Was der Laie beim Cusaner als Weisheit gegen Wissenschaft stellt, wird in einem seiner Aspekte Jahrhunderte später ‚Selbstdenken' heißen."

Christian Kny

3 Der menschliche Geist zwischen Assimilation und Kreativität (*De mente* c. 2, n. 58–64 und n. 68)

Als Domäne spezifisch menschlichen Hervorbringens präsentiert Cusanus die rationale Welt – Begriffe, Begriffszusammenhänge, Bezeichnungen (vgl. bereits *De coni.* I, c. 1, n. 5). Im hier behandelten, zweiten Kapitel von *De mente* führt er in diese Domäne ein, und zwar im Rahmen einer Auseinandersetzung mit den Bezeichnungen, die vom menschlichen Geist zu Erkenntniszwecken vergeben werden. Bemerkenswert ist diese Auseinandersetzung in mehrerlei Hinsicht: Erstens wird in ihrem Verlauf ein mehrstufiges, hierarchisches Modell der Bezeichnung begrifflicher Gehalte entwickelt. Wie Cusanus Bezeichnung denkt, sagt viel über den epistemologischen Standpunkt aus, den er vertritt. Zweitens kommt der Auseinandersetzung aufgrund ihrer Stellung in *De mente* eine nicht zu vernachlässigende Bedeutung im unmittelbaren Werkkontext zu. Indem Cusanus einen Abschnitt zum Charakter und der Reichweite menschlichen Bezeichnens und Sprechens an den Anfang einer notwendig sprachlich operierenden Auseinandersetzung mit der *mens humana* stellt, steckt er nicht zuletzt den Rahmen für die Reichweite und den Geltungsanspruch ab, die diese Auseinandersetzung für sich reklamieren kann. Drittens greifen seine Ausführungen in prominente Diskussionsfelder aus. Neben einer spannenden Passage zum kreativen Potential von Menschen enthalten sie eine Stellungnahme zu Aristotelismus und Platonismus unter Bezeichnungsgesichtspunkten, wobei ich letztere zur Vermeidung von Dopplungen innerhalb des vorliegenden Bandes hier nicht behandle.

Die Frage nach Gestalt und Bedeutung des Bezeichnungsmodells im zweiten Kapitel von *De mente* gehe ich in zwei Schritten an. Zuerst arbeite ich entlang des Texts die Konturen des Modells heraus. Diese Konturen sind dann zweitens zu schärfen, indem einige Aspekte und Konsequenzen des Modells einer genaueren Betrachtung unterzogen werden. Dabei wird deutlich, dass Cusanus über eine Stufenordnung von Worttypen konventionalistische und naturalistische Züge von Bezeichnung zu verbinden sucht. Eine zentrale These seines Modells – rational gebildete Bezeichnungen sind unscharf – zeitigt dabei Einschränkungen des Geltungsanspruchs, den Aussagen über Bezeichnetes für sich reklamieren können. Das schlägt sich auf die Interpretation der nachfolgenden Kapitel von *De mente* und, soweit diese These über *De mente* hinaus vertreten wird, anderer cusanischer Werke nieder.

1 Der Kern von *De mente* 2: Das Bezeichnungsmodell

De mente 2 ist inhaltlich in vier Abschnitte gegliedert: Nach der Etablierung der These in n. 58, dass Bezeichnungen Bezeichnetes nicht vollständig fassen können, wird in einer längeren Passage die Frage diskutiert, ob aus dieser zentralen These die prinzipielle Willkürlichkeit von Bezeichnungen resultiert. Dabei werden mit beigelegtem und natürlichem Wort (*vocabulum impositum* und *vocabulum naturale*) verschiedene Worttypen vorgestellt (c. 2, n. 59–64). Nach der bereits angesprochenen Stellungnahme zu Aristotelismus und Platonismus (c. 2, n. 65–67), die ich hier ausklammere, kommt Cusanus schließlich auf das genaue Wort (*vocabulum praecisum*) zu sprechen und vervollständigt damit die Worttypisierung in *vocabulum impositum*, *vocabulum naturale* und besagtes *vocabulum praecisum*, die sein Bezeichnungsmodell auszeichnet (c. 2, n. 68).

1.1 Der Abstand zwischen Bezeichnung und Bezeichnetem

Cusanus initiiert die Debatte um das Bezeichnungsmodell mit der Frage des Philosophen, warum der Laie *mens* etymologisch von *mensurare* ableite (vgl. c. 2, n. 58). Dieser reagiert, statt die Frage direkt zu beantworten, mit einer Relativierung:

> (I) „Wenn die Bedeutung des Namens sorgfältiger zu untersuchen ist, so glaube ich, dass jene Kraft in uns, die aller Dinge Urbilder in Begriffe einfaltet und die ich Geist nenne (*vim illam, quae in nobis est, omnium rerum exemplaria notionaliter complicantem, quam mentem appello*), keineswegs im eigentlichen Sinn benannt wird. Wie nämlich der menschliche Verstand (*ratio humana*) die Washeit der Werke Gottes nicht erreicht, so auch nicht der Name. Denn die Namen sind durch eine Bewegung des Verstandes beigelegt." (c. 2, n. 58)

Mit der definitorischen Fassung des menschlichen Geistes als Kraft, die „aller Dinge Urbilder in Begriffe einfaltet" – „auf begriffliche Weise einfaltet" wäre hier eine bessere, weil interpretatorisch neutralere Übersetzung –, stellt Cusanus einen für *De mente* insgesamt wesentlichen Gedanken noch unvermittelt an den Beginn der Bezeichnungsdebatte (für eine eingehendere Auseinandersetzung mit diesem Gedanken vgl. c. 3, n. 72; c. 4, n. 72f.; c. 13, n. 148; zum Begriffspaar Einfaltung [*complicatio*] und Ausfaltung [*explicatio*] vgl. Reinhardt 2014; Leinkauf 2006, 102–110; Moritz 2006). Zwei Punkte stechen dann im weiteren Verlauf ins Auge: Erstens wird auf einen Abstand zwischen Bezeichnung und Bezeichnetem hingewiesen; der Name erreiche das durch ihn Bezeichnete nicht. Als Grund dafür wird zweitens angeführt, dass Bezeichnung von der *ratio* vollzogen werde. Die Bezeichnung *mens* und ihre etymologische Herleitung, die zur Debatte stehen, werden vom Laien also als ihrem Bezeichneten gegenüber defiziente Produkte der menschlichen *ratio* dargestellt. Warum sie defizient sind, bleibt an dieser Stelle unterbestimmt. Die Begründung wird später in *De mente* im Rahmen einer stufenförmigen Beschreibung von Erkenntnis als Assimilation nachgereicht. Dort wird rationale Erkenntnis, die sich mit sinnlichen Gegenständen befasst, deshalb als unsicher charakterisiert, weil sie über ihre sinnlichen Erkenntnisgegenstände nicht an reine Formen, sondern nur an konkrete, den reinen Formen gegenüber defiziente Materialisierungen dieser Formen herankomme (vgl. c. 7, n. 100–103; Kny 2018a, 41–57 für eine eingehende Auseinandersetzung mit der Passage). Die Bezeichnungen, die rational gebildet und sinnlich artikuliert werden, unterliegen den Einschränkungen des sinnlich-rationalen Bereichs. Das ist es, was der Laie am Ende des ersten Absatzes zur Bezeichnung andeutet:

> (II) „So sehe ich, da die Angemessenheit der Namen dem Mehr und Minder unterliegt, dass man den genauen Namen (*vocabulum praecisum*) nicht kennt." (c. 2, n. 58)

Zwei Erläuterungen sind noch nachzureichen. Erstens ist das „Mehr oder Minder" (*magis et minus*) für Cusanus *terminus technicus* des sinnlich-materiellen Gegenstandsbereichs und der dort charakteristischen Reichweitenbegrenzung von Erkenntnis (vgl. etwa *De docta ign.* I, c. 5 [n. 13]; *De coni.* I, c. 10, n. 49 f.). Zweitens war zunächst in (I) von ‚Urbildern' die Rede und im Blick auf *De mente* 7 von ‚reinen Formen'. In *De mente* 2 spricht Cusanus zudem ‚Ideen' (vgl. c. 2, n. 62) und „die einfache, von den Sinnen nicht wahrnehmbare Form" (c. 2, n. 63) an. Cusanus kann nicht ohne weiteres ein platonisches Ideenverständnis zugeschrieben werden – ich komme darauf noch einmal zurück. Wichtig ist hier, dass er die genannten Ausdrücke synonym verwendet.

1.2 Konventionalismus oder Naturalismus?

Cusanus lässt den Philosophen nun nicht nachhaken, was es mit dem *vocabulum praecisum* auf sich hat, von dem der Laie in (II) spricht. Worum es sich bei den verschiedenen Typen von *vocabula* – *vocabulum impositum*, *naturale* und *praecisum* – handelt, ist ohne Zweifel eine Frage, die sich aufdrängt. Stattdessen wird das Gespräch vom Philosophen zunächst in eine andere Richtung gelenkt: Wenn die Bezeichnungen, die Menschen vergeben, das Wesen des jeweils Bezeichneten nicht zu erreichen vermögen, und wenn es für dasselbe Bezeichnete verschiedene Bezeichnungen gibt – vgl. dazu die Passage zwischen (I) und (II) –, ist Bezeichnung dann nicht ein willkürlicher Vorgang (vgl. c. 2, n. 59)? Ob ich das, was ich gerade vor mir sehe, ‚Baum' nenne oder mit einer beliebigen anderen Zeichenkombination versehe, scheint irrelevant zu sein, wenn keine der von mir gewählten Bezeichnungen mehr als eine sprachliche Konvention ist, die mit dem Bezeichneten über den konventionell festgelegten Bezug hinaus nichts gemein hat. Der Philosoph steckt damit die auf Platons *Kratylos* zurückgehende Frage nach Natürlichkeit beziehungsweise Notwendigkeit oder Konventionalität von Bezeichnung als Diskussionsrahmen ab (für die Problemstellung vgl. Platon, *Kratylos*, 383a). Die Antwort, die Cusanus den Laien auf diese Frage geben lässt, lautet wie folgt:

> (III) „Denn wenn ich auch bekenne, dass jeder Name mit dem Benannten eben dadurch vereint ist, dass die Form zur Materie hinzutritt, und wenngleich es wahr ist, dass die Form den Namen herbeiführt, so dass also die Namen nicht aus der Beilegung kommen, sondern von Ewigkeit her sind, und <andererseits> die Beilegung frei ist, so glaube ich dennoch, dass nur ein passender Name (*congruum nomen*) beigelegt wird, wenn er auch nicht genau (*praecisum*) ist." (c. 2, n. 59)

Diese Antwort ist nicht ganz leicht nachzuvollziehen, was Cusanus – er lässt den Philosophen mit „drück dich bitte klarer aus" (c. 2, n. 59) antworten – durchaus bewusst ist. Grund dafür ist der Umstand, dass Bezeichnungen offenbar zwar in der Tat beliebig sein sollen, aber nicht *völlig* beliebig. Auf zwei Punkte wird hier verwiesen: Erstens sollen Namen – Cusanus verwendet *nomen* und *vocabulum* synonym, wie etwa in (I) sowie später in (IV) und (V) sichtbar wird – „nicht aus der Beilegung kommen, sondern von Ewigkeit her" sein. Begründet wird das mit dem Argument, Name und Benanntes verhielten sich wie Form und Materie. Formen sind es, die „Namen herbeiführen", und Namen sind „von Ewigkeit her". Cusanus legt hier nahe, dass Bezeichnungsakte sich nach ewigen Formen richten und daher nicht völlig beliebig sind. Zweitens aber ist „die Beilegung frei". Gemeint ist damit wohl, dass aufgrund der Unmöglichkeit des Erreichens der ewigen Formen durch rationale Bezeichnung gemäß (I) ein gewisser Spielraum bei der Beilegung von Namen vorhanden ist. Obwohl sich die Namen nach ewigen Formen richten und deshalb nicht völlig willkürlich sind, ist der konkrete Akt der Bezeichnung von der Möglichkeit geprägt, zwischen verschiedenen, mehr oder weniger passenden Namen zu wählen. Deshalb wird „ein passender Name beigelegt [...], wenn er auch nicht genau ist". Cusanus bezieht somit eine vermittelnde Position zwischen Naturalismus und Konventionalismus. Er entscheidet sich nicht für die eine oder die andere Seite, sondern stattet Bezeichnung, wie sie hier dargestellt ist, mit Komponenten beider Ansätze aus.

Um das Gesagte zu veranschaulichen, wählt Cusanus das Beispiel des Löffelschnitzens. Nach einem kurzen Vorlauf, in dem alle menschlichen Künste und

Tätigkeiten als endlich, unvollkommen und abhängig von der unendlichen Kunst dargestellt werden (vgl. c. 2, n. 60f.), kommt er zunächst auf die Entstehung des Löffels zu sprechen. Die einleitende These dieses Abschnitts ist zugleich eine der interpretatorisch spannendsten Stellen von *De mente*: „Der Löffel hat außer der von unserem Geist geschaffenen Idee kein anderes Urbild" (c. 2, n. 62). Die Frage, ob Cusanus hier behauptet, dass die *mens humana* tatsächlich Ideen ins Sein bringen kann – das könnte sie tendenziell auf die Ebene der *mens divina* heben und hätte damit weitreichende Folgen –, sei aber noch zurückgestellt. Denn die Herkunft der Idee ‚Löffel' spielt für den Prozess der Löffelherstellung insofern keine entscheidende Rolle, als sie nur vorhanden sein muss, damit sie in konkrete Löffel umgesetzt – in Cusanus' Worten: entfaltet – werden kann. Die reine Form soll in die sinnliche Welt gebracht werden und so wird Material bearbeitet, bis die Form in diesem angemessen widerscheint. Damit ist nicht die reine Form sinnlich wahrnehmbar gemacht, was nicht möglich ist. Es ist jedoch ein Abbild dieser Form – im Beispiel der Löffel aus Holz – geschaffen, das ihr mehr oder weniger nahekommt (vgl. c. 2, n. 63).

Der so hervorgebrachte Gegenstand kann dann bezeichnet werden. Das „Formverhältnis" (für die hier und im Folgenden zitierten Ausschnitte vgl. [IV] am Ende des Absatzes), das entstanden ist, wird als ‚Löffel' bezeichnet, „so dass auf diese Weise der Name mit der Form vereint ist". Die Bezeichnung soll die Form des Gegenstandes begrifflich ausdrücken und orientiert sich somit an der Idee, die den Rahmen für seine Entfaltungen in die sinnliche Welt absteckt. „Das Holz [erhält] den Namen vom Hinzukommen der Form", aber „dennoch [geschieht] die Beilegung des Namens nach Belieben, da ein anderer beigelegt werden könnte". So bestätigt sich die hinsichtlich (III) geäußerte Annahme. Dadurch, dass eine Bezeichnung im Licht einer Idee als stabiler Basis vergeben wird, ist sie natürlich. Weil für den Verweis auf die Idee durchaus verschiedene konkrete Namen gewählt werden können, ist sie in dem durch die Idee abgesteckten Rahmen aber dennoch beliebig:

> (IV) „Und obwohl das Holz den Namen vom Hinzukommen der Form erhält, so dass es, sobald das Formverhältnis entstanden ist, in dem das Löffelsein widerstrahlt, ‚Löffel' genannt wird, so dass auf diese Weise der Name mit der Form vereint ist, geschieht dennoch die Beilegung des Namens nach Belieben, da ein anderer beigelegt werden könnte. So ist er, obgleich nach Belieben beigelegt, dennoch nicht ein anderer und völlig verschieden von dem natürlichen, mit der Form vereinten Namen (*naturali nomine formae unito*); sondern der natürliche Name (*vocabulum naturale*) strahlt nach dem Hinzutreten der Form in allen verschiedenen, durch beliebige Völker verschieden beigelegten Namen wider." (c. 2, n. 64)

Das *vocabulum naturale*, das am Ende von (IV) auftaucht, muss angesichts der bis dato erarbeiteten Resultate als Ausdruck eines reinen Formverhältnisses verstanden werden, das (noch) nicht durch Materialisierung in einem sinnlichen Gegenstand an Schärfe verloren hat. Es markiert gleichzeitig den zentralen Gegenstand von Uneinigkeit in der Forschung, wodurch eines der im weiteren Verlauf noch zu diskutierenden Problemfelder bereits angezeigt ist. Die Ausführungen zur Beilegung des Namens ‚Löffel' zeigen außerdem, was Cusanus mit ‚Namen' oder ‚Wort' meint: keine Eigennamen oder indexikalischen Ausdrücke, sondern Bezeichnungen von Begriffsgehalten, die zur Benennung aller unter sie fallenden Exemplare dienen.

1.3 Das *vocabulum praecisum*

Was in dem Bezeichnungsmodell noch zu fehlen scheint, dessen strukturelle Ähnlichkeit zu (neu)platonisch geprägten Ontologien deutlich ist, ist der für solche Ordnungen charakteristische, absolute Ursprung. Dem *vocabulum praecisum*, das als einziger Bezeichnungstyp noch nicht zur Sprache gekommen ist, wird im letzten Gliederungsabschnitt von *De mente* 2 genau diese Funktion zugesprochen:

> (V) „Nur ein unaussprechliches Wort (*verbum ineffabile*) gibt es also, das der genaue Name (*praecisum nomen*) aller Dinge ist, wie sie aufgrund der Verstandesbewegung unter einen Namen fallen. Dieser unaussprechliche Name strahlt freilich in allen Namen auf seine Weise wider, denn er ist für alle Namen die unendliche Möglichkeit, Name zu sein, und für alles mit der Sprache Ausdrückbare die unendliche Möglichkeit, ausgedrückt zu werden, so dass auf diese Weise jeder Name Abbild des genauen Namens ist." (c. 2, n. 68)

> (VI) „Diese [sc. die unendliche, unaussprechliche Form, *ck*] nennen wir, während wir die menschliche Gestalt betrachten, deren genaues Urbild, so dass die unaussprechliche <Form>, während wir auf ihre Abbilder schauen, mit allen Namen genannt wird und das eine ganz einfache Urbild gemäß den durch unseren Verstand gebildeten spezifischen Unterschieden der nach dem Urbild gestalteten Dinge eine Mehrzahl von Urbildern zu sein scheint." (c. 2, n. 68)

Damit sind wir am Ende unserer Modellbetrachtung angelangt. Cusanus stellt drei Typen von Namen vor: *vocabulum impositum*, *vocabulum naturale* und *vocabulum praecisum*. Ersteres ist rationale Bezeichnung, die mehr oder weniger angemessen (*congruum*) ihren Gegenstand bezeichnet. Sie ist konventionell, sofern sie auch anders lauten könnte, und sie ist natürlich, sofern sie sich auf ein selbst nicht rational benennbares *vocabulum naturale* mit Ideenfunktion bezieht, das den *vocabula imposita* als fester Referenzpunkt dient und vom Vorhandensein oder

Fehlen sinnlicher Exemplare unabhängig ist.[1] Durch das *vocabulum naturale*, auf das Menschen zugreifen können, da sie die Urbilder aller Dinge auf begriffliche Weise einfalten, wird der indirekte Wirklichkeitsbezug der *vocabula imposita* gewährleistet. Über dem *vocabulum naturale* steht schließlich das *vocabulum praecisum* in Analogie zum absoluten Ursprung, das als genauer Name aller Dinge fungiert und – wie in (V) deutlich wird – Bezeichnung allererst ermöglicht.

2 Diskussions- und Problemfelder

Drei Aspekte aus dem Kontext des Bezeichnungsmodells nehme ich nun zur Präzisierung etwas genauer in den Blick: erstens die Interpretation des *vocabulum naturale* in der Forschung, zweitens die Auswirkungen des cusanischen Modells auf den Geltungsanspruch von Aussagen und drittens die Frage, ob Menschen laut Cusanus Ideen schaffen.

2.1 Die Interpretation des *vocabulum naturale*

Unstrittig ist, wie vor allem in (I) bis (IV) deutlich wird, dass das Vergeben von Namen von Cusanus als ein rationaler Vorgang der Bezeichnung von Begriffsgehalten aufgefasst wird. Wer die Unterscheidungen, die von der *ratio* beim Erfassen ihrer Gegenstände getroffen werden, verbalisiert, ist Cusanus zufolge mit Freiheiten ausgestattet, die dem konventionalistischen Zug des Bezeichnungsmodells geschuldet sind. Legt man den interpretatorischen Fokus auf diese Freiheiten, so folgt daraus ein „breiter Spielraum für die freie Aktivität des Geistes. Er braucht nicht mit dem festgelegten, vorbestimmten Wesen der Dinge übereinzustimmen, weil dies eben ausgeschlossen ist" (van Velthoven 1977, 212).

Mit dem Übergang zum naturalistischen Zug von Bezeichnung begegnet dann die zentrale interpretatorische Schwierigkeit – das *vocabulum naturale*. Die Grundsituation ist zunächst noch klar: Menschen tragen die Urbilder aller Dinge auf begriffliche Weise in sich. Das stellt Cusanus in (I) seinen Ausführungen zur Bezeichnung voran. Menschen können sich demnach bei der Vergabe von Be-

---

1 Auch Platon scheint Sokrates zumindest in die Richtung einer derartigen Position denken zu lassen, der ihre Begründung jedoch als seine Möglichkeiten übersteigend erachtet. Vgl. Platon, *Kratylos*, 438a – 439d. Apel 1955, 209 f. weist darauf hin und vertritt die Ansicht, dass auch Cusanus dieses Problem nicht löse. Dass die Charakterisierung vom Menschen als „*rerum exemplaria notionaliter complicantem*" in (I) einen Lösungsansatz darstellt, zieht er nicht in Betracht, obwohl er sie an anderer Stelle (ibid., 218 f.) aufgreift.

zeichnungen auf das beziehen, was sie in sich tragen. So sind die *vocabula imposita* zwar kontingent, aber als Ausdruck von Ewigkeit herkommender Formen zumindest insofern mit den sinnlichen Gegenständen verbunden, als diese Gegenstände Manifestationen derselben Formen sind. Könnte man eine solche von Ewigkeit herkommende Form aussprechen, so wäre die entstehende Bezeichnung laut Cusanus ein *vocabulum naturale*.

Für die Antwort auf die Frage, worum es sich beim *vocabulum naturale* aus (IV) genau handelt, können dann zwei interpretatorische Ansätze verfolgt werden. Der erste dieser Ansätze besteht in der Annahme, dass das *vocabulum naturale* und das in (V) und (VI) an die Spitze der Bezeichnungshierarchie gestellte *vocabulum praecisum* identisch sind (vgl. Maaßen 2015, 157 f. [mit Anm. 408]; Ströbele 2015, 226 f.; Elpert 2002, 156–158; Casarella 2017, 202–211; Borsche u. a. 1984, 382; Stadler 1983, 25–27; van Velthoven 1977, 221 f., 253). Die Interpretation scheint zurückzugehen auf einen Aufsatz von Karl-Otto Apel (vgl. Apel 1955, 212, 216). Der zweite Interpretationsansatz lehnt diese Identifizierung ab. Ihm gemäß ist zwischen *vocabulum naturale* und *vocabulum praecisum* derselbe Unterschied zu machen, der ontologisch zwischen Ideenebene und absolutem Ursprung zu machen wäre (vgl. Zahnd 2013, 112–117; Mojsisch 1998, 78 [Anm. 28]; Meinhardt 1979, 120).

Betrachten wir deshalb noch einmal genauer den Übergang vom *vocabulum naturale* zum *vocabulum praecisum* sowie die Passage, die (V) und (VI) enthält. Im Vorlauf zu (V) bezeichnet Cusanus das Absolute als „unendliche Form", die in allen Dingen „als das aller und jeder einzelnen formbaren Dinge entsprechendste Urbild" widerstrahle. Diese unendliche Form sei unaussprechbar, rational nicht erreichbar und sie sei, als unendliche, *ein* Urbild und nicht viele (c. 2, n. 67). Direkt im Anschluss folgt dann (V). Beide Interpretationsansätze können aus dieser Stellungnahme heraus eine gewisse Plausibilität für sich reklamieren.

Einerseits spricht Cusanus hier nicht von drei ontologischen Ebenen, sondern nur von zweien: dem als „unendliche Form" bezeichneten Absoluten und dessen Abbildern, die von der *ratio* erfasst werden und daher Sinnesgegenstände sein müssen. Indem er betont, dass es nur ein Urbild und nicht viele gibt, scheint er Ideen im Sinne mehrerer, eigenständiger ontologischer Instanzen abzulehnen. Die *vocabula imposita*, mit denen Sinnesgegenstände bezeichnet werden, können – die Grundthese wird noch einmal wiederholt – das absolute Urbild sprachlich nicht greifen, das dann am Beginn von (V) als *vocabulum praecisum* charakterisiert wird. Wenn nun das *vocabulum naturale* aus (IV) über den *vocabula imposita* steht und wenn über diesen *nur* das *vocabulum praecisum* anzutreffen ist, dann sind *vocabulum naturale* und *praecisum* zu identifizieren. Darauf scheint neben der Tatsache, dass Cusanus selbst nie von *vocabula naturalia* im Plural spricht, auch (VI) zu deuten. Denn dort wird das Vorhandensein vieler

Urbilder als nur scheinbares Vorhandensein dargestellt, das auf die vielfältigen, von der *ratio* hervorgebrachten Bezeichnungen ihrer Gegenstände zurückgeht.

Auch der zweite Interpretationsansatz kann jedoch von der Stellungnahme zur unendlichen Form aus plausibilisiert werden. Denn Cusanus macht ja erstens explizit deutlich, dass er sich in dieser Stellungnahme auf das Absolute bezieht. Spricht man vom Absoluten, so ist die Ablehnung von Vielheitlichkeit nachvollziehbar, weil sonst eine Fragmentierung des Absoluten und damit letztlich eine Gefährdung seiner Absolutheit drohte. Dennoch erklärt er es im Rahmen der Passage für „wahr, dass es nicht viele gesonderte Urbilder und Ideen der Dinge gibt" (c. 2, n. 67). Eine zufriedenstellende Begründung für den zweiten Interpretationsansatz ist deshalb noch nicht gegeben. Zweitens ist aber – und das ist wichtiger – zu beachten, in welchem Kontext Cusanus jeweils spricht. Während seine Auseinandersetzung mit dem Charakter menschlichen Bezeichnens eine epistemologische ist, sind die Aussagen zur einen unendlichen Form und der Vielheit der Dinge im Vorlauf zu (V) und (VI) ontologischer Art. Selbst wenn Cusanus nur von zwei ontologischen Ebenen ausgeht und das Vorhandensein einer eigenständigen Ideenebene zwischen der unendlichen Form und den vielen Dingen ontologisch ablehnt, folgt daraus nicht, dass er Ideen auch epistemologisch eliminiert. Aus der Abwesenheit von Ideen in der gottgeschaffenen Welt kann nicht einfach ohne weitere Begründung auf die Abwesenheit von Ideen als Bestandteil menschlicher Erkenntnisprozesse geschlossen werden.

Während also beide Interpretationsstränge Plausibilität für sich reklamieren können, halte ich den zweiten für tragfähiger. Begründet liegt das im Wesentlichen darin, dass zwar durchaus verschiedene Lesarten im Blick auf das begründbar sind, was Cusanus in *De mente* unter Ideen versteht – nicht nur bezüglich *De mente* sind Ideen ein schwieriges und kontrovers diskutiertes Thema (vgl. Kny 2020; Rusconi 2012; Horn 2007; Krieger 2005; Kremer 2004b, 179–188; Flasch 1998, 310–312; Hopkins 1986, 32–37; Meinhardt 1978; Schnarr 1978; van Velthoven 1977, 103–109; Hoffmann 1975). Nicht abzustreiten ist jedoch, dass Cusanus zumindest epistemologisch mit Ideen operiert und diese in seinen Ausführungen eine wichtige Rolle spielen – sei es für die menschliche Assimilationstätigkeit (vgl. c. 7, n. 103 f.), sei es für das Löffelbeispiel. Unabhängig davon, welcher ontologische Status Ideen mit Cusanus zuzusprechen ist, *benutzen* Menschen Ideen als Instrumente in Erkenntnisprozessen. Die Rede von *vocabula naturalia* erlaubt es, diese Instrumente und ihre Funktion zu bezeichnen. Eine Identifikation von *vocabulum naturale* und *vocabulum praecisum* ignorierte das, indem sie den *vocabula naturalia* ihre Eigenart abspräche und damit Ideen als epistemologische Faktoren aus dem Bezeichnungsmodell eliminierte. Cusanus braucht sie jedoch, weil er durch sie die naturalistischen Züge dieses Modells sichert. Dass etwa ‚Baum', ‚Stein' und ‚Bach' nicht nur konventionell auf Verschiedenes referieren, könnte Cusanus innerhalb dieses Modells nur mit Verweis auf das *vocabulum praecisum* kaum plausibilisieren. Wenn stets das Absolute oder Gott als *vocabulum praecisum* – mit (III) – „den Namen herbeiführt", warum sollte dann von ‚Baum', ‚Stein' und ‚Bach' gesprochen werden statt etwa von ‚Gott', ‚Gott' und ‚Gott'? Selbst wenn man – und es gibt gute Gründe dafür – Ideen in *De mente* keinen ontologischen Status zuschreiben will, erscheint es mir daher nicht sinnvoll, *vocabulum naturale* und *vocabulum praecisum* zu identifizieren und damit die Funktionalität des Bezeichnungsmodells zu gefährden.

Bestärkungen der zweiten Interpretationslinie kann man bei genauer Betrachtung zudem in (V) und (VI) sehen. In (VI) wird zwar gesagt, dass es aufgrund der von Menschen rational gebildeten *specificae differentiae* nur so scheine, als gäbe es viele Urbilder. Aber es ist die unendliche Form – *unum simplicissimum exemplar* –, auf die sich diese Aussage vom Schein vieler Urbilder bezieht. Die Zwischenebene der Ideen taucht daneben durchaus auf. Denn Cusanus konstatiert, dass „die unaussprechliche <Form>, während wir auf ihre Abbilder (*imagines*) blicken, mit aller Namen" genannt werde. *Imagines* sind nun aber gerade nicht sinnlich wahrnehmbare Gegenstände, sondern deren Einfaltungen, um die Terminologie von *complicatio* und *explicatio* wieder aufzugreifen (vgl. c. 4, n. 74). Egal, welcher ontologische Status den *imagines* zukommt: Wir können laut Cusanus auf sie blicken und sie stehen zwischen der einen, einfachen Form und den vielen Dingen der sinnlich-rational erfahrbaren Welt. (V) geht von der Idee *humanitas* als Beispiel aus. Die unendliche Form ist deren genaues Urbild; wenn wir auf die Bilder des Absoluten blicken – Cusanus verwendet das für intellektuelles Erkennen gern verwendete *videri* in Abgrenzung von rationalem Erfassen –, von denen die *humanitas* eines ist, dann bezeichnen wir mit allen *vocabula imposita*, vermittelt über Ideen wie *humanitas*, letztlich das Absolute. Wären *vocabulum praecisum* und *vocabula naturalia* gleichzusetzen, dann wäre die Rede von einer Vermittlungsebene unsinnig.

2.2 Die Auswirkungen des Bezeichnungsmodells auf den Geltungsanspruch von Aussagen

Jedes gesprochene oder geschriebene Wort ist ein Produkt rationaler Tätigkeit und als solches den Mängeln ausgesetzt, die dieser Tätigkeit anhaften. Das ist eine der zentralen Thesen des Bezeichnungsmodells und sie wirft ihre Schatten auf *De mente*, dessen weiteren Ausführungen sie vorangestellt ist. Eine der wesentlichen Fragen, anhand der ich die Verortung des Modells im Werkkontext von *De mente* vornehmen will, hebt auf die Bedeutung dieser These für den Geltungsanspruch von Aussagen ab: Wenn sich jede von Menschen getätigte Aussage rational gebildeter Bezeichnungen bedienen muss, welche Geltung können diese Aussagen dann für sich reklamieren? Fraglich ist zudem, welcher Status Aussagen zu Überrationalem zukommt; als gesprochene beziehungsweise geschriebene müssen sie sich ja ebenfalls rational gebildeter Bezeichnungen bedienen, deren Gegenstandsbereich laut Cusanus aber eigentlich sinnlich Wahrnehmbares ist (vgl. c. 7, n. 102).

Es ist sinnvoll, sich noch einmal einen Überblick über die relevanten Thesen zu verschaffen, um diese Fragen auf einer soliden Grundlage anzugehen:
(1) Alles von Menschen Gesagte oder Geschriebene geht gemäß (I) auf die *ratio* als Urheberin zurück.
(2) Rationale Bezeichnungen sind gemäß (I) und (II) ungenau und unterliegen dem „Mehr oder Minder".
(3) Mögliche Bezugsgegenstände von Bezeichnungen, die Cusanus in *De mente* 2 thematisiert, sind: Sinnliches, Ideen und das Absolute.

Hinsichtlich der Bildung rationaler Bezeichnungen von Sinnlichem ist die Frage nach deren Geltungsanspruch bereits beantwortet, wenn das auch nicht mit dem Verweis auf selbigen geschehen sein mag. Aus (1) und (2) folgt, dass sie keinen uneingeschränkten Geltungsanspruch erheben können. Cusanus postuliert das nicht nur, sondern arbeitet nach diesem Grundsatz. Das zeigt sich nicht zuletzt an der für ihn charakteristischen begrifflichen Unschärfe – wenn Bezeichnungen prinzipiell nicht genau sein können, gibt es auch keinen Grund, sich in Streitigkeiten darüber zu verwickeln. „Ich, der ich ein Laie bin, achte nicht viel auf Bezeichnungen (*verba*)" (c. 8, n. 11). Die oben diskutierten, naturalistischen Züge des Bezeichnungsmodells machen aber deutlich, dass diese Unschärfe für Cusanus keine Aufgabe jeglichen Wirklichkeitsbezugs bedeutet – dass Menschen die Urbilder der Dinge auf begriffliche Weise einfalten, gewährleistet den Wirklichkeitsbezug ihrer bezeichnenden Aktivitäten. Rationale Bezeichnungen von Sinnlichem können zwar nur eingeschränkte Gültigkeit für sich reklamieren, gehen aber nicht völlig ins Leere.

Was geschieht nun aber beim Verlassen des „Mehr oder Minder"? Könnten Menschen Bezeichnungen über die Elemente der höheren Bezugsklassen bilden, die wie diese Elemente die Veränderlichkeit der Sinnlichkeit hinter sich ließen, so wären diese Begriffe der Unsicherheit ihrer rationalen Verwandten enthoben. Jedoch bedeutet (1), dass sich Begriffe über Gegenstände der verschiedenen Bezugsklassen in ihrer sprachlichen Ausformung nicht unterscheiden; sprachliche Ausformung ist immer rationaler Prägung. Mögen also die Gegenstände der ideellen und absoluten Bezugsklasse frei vom „Mehr oder Minder" sinnlicher Entitäten sein; mag es Menschen möglich sein, die Unsicherheit rationaler Bezeichnungen durch andere Erkenntnisweisen zu überwinden – jede Versprachlichung ist eine Rationalisierung und damit, im cusanischen Modell, eine Verunsicherung von Erfasstem. Als Ausdruck davon kann beispielhaft der Umgang mit *humanitas* (vgl. c. 2, n. 66) betrachtet werden. Die auf Sinneseindrücke zurückgehende Artbezeichnung und die alle sinnlichen Exemplare der Art in sich fassende Idee lauten in ihrer sprachlichen Ausformung zunächst einmal beide *humanitas*. Cusanus muss darauf hinweisen, dass es zwei verschiedene Referenzklassen – konkrete Menschen und die Idee ‚Mensch' – für die Bezeichnung gibt, weil das aus der Bezeichnung allein nicht ersichtlich ist. Es mag durch die Einführung bestimmter sprachlicher Konventionen möglich sein, den Verweis auf die Ideenebene in einer Bezeichnung offensichtlicher zu machen, aber es müssen dafür eben Konventionen eingeführt, Ergänzungen gemacht, Erläuterungen gegeben werden. Aus ihr selbst heraus und – das wäre die zweite Anforderung, die überrationale Bezeichnungen zu erfüllen hätten – sprachübergreifend ist die Tatsache, dass sich eine Bezeichnung etwa auf eine Idee bezieht, nicht ersichtlich (vgl. auch Senger 2002, 77–80, der das Unsicherheitsdiktum stark macht und im Gegensatz zu Mojsisch 1998, 76 f. wiederholt auf diesen Sachverhalt hinweist). Die Überzeugung von der eingeschränkten Reichweite menschlicher Rationalität veranlasst Cusanus dabei nicht zu ihrer pauschalen Herabwürdigung. Als Teil der menschlichen Ausstattung und als wesentliches Hilfsmittel zur Lebensbewältigung wertet er sie durchaus positiv (vgl. Mandrella 2012, 57–64).

Die Figur des eingeschränkten Geltungsanspruchs ist also auch auf Bezeichnungen von Ideellem und Absolutem zu übertragen; nicht, weil die Bezugsgegenstände dieser Klassen derselben Veränderlichkeit ausgesetzt sind wie sinnliche Gegenstände, sondern weil der Bezug *auf sie* nur mittels rationaler Bezeichnungen möglich ist, sobald eine Versprachlichung stattfindet. Das Bezeichnungsmodell ist somit in seiner Bedeutung für *De mente* insgesamt nicht zu unterschätzen, sofern es die im weiteren Verlauf der Untersuchung erzielten Ergebnisse einer gewissen Relativierung aussetzt. Was Cusanus artikuliert, mag – das wird in *De mente* 2 nicht ausgeschlossen – auf sichere Einsichten zurückgehen. Weil und sofern er es artikuliert, kann sein Geltungsanspruch aber nur eingeschränkt sein.

Wirft man einen Blick über *De mente* hinaus, dann wird deutlich, dass Cusanus diese Auffassung sehr ernst nimmt. Beispielsweise ist die in *De docta ignorantia* vorgestellte Methode des *incomprehensibiliter inquirere* (vgl. *De docta ign*. I, c. 2 [n. 5] für eine Art definitorische Fassung und c. 11 [n. 30] für einen kurzen Überblick über die Schritte, die zur Methode gehören) nichts anderes als eine Reaktion auf die Überzeugung von der Unzulänglichkeit rational-sprachlicher Zugriffsversuche auf überrationale Gegenstände (vgl. *De docta ign*. I, c. 2 [n. 8]; sachlich verwandte Passagen finden sich etwa in *De coni*. I, c. 6, n. 25 f.; c. 8, n. 31; *De beryllo* c. 27, n. 43; *De ven. sap*. c. 6, n. 14; c. 33, n. 97). Cusanus verfällt also aufgrund der Abstands sprachlicher Ausdrücke von ihren Referenzgegenständen nicht in einen radikalen Erkenntnisskeptizismus, sondern sucht nach Alternativen. Sein Vorschlag besteht darin, Begriffe als Mittel dazu zu benutzen, sich über die Bezeichnungen hinaus dem von ihnen Bezeichneten zu nähern. Dieser Umgang mit Sprache macht aus einer etwas anderen Perspektive noch einmal deutlich, warum Cusanus in seiner Terminologie so flexibel ist. Der Umgang steht außerdem in engem Zusammenhang mit der Figur steter, produktiver, mitunter kreativer, aber eben nur approximativer Annäherung an Erkenntnisgegenstände, die ebenfalls nicht nur für *De mente*, sondern für das cusanische Schaffen insgesamt prägend ist (vgl. Kny 2018a, 39–72 für eine ausführliche Analyse dieser Grundfigur kreativer, asymptotischer Assimilation).

Die bisherigen Ausführungen zum Geltungsanspruch von Aussagen haben jedoch einen wichtigen Punkt bisher außer Acht gelassen. Denn die Vorbehalte, die Cusanus gegen die Reichweite sprachlichen Zugriffs äußert, gelten für ihn nicht uneingeschränkt, was an seinem Verständnis der Mathematik als Paradebeispiel für präzise Erkenntnis und damit auch präzisen sprachlichen Ausdruck deutlich wird (vgl. c. 3, n. 70; c. 7, n. 103 f.; vgl. Senger 2002, 68 für eine Auflistung weiterer Stellen außerhalb von *De mente*). Was bedeutet das? Wie die eben genannten Passagen zeigen, wird die Sprache der Mathematik deshalb als präzise aufgefasst, weil die Mathematik „als verfügbares Eigenprodukt des menschlichen Geistes für die, die sie hervorbringen, durchsichtig ist" (Senger 2002, 68; vgl. auch das ausführliche Kapitel zur Mathematik in van Velthoven 1977, 131–196). Mathematik als menschliches ‚Geschöpf' ist damit zu unterscheiden von der gottgeschaffenen Seinswirklichkeit. Während die Gegenstände ersterer präzise bezeichenbar sind, gelten für die Gegenstände letzterer die genannten Einschränkungen samt den dargestellten Konsequenzen bezüglich des Geltungsanspruchs von Aussagen. Das Gesamtbild ist demnach so zu skizzieren: Innerhalb menschengeschaffener Begriffs- und Bezeichnungszusammenhänge wie der Mathematik ist Präzision sowohl im Erfassen als auch in der Bezeichnung erreichbar. Sobald aber eine Bezugnahme auf Gegenstandsbereiche erfolgt, die nicht von Menschen selbst hervorgebracht sind, tritt Präzisionsverlust mit den beschriebenen Konsequenzen in Kraft.

2.3 Menschen als Ideenschöpfer?

Zum Abschluss ist nun die Frage wieder aufzugreifen, wie ausgeprägt die Kompetenzen sind, mit denen Cusanus Menschen beziehungsweise den menschlichen Geist hinsichtlich der Hervorbringung von Ideen ausstattet. Behauptet Cusanus, dass die *mens humana* Ideen ins Sein bringen kann? Das hätte weitreichende

Konsequenzen, indem es, wie gesagt, die Differenz und damit das Abbildverhältnis zwischen ihr und der *mens divina* in Frage stellte. Denn letzterer soll ja Schöpfung auf der Seinsebene vorbehalten sein. Zufriedenstellend beantworten lässt sich diese Frage allein mit *De mente* 2 und auch mit *De mente* insgesamt nicht. Ich begnüge mich deshalb damit, die interpretatorischen Optionen abzustecken und auf relevante Aspekte zur Beantwortung der Frage hinzuweisen.

Ich wiederhole noch einmal die Kernaussage, um die es in diesem Kontext geht:

> (VII) „Der Löffel hat außer der von unserem Geist geschaffenen Idee kein anderes Urbild (*Coclear extra mentis nostrae ideam aliud non habet exemplar*)". (c. 2, n. 62)

Wirft man einen Blick in den lateinischen Originaltext, so fällt zunächst einmal auf, dass dort von *creare* oder *creatio* nichts steht. Übersetzte man *extra mentis nostrae ideam* näher am Text mit „außer der Idee unseres Geistes", dann ist diese Aussage erst einmal neutral. Sie steht nicht in einem Spannungsverhältnis zur Auffassung des menschlichen Geistes als Bild des göttlichen Geistes ohne kreative Fähigkeiten. Vielmehr könnte man die Aussage als Teil einer Passage interpretieren, in der mit den verschiedenen Assimilationsebenen operiert wird, die in *De mente* 7 näher behandelt werden: Bildhauer oder Maler beziehen die Formen – die ‚Muster' der von ihnen erzeugten Artefakte – von den Dingen. Sie arbeiten auf der Grundlage von konkreten Formen sinnlich wahrnehmbarer Dinge, denen sie sich und damit ihre Werke angleichen. Der löffelschnitzende Laie dagegen bedient sich reiner Formen als ‚Muster', die so in der empirischen Welt nicht auftreten, und bringt auf diese Weise seine Erzeugnisse hervor. Das kann nur menschliche Kunst leisten, weil allein die *mens humana* die reinen Formen auf begriffliche Weise als *complicatio complicationum* in sich einschließt (vgl. c. 4, n. 74). Die menschliche Kunst des Löffelmachens ist aufgrund des Hervorbringens nach dem Maßstab reiner Formen der göttlichen, Sein schaffenden Kunst näher als etwa Bildhauerei oder Malerei (vgl. c. 2, n. 62).[2] Die *mens humana* brächte dann Ideen wie die des Löffels nicht ins Sein, sondern auf den Begriff und mittels des Begriffs

---

2 Zu ergänzen wäre dabei noch: näher als etwa Bildhauerei oder Malerei in der hier beschriebenen Form. Denn sobald Bildhauerei oder Malerei ihre Vorbilder nicht aus der Sinnlichkeit beziehen, sondern ebenfalls von reinen Formen aus arbeiten, wären sie wie die Löffelmacherei im Beispiel zu charakterisieren. Es liegt daher nahe, Künste nicht statisch entweder unter *imitare* oder unter *perficere* zu gruppieren, sondern *imitare* und *perficere* als verschiedene Form-Bezugsmöglichkeiten für jede Kunst anzusetzen. Dazu passt, dass Cusanus in *De mente* die Metapher des lebendigen Bildes anhand verschiedener Arten von Malerei konstruiert (vgl. c. 13, n. 149).

in die Welt des „Mehr oder Minder" (vgl. Mandrella 2010, 189 für eine Interpretation in dieser Stoßrichtung auf der Basis von Cusanus' Sermo CL).

Aus der Tatsache, dass diese Position ausgehend von (VII) vertreten werden kann, folgt aber nicht, dass sie auch vertreten werden muss. Denn die Formulierung räumt aufgrund ihrer Neutralität eben auch die Möglichkeit ein, dass „die Idee unseres Geistes" von unserem Geist geschaffen ist, weil sie ihre Herkunft nicht angibt. Es muss also aus dem Kontext heraus entschieden werden, welche interpretatorische Variante zu bevorzugen ist. Dieser teilt zunächst nur mit, dass die Idee des Löffels nicht von einem Naturding herstammt. Der neutrale Boden ist damit noch nicht verlassen, denn: dass kein Naturding der Grund dafür ist, dass die Idee im menschlichen Geist vorgefunden wird, heißt ja noch nicht, dass sie vom menschlichen Geist geschaffen wurde. Kurz darauf folgt dann aber die Aussage, dass „solche Formen von Löffeln, Schalen und Töpfen [...] nur durch menschliche Kunst zustande [kommen] (*perficiuntur*)" (c. 2, n. 62). Es wird noch angehängt, dass die menschliche Kunst „mehr im Zustandebringen als im Nachahmen (*magis perfectiora quam imitatoria*) geschöpflicher Gestalten" (c. 2, n. 62) bestehe. Das könnte nun dahingehend interpretiert werden, dass es ohne menschliche Kunst die Ideen gar nicht gäbe und damit nicht nur die genannten Gegenstände, sondern auch ihre Ideen menschengeschaffen sind. Allerdings spricht Cusanus auch hier nicht von *creare*, *producere* oder ähnlichem, sondern von *perficere* – vervollständigen. Das muss erklärt werden. Handelt es sich bei Vervollständigung nicht um einen Prozess, der etwas bereits Vorhandenes voraussetzt, das dann vervollständigt werden kann? Will man die Position vertreten, dass Menschen laut Cusanus ideenschöpferisches Potential haben, ist im Kontext von *De mente* 2 relevant, dass Cusanus mit dem Löffel von einem Artefakt und nicht von einem Naturgegenstand spricht. Einwänden dahingehend, dass überhaupt kein Raum für kreative Fähigkeiten bei Menschen bestehe, kann man damit entgegenhalten: Selbst wenn die Ideen von Naturgegenständen das – nicht von Menschen geschaffene – ‚Material' sind, das vervollständigt wird, so schaffen Menschen aus diesem ‚Material' doch neue, in der Natur ohne menschliche Tätigkeit nicht vorfindliche Artefaktideen.

Bezüglich des kreativen Potentials von Menschen lässt sich im Blick auf *De mente* 2 demnach festhalten, dass der Text – wörtlich übersetzt – relativ neutral ist und verschiedene Interpretationen zulässt. Angesichts der Tatsache, dass Menschen laut Cusanus Ideen wie ‚Löffel' hervorbringen, die nicht aus menschenunabhängig existierenden Gegenständen extrahiert werden können, ist es durchaus naheliegend Menschen (ideen)schöpferisches Potential zuzuschreiben. Wie dieses Potential beschaffen und wie weitreichend es ist, bleibt allerdings offen – der fragwürdige ontologische Status von Ideen und die Frage, was genau mit dem ‚Vervollständigen' von Ideen wie ‚Löffel' gemeint ist, lassen eine klare Antwort auf diese Frage allein mit *De mente* 2 nicht zu.

Blickt man über das zweite Kapitel hinaus, so finden sich in *De mente* einerseits Aussagen, in denen das kreative Potential von Menschen stark eingegrenzt wird (vgl. c. 3, n. 72 und c. 7, n. 99 für zwei der prominentesten Passagen). Andererseits positioniert sich Cusanus mit Aristoteles klar gegen die These anerschaffener Begriffe oder Ideen (c. 4, n. 77), was die Frage aufwirft, wie genau Menschen Zugriff auf Ideen bekommen sollen (vgl. Kny 2018b in diesem Kontext). Egal, welche Interpretation man im Blick auf das kreative Potential von Menschen vertritt: Die Textgrundlage ist nicht eindeutig und Textarbeit unumgänglich. Dasselbe gilt, wenn man den Blick über *De mente* hinaus erhebt. In *De docta ignorantia* ist von menschlicher Kreativität keine Rede; in *De coniecturis* wird menschliche Erkenntnistätigkeit explizit als ‚kreativ' beschrieben (vgl. *De coni.* II, c. 15, n. 145); in *De aequalitate* beschreibt Cusanus die menschliche Seele als etwas, in dem es nichts Neues gibt (vgl. *De aequal.* n. 12); in *De beryllo* äußert Cusanus die These, dass Menschen Artefaktideen schaffen analog zum göttlichen Schaffen natürlicher Ideen (vgl. *De beryllo* c. 6, n. 7); in *De ludo globi* schreibt sich Cusanus in die auf Petrus Lombardus zurückgehende Abgrenzung von Gott vorbehaltenem Schaffen (*creare*) im Gegensatz zu einem Machen (*facere*), das Menschen möglich ist, ein (vgl. *De ludo* I, n. 45). Kurz: Es besteht Diskussionsbedarf, inwiefern Cusanus Menschen kreatives Potential zuschreibt (vgl. etwa Kny 2018a; Leinkauf 2016; Mandrella 2010; Kremer 2004a, 2004b; van Velthoven 1977). *De mente* 2 ist ein wichtiger Bestandteil dieser Diskussion, die für die epistemologische Bewertung des cusanischen Œuvre insgesamt von zentraler Bedeutung ist.

Literaturverzeichnis

Apel, Karl-Otto (1955): Die Idee der Sprache bei Nicolaus von Cues, in: Archiv für Begriffsgeschichte 1, S. 200–221

Borsche, Tilman u. a. (1984): Art. Name, in: Historisches Wörterbuch der Philosophie 6, Basel, S. 363–389

Casarella, Peter J. (2017): Word as Bread. Language and Theology in Nicholas of Cusa, Münster

Elpert, Jan Bernd (2002): Loqui est revelare – verbum ostensio mentis. Die sprachphilosophischen Jagdzüge des Nikolaus Cusanus, Frankfurt am Main u. a.

Flasch, Kurt (1998): Nikolaus von Kues. Geschichte einer Entwicklung. Vorlesungen zur Einführung in seine Philosophie, Frankfurt am Main

Hoffmann, Fritz (1975): Nominalistische Vorläufer für die Erkenntnisproblematik bei Nikolaus von Kues, in: MFCG 11, S. 127–167

Hopkins, Jasper (1986): A Concise Introduction to the Philosophy of Nicholas of Cusa, Minneapolis
Horn, Christoph (2007): Cusanus über Platon und dessen Pythagoreismus, in: K. Reinhardt/H. Schwaetzer (Hg.), Nikolaus von Kues in der Geschichte des Platonismus, Regensburg, S. 9–30
Kny, Christian (2018a): Kreative, asymptotische Assimilation. Menschliche Erkenntnis bei Nicolaus Cusanus, Münster
Kny, Christian (2018b): Messen ohne Maß? Nicolaus Cusanus und das Kriterium menschlicher Erkenntnis, in: I. Mandrella/K. Müller (Hg.), Maß und Maßlosigkeit (Das Mittelalter. Perspektiven mediävistischer Forschung. Zeitschrift des Mediävistenverbandes, Band 23, Heft 1), Berlin, S. 92–108
Kny, Christian (2020): Cusanus on Ideas and Aristotelianism, in: E. Vimercati/V. Zaffino (Hg.), Nicholas of Cusa and the Aristotelian Tradition. A Philosophical and Theological Survey, Berlin, S. 127–145
Kremer, Klaus (2004a): Erkennen bei Nikolaus von Kues. Apriorismus – Assimilation – Abstraktion, in: Ders., *Praegustatio naturalis sapientiae*. Gott suchen mit Nikolaus von Kues, Münster, S. 3–49
Kremer, Klaus (2004b): Größe und Grenzen der menschlichen Vernunft (*intellectus*) nach Cusanus, in: Ders., *Praegustatio naturalis sapientiae*. Gott suchen mit Nikolaus von Kues, Münster, S. 179–224
Krieger, Gerhard (2005): „Omnes differentiae concordantur". Cusanus und der Nominalismus, in: J. M. Machetta/C. D'Amico, El problema del conocimiento en Nicolás de Cusa: genealogia y proyección, Buenos Aires, S. 85–101
Leinkauf, Thomas (2006): Nicolaus Cusanus. Eine Einführung, Münster
Leinkauf, Thomas (2016): Cusanus zu Kunst, Spiel und Denken. Über menschliche Produktivität, in: T. Borsche/H. Schwaetzer (Hg.), Können – Spielen – Loben. Cusanus 2014, Münster, S. 301–319
Maaßen, Jens (2015): Metaphysik und Möglichkeitsbegriff bei Aristoteles und Nikolaus von Kues. Eine historisch-systematische Untersuchung, Berlin/Boston
Mandrella, Isabelle (2010): *Natura intellectualis imitatur artem divinam*. Die Angleichung des an Menschen an Christus als *ars Dei*, in: A. Moritz (Hg.), Ars imitatur naturam. Transformationen eines Paradigmas menschlicher Kreativität im Übergang vom Mittelalter zur Neuzeit, Münster, S. 187–202
Mandrella, Isabelle (2012): *Viva imago*. Die praktische Philosophie des Nicolaus Cusanus, Münster
Meinhardt, Helmut (1978): Nikolaus von Kues und der Nominalismus, in: G. Dautzenberg, Theologie und Menschenbild. Ewald Link zum 65. Geburtstag am 15.04.1977 gewidmet, Frankfurt am Main
Meinhardt, Helmut (1979): Exaktheit und Mutmaßungscharakter der Erkenntnis, in: K. Jacobi (Hg.), Nikolaus von Kues. Einführung in sein philosophisches Denken, Freiburg u.a., S. 101–120
Mojsisch, Burkhard (1998): Philosophie der Sprache bei Nikolaus von Kues – Explikation und Kritik, in: C. Asmuth/F. Glauner/B. Mojsisch (Hg.), Die Grenzen der Sprache. Sprachimmanenz – Sprachtranszendenz, Amsterdam, S. 71–83
Moritz, Arne (2006): Explizite Komplikationen. Der radikale Holismus des Nikolaus von Kues, Münster

Reinhardt, Klaus (2014): Complicatio – explicatio, in: C. Rusconi (Hg.), Manuductiones. Festschrift zu Ehren von Jorge M. Machetta und Claudia D'Amico, Münster, S. 81–91

Rusconi, Cecilia (2012): Die Verwandlung der Necessitas Complexionis von Thierry von Chartres zu Nikolaus von Kues. Ein Versuch zur Systematisierung der modi essendi-Lehre, in: MFCG 34, S. 239–258

Schnarr, Hermann (1978): Das Wort idea bei Nikolaus von Kues, in: MFCG 13, S. 182–197

Senger, Gerhard (2002): Die Sprache der Metaphysik, in: Ders. (Hg.), *Ludus sapientiae*. Studien zum Werk und zur Wirkungsgeschichte des Nikolaus von Kues, Leiden u. a., S. 63–87

Stadler, Michael (1983): Rekonstruktion einer Philosophie der Ungegenständlichkeit. Zur Struktur des cusanischen Denkens, München

Ströbele, Christian (2015): Performanz und Diskurs. Religiöse Sprache und negative Theologie bei Cusanus, Münster

Van Velthoven, Theo (1977): Gottesschau und menschliche Kreativität. Studien zur Erkenntnislehre des Nikolaus von Kues, Leiden

Zahnd, Ueli (2013): Nikolaus von Kues und die virtus verborum. Anmerkungen zum scholastischen Kontext seiner Zeichenlehre, in: T. Müller/M. Vollet (Hg.), Die Modernitäten des Nikolaus von Kues. Debatten und Rezeptionen, Mainz, S. 107–142

Markus L. Führer
4 The mind and the levels of cognition (*De mente* c. 2, n. 64–68)

1 What are the special problems of chapter 2?

Chapter two of Cusanus' *De mente* presents problems of interpretation due to the abrupt shift it seems to make away from the discussion of the human mind as soul in its first chapter to what seems to be a plethora of unrelated topics. Cusanus begins chapter two by noting that the term mind (*mens*) is derived from measuring (*a mensurando*). But then he asserts that the mind enfolds the exemplars of all things, which assertion in turn introduces a discussion of naming and the relation of words to reason. Following fast upon this topic is a fairly lengthy discussion of art.

So it is easy to understand how a casual reading of this section of the *De mente* could be very confusing. It is necessary, therefore, to first take some care in placing this section of the work in its proper context and then try to discover what clue or clues Cusanus may offer the reader that would help interpret the section.

2 The context of the chapter

In order to address the context of chapter two of the *De mente* it is necessary to examine the intention of the preceding part of the *Idiota*. A review of *De sapientia* that precedes the *De mente* reveals that Cusanus develops a dialogue in which a layman, an *idiota*, confronts and confounds the foolishness of a professional orator with regard to the topic of human wisdom. The layman does this by establishing that human wisdom concerns God and the soul as its proper objects.

The second part of the *Idiota*, the *De mente*, is devoted specifically to this topic of wisdom with respect to the human soul. Here the layman instructs a professional philosopher. It is in this part of the *Idiota* that Cusanus develops his doctrine of the divinity of the human mind and thus sets the stage for establishing that God is its proper object.

Chapter one establishes that the human mind, besides carrying out its cognitive functions, also serves as the soul to the human being. But it is through the mind, however, that the soul comes to know and ultimately to be reunited to God. In the initial discussion of the chapter (c. 1, n. 52) the orator suggests that human minds require some kind of illumination that comes through faith in order for them to achieve their proper end, which is "to be taken into the luminous and most desirable life (*in lucidam atque desideratissimam vitam*)". The philosopher echoes this reference to light when he admits that he has yet to attain his quest so perfectly and lucidly (*perfecte ac lucida ratione*) as the ignorants do by means of faith. This allusion to light is the clue not only to chapter two of the *De mente* but also to the work as a whole.

Light and illumination are commonly associated throughout the Middle Ages with what is called the *tripex via*, the three-part method or way, that the human soul could follow in order to be reunited to God. It consists of purgation, illumination, and finally union with God. In the first stage the soul is purged of not only its sinful association with the world, but also its erroneous ideas about the self, the world and God. It is important to notice that preceding section of the *Idiota* operates purgatively. The foolishness and false pride of the orator are purged by the simple layman. The way is thus prepared for illumination, which is the function of *De mente*.

3 The clue to interpretation: the "light metaphysics" of *De dato Patris luminum*

The idea of illumination introduces a very important component of Cusanus' thinking that can with some justification be called his "metaphysics of light". In 1446, just a few years before he composed the *Idiota*, Cusanus published a little book entitled *De dato Patris luminum* (*The Gift of the Father of Lights*). In this work he identified the Latin term *lux* with the absolutely inaccessible being of God himself: "Yet he speaks more accurately about the ineffable God, who claims that he lives beyond every affirmation and negation, beyond every postulating and denying, beyond every opposition, transformation and intransitiveness, in the inaccessible light of the intellect" (*De dato patris* c. 3, n. 107). This is God as he is in himself, lying beyond all comprehension. At the same time he employed the term *lumen* to denote the revealed God (*Deus*), the God who reveals himself through his creatures. The work is particularly helpful in analyzing the second chapter of *De mente* because Cusanus carefully develops an analysis of mind within the context of the light metaphysics.

3.1 *Deus/deitas = lumen/lux*

God as light (*lux*) is of course infinite, but he is also the universal form of being for all created things (*De dato patris* c. 2, n. 100). But as far as the human mind is concerned this infinity of light remains ineffable and requires some kind of revelation before man can begin to see and truly understand things. These insights are given to us by an intellectual light, and here Cusanus uses the term *lumen*, which discloses the riches of reality. Until this mediating revelation by *lumen* takes places, these truths remain only potential: "Our intellectual power potentially possesses the ineffable riches of the light (*lucis*). Because they are potential we do not know that we have them unless they are revealed to us through an intellectual light (*lumen intellectuale*) that exists in act and shows us the way to bring them into act." (*De dato patris* c. 5, n. 120)

Cusanus begins his explanation of *lumen* when he finds himself commenting on the passage in the *Epistle of St. James* (1, 17) where God is called "the father of lights" (*pater luminum*) from whom all the good gifts of creation descend into reality. Cusanus notes that the St. James' text does not identify God with light as *lumen*: "Rather, he is the fountain of lights (*fons luminum*). Those things that come to our knowledge we affirm to exist. Those that are in no way revealed to us we do not understand as existing. As a result, all things are appearances or in a way lights. But because the father is one and the fountain of lights, all things are appearances of the one God, who, although one, cannot be revealed except through diversity." (*De dato patris* c. 4, n. 108; Cusanus may have found the term *fons luminum* in Dominicus Gundissalinus' *De unitate*; cf. Correns 1891, 21.)

Creatures then are *lumina*, created lights that reveal, if only in a partial way, their source, who is God. The Neoplatonic doctrine of the procession of the one to the many is thus reinterpreted by Cusanus as being an act of divine revelation. And this revelation is identified with light and illumination. Creatures are thus understood as lights that are theophanic – that is, as lights that reveal God to the mind (cf. *De dato patris* c. 1, n. 94). These theophanic lights catch the attention of created intellects and thus draw them back to God. As a result Cusanus completes his interpretation of the Neoplatonic program of the exit and return of all things from and back to the one. But he also adds that it is through intellectual beings that inferior creatures flow from and ultimately return to God (cf. *De dato patris* c. 5, n. 114). And this introduces the notion of the relation of art to nature, which is a topic that he will further explore in the second chapter of his *De mente*.

The idea of creatures as light that flows forth from and ultimately returns to God introduces another influence that plays itself out in the *De mente*. The role of mind, and the human mind in particular, is what interests Cusanus in that work. While the *De dato patris* uses the language of flowing (*fluere*; cf. *De dato patris* c. 5, n. 113f.), the *De mente* uses the language of shining forth (*relucere; resplendere*; cf. *De mente* c. 2, n. 63f., 68; c. 3, n. 70; c. 4, n. 76; c. 7, n. 106). Cusanus uses these two terms interchangeably. And there is a slightly different nuance that Cusanus explores in this adjustment of the verb that expresses the complicated relationship of things as light to their source in the divine being and their being grasped by the human mind. Where the *De dato* explores this relationship from the point of view of the source of created lights, the *fons luminum*, the *De mente* addresses it in terms of a theory of human cognition.

3.2 The human intellect (the mind) must move from these *lumina* to an understanding of the hiddeness of God (*lux*)

The human mind finds itself in an environment in which something "shines forth" (*relucet*) from the things it encounters through the senses. These things, the creatures of the world, are the result of a descent. And this is something that the mind must discover about them. But at the same time it must discern what it is that shines forth in them. Once done, it is in a position to make an ascent to the source of that shining forth. This activity of discernment involves three powers of the soul: sense, reason and intellect. The senses act as a source of knowledge about the world, but they also act as a stimulant to both the reason and the intellect. The forms of things (both generic and specific) are given names by the rational power of the soul, names that are produced by reason's harmonizing and differentiating of perceptible objects coming to it through the senses (cf. c. 2, n. 65). At this point Cusanus argues that the mind has captured only the images of forms and not the forms themselves. The intellect must now act for the mind to grasp the forms themselves. And here he introduces a distinctly Platonic concept, namely that the true forms exist in the mind of God and can be approached by the human mind in an intuitive mode that is always identified as the proper operation of the intellect. He puts it this way: The mind attempts to intuit theologically (*theologice intueri*), by turning attention toward the exemplars and ideas (cf. c. 2, n. 66). Here of course he is referring to the Platonic forms that exist in the divine mind. To be sure there is a long history in medieval thought of this concept of the exemplars of all things existing in the divine mind and being accessible to the human mind only through the intuitive operation of the intellect over and above the discursive acts of the rational power.

Cusanus introduces the idea of shining forth in the second chapter of the *De mente* where he employs the art of spoon-making to illustrate the limits of an image as compared to its exemplar in the mind of its maker. After carving a spoon the layman says to the philosopher: "You see the simple and non-sensible form of spoonness shines forth (*resplendere*) in the formed portion of this wood as in its image. The truth and the precision of spoonness can thus be neither multiplied nor communicated. Further, it is not able to be made fully sensible by means of any tools or man. In all spoons nothing except the most simple form shines forth (*relucet*) in different ways, greater in one and less in another, but in none with precision" (c. 2, n. 63).

What Cusanus is attempting to do in this passage is to establish an analogy between creatures as images of their exemplar in the divine mind and the human mind producing a material copy of one of its ideas – in this case a spoon. There is thus a sort of parallel between the divine art of creation and the human art of recreation, as it were. The key to the analogy, however, lies in the passages concerning light in the *De dato Patris luminum* discussed above.

Cusanus extends the analogy by introducing a brief analysis of the connection of the phenomenon of the application of names to the light relationship holding between the human mind and the divine mind. He does this by directing his reader's attention to the designation of a name that is consequent upon creating an artifact – in this case the spoon mentioned above. "The wood," he points out, "receives a name from the advent of a form, so that when there arises the proportion in which spoonness shines forth (*resplendet*), the wood is called by the name 'spoon'" (c. 2, n. 64). The name is thus united to the form. But the issue is complicated by the fact that this imposition of a given name has no necessity about it: "Nevertheless, the imposition of the name is arbitrary (*impositio nominis fit ad beneplacitum*), since another name could have been imposed. Even though the imposed name is arbitrary, it is not totally different from the natural name (*vocabulum naturale*) that is united to the form. After the advent of the form the natural name shines forth (*relucet*) in all the various names imposed in different ways by all the various nations. The imposition of a name is thus achieved by an operation of the reason (*motu rationis*), which is related to things that are concerned with the senses. For reason establishes distinction, concordance, and difference in these things, because there is nothing in the reason that was not previously in the senses" (c. 2, n. 64).

It is not immediately clear what Cusanus means by the "natural name" that is united to a form. But when he claims that it *shines forth* in the various imposed names he may be suggesting that there is a divine name and a divine idea that is behind all created things in some way. He seems to make this clear slightly later in chapter two of *De mente* when he observes, "The infinite form alone is one and most simple. It shines forth (*resplendet*) in everything as the most adequate exemplar of each and every formable being. So it will certainly be true that there are not many separate exemplars and ideas of things" (c. 2, n. 67). Behind the created form there stands an infinite form that is the exemplar against which all created forms must be measured. Indeed it shines forth in the various created forms. Here then is the light metaphysics of the *De dato* applied to human making and naming in the *De mente:* "There is then one ineffable word (*verbum ineffabile*) that is the precise name of all things to the extent that these things are included in a name by an operation of the reason. This ineffable name shines forth in its own mode in all names because it is the infinite appellation of all names and is the infinite articulation of all the things that can be articulated by means of the voice. Thus every name is an image of the precise name" (c. 2, n. 68). The exemplar, then, constitutes an ineffable word that shines forth in all the human attempts at naming. Human reason, as a function of the mind, attempts to express this inexpressible word.

This exemplarism of light, however, raises another question for Cusanus, namely what is the relation of the human mind to this ineffable word, this infinite form? Here it is helpful to read ahead to the fourth chapter of the *De mente* where Cusanus is discussing the human mind as the image of God. There he stipulates that to be an image of God implies the possession of a mind. Since man possesses a mind it must follow that he is an image of God. Creatures that lack mind are only the unfolding of the divine, not its image (c. 4, n. 76).

The human mind as a living image of God has a certain task to fulfill, and that is to return by a mental effort to the one light that is its source: "It is as if one saw, in the way we have just described, the manner in which all beings participate in a variety of ways in entity, and then intuited absolute entity itself beyond participation and every variety. He would see all the things that had been seen in variety in the mode that we are now describing. At the moment, however, he would see them beyond the determined necessity of comprehension, in absolute and most simple necessity, without number, magnitude, and any difference. The mind itself uses this highest mode of intuition since it is the image of God. And God, who is all things, shines forth in the mind (*in ea relucet*), when, as a living image of God, it turns to its exemplar, assimilating itself to it by every effort. In this manner the mind sees immediately that all things are one. It also sees itself as an assimilation of this one and that it forms ideas about the one that is all things by means of this assimilation" (c. 7, n. 106).

The mind's turning to its exemplar and the consequent vision of all things as one is the completion of the light metaphysics insofar as the divine *lux* returns to itself through the *lumina* that are intuitively grasped by the human mind as being the expression of a single emanating light. Seeing the dependence of the *De mente* on the light metaphysics of the *De dato patris luminum* helps understand some of the otherwise puzzling aspects of chapter two.

3.3 Mind expresses itself and understands in terms of words

It has been noted above, for example, that Cusanus understands there to be a relationship between the ineffable exemplar in the divine mind and human language as the attempt to express this exemplar. He will say a little later in chapter two that when a thing belongs to a given designation, it operates as an image of its ineffable exemplar. As a consequence there is, in effect, one ineffable word that is the name of all things (c. 2, n. 67). This name, Cusanus argues, shines forth in all names (c. 2, n. 68). And so he establishes a connection between his doctrine of exemplars and his philosophy of language by means of his light metaphysics. This means that words are not arbitrary inventions that are merely imposed accidently on realities. Rather, he affirms the position that the names that are imposed on things are appropriate (*congruum nomen*), although they may not be precise. And the concept of precise naming Cusanus understands in terms of an eternal exemplar: "I admit that each word is united in the way that the form comes to the matter and truly brings the word into being in such a way that words are not by imposition, but from eternity. Although an imposition is free, nevertheless I do not think that there is any other than an appropriate name imposed, although it may not be precise" (c. 2, n. 59).

And because there is no proportion between the infinite and the finite, there is no name in the human vocabulary that is precise when it is considered in respect to the exemplar in the divine mind. Thus the divine exemplars are ineffable.

3.4 The discussion of art is to show that mind is active and not just a passive mirror of the *lumina*. Mind has an interpretive function that is highly creative in its own right

Cusanus' comparison of human words to divine exemplars introduces the seemingly irrelevant consideration of the art of spoon making. He tells the reader at the very beginning of this discussion, however, that he affirms the proposition that all human arts are but images of the infinite and divine art (c. 2, n. 59). Later, in chapter seven, he explains that the mind as the image of God uses itself in its various arts and activities. When it does so God, who is all things, is "reflected" in it, allowing the mind to turn to its own exemplar and begin to assimilate itself to it through its actions. This "return" of the mind to its exemplar produces a vision in which it sees that all things are one and thus its nature is perfected (c. 7, n. 106). Notice the language of the metaphysics of light that Cusanus is using. In this case God, who is light as noted above, is reflected in the mind. This notion of reflecting and shining back allows Cusanus to import the Neoplatonic theme of the return of all things to the one. And Cusanus makes this return to unity an explicit function of the mind's being a reflection of the one insofar as the one represents God.

It is clear then that the context of the second chapter of the *De mente* is the metaphysics of light that Cusanus had already developed in an earlier work and which he refines in the *De mente* itself.

4 Analysis of chapter two in terms of key ideas and their history in Cusanus' œuvre

It now remains to clarify the keys ideas in chapter two. And the first item that needs explication is Cusanus' use of the term *operation of the reason* (*motus rationis*). He first introduces the term when he is discussing the inadequacy of words for expressing the essence of the word of God: "There are words," he remarks "that are imposed by an operation of the reason" (c. 2, n. 58). The inability of language with regard to the divine essence mirrors the deficiency of the mental faculty of reason in reference to the same object. In fact, it is because words are imposed by an operation of the reason that they fail to express the divine essence. In his *De docta ignorantia* Cusanus claims that names are imposed on things to distinguish them. But such imposition involves plurality, which is of course opposed to the oneness that is the mark of the divine (cf. *De docta ign.* I, c. 24 [n. 76]).

But what exactly does Cusanus mean by the "operation of the reason"? To answer this question it may be useful to consider a passage in one of the writings of St. Thomas Aquinas where he uses the same term and then consider Cusanus' usage. In his treatise *On Truth* (*De veritate* 14, 1) Aquinas analyzes a person who is using discursive thought as follows: "[F]rom the very collation of the principles and the conclusions he assents to the conclusions by reducing them to the principles. And there the action of the one who is thinking is made fast and brought to rest. For in knowledge an operation of the reason (*motus rationis*) begins from the understanding of principles and ends there by means of the reduction. Thus, its assent and thought are not equal. Rather, the thought leads to the assent, and the assent brings thought to rest." (Thomas Aquinas 1972, 437)

Here it is clear that Aquinas is not quite talking about the same thing as Cusanus, who opens the second chapter of the *De mente* with a concern about the claim that the word *mind* (*mens*) is named from the term *measuring* (*mensurandum*). But as has been noted above Cusanus does establish a parallel between naming and reasoning. Within this context it is interesting to notice that an operation of the reason according to Aquinas comes to rest, or attains its proper end, when it has reduced a conclusion to its principles. This only works, according to Aquinas, if the one reasoning grasps the principles in question. Cusanus might very well agree. He would add, however, his famous dictum that between the finite and the infinite there can be no proportion. And thus, an operation of the reason cannot attain its proper end because the finite mind cannot bridge the infinite gap dividing the finite from the infinite. Instead of thought coming to rest it must be satisfied with accepting its condition of understanding or predicating only "a more and a less." So it seems that he is using the scholastic term *motus rationis* merely to draw attention to the fact that just as discursive thinking is theologically imprecise so is linguistic predication.

This imprecision results in the realization that thinking, as well as naming, involves dealing with comparative relationships – relationships that involve a more or a less, or a greater or a lesser. In his *De docta ignorantia* Cusanus makes this connection explicit. "Nothing," he notes, "is namable except that which is subject to a more or a less, because by an operation of the reason (*rationis motu*) names are given to those things which in a certain proportion admit a greater or a lesser." (*De docta ign.* I, c. 5 [n. 13]) But the divine essence that Cusanus is talking about in the second chapter of the *De mente* cannot admit of such a proportion. Language, as well as thought, is thus restricted. The restriction, however, does not just apply to the divine essence, but to everything that the mind turns to in an operation of the reason. "Because words admit of a more and a less," he concludes, "I see that a precise designation is unknown" (c. 2, n. 58).

The lack of precision of words naturally raises the question about the appropriateness of any given linguistic term. Words seem to be instituted at pleasure. The Layman addresses this concern to the Philosopher when he notes: "Layman: I want you to understand me more deeply. I admit that every name is united [to an object] in virtue of the fact that form has come to matter and truly determines the name. In this way names do not arise by imposition, but are eternal. The imposition itself is arbitrary and yet I think that whatever name is imposed is an appropriate name, even though it may not be precise" (c. 2, n. 59).

The implication of course is that the mind is being guided by some eternal standard or exemplar according to which it can only approach "more or less." So names can be appropriate in that they can be referred to an absolute standard, but they are not precise insofar as they cannot reproduce this absolute standard in any finite name. Later in chapter two of *De mente* Cusanus explains the relationship between the imposition of names and an operation of the reason: "The imposition of a name is thus accomplished by an operation of the reason. For an operation of the reason relates to things that are grasped by the senses. With regard to these things reason produces discretion, likeness, and difference in such a way that there is nothing in the reason that was not first in the senses. Reason then names things and is moved to give this name to one thing and another name to something else. Because the form in its truth is not found in these things with which reason occupies itself, reason descends to conjecture and opinion" (c. 2, n. 64).

In this remarkable passage Cusanus produces a very strong hint that human reason is in some negative way under the influence of an exemplar with which finite things cannot achieve equity. And so he notes in his *De theologicis complementis* that while the imposition of names is due to the name signifying something, the something signified is finite and cannot be attributed to the infinite (*De theol. compl.* n. 12). In his *De non aliud*, which he wrote many years after the *De mente*, he states that while all names have signification in relation to some sensible sign, these signs follow after the quiddity of the thing they sign. He expresses this somewhat awkwardly when he says that signs do not express the whatness (*quidditas*) of a sensible thing but only a sort of whatness (*talis quidditas*). "But the mind," he says, and this is the important point, "contemplating the whatness beforehand, rejects the name being the proper name of the whatness that it sees." (*De non aliud* n. 121)

So the mind has a positive access to the quiddity of things, but in such a way that it comes to realize that it cannot express the quiddity that it sees. Although not spelled out so explicitly in the *De mente*, the idea of access to the exemplars, which define the quiddity of things, plays an important role in the second chapter of the work.

Cusanus, however, does raise the question of whether there is one exemplar in the mind of God or several exemplars. In his discussion of human art he has the Layman propose the following thesis: "Every art then [is] from the infinite art. Consequently the infinite art must be the exemplar of all arts, their principle, medium, end, standard, measure, truth, precision, and perfection" (c. 2, n. 61).

The human mind has access to this divine exemplar because it bears its image within itself. And so in chapter thirteen of the *De mente* Cusanus reminds the reader that, because of this image, whatever is in the divine exemplar is also in the human mind as well.[1] The human mind itself is a work of art, as if, he says, the divine art willed to create itself and did so by bringing forth its image, which is the human mind (cf. c. 13, n. 148).

But this image that is identified with the human mind is not static. To a certain extent it can even be said to share in the infinity that is one of the marks of the divine. No matter how perfect an image is, Cusanus explains, if it cannot become more perfect and more conformed to its exemplar, it is not as perfect as any imperfect image having the power to conform itself ever more and more, without limit, to its inaccessible exemplar. In this way then the image imitates infinity (cf. c. 13, n. 149). It is for this reason that Cusanus can say that all human arts are but images of the infinite and divine art. And what he means is that not only does the human mind have a capacity to create analogous to that of the divine mind, but also that its unlimited ability to continually approach the divine exemplar is another way in which it is an *imago Dei*.

Cusanus, however, is careful that his position is not understood as advocating some kind of ontologism. He makes it clear that no human art has attained what he calls the precision of perfection (*perfectionis praecisio*) since all human art is finite and there can be no proportion between the finite and the infinite as he has already pointed out in his *De docta ignorantia*. Furthermore, no human art enfolds all the human arts. So no human art can be identified with the divine art, whose exemplar is unified and enfolds all its copies (cf. c. 2, n. 60).

If human art is finite and lacks the precision of perfection then the question Cusanus must address is what it can do. To accomplish this he returns to the idea of the imposition of names by the operation of reason. As has already been noted, this operation not only lacks precision but also introduces a multiplicity that falls short of divine oneness. What it does do, however, is impose what Cusanus calls *discretion, concordance*, and *difference* in the order of those things that come into the mind through the senses. He introduces these terms in the following passage: "The imposition of a name is thus achieved by an operation of the reason. This operation is related to things that are known by the senses. Concerning these, reason makes discretion, concordance and difference because there is nothing in the reason that was not first in the senses. Consequently, rea-

---

[1] In chapter 5 of the *De mente*, Cusanus develops two metaphors that illustrate this point. First he suggests that the mind can be regarded as a living law (*lex viva*) that can read in itself the judgements that can be given. As such it is a living description of eternal and infinite wisdom. But this description is a "reflection" of the exemplar of all things. It is, he goes on to say, as if the simplest indivisible point of an angle on a highly polished diamond, in which the forms of all things are reflected, is alive. It could then discover the likenesses of all things by looking into itself (cf. c. 5, n. 85).

son names things and is moved to give one name to one thing and another to something else. Since the form in its truth is not found in these things with which reason occupies itself, it descends to conjecture and opinion" (c. 2, n. 64).

What does Cusanus mean by *discretion, concordance* and *difference?* He gives a rather lengthy but full explanation of discretion in the first section of his treatise entitled *De coniecturis.* Here is what he says: "The soul's sense senses that which is sensible. There would be nothing sensible unless the unity of sense existed. But such sensation, removed from all discretion, would be confused and gross. For the senses sense but do not distinguish. All discretion comes from the reason, for the reason is the unity of sensible number. If, then, through sense white is distinguished from black, heat from cold, the sharp from the dull, and this sensible from that sensible, this comes from the property of reason. Likewise, sense as such does not negate because negating belongs to discretion. Sense only asserts the existence of the sensible but not that it is a this or a that. Reason then uses sense as an instrument for discerning sensible things; but it is reason itself that discriminates between things in sense that are sensible." (*De coni.* I, c. 8, n. 32)

What this passage shows is that although the rational faculty depends upon the senses for data, as it were, any datum taken by itself is unintelligible. It is the faculty of reason that imposes order upon the raw data of the senses and thereby creates a world of things, that is, of distinguishable objects. In the *De mente* Cusanus explains this function of reason in terms of its imposing names upon the objects once they are distinguished by the rational function. The giving of one name to one thing and another name to another thing is the result of this ability of reason to discern differences in the sense data. But what about concordance and difference? What do they do? In his *Apologia doctae ignorantia* Cusanus says that if anyone sees things in terms of number, weight, and measure, he sees that they cannot exist without concordance and difference (cf. *Apologia* n. 12). It is clear that he is speaking about finite things as opposed to an infinite reality. Finite things can be numbered, weighed, and measured, the infinite cannot. In performing these operations the human mind is trying to determine how finite things are concordant with each other or how they differ. Cusanus clarifies this point in his *De coniecturis* when he states: "The human mind in investigating by means of the reason abstracts the infinite from the entire circle of its apprehension. It says that nothing that is admissible differs infinitely from any other thing and that every admissible difference is less than infinite and that infinite difference is no more difference than it is concordant. And thus the mind conceives of concordance. Anything then is both concordant with and differs from any other thing, and yet it is impossible that they do this equally or precisely. For such preciseness is not from the universe." (*De coni.* II, c. 3, n. 87)

It is now clear that concordance and difference, which bears a remarkable resemblance to the Platonic concept of the more and the less (cf. *De ven. sap.* c. 22, n. 67), is the mark of the mind's dealing with finite reality. Precision of judgment is not possible, only rational conjecture. And this explains what Cusanus means when he says in the passage from chapter two of *De mente* cited above that reason "descends to conjecture and opinion."

From this descent of reason into conjecture and opinion Cusanus explains in the very next passage that genera and species are designated by names, existing as what he calls *beings of the reason* (*entia rationis*). These are made by reason from the concordances and differences of sensible things (cf. c. 2, n. 65). But what exactly does *being of the reason* mean for Cusanus? The term itself is a commonplace in the vocabulary of medieval scholasticism. Cusanus may have acquired it from reading St. Thomas Aquinas, who was fond of using the expression in expounding the works of Aristotle. For example, in his *Commentary on the Metaphysics of Aristotle* (IV, lect. 4, n. 574) Aquinas explains the proper use of the term, a usage that immediately echoes Cusanus' usage, both in context and definition: "The expression 'being of the reason'," Aquinas asserts, "is applied properly to those notions that reason derives from the objects that it considers; for example, the notions of genus, species and the like, which are not found in reality but are a natural result of the consideration of reason." (Thomas Aquinas 1964, 160) Notice that Cusanus also claims that genera and species are beings of the reason. Both thinkers agree that human reason has the power to create entities. These entities are formed with regard to sense data, and yet they exist in a way that does not correspond to their existing in the sensible things that occasion them. Thus Cusanus can say in his *De coniecturis*: "Just as every existing thing is in its own proper being as it exists, so it exists in a different thing in a different manner (*sicut enim omne ens in propria sua entitate est, uti est, ita in alia aliter*). You will understand this easily, if you will observe the following: A circle insofar as it is a being of the reason is realized as it is, in its own rational being (*in sua propria rationali entitate*). For when you conceive of a figure in which all the lines from its center to its circumference are equal, then you apprehend the circle insofar as it is a being of the reason in this concept. Outside this concept, you grasp it as a sensible thing, that is, as being different in a different thing." (*De coni.* I, c. 11, n. 54)

The mind, however, goes beyond these beings of the reason because there are things in the mind's intelligence (*in mentis intelligentia*), namely the exemplars, which are neither in the senses nor in the reason (cf. c. 2, n. 65). Through the exemplars the mind raises itself to the one and most simple infinite form (cf. c. 2, n. 67). There is thus an implied order operating in the mental sphere. Cusanus explains that those who acknowledge that in the human intellect there is something that was neither in the senses nor in reason, namely the exemplifying and incommunicable true nature of the forms that shine forth in perceptible things, also claim that exemplars naturally precede perceptible things, even as an original precedes its image (cf. c. 2, n. 65).

That there is only one such ultimate exemplary form Cusanus has already asserted in his *De docta ignorantia*. On this topic he parts company with the Platonists (cf. *De docta ign.* II, c. 9 [n. 149]). And his reasoning, as he explains in the *De visione Dei*, is quite simple: "Infinity as it actually exists is devoid of otherness and able to exist only as unity. So there cannot be actually an infinite number of forms. Rather, actual infinity is unity." (*De vis. Dei* c. 15, n. 62) And thus he can say in the *De mente* that when the mind designates a thing by a name (*res ut sub vocabulo cadit*) it is only "an image of its ineffable, proper and adequate exemplar" (cf. c. 2, n. 67). So there is only one simple exemplar for all things, even though when we name things we seem to evoke a multiplicity of exemplars. But, according to Cusanus, this is an illusion. When we name things we are reacting to the various images of this unified but ineffable exemplar. We name things according to the specific differences that our reason forms from these exemplifications. But really there is only one simple exemplar (cf. c. 2, n. 68).

So there may be a plurality of names, but these names are due to the human mind imposing order on things. And these names, just as the things they express, are marked by a degree of imprecision. There is, Cusanus argues, only one ineffable and precise name for all the things that are designated by any given name through the operation of the human reason. It has already been noted that when a thing belongs to a given designation, it operates as an image of its ineffable exemplar. In his *De filiatione Dei* he expressly makes the connection between naming and causing: "The one that is the beginning of all things is ineffable because it is the beginning of all effable things. Thus, nothing that can be uttered can express the ineffable. Yet every term reveals the ineffable. For it is the one itself, the father or begetter of the word, and everything that is made verbal in every word, thus in what is signified by every sign – and likewise for everything else." (*De fil. Dei* c. 4, n. 73)

Cusanus expresses the causal relation between this ineffable principle and finite creatures in terms of enfolding (*complicatio*). This language allows him to remain comfortably within the Neoplatonic tradition and yet speak meaningfully about creatures being totally dependent upon God. With the Neoplatonists he can talk about creatures unfolding the "one" that enfolds them. This "one" is regarded in Neoplatonism, whether classical or Christian, as ineffable and approachable only by the *via negativa*, that is, by mentally removing attributes from the mind's concept of this ultimate reality. At the same time, however, Cusanus can maintain the Christian doctrine of the absolute dependency of creatures upon God when he identifies "the one" as the father of the word – a clear reference to the first two persons of the Trinity. Thus he can unite the two traditions when he concludes chapter two of the *De mente* with the observation that "There is one infinite power, which we call God, in whom all things are necessarily enfolded" (c. 2, n. 68).

Bibliography

Correns, Paul (1891): Die dem Boethius fälschlich zugeschriebene Abhandlung des Dominicus Gundisalvi 'De Unitate', Münster
Cranz, F. Edward (2000): Nicholas of Cusa and the Renaissance, Aldershot
Duclow, Donald F. (1990): Mystical Theology and the Intellect in Nicholas of Cusa, in: American Catholic Philosophical Quarterly 64, p. 111–130
Führer, Markus (1991): The Theory of Intellect in Albert the Great and its Influence on Nicholas of Cusa, in: G. Christianson/Th. Izbicki (Hg.), Nicholas of Cusa in Search of God and Wisdom. Essays in Honor of Morimichi Waranabe, Leiden/New York, p. 45–56
Führer, Markus (2014): Echoes of Aquinas in Cusanus's Vision of Man, New York/Toronto
Kremer, Klaus (1978): Erkennen bei Nikolaus von Kues. Apriorismus – Assimilation – Abstraktion, in: MFCG 13, p. 23–57
Kremer, Klaus (2005): Der Begriff visio intellectualis in den cusanischen Schriften, in: MFCG 30, p. 201–231
Pindl-Büchel, Theodor (1990): The Relationship between the Epistemologies of Ramon Lull and Nicholas of Cusa, in: American Catholic Philosophical Quarterly 64, p. 73–87
Thomas Aquinas (1964): In duodecim libros Metaphysicorum Aristotelis expositio, ed. M.-R. Cathala and R.M. Spiazzi, Turin/Rom
Thomas Aquinas (1972): Quaestiones disputatae De veritate VIII–XX, ed. H. Dondaine, Rom

Arne Moritz
5 Der Geist als Bild göttlicher Einfaltung (*De mente* c. 3 und 4)

Thematisch zentral für die Kapitel 3 und 4 ist die Bestimmung des Geistes als Bild (*imago*) der göttlichen Einfaltung (*complicatio*; c. 4, n. 74). Diese Bestimmung ist jedoch eingebettet in eine Reihe weiterer Überlegungen und greift mit diesen Überlegungen in mehrfacher Weise auf den vorangegangenen Text von *De mente* zurück. Im Folgenden werden die Kapitel 3 und 4 deshalb zunächst hinsichtlich ihrer inhaltlichen Gliederung und ihrer Aufnahme von Themen des vorhergehenden Texts von *De mente* analysiert (I). Anschließend werden in Orientierung an dieser Gliederung einzelne thematische Aspekte der beiden Kapitel eingehender dargestellt (II – V).

1 Inhaltliche Gliederung der Kapitel 3 und 4 und Bezug zum vorhergehenden Text

Die Kapitel 3 und 4 lassen sich als Einheit betrachten: Sie behandeln Themen weiter, die in den beiden ersten Kapiteln von *De mente* präsentiert wurden, und bringen deren Behandlung zu einem vorläufigen Abschluss. Inhaltlich lassen sich in den Kapiteln 3 und 4 vier eng aufeinander bezogene Themen unterscheiden, nach denen sich auch eine Gliederung der Abschnitte der beiden Kapitel angeben lässt.

1. Das zentrale Ergebnis, welches in Kapitel 3 und 4 erreicht wird, ist die Bestimmung des Geistes als Bild (*imago*) Gottes, der Einfaltung alles Seienden (*omnium entium complicatio*; c. 3, n. 73) ist. Diese Bestimmung des Geistes erfolgt ab c. 3, n. 72. Sie wird vorbereitet durch eine Aufforderung des Philosophen, der Laie möge seine bereits in c. 1, n. 57 vorgelegte Begriffsbestimmung des Geistes (*mens*), vom Ausdruck der Messung her (*mensuratio*), genauer erörtern (c. 3, n. 71). Die Bestimmung des Geistes als Bild göttlicher Einfaltung wird also als eine Konkretisierung und Vertiefung der durch den Laien zuvor bereits vorgenommenen Begriffsbestimmung präsentiert, nach welcher der Geist dasjenige sei, „woraus aller Dinge Grenze und Maß stammt" (*mentem esse, ex qua omnium rerum terminus et mensura*) und das „von mensurare, messen, her benannt" sei (*a mensurando dici*; c. 1, n. 57). Inwiefern eine solche Konkretisierung und Vertiefung durch die Bestimmung des Geistes als Bild der göttlichen Einfaltung tat-

sächlich geleistet wird, wird im Folgenden also aufzugreifen sein (vgl. dazu u. Abschn. 3).

2. Die eben genannte Begriffsbestimmung von *mens* in Kapitel 1 von *De mente* hatte zunächst eine Abschweifung vom Thema des Geistes im engeren Sinn provoziert. In Kapitel 2 hatten sich Philosoph und Laie anlässlich der vorangegangenen Begriffsbestimmung von *mens* allgemeiner über die Beilegung von Bezeichnungen (*vocabula*) durch den Menschen und die Unmöglichkeit der Genauigkeit solcher Bezeichnungen unterhalten. Diese Auseinandersetzung wird zu Beginn des dritten Kapitels zu einem Abschluss gebracht (c. 3, n. 69–71), der im Folgenden darauf hin zu untersuchen sein wird, ob er über die in Kapitel 2 bereits erreichten Ergebnisse nochmals hinausgeht und in systematischem Zusammenhang zur Bestimmung des Geistes als Bild göttlicher Einfaltung steht (vgl. dazu u. Abschn. 2).

3. Die Bestimmung des Geistes als Bild (*imago*) der göttlichen Einfaltung (1.) impliziert die Möglichkeit von Seienden, die nicht bzw. nicht in derselben Weise Bild Gottes sind. Diese Möglichkeit wird zum ersten Mal am Ende von Kapitel 3 hinsichtlich der nicht-geistigen Seienden als gegeben formuliert (c. 3, n. 73). Zu Beginn von Kapitel 4 wird darauf durch den Laien genauer eingegangen (c. 4, n. 74). Er unterscheidet den Geist als Bild (*imago*) der göttlichen Einfaltung gegenüber Ausfaltungen (*explicationes*) der göttlichen Einfaltung. Diese Bemerkungen werden in c. 4, n. 76 nochmals verdichtet und in einer kurzen Darstellung über den Status des nicht-geistigen Seienden zusammengeführt. Diese wird im Folgenden insbesondere darauf hin zu untersuchen sein, ob sie die Unterscheidung zwischen dem geistigen Bild der göttlichen Einfaltung und nicht-geistigen Seienden (Ausfaltungen) absolut aufrechterhält oder letztlich eher relativiert (vgl. u. Abschn. 4).

Anzusprechen wird in diesem Zusammenhang auch sein, inwiefern der Text in Kapitel 4 einige zusammenhängende Motive wieder aufgreift oder bestätigt, welche zu Beginn des Textes formuliert worden waren: Der Geist sei, so hieß es dort, auf eine besondere Weise mit seinem göttlichen Ursprung verbunden (c. 1, n. 52) und besitze eine herausgehobene Stellung gegenüber den sinnlich wahrnehmbaren Dingen. In diesen würden geistige Formen nur unvollkommen widerstrahlen (c. 2, n. 63). Sie besäßen also dem Geist gegenüber einen nur abgeleiteten Status. Darüber hinaus wurde dem Geist eine Sonderstellung zugeschrieben, da er sowohl in seiner unendlichen göttlichen wie in seiner menschlichen Gestalt anders als die übrigen Seienden in der Lage sei, aus sich selbst geistige Formen hervorzubringen bzw. zu vollenden, die in der Natur vorweg nicht oder nur in unvollendeter Weise existieren, und diese in der Herstellung von Werken zu vergegenständlichen (c. 2, n. 62; c. 3, n. 70; dass dem endlichen Geist dabei eher ein, im Folgenden noch genauer zu deutendes, Vollenden [*per-*

ficere] zugeschrieben wird als eine Produktion geistiger Formen *ex nihilo*, wird oftmals übersehen; vgl. etwa Moffitt Watts 1982, 136 f.; zur eingeschränkten Autonomie künstlerischen Hervorbringens bei Cusanus hingegen Mandrella 2010, 189).

4. Schließlich scheint Nikolaus in Kapitel 4 zum ersten, aber nicht einzigen Mal in *De mente*, einen Anlass zur Verortung seiner Geistkonzeption hinsichtlich der gegensätzlichen Traditionen von Aristotelismus und Platonismus gesehen zu haben (c. 4, n. 77–79). Auch dabei kommt er auf zuvor bereits eröffnete Perspektiven zurück. Er formuliert den Gegensatz zwischen Platonismus und Aristotelismus nämlich als Kontroverse über die Frage, ob der Geist über angeborene Begriffe (*notiones concreatae*) verfüge oder nicht und ob etwas im Geist sei, was nicht zuvor sinnlich erkannt wurde (c. 4, n. 77). Dieses Problem war zuvor bereits in Kapitel 2 von *De mente* angesprochen worden, wobei die aus der aristotelischen Tradition stammende Formel *Nihil est in intellectu quod non prius fuerit in sensu* als Bezugspunkt der Diskussion diente (c. 2, n. 64 f.). Und auch die bereits in Kapitel 2 von Nikolaus verfolgte Strategie, seine eigene Position als Konkordanz der beiden nur scheinbar konkurrierenden philosophischen Richtungen darzustellen (c. 2, n. 66 f.), kehrt im vierten Kapitel wieder. Im Folgenden wird insbesondere darzustellen sein, wie es Nikolaus mittels dieser Strategie gelingt, seiner eigenen Geistphilosophie nochmals zusätzlich Kontur zu verleihen.

2 Vorläufiger Abschluss der Problematisierung von Bezeichnungen (c. 3, n. 69–71)

Der Beginn des dritten Kapitels bringt, wie bereits gesagt, kein neues Thema, sondern eine Fortsetzung der im zweiten Kapitel von *De mente* begonnenen Auseinandersetzung mit der Möglichkeit genauer Benennungen des Seienden. Schon das zweite Kapitel hatte zu dem Ergebnis geführt, dass eine genaue Benennung des Seienden – übrigens auch des Geistes (c. 2, n. 58) – nicht möglich sei. Die dort entfaltete Argumentation stützte sich auf einige zusammenhängende Überlegungen, die von der gemeinsamen Voraussetzung ausgingen, dass die genaue Benennung, wenn sie möglich wäre, vom formalen Prinzip (von der Form) des Seienden her erfolgen müsste (*verum sit formam adducere vocabulum*), die das Seiende als das jeweilige Seiende bestimmt (c. 2, n. 59). Ausgehend davon ergaben sich zumindest drei Gründe, die gegen die Möglichkeit einer genauen Benennung sprachen:

1. Die Benennungen werden den Dingen durch die unterscheidende Kraft der *ratio* beigelegt, die dabei von den sinnlichen Erscheinungen und deren Über-

einstimmungen und Unterschieden ausgeht. In diesen sinnlichen Erscheinungen kann aber das formale Prinzip des Seienden nicht in seiner Wahrheit angetroffen werden (*non reperiatur forma in sua veritate*; c. 2, n. 64), da jenes selbst nicht sinnlich ist. Es kommt in den sinnlich erfahrbaren Gegenständen lediglich in Form gestalthafter Verhältnisse (*in figurali proportione*) zur Erscheinung (c. 2, n. 63) – wie der Laie anlässlich seines Handwerks des Löffelschnitzens und den diesem Handwerk vorausliegenden Ideen ausführte.

2. In diesem Sinn ist das formale Prinzip des Seienden auch zu unterscheiden von den Allgemeinbegriffen (*genera, species*), welche die *ratio* ausgehend von der sinnlichen Erfahrung des Seienden zu bilden vermag. Derartige Allgemeinbegriffe, denen in anderen Erkenntnistheorien die Dignität von Wesenserkenntnissen zugesprochen wird, unterscheidet der Text deutlich von derjenigen Form, welche dem Seienden gegenüber Prinzipiencharakter hat und für eine genaue Benennung erkannt werden müsste. Während dieses formale Prinzip das Seiende in Verbindung mit der Materie hervorbringt (c. 2, n. 59), ihm also, prinzipientheoretisch gesehen, vorausliegt, sind die durch die *ratio* anlässlich der sinnlichen Erfahrung geformten Allgemeinbegriffe dem Seienden gegenüber abkünftig, also nicht die gesuchte Form, sondern ebenfalls nur Abbilder derselben, gewissermaßen zweiter Ordnung (c. 2, n. 64–66).

3. Das für eine präzise Benennung zu erkennende formale Prinzip des Seienden ist hingegen nur eines und unendlich (c. 2, n. 67). Es handelt sich um eine einzige unendliche Kraft (*virtus infinita*), die der Text als Gott (*deus*) und Wort (*verbum*) bezeichnet (c. 2, n. 68). Diese unendliche Kraft ist als solche unaussprechlich (*ut sic ineffabilis*) und lässt sich lediglich in einem Aufstieg von der bloß logisch-rationalen zur theologischen Betrachtung erfassen (c. 2, n. 66). Diese theologische Betrachtung bleibt jedoch, wie das Ende des zweiten Kapitels (c. 2, n. 68) deutlich macht, letztlich negativ und formal (optimistischer wird die Theologie der Gotteserkenntnis von *De mente* im Rahmen seiner Werkentwicklungstheorie gedeutet von Flasch 1998, 273–275; ähnlich Miller 2003, 117). Theologische Betrachtung besteht nämlich darin, die Vielheit der rational erkannten Begriffe vom Seienden genau dahingehend zu durchschauen, dass sie aus der differenzierenden, an sinnlichen Erscheinungen orientierten Bewegung unseres Verstandes resultieren. Dies gilt selbst dann noch, wenn aus der Vielheit der rationalen Begriffe mehrere, von diesen Begriffen verschiedene, ontologisch den sinnlich erfahrbaren Seienden vorausgehende Formprinzipien (gewöhnlich ‚Ideen' genannt) abgeleitet werden (c. 2, n. 66). Nachdem solche Formprinzipien hypostasierend benannt wurden, sind sie in der theologischen Betrachtung als ungenaue Benennungen des einen unaussprechlichen Namens zu verstehen, welcher – wenn er sich aussprechen ließe – das eine, unendliche formale Prinzip bezeichnen würde, welches auch den fraglichen Benennungsversuchen als ihnen

vorausgehendes Prinzip überhaupt erst ermöglicht zu sein (c. 2, n. 68; vgl. *De coni.* I, c. 1, n. 5 für eine vergleichbare Konzeption der theologischen Erkenntnis, in der auch das im Folgenden noch zu betrachtende Verständnis des Geistes als sich selbst entfaltenden, einheitlichen Prinzips bereits angesprochen wird).

Inwiefern wiederholt nun der Beginn des dritten Kapitels diese bislang schon erreichten Überlegungen nicht lediglich, sondern geht über sie noch hinaus?

1. Der Beginn des dritten Kapitels bezieht die eben skizzierten Überlegungen des zweiten Kapitels, die dort der Laie vorbrachte, durch eine entsprechende Aussage des Philosophen auf das *Corpus Hermeticum*, verleiht ihnen also eine gewisse, wenngleich vielleicht für manche Leser unorthodoxe, intellektuelle Autorität: „Wunderbar hast du das Wort des Trismegistus erhellt, der sagte, Gott werde mit den Namen aller Dinge und alle Dinge mit dem Namen Gottes genannt." (c. 3, n. 69) Wie Renate Steiger als Herausgeberin der kritischen Ausgabe des Textes nachweist, ist dieser Verweis auf Hermes Trismegistus möglicherweise für die Genese der Geistphilosophie von *De mente* durchaus ernst zu nehmen. Er bildet wohl zumindest das Echo einer Erkenntnis, die Nikolaus in einer Marginalie an der entsprechenden Stelle in seiner Ausgabe des *Asclepius* festhielt: *nota rationem cur deus sit ineffabilis* – „Beachte den Grund dafür, dass Gott unaussprechlich ist" (vgl. Nicolaus de Cusa 1983, 106). Als Grund für die Unaussprechlichkeit Gottes gibt der *Asclepius* an der entsprechenden Stelle an, dass Gott *unus et omnia* ist, was durchaus dem eben skizzierten Verständnis Gottes in *De mente* als einfaches und einziges, unendliches Formprinzip alles Seienden zu entsprechen scheint.

2. Neben dem Autoritätsverweis auf das *Corpus Hermeticum* wird zu Beginn des dritten Kapitels der Gedankengang zur Möglichkeit genauer Benennungen aber noch ein Stück weiter vorangetrieben und erst dann vorerst abgeschlossen. Am Beispiel der mathematischen Figuren erläutert der Laie in formaler Weise, was eine präzise Benennung (*nomen*) leisten würde, wenn sie möglich wäre. Eine präzise Benennung eines Seienden wäre, so die vorgetragene Überzeugung des Laien (c. 3, n. 70), indem sie Wissen des einen, unendlichen Formprinzips alles Seienden wäre, nicht abtrennbar von der Erkenntnis der übrigen Seienden, sondern vielmehr auch ein Wissen über alle anderen Seienden, also eine Art Inbegriff, der nicht nur das jeweilige Seiende, sondern alle übrigen ebenso erfassen würde. Um diese Art von Inbegriff zu erläutern, formuliert der Laie (c. 3, n. 70) den vom Orator wegen der Handgreiflichkeit des Vortrags – „Handgreiflich hast du es auf deine Weise erklärt (*palpabiliter more tuo explanasti*)" – umgehend ironisch kommentierten Vergleich mit der Benennung (*vocabula*), die für das Dreieck (*trigonus*) gebraucht wird (c. 3, n. 71).

Der entsprechende Vortrag des Laien enthält tatsächlich zumindest in einer Hinsicht eine bemerkenswerte Bezugnahme auf manuelles Hervorbringen: Dreieckigkeit (*triangularitas*) als vom Geist Hervorgebrachtes kann demnach nämlich zumindest graduell sichtbar gemacht werden, indem eine sinnlich wahrnehmbare Figur mit drei Winkeln gestaltet wird. Auch wenn in dieser sinnlich fassbaren Proportion des Dreiecks die geistige Dreieckigkeit nur „widerstrahlen" kann (*relucere*), so kann aus Sicht des Laien mit der Festlegung des Ausdrucks ‚Dreieck', bzw. ‚dreiwinklige Figur' (*trigonus*) doch ein Wissen konstituiert werden, welches über das Dreieck hinaus auf alle Vielecke (*omnium polygoniarum*) als gebildet aus jeweils n eingeschlossenen Winkeln hinausweist (*tetragonus, pentagonus* etc). Das im Ausdruck ‚Dreieck', bzw. ‚dreiwinklige Figur' enthaltene operationale Wissen über die Bildungsgesetze dieser speziellen, sinnlich wahrnehmbaren Figur weist also über diese selbst hinaus auf ein operationales Wissen zur Bildung beliebiger Vielecke. In diesem Sinn, so der Laie, lässt sich beim Ausdruck ‚Dreieck' von einem genauen Namen sprechen (c. 3, n. 70) – allerdings gilt dies wohl, im Einklang mit der Ablehnung der Möglichkeit genauer Benennungen im vorangegangenen Text (insbes. c. 2, n. 58) nur im eingeschränkten Sinn der Erlangung eines operationalen Wissens über die Bildungsgesetze der Figuren, welches das Wissen um das eine, formale Prinzip des Seienden und damit um die Washeit (*quidditas*) weiterhin ausschließt. In der Rückübertragung auf den ursprünglichen Zusammenhang versteht der Laie konsequenterweise das Wissen des genauen Namens eines göttlichen Werkes als Wissen der Gesamtheit aller Namen aller göttlichen Werke: „Wüsste ich den genauen Namen eines einzigen Werkes Gottes, so wüsste ich recht wohl alle Namen aller Werke Gottes und was immer man wissen kann" (c. 3, n. 70).

Es ist das bereits in c. 2, n. 68 als formales Prinzip des Seienden benannte Wort (*verbum*), das daraufhin mit einem solch umfassenden Wissen in Verbindung gebracht wird (vgl. *De theol. compl.* n. 5 für eine noch konsequenter im Feld der geometrischen Gegenstände verbleibende, theologische Deutung des infiniten Wissens um die Vielecke). Unter Inanspruchnahme einer Metaphorik der Inhärenz wird es nämlich als der Ort bezeichnet, an dem ein solches Wissen besteht bzw. zu erlangen ist: „Und weil das Wort Gottes die Genauigkeit jedes nennbaren Namens ist, steht fest, dass man allein im Wort alles und jedes einzelne wissen kann." (c. 2, n. 70)

Somit erweitert der Beginn des dritten Kapitels die Überlegungen des zweiten Kapitels nicht nur um einen Autoritätsverweis, sondern auch indem es das eine, unendliche, göttliche formale Prinzip des Seienden, in Person des Wortes, als selbst geistig, nämlich als Inbegriff alles Seienden charakterisiert, den zu erfassen bzw. „in" dem zu sein hätte, wer eine Sache und damit alle Sachen präzise, nämlich eben von ihrem formalen Prinzip her, erkennen wollte. Insofern stellt der Abschluss der Diskussion zur Genauigkeit der Benennungen am Beginn des dritten Kapitels keinen Fremdkörper dar, sondern ermöglicht eine Überleitung zur

Bestimmung des menschlichen Geistes als Bild (*imago*) der göttlichen Einfaltung alles Seienden in den folgenden Abschnitten. Denn er präsentiert bereits ein spezifisches Verständnis Gottes, der – jedenfalls in der Person des Wortes – als unendlicher Geist, das „Gesamt der Wahrheit der Dinge" ist, wie es kurz darauf heißt (c. 3, n. 72), und bereitet damit das parallele Verständnis des menschlichen Geistes als Bild vor, das ein „Gesamt der Angleichungen der Dinge" (ebd.) ist bzw. – in dynamischer Vollendung – werden kann.

3 Bestimmung des Geistes als Bild göttlicher Einfaltung (c. 3, n. 72 – c. 4, n. 75)

Die Abschnitte c. 3, n. 72 bis c. 4, n. 75 von *De mente* bilden eine über die Kapitelgrenze hinweggehende Einheit, insofern in ihnen die Bestimmung des Geistes als Bild (*imago*) göttlicher Einfaltung erläutert wird. Der Text geht dabei in vier Schritten vor:

1. Zunächst (c. 3, n. 72f.) wird die Struktur Gottes als unendliches, geistiges, formales Prinzip des Seienden, die am Ende der Diskussion über die Genauigkeit der Benennungen erkennbar wurde, differenzierter dargestellt und in Beziehung gesetzt zur Struktur des endlichen Geistes (*mens finita*), wie ihn Menschen besitzen. Dabei greift Nikolaus auf eine Entgegensetzung zurück, die bereits der Anfang des Textes von *De mente* präsentierte (c. 1, n. 57), die aber zwischenzeitlich zurückgestellt wurde: Er spricht von Gott vorübergehend nicht mehr als Wort (*verbum*), sondern als unendlichem Geist (*mens infinita*) oder göttlichem Geist (*mens divina*; c. 3, n. 72). In zahlreichen Formulierungen arbeitet er die Ähnlichkeit und Unähnlichkeit von endlichem Geist und unendlichem Geist heraus. Dabei scheint die später (c. 4, n. 74) vom Laien gemachte Aussage bereits das Motto zu bilden, der zufolge die mehrfache Variation auf der Ausdrucksebene der Inadäquatheit jedes Ausdrucks für den hier auszudrückenden Sachverhalt entspricht. Im Kern wird die Strukturähnlichkeit zwischen *mens finita* und *mens infinita* jedoch auf drei Ebenen situiert:

a) In beiden *ist* (c. 3, n. 73) die Gesamtheit der Dinge (*universitas rerum*).

b) Beide können von ihrer Tätigkeit her als Begreifen (*conceptio*; c. 3, n. 72) der Seienden verstanden werden.

c) Beiden kommt ontologisch der Charakter von Prinzipien zu; sie bringen anderes hervor, das insofern von ihnen ontologisch abhängig ist (c. 3, n. 72f.). Endlicher und unendlicher Geist unterscheiden sich auf diesen drei Ebenen jedoch, wie der Text verdeutlicht, zumindest wie folgt:

a) Im unendlichen Geist ist die Gesamtheit der Wahrheit (*veritas*) der Dinge, im endlichen Geist ist die Gesamtheit der Angleichungen (*assimilatio*) der Dinge (c. 3, n. 72).

b) Indem der unendliche, göttliche Geist begreift (*conceptio*), bringt er die Dinge hervor (*rerum productio*), das Begreifen des endlichen Geistes (*conceptio*) bleibt hingegen Erkennen der Dinge (*rerum notio*; c. 3, n. 72).

c) Der endliche Geist gehört zu dem, was durch den unendlichen Geist hervorgebracht wird; zwischen beiden besteht dabei eine Beziehung der Abbildung, die der Text mit dem Ausdruck des nahen Abbildes (*propinqua imago*) auf besondere Weise charakterisiert (c. 3, n. 72; vgl. als ähnliche Darstellung der Strukturähnlichkeit von menschlichem und göttlichem *intellectus*, allerdings gerade ohne die *imago*-Konzeption: De princ. n. 21). Der endliche Geist bringt den unendlichen zwar umgekehrt nicht hervor, aber immerhin weitere Bilder desselben: „so dass der Geist das Bild Gottes ist und Urbild aller Abbilder Gottes, die nach ihm kommen (*ut mens sit imago dei et omnium dei imaginum post ipsum exemplar*)" (c. 3, n. 73). Letzteres lässt sich als Rückbezug auf die theologische Betrachtungsweise verstehen (vgl. o. Abschn. 2, bzw. nochmals c. 2, n. 68), in der die Vielheit der begrifflichen Produkte des menschlichen Geistes, darunter die rationalen Allgemeinbegriffe, die der endliche Geist mit den *genera* und *species* bildet und bisweilen als reine Formen hypostasiert, als unzureichende, aber in ihrer Inadäquatheit doch eine negative Erkenntnis ermöglichende Abbilder des einen, unendlichen formalen Prinzips des Seienden gedeutet werden. Diese Perspektive scheint im vorliegenden Zusammenhang jedenfalls auch insofern wieder aufgenommen zu werden, als der Text den Vergleich mit dem Bildnis eines selbst unbekannten Königs (*rex ignotus*) zieht, welches als erstes Abbild als Ausgangspunkt für weitere Abbildungen (eben dann die rationalen Begriffe, Ideen) fungiert, die nach ihm gemalt werden (c. 3, n. 73; vgl. dazu auch c. 9, n. 124, die Rede vom absoluten Antlitz [*facies*], das sich zum Maß aller Antlitze macht sowie die strukturähnliche Metaphorik in *De docta ign.* II, c. 3 [n. 111], in der allerdings das getreue Abbild [*imago propria*], nach dem andere Bilder des unendlichen Gottes gemalt werden, nicht ausdrücklich als Geist bezeichnet wird, und in deren Zusammenhang die weiteren Bilder eher als Seiende des Universums, denn als Erkenntnisakte qualifiziert zu sein scheinen).

2. Terminologisch fasst der Text die dargestellte Strukturähnlichkeit zwischen endlichem Geist (*mens finita*) und unendlichem Geist (*mens infinita*) mit dem Begriff der Einfaltung (*complicatio*): „Wie Gott die absolute Seinsheit (*entitas absoluta*) ist, die aller Seienden Einfaltung ist (*omnium entium complicatio*), so ist unser Geist jener unendlichen Seinsheit Bild (*illius entitatis infinitae imago*), das aller Abbilder Einfaltung (*omnium imaginum complicatio*) ist" (c. 3, n. 73). Auffällig ist, dass der Text den Begriff der Einfaltung (*complicatio*), der auch in den

vorangegangenen Kapiteln bereits einige Male Verwendung fand, zunächst nicht als terminus technicus einführt und unmittelbar neben der hier interessierenden technischen Verwendung sogar auch in einem nicht technischen Sinn verwendet (c. 3, n. 71, ist davon die Rede, dass die Aussage des Laien, Gott sei unendlich, alles Übrige von ihm Gesagte einfalte [*deum infinitum, in quo solo dicto omnia, quae dixisti, complicantur*]). Mit dem Terminus ‚Einfaltung' greift Nikolaus auf ein Konzept zurück, das er seit seinem ersten größeren philosophisch-theologischen Werk *De docta ignorantia* (1440) bereits kontinuierlich gebraucht hat und insofern nicht neu einführen muss (vgl. zum Folgenden ausführlicher Moritz 2006, insbes. 225–237 und die dort diskutierte begriffsgeschichtliche Literatur). Nikolaus' Rede von Einfaltung (*complicatio*) und der dieser jeweils korrespondierenden Ausfaltung (*explicatio*) ist wesentlich von den Boethius-Kommentaren Thierrys von Chartres aus dem 12. Jahrhundert inspiriert. Wie neuerdings plausibel nachvollzogen werden konnte, hatte neben Thierrys Kommentaren zu Boethius' *De trinitate*, die bereits länger als cusanische Quellen bekannt waren, insbesondere der erst neuerdings in einer modernen Edition vorliegende *Arithmetik-Kommentar* Thierrys entscheidenden Einfluss auf Cusanus. In diesem finden sich mathematisch orientierte Erläuterungen zur Terminologie von *complicatio* und *explicatio*, die in Thierrys Kommentaren zu *De Trinitate* nicht zu finden sind, von Cusanus aber sowohl an zentraler Stelle in *De docta ignorantia* (II, c. 3) wie auch u. a. in den hier behandelten Passagen von *De mente* aufgegriffen werden (c. 4, n. 74 f.; vgl. ausführlich Albertson 2016, 175–192). Wie bereits Renate Steiger nachwies, verweist auch der weitere, eben umrissene Kontext der Annahme einer Abbildbeziehung zwischen endlichem und unendlichem, göttlichem Geist, in dem in *De mente* die Begriffe von *complicatio* und *explicatio* aufgegriffen werden, zurück auf entsprechende Überlegungen bei Thierry bzw. bei anderen Autoren der Schule von Chartres (vgl. die Stellenkommentare zu n. 72–75 in Nicolaus de Cusa 1983, 108–115).

Bei Nikolaus erhält der Begriff der Einfaltung in philosophisch-theologischer Verwendung gegenüber der Schule von Chartres jedoch bereits in *De docta ignorantia* eine besondere Prägung. Anders als Thierry geht Nikolaus bekanntlich bereits damals von der aktualen Unendlichkeit Gottes aus, der ein absolut Größtes, d. h. Wirklichkeit alles Möglichen ist (vgl. insbes. *De docta ign.* I, c. 2 [n. 5]; c. 3 [n. 9]; c. 16 [n. 42]). Nikolaus versteht deshalb die göttliche *complicatio* nicht nur als einheitlichen Ursprung, der die Vielheit des Seienden, die aus ihm hervorgeht, bloß der Möglichkeit nach enthält bzw. in der Vielheit der durch ihn verursachten Seienden bloß in der Weise einer Formalursache, d. h. jeweils der allgemeinen, formalen Bestimmung nach wiedergefunden wird, so wie etwa die Einheit formal in jeder der – gemäß dem Verständnis Thierrys – aus ihr explizierten Zahlen wiedergefunden werden kann (vgl. *De docta ign.* II, c. 3 [n. 106]).

Ausgehend von der Annahme der aktualen Unendlichkeit Gottes folgert Nikolaus vielmehr, dass das aus der göttlichen Einfaltung hervorgehende Seiende zur bestehenden komplikativen Unendlichkeit nichts positiv hinzuzufügen vermag. Das jeweilige aktuale Sein der ausgefalteten Seienden hängt deshalb als – wie Cusanus in *De docta ignorantia* sagt – kontraktes Sein (*esse contractum*) vollständig vom göttlichen Sein ab. Nikolaus versteht es ontologisch gewissermaßen als Zusammensetzung aus einem besonderen Moment des unendlichen göttlichen Seins und einem komplementären Verfehlen oder Mangel, das gesamte Sein Gottes zu erreichen. In diesem Sinn spricht Nikolaus an prominenter Stelle in *De docta ignorantia* von einer Vervielfachung ohne Vervielfachung (*multiplicatio unitatis absque multiplicatione*), welche in den durch Thierry mit den Begriffen von *complicatio* und *explicatio* bezeichneten Gegenstandsbereichen, etwa dem Bereich der Zahlen, in dem Ausfaltung mit Vervielfachung einhergeht, gerade nicht gegeben ist (vgl. *De docta ign.* II, c. 2 [n. 101f.]; c. 3 [n. 105–109]; Moritz 2006, 48–50, sowie *De mente* c. 6, n. 96). In genau diesem Zusammenhang wird übrigens bereits in *De docta ignorantia* das in *De mente* wieder aufgegriffene Motiv eingeführt, dass das göttliche Erkennen der Seienden diese hervorbringe – verbunden mit der in *De mente* nicht wiederholten Spezifizierung, dass dabei jedes Seiende in seiner jeweils besonderen Defizienz gegenüber dem göttlichen Sein erkannt werde: „Dadurch nämlich, dass die Dinge an der Gleichheit des Seins nicht in gleicher Weise teilhaben können, hat Gott von Ewigkeit das eine so, das andere so erkannt, woraus die Vielheit entspringt, die in ihm Einheit ist (*ex quo pluralitas, quae in ipso est unitas, exorta est*)." (*De docta ign.* II, c. 3 [n. 108])

3. Für die beschriebene Art von ontologisch abhängigem, kontraktem Seienden, das als Moment einer *complicatio* besteht, ohne ihr gegensätzlich gegenüber zu stehen, benutzt Nikolaus gewöhnlich den Begriff der Ausfaltung (*explicatio*). In den Texten vor *De mente* geschieht dies gelegentlich bezogen auf den menschlichen Intellekt (prominent ist *De docta ign.* III, c. 11 [n. 244], die Bezeichnung des *intellectus* als *explicatio* des Glaubens). Gegenstand der ersten beiden Abschnitte des vierten Kapitels von *De mente* (c. 4, n. 74f.) ist eine Neuorientierung dieses Begriffsgebrauchs. Der Laie sagt dort ausdrücklich, „dass Bild (*imago*) und Ausfaltung (*explicatio*) etwas Verschiedenes sind" (c. 4, n. 74; zur Entwicklung dieser Position bis *De mente* vgl. van der Meer 2003) – und dass unser Geist Bild (*imago*) und nicht Ausfaltung (*explicatio*) sei. (Neu ist dabei auch, dass Cusanus den Begriff *imago* nicht mehr im Sinne einer Abstufung bzw. zur Hervorhebung der Unähnlichkeit gegenüber dem göttlichen Ursprung – als Urbild [*exemplar*] – gebraucht, wie etwa *De docta ign.* I, c. 11 [n. 30].) Begründet wird diese Neuorientierung vom Laien damit, dass der Geist Gleichheit (*aequalitas*) der Einheit sei, nämlich – im Sinne der bereits aus der *De docta ignorantia* bekannten Argumentation – selbst einfach (*Et non est aequalitas unitatis explicatio, sed*

pluralitas. Complicationis igitur unitatis aequalitas est imago, non explicatio; c. 4, n. 74). Ausfaltungen hingegen bestünden jeweils in einer Vielheit, wie anhand der Verhältnisse von Einheit (*complicatio*) und Zahl (*explicatio*), Ruhe (*complicatio*) und Bewegung (*explicatio*), Ewigkeit (*complicatio*) und Zeit (*explicatio*) anschaulich gemacht wird (c. 4, n. 74).

Es ist an dieser Stelle durchaus angebracht auf die christologische Konnotation der von Augustinus, aber wiederum auch von Thierry von Chartres angeregten Verwendung des Begriffs ‚Gleichheit' (*aequalitas*) bei Cusanus zu verweisen. Denn mit trinitätstheologischer Untermauerung leuchtet die Aussage, dass das göttliche *verbum* bzw. der unendliche Geist im Verhältnis der Gleichheit zum göttlichen Ursprung alles Seienden steht, durchaus ein (vgl. so auch Miller 2003, 120, sowie im Zusammenhang: *De docta ign.* I, c. 7 [n. 21]; *De aequal.*; Schwaetzer 2004; bezogen auf die Bedeutung der Christologie für die Geistphilosophie nicht generell, aber für *De mente*, ist zurückhaltender: Mandrella 2010, 193, 200f.; zum Augustinus-Bezug von *De mente* und insbesondere der *imago*-Konzeption vgl. Kreuzer 2007; von Bredow 1978).

Der Text reserviert die Begriffe der Gleichheit und des Bildes allerdings an dieser Stelle eindeutig nicht für den unendlichen, göttlichen Geist, sondern spricht vom Geist schlechthin, somit auch vom endlichen Geist als einfachstem Bild des göttlichen Geistes und der göttlichen Einfaltung: „So meine ich, dass der Geist das einfachste Bild des göttlichen Geistes ist unter allen Bildern der göttlichen Einfaltung (*Sic volo mentem esse imaginem divinae mentis simplicissimam inter omnes imagines divinae complicationis*)." (c. 4, n. 74) Diese Offenheit des Textes von *De mente* dafür, den Bildcharakter gegenüber dem göttlichen Ursprung sowohl dem unendlichen wie dem endlichen Geist zuzuschreiben, kann unterschiedlich gedeutet werden: Man könnte meinen, dass durch die Ausdrücke *aequalitas* bzw. *imago* lediglich eine Ähnlichkeit von unendlichem und endlichem Geist gegenüber dem unendlichen göttlichen Ursprung in ihrer jeweiligen Einfachheit markiert werden soll, zu der aber darüber hinaus eher Aspekte der Unähnlichkeit beider Formen des Geistes hinzukämen. Es scheint sich hier jedoch eher die weitergehende und erst später im Text ausdrücklicher entfaltete Überzeugung anzudeuten, dass der endliche Geist sich auf gewisse Weise als dynamisches, vollendbares Moment des göttlichen Geistes begreifen lässt, folglich in einer prozessual veränderbaren Einschränkung an dessen Gleichheit mit dem göttlichen Ursprung teilhat und insofern ebenfalls Bild, aber eben sich dynamisch – im besten Fall auf das göttliche Wort hin – entwickelndes Bild ist (vgl. zu diesem Thema, auch im größeren Kontext des Werks des Cusanus, Leinkauf 2006, insbes. 61; Mandrella 2012, 217–230; Moffitt Watts 1982, 139f.; Moritz 2006, 89f., 277–285; Schwaetzer 2005.) Nicht nur die spätere, genauere Charakterisierung des Geistes als lebendiges Bild (c. 13, n. 149), die besondere Konzeption der Unsterblichkeit des menschlichen Geistes (c. 15, insbes. n. 157) sowie die oben bereits angesprochene Perspektive der möglichen Inhärenz des endlichen im unendlichen Geist (vgl. nochmals Abschn. 2, bzw. c. 2, n. 70) sprechen dafür, dass die enge, dynamische Bezogenheit des endlichen auf den unendlichen Geist in der Charakterisierung des endlichen Geistes als *imago* mit angesprochen wird. Auch eine Aussage im unmittelbaren Textzusammenhang stützt diese Interpretation. In ihr werden das Bild-Sein des unendlichen Geistes und die Möglichkeit einer dynamischen Selbstentfaltung des endlichen Geistes unmittelbar auf einander bezogen: „Und durch das Bild der absoluten Einfaltung, die der unendliche Geist ist, hat er [der endliche Geist] die Kraft, mit der er sich jeder Ausfaltung angleichen kann." (c. 4, n. 75)

4. Damit ist der vierte und letzte Schritt der im Übergang von Kapitel 3 zu Kapitel 4 von *De mente* geleisteten Bestimmung des Geistes als Bild bereits angesprochen. Dieser vierte Schritt besteht in der Ableitung einer Fähigkeit des Geistes, die mit dem Begriff der Kraft (*vis*) bezeichnet wird, sich allen Seienden, den Ausfaltungen der göttlichen Einfaltung, begrifflich anzugleichen (c. 4, n. 75). Diese Fähigkeit wird damit begründet, dass der endliche Geist eben in sich bereits in der Einheit der Einfaltung all das enthalte, was das Begreifen der Ausfaltungen erfordere. Der Laie spricht in diesem Zusammenhang vom Geist als Bild der Einfaltung der Einfaltungen (*imago complicationis complicationum*; c. 4, n. 74). Mit den Einfaltungen zweiter Ordnung sind dabei wohl jene eben erwähnten einheitlichen Konzepte (Einheit, Ruhe, Ewigkeit etc.) gemeint, mit denen die Vielheit der Seienden in jeweiligen Einheiten begrifflich erfasst werden kann (c. 4, n. 75). Der Geist in seiner Einfachheit umfasst demnach bereits jene geistigen Formen, die er in Begegnung mit dem Seienden dann nachformend und nachgestaltend (*Videris [...] dicere velle [...] mentem finitam vim conformativam seu configurativam [esse]*; c. 4, n. 74) zu entfalten vermag und mittels derer er jeweils eine Vielheit des Seienden erfasst, in deren sinnlicher Erscheinung eine einheitliche Weise des Partizipierens des formalen Prinzips des Seienden widerleuchtet (c. 4, n. 75f.; vgl. Leinkauf 2006, 63–66).

Inwiefern leisten die vier bis hierher erläuterten Schritte der Bestimmung des Geistes als Bild der göttlichen Einfaltung nun eine Konkretisierung der eingangs vom Laien gegebenen Bestimmung des Begriffs *mens* von *mensurare* her? Die Tätigkeit des Erkennens selbst genauer als ein Messen und insbesondere als eine Bestimmung von Grenzen des Seienden genauer zu erläutern, gelingt innerhalb dieser vier Schritte sicherlich noch nicht. Dies bleibt über einige Andeutungen, über die im Folgenden (Abschn. 5) noch zu sprechen sein wird, späteren Kapiteln von *De mente* vorbehalten, welche die dynamische Selbstentfaltung des Geistes in Erkenntnis der begrifflichen Formen als durch sinnlich wahrgenommene Gegenstände angeregte Selbsteinschränkungen deuten. Was innerhalb der vier bislang erläuterten Schritte der Charakterisierung des Geistes als Bild der göttlichen Einfaltung jedoch bereits geleistet wird, ist die später erläuterte Tätigkeit des Erkennens ihrer Möglichkeit nach zu begründen (vgl. Flasch 1998, 297f.). Abgekürzt hat diese im Übergang von Kapitel 3 zu Kapitel 4 von *De mente* geleistete Begründung der Möglichkeit von Erkenntnis folgende Form: Der Geist ähnelt in seinem Begreifen strukturell dem Hervorbringen der Dinge durch Gott (1. Schritt). Er ist nämlich die Einfaltung all dessen, was er hervorbringt (2. Schritt). Diese Einfaltung bildet die Einfachheit des geistigen Umfassens der Dinge durch Gott gewissermaßen auch auf einer inhaltlichen Ebene, in Form der Gleichheit ab (3. Schritt). Daraus resultiert eine Kraft des Geistes sich allen möglichen Gegenständen erkennend anzugleichen (4. Schritt), indem er die komplikative Einheit, die er ist, wieder ausfaltet, d. h. in jene begriffliche Formen vereinzelt, die jeweils auf ein Moment des Ganzen beschränkt sind, welches der Geist in seiner Einfachheit ist, und die zugleich in der Vielheit der Seienden widerleuchten, die auf eine, durch die einfachen geistigen Gehalte erfasste, je eigene Weise nicht all das zu sein vermögen, was die göttliche Unendlichkeit umfasst (vgl. dazu auch c. 5, n. 81; c. 7, sowie ausführlicher Moritz 2006, 84–88; zu grundsätzlich möglichen systematischen Deutungsmöglichkeiten, welche die textimmanent nicht ganz eindeutig bestimmte Beziehung zwischen Apriorismus und Assimilationsleistung der *mens* zu klären versuchen, vgl. Benz 1999, insbes. 329f.; Flasch 2001, 90–94; Kremer 1978; Kremer 2004a; Leinkauf 2006, insbes. 52–54).

4 Bestimmung des Status der nicht geistigen Seienden als Ausfaltung (c. 3, n. 73; c. 4, n. 74, n. 76)

Obgleich die Bestimmung des Geistes als Einfaltung im Vergleich mit den Ausführungen zum Status des nicht geistigen Seienden in den Kapiteln 3 und 4 von *De mente* klar im Vordergrund steht, enthält der Text doch auch einige grundlegende Bemerkungen zum Status des nicht geistigen Seienden. Bereits dargelegt wurde die insbesondere in c. 4, n. 74 vorgenommene Gegenüberstellung von Geist als einfacher Einfaltung der Einfaltungen (*complicatio complicationis*) und den übrigen Seienden als Vielheit von Ausfaltungen (*explicationes*), die selbst wiederum die Einfaltung (*complicatio*) eines einfachen geistigen Gehalts, wie Einheit, Ruhe, Ewigkeit etc. entfalten, insofern die betreffende Vielheit von Seienden jeweils auf eine besondere Weise gegenüber dem formalen Prinzip des Seienden eingeschränkt ist.

Darüber hinaus wird vor allem deutlich, dass der Laie eine gestufte Hierarchie des Seienden vertritt, die er vor allem in c. 4, n. 76 ausdrücklich macht. In dieser Hierarchie sind im Sinne einer Abstufung von Vollkommenheit die geistigen Seienden über den sinnenbegabten, diese über den Pflanzen und diese schließlich über den Gesteinen situiert. Diese Hierarchie des Seienden wird allerdings eher behauptet als genauer begründet oder inhaltlich expliziert. Als Kriterium für die Stufung des Seienden wird aber immerhin der Grad benannt, in dem in den entsprechenden nicht-geistigen Seienden der Geist widerstrahlt und somit eine Teilhabe am Geist als Bild des göttlichen Ursprungs gegeben sei: „Daher sind die Geschöpfe, die keinen Geist haben, eher Ausfaltungen der göttlichen Einfachheit als Bilder, wenn sie auch je nach dem Widerschein des geistigen Bildes beim Ausfalten in verschiedener Weise am Bild teilhaben (*Unde creaturae mente carentes sunt potius divinae simplicitatis explicationes quam imagines, licet secundum relucentiam mentalis in explicando de imagine varie participent*)." (c. 4, n. 76)

Mit einem Blick zurück auf eine Aussage am Ende von Kapitel 3 lässt sich möglicherweise erklären, warum gerade der Grad der Teilhabe am Geist die vom Laien angenommene Hierarchisierung des Seienden bestimmt und was mit Teilhabe am Geistigen bzw. graduell abgestuftem Widerstrahlen des Geistigen bezogen auf nicht-geistige Wesen überhaupt gemeint sein kann. In c. 3, n. 73 wird nämlich deutlich, dass dem Geist seine ausgezeichnete Stellung in der Hierarchisierung des Seienden über die eingangs (Abschn. 1) rekapitulierten Gründe hinaus auch deshalb zukommt, weil allein in geistige Naturen, als deren spezifisches Objekt die Wahrheit (*veritas*) bestimmt wird, „die Kenntnis (*notitia*) von Gott oder sein Angesicht" hinabsteige (*descendit*). Und „darüber hinaus (*ulterius*)", d. h. wohl in andere Naturen, geschehe dies „nur durch den Geist (*nisi per mentem*)".

Mit Blick auf das bislang Gesagte erscheint diese Aussage schon allein deshalb plausibel, weil alle geschaffenen Seienden bereits ihre Existenz der produktiven Einsicht des göttlichen Geistes in ihre jeweilige Eingeschränktheit gegenüber dem unendlichen, göttlichen Sein verdanken (vgl. nochmals den vorangegangenen Abschn. 3). In diesem grundsätzlichen Sinn scheint dann auch jegliche Gotteserkenntnis, die auf der Ebene nicht-geistiger Ausfaltungen stattfinden würde, schon einmal letztlich „durch" den Geist ermöglicht zu sein.

Allein den geistigen Wesen scheint aber die eingangs skizzierte theologische Betrachtung, die negative Erkenntnis des unendlichen formalen Prinzip des Seienden, vorbehalten, in der die in Begegnung mit den geschaffenen Seienden erkannten, begrifflichen Formen auf den negativen Begriff von der Einheit des unendlichen, göttlichen Ursprungs hin überstiegen werden, die in jenen begrifflichen Formen nicht bereits erfasst wird.

Über die Fähigkeit zu einer derartigen Erkenntnis und nicht einmal über die Fähigkeit zur vorausliegenden Erkenntnis begrifflicher Formen verfügen die nichtgeistigen Seienden nun offenkundig nicht. Aber immerhin hat die produktive Erkenntnis des göttlichen Geistes mit diesen Seienden Wesen hervorgebracht, die – so jedenfalls die hier vorgeschlagene Deutung – als sinnenbegabte oder vegetative Wesen den unendlichen göttlichen Ursprung – auf gewisse Weise ebenfalls negativ – erkennen. Sie richten sich nämlich auf sinnlich Erkennbares bzw. sind in vegetativen Vollzügen auf Seiendes bezogen, das nach dem zuvor Skizzierten wenigstens negativ mit dem unendlichen, formalen Prinzip des Seienden in Verbindung steht, insofern es als kontrakte Einschränkung desselben den unendlichen Umfang von dessen Sein nicht erreicht. Die sinnlich begabten bzw. vegetativen Wesen erkennen den göttlichen Ursprung also gewissermaßen negativ, indem sie mit ihren spezifischen Erkenntnisobjekten jeweils etwas erkennen, was auf eine bestimmte Weise nicht Gott ist. Dies geschieht aber eben ohne jenes Bewusstsein vom theologischen Gegenstand ihrer Betrachtung, das der theologischen Betrachtung eigen ist, und im Falle der vegetativen Wesen geschieht es sogar ganz ohne Bewusstsein von ihrem jeweiligen Erkennen. Mit den Mineralien schließlich hat der produktive göttliche Geist Seiende hervorgebracht, die selbst noch nicht einmal zu einer der beiden geschilderten Arten von negativer Erkenntnis des unendlichen, formalen Prinzips des Seienden in der Lage sind. Immerhin jedoch können sie, bezogen auf andere Wesen, zum Objekt bzw. Ausgangspunkt einer der beiden negativen Formen der Erkenntnis des formalen Prinzips des Seienden werden.

Das abgestufte Widerstrahlen des Geistes in den Ausfaltungen, von dem der Laie spricht, lässt sich also im Sinne dieser Überlegungen nicht allein beziehen auf die Genese der Ausfaltungen aus der Erkenntnis des produktiven, göttlichen Geistes. Vielmehr sind die Ausfaltungen in eine Hierarchie des Seienden eingeordnet, welche durch den Grad der Erkenntnis des göttlichen, formalen Prinzips des Seienden bestimmt ist, die zwar nur der endliche Geist in ausgezeichneter Weise erreichen kann, die bezogen auf die anderen Seienden jedoch in abgestufter Weise ebenfalls gegeben ist.

Es bleibt späteren Kapiteln von *De mente* vorbehalten (insbes. c. 7, n. 100– 104; c. 8, n. 112–115), diese Perspektive auf die Hierarchie des Seienden durch Ausführungen dazu zu ergänzen, dass auch die inferioren Erkenntniskräfte selbst, auf einer ontologischen Ebene, als Einschränkungen des Geistes verstanden werden können – sodass auch in diesem Sinn von einem Widerstrahlen des Geistes in den nicht-geistigen Ausfaltungen gesprochen werden kann, sofern sie eben überhaupt über Erkenntniskräfte verfügen (vgl. Moritz 2006, 84–88; Kremer 2004b). Der Geist als ein Bild der göttlichen Einfaltung und selbst nichtgeistige Ausfaltungen werden in den Kapiteln 3 und 4 von *De mente* also zwar auf die zunächst beschriebene Weise eher als Gegensätze begriffen. Zugleich wird diese Gegenüberstellung aber im Sinne der eben näher dargelegten Perspektive eines auf abgestufte Weise auch in den Ausfaltungen widerscheinenden Geistes bzw. einer auch dort stattfindenden Gotteserkenntnis relativiert. In welchem Verhältnis steht dieses Verständnis der Hierarchisierung des Seienden aber zur eingangs erwähnten Fähigkeit des Geistes, wie im Falle des berühmten Beispiels des Löffelschnitzens, eine in der sinnlichen Natur nur unvollendet gegebene Form zur Vollendung führen und in einem Werk vergegenständlichen zu können (vgl. nochmals Abschn. 1 bzw. c. 2, n. 62)? Explizite Erwähnung findet diese besondere Form geistiger Kreativität, jedenfalls in ihrer handwerklichen Konkretheit, im Zusammenhang der Ausführungen zur Hierarchisierung des Seienden in den Kapiteln 3 und 4 nicht nochmals – jedenfalls, wenn man von den erwähnten mathematischen Figuren (vgl. o. Abschn. 2) absieht. Jedoch lässt sich gerade die Fähigkeit des Geistes zur theologischen Betrachtung, in der er die rationalen Begriffe transzendiert und die ihn an die Spitze der eben erläuterten Hierarchie des Seienden bringt, durchaus als schöpferische Vollendungsbewegung bezogen auf in der sinnlichen Natur nur unvollendet gegebene geistige Formen deuten. Insofern geben die Überlegungen zur Hierarchisierung des Seienden in den Kapiteln 3 und 4 von *De mente* Anlass dazu, die berühmte Passage des Löffelschnitzerbeispiels in c. 2, n. 62 nicht in einem engen Sinn auf artifizielle menschliche Hervorbringungen zu beziehen, aber auch nicht in einem weiten Sinn auf jegliche, äußerlich objektivierte Form geistiger Kreativität (so eher die Deutung bei Moffitt Watts 1982, 131–152). Im Rückblick von Kapitel 3 und 4 von *De mente* aus erscheint die Passage vielmehr als Vorausdeutung auf die Fähigkeit des Geistes, sich in der erläuterten Weise dynamisch zur theologischen Betrachtung hin und somit, sich vollendend, von den in Begegnung mit der sinnlichen Natur gewonnenen, geistigen Formen weg zu begeben (vgl. Mandrella 2012, 231–236; Miller 2003, 122–124.)

5 Erneute Einordnung der Geistkonzeption zwischen Platonismus und Aristotelismus (c. 4, n. 77–79)

Cusanus beendet Kapitel 4 von *De mente* mit einer Einordnung der bis dahin entwickelten Geistkonzeption hinsichtlich der voneinander abweichenden Lehren der Platoniker bzw. Aristoteliker über die Frage, ob der Geist über angeborene Begriffe verfüge. Diese dogmatische Einordnung wird recht unvermittelt durch den Philosophen eingefordert: „Aristoteles sagte, unserem Geist oder unserer

Seele sei kein Begriff anerschaffen (*nullam notionem fore concreatam*), weil er sie einer unbeschriebenen Tafel verglich. Plato dagegen sagte, die Begriffe seien ihr anerschaffen (*notiones sibi concreatas*), aber die Seele habe sie infolge der Last des Leibes vergessen. Was hältst du hierin für wahr?" (c. 4, n. 77)

Mit der Frage nach der dogmatischen Einordnung wird, wie eingangs gesagt, ein Thema aufgegriffen, welches ebenfalls bereits im zweiten Kapitel von *De mente* gestreift wurde (vgl. Kijewska 2010 zu den Facetten des Themas in *De mente* und zu seinem geistesgeschichtlichen Hintergrund in der Renaissancephilosophie sowie Kremer 1978 zu offenkundigen systematischen Schwachstellen der Inanspruchnahme einer Konkordanz sowohl mit Platonikern wie Aristotelikern). Dort hatte der Laie eine Verträglichkeit seiner Lehre mit beiden philosophischen Richtungen vertreten, insofern er den Aristotelikern zugeben könne, „dass es nicht viele gesonderte Urbilder und Ideen der Dinge gibt" (c. 2, n. 67), und andererseits den Platonikern durch Annahme eines einzigen, formalen Prinzips des Seienden entgegenkomme, welches in den sinnlich erfahrbaren Gegenständen widerleuchte und in deren (letztlich unangemessener), von der Verstandesbewegung ausgehender Rückführung auf ideenhafte Prinzipien zum Gegenstand gemacht werden könne (c. 2, n. 67 f.). Zudem war eine gewisse Neigung des Laien deutlich geworden, seiner Geistphilosophie das der aristotelischen Tradition entstammende Diktum zu Grunde zu legen, dass nichts im Verstand (gewöhnlich: *intellectus*, in der Formulierung des Laien allerdings: *ratio*) ist, was nicht vorher in den Sinnen war (c. 2, n. 64; zur aristotelischen Herkunft der Formel vgl. Cranefield 1970).

Die Wiederaufnahme der Frage nach der Einordnung in die Traditionen des Aristotelismus und Platonismus in Kapitel 4 von *De mente* nutzt der Laie, um diese Neigung zur aristotelischen Annahme einer Fundierung geistiger durch sinnlicher Erkenntnisse auf der Grundlage des mittlerweile erreichten Gesprächsstands noch genauer zu explizieren. Zugleich verfolgt er weiter die Strategie, seine geistphilosophische Position als zugleich verträglich mit den Lehren von Aristotelismus und Platonismus zu beschreiben.

Der Philosoph erhält vom Laien auf die Nachfrage nach der Seele anerschaffenen Begriffen zunächst eine klar negative, also in Richtung der den Aristotelikern zugeschriebenen Position weisende Antwort, welche das eben erwähnte Diktum des Aristoteles sinngemäß wieder aufnimmt. Zugleich wird die platonische Annahme der Notwendigkeit einer Wiedererinnerung von in der leiblichen Existenz verloren gegangenem begrifflichem Wissen ausdrücklich zurückgewiesen: „Man darf daher nicht glauben, der Seele seien Begriffe anerschaffen gewesen, die sie im Leib verloren hat, sondern dass sie des Leibes bedarf, damit die anerschaffene Kraft zur Verwirklichung gelangt (*ut vis concreata ad actum pergat).*" (c. 4, n. 77; vgl. die Marginalie zu Eriugena in Nicolaus de Cusa 1983, 117, ad lin. 7–9)

Die Zuordnung seiner Geistphilosophie zu Aristotelismus bzw. Platonismus ermöglicht dem Laien in systematischer Sicht also vor allem die zuvor entwickelte Bestimmung des Geistes als angleichende Kraft zu präzisieren. Einerseits wird als Bedingung der Tätigkeit dieser Kraft noch einmal klarer als zuvor die Anregung (*excitatio*) durch sinnliche Wahrnehmungen und damit durch die leibliche Existenz benannt. Das Existieren des Geistes im Leib wird in diesem Zusammenhang – dies ist gegenüber dem vorangegangenen Text ebenfalls neu – als „zum Besten" des Geistes (*ad sui profectum*) aufgewertet (c. 4, n. 77). Andererseits gelingt es dem Laien auf durchaus bemerkenswerte Weise, die zuvor in Kapitel 4 erreichte Position aufrecht zu erhalten, dass der Geist als Kraft in sich bereits alles enthält, was er in Form seiner begrifflichen Selbstentfaltung bzw. Angleichung an die Seienden hervorbringt. Genau um diese, über die sinnliche Anregung hinaus bestehende, Autarkie des Geistes in seiner Tätigkeit zu unterstreichen, greift der Laie am Ende von Kapitel 4 wohl auf die zuvor nicht erwähnte mittelalterliche Theorie der Erkenntnismedien zurück (zu deren möglicher Herkunft vgl. die vielfältigen Hinweise zu c. 4, n. 77 in Nicolaus de Cusa 1983, 117–119). Systematisch dient diese Theorie offenkundig dazu, zu verdeutlichen, dass mit der sinnlichen Anregung des Geistes nicht eine unmittelbare formale Bestimmung durch die Gegenstände sinnlicher Wahrnehmung, im Sinne einer bloß passiven Potenz des Geistes gemeint ist. Der Geist hat vielmehr mit den sinnlichen Gegenständen des Erkennens gar nicht unmittelbar zu tun. Stattdessen wird ihm, über die mehrfache Vermittlung von Sinnen und Vorstellungskraft, lediglich ein entgegentretendes Medium zur Verfügung gestellt, anlässlich dessen er aus seiner aktiven Potenz heraus selbst tätig werden kann (c. 4, n. 77; vgl. Kremer 1978, 27 f.). Es bleibt, wie gesagt (vgl. o. Abschn. 4), späteren Kapiteln von *De mente* vorbehalten, in Ergänzung zu dieser Konzeption von aktiver Selbstentfaltung auf der Ebene rationalen Erkennens auch die inferioren Erkenntniskräfte, die hier aber immerhin bereits in ihrer Funktion als Produzenten von Medien rationalen Erkennens deutlich werden, in ihrer jeweiligen Tätigkeit ebenfalls als Selbstbeschränkungen des Geistes zu deuten. Und ebenso wird erst später im Text deutlicher, dass es eine, intellektuale, Form geistiger Erkenntnis gibt, welche nicht selbst unmittelbar durch die sinnlichen Gegenstände angeregt wird, weil sie etwas außerhalb des Sinnlichen Liegendes zum Gegenstand macht, nämlich die bereits mehrfach erwähnte Vielheit rein formaler Prinzipien des Seienden bzw., in theologischer Betrachtung, das eine, unendliche, formale Prinzip des Seienden (vgl. insbes. c. 8, n. 111).

Insoweit dient die Erläuterung der Konkordanz mit dem Aristotelismus am Ende von Kapitel 4 vor allem dem Ausdruck einer Aufwertung der leiblichen

Existenz, in der der Geist sich im Menschen vorfindet, und der Behauptung einer systematischen Vereinbarkeit von leiblich bedingter Anregung geistigen Erkennens und des zugleich aufrecht erhaltenen Verständnisses des Geistes als sich im Erkennen autark selbst entfaltender bzw. beschränkender Kraft.

Die nachfolgend im Text, allerdings weitaus vorsichtiger, in Anspruch genommene Konkordanz mit der platonischen Tradition bringt systematisch hingegen vor allem die Einführung eines Teilvermögens des Geistes zu urteilen (*iudicium*) (vgl. Mandrella 2012, 100–103). Habe Platon dieses Vermögen zu urteilen mit seiner Rede von anerschaffenen Begriffen gemeint, so der Laie, so könne man ihm doch zustimmen (c. 4, n. 77). Angesichts der vom Laien und Philosophen gemeinsam zusammengetragenen Beispiele für Urteilsakte des Geistes, die durch das anerschaffene Vermögen des *iudicium* erst ermöglicht werden sollen, wird deutlich, dass dieses Vermögen offenbar für die Möglichkeit der Begriffsapplikation auf Einzelnes im Zusammenhang komplexerer Aussagen (c. 4, n. 78) bzw. komplexerer, durch Gegensätze bestimmter, sinnlicher Gegenstände (c. 4, n. 79) und die Möglichkeit der Prüfung der Schlüssigkeit komplexer Aussagensysteme (c. 4, n. 77) verantwortlich gemacht wird. Diese geistigen Fähigkeiten sind mit Blick auf das bis dahin im Text von *De mente* stärker im Vordergrund stehende Vermögen des Geistes, Begriffe zu bilden, tatsächlich noch nicht ausreichend gewürdigt worden – scheinen allerdings mit der platonisierenden Rede von anerschaffenen Begriffen doch auf eher unpassende Weise bezeichnet. Allerdings scheint es Laie und Philosoph gemeinsam mit den genannten Zusammenhängen vor allem auch um den Gebrauch von Prädikaten wie ‚schlüssig' (c. 4, n. 77) bzw. ‚gut', ‚wahr', ‚gerecht' (c. 4, n. 78) zu gehen – deren urteilende Verwendung als „niemals erlernt, sondern […] ihm [dem Geist] angeboren" qualifiziert wird (c. 4, n. 78).

Hier wird offenbar das Vermögen des *iudicium* über die eben genannten Tätigkeitsformen des Geistes hinaus für die Möglichkeit verantwortlich gemacht, Prädikate zu gebrauchen, die nicht unmittelbar sinnliche Qualitäten bezeichnen, sondern etwa logische Qualitäten von Aussagen bzw. Aussagesystemen oder moralische Qualitäten von Handlungen bzw. Handlungstypen. Insofern dient die Darlegung der Konkordanz mit dem Platonismus am Ende von Kapitel 4 nicht nur der Begründung einiger bis dahin weniger thematisierter Tätigkeitsformen des Geistes, die zweifellos, wie der Text formuliert, für sein Fortschreiten (*proficere*) in der Erkenntnis unabdingbar sind (c. 4, n. 77). Darüber hinaus gelingt durch die Einführung des anerschaffenen *iudicium* die Auszeichnung von Feldern des Begriffsgebrauchs, die sich durch die bislang im Text dargelegte Assimilation an sinnliche Gegenstände allein nicht erklären lassen. Somit wird bereits am Ende von Kapitel 4, anlässlich der Darstellung der Konkordanz der bis dahin entwickelten Geistphilosophie mit den Platonikern, ein Bereich geistigen Erkennens ausgezeichnet, der zwar nicht der theologischen Betrachtung oder der dieser vorausliegenden Bildung rein formaler Begriffe von Ideen zugehört, aber nicht allein auf die begriffliche Erfassung sinnlich wahrnehmbarer Gehalte zurückgeführt werden kann und diese somit bereits auf andere Weise transzendiert.

Zusammengenommen scheint also am Ende von Kapitel 4 von *De mente* gleichermaßen die Hervorhebung der sinnlichen Fundierung geistigen Erkennens wie auch der Fähigkeit des Geistes, dieses Fundament letztlich zu transzendieren, den Sinn der erneuten Positionierung der Geistphilosophie von *De mente* gegenüber Platonismus und Aristotelismus auszumachen.

Literaturverzeichnis

Albertson, David (2016): *Boethius noster:* Thierry of Chartres's *Arithmetica* Commentary as a Missing Source of Nicholas of Cusa's *De docta ignorantia*, in: Recherches de théologie et philosophie médiévales 83, S. 143–199

Benz, Hubert (1999): Individualität und Subjektivität: Interpretationstendenzen in der Cusanus-Forschung und das Selbstverständnis des Nikolaus von Kues, Münster

Bredow, Gerda von (1978): Der Geist als lebendiges Bild Gottes (Mens viva dei imago), in: MFCG 13, S. 58–67

Cranefield, Paul F. (1970): 'Nihil est in intellectu quod non prius fuerit in sensu.', in: Journal of the history of medicine and allied sciences 25, S. 77–80

Flasch, Kurt (1998): Nikolaus von Kues. Geschichte einer Entwicklung, Frankfurt am Main

Flasch, Kurt (2001): Nicolaus Cusanus, München

Kijewska, Agnieszka (2010): „Idiota de mente": Cusanus' Position in the Debate between Aristotelianism and Platonism, in: W.A. Euler/Y. Gustafsson/I. Wikström (Hg.), Nicholas of Cusa on the Self and Self-Consciousness, Åbo, S. 67–88

Kremer, Klaus (1978): Erkennen bei Nikolaus von Kues. Apriorismus – Assimilation – Abstraktion, in: MFCG 13, S. 33–57

Kremer, Klaus (2004a): Zum Erkenntnisbegriff des Nikolaus von Kues. Apriorismus – Zusammenspiel von intellectus und affectus, in: ders., Praegustatio naturalis sapientiae. Gott suchen mit Nikolaus von Kues, Münster, S. 3–50

Kremer, Klaus (2004b): Die Einheit des menschlichen Geistes (der Seele) und die Vielheit seiner (ihrer) Kräfte, in: ders., Praegustatio naturalis sapientiae. Gott suchen mit Nikolaus von Kues, Münster, S. 415–438

Kreuzer, Johann (2007): Der Geist als imago dei: Augustinus und Cusanus, in: K. Reinhardt/H. Schwaetzer (Hg.), Nikolaus von Kues in der Geschichte des Platonismus, Regensburg, S. 65–86

Leinkauf, Thomas (2006): Nicolaus Cusanus. Eine Einführung, Münster

Mandrella, Isabelle (2010): *Natura intellectualis imitatur artem divinam.* Nikolaus von Kues über die Angleichung des Menschen an Christus als *ars Dei*, in: A. Moritz (Hg.), Ars imitatur naturam. Transformationen eines Paradigmas menschlicher Kreativität im Übergang vom Mittelalter zur Neuzeit, Münster, S. 187–202

Mandrella, Isabelle (2012): *Viva imago*. Die praktische Philosophie des Nicolaus Cusanus, Münster
Miller, Clyde Lee (2003): Reading Cusanus: Metaphor and Dialectic in a Conjectural Universe, Washington D.C.
Moffitt Watts, Pauline (1982): Nicolaus Cusanus: A fifteenth-century vision of man, Leiden
Moritz, Arne (2006): Explizite Komplikationen. Der radikale Holismus des Nikolaus von Kues, Münster
Nicolaus de Cusa (1983): Idiota de mente, ed. Renata Steiger, in: Nicolai de Cusa opera omnia, iussu et auctoritate Academiae Litterarum Heidelbergensis ad codicum fidem edita, vol. V, 2. Aufl., Hamburg, S. 81–218
Schwaetzer, Harald (2004): Aequalitas. Erkenntnistheoretische und soziale Implikationen eines christologischen Begriffs bei Nikolaus von Kues, 2. Aufl., Hildesheim/Zürich/New York
Schwaetzer, Harald (2005): *Viva imago Dei*. Überlegungen zum Ursprung eines anthropologischen Grundprinzips bei Nicolaus Cusanus, in: I. Bocken/H. Schwaetzer (Hg.), Spiegel und Porträt. Zur Bedeutung zweier zentraler Bilder im Denken des Nicolaus Cusanus, Maastricht, S. 113–132
Van der Meer, Matthieu (2003): *Imago und Participatio:* Das Verhältnis zwischen dem Bildsein und der Teilhabe des Geistes in *De coniecturis*, *De filiatione Dei* und *Idiota de mente*, in: H. Schwaetzer (Hg.), Nicolaus Cusanus: Perspektiven seiner Geistphilosophie, Regensburg, S. 65–78

Harald Schwaetzer
6 Der Geist als lebendige Substanz (*De mente* c. 5)

Auf die Eingangsfrage des Philosophen hin benennt der Laie das Thema des fünften Kapitels: „Der Geist ist eine lebendige Substanz" (*mens est viva substantia*; c. 5, n. 80). Die weiteren Überlegungen des Kapitels bilden einen konzisen Gedankenweg, um diese Bestimmung inhaltlich zu füllen und als Ziel eines Entwicklungsweges menschlichen Denkens und Bewusstseins sichtbar werden zu lassen.

Den Geist an dieser Stelle im Werk als lebendige Substanz zu charakterisieren ist gut vorbereitet. Um den Stellenwert des Gedankens wie des Kapitels besser zu verstehen, werde ich deswegen in einem ersten Teil zunächst dreierlei mit knappen Strichen tun: erstens den Gedanken in der Entwicklung cusanischen Denkens seit *De docta ignorantia* einordnen, zweitens das Kapitel in die Gedankenlinie der voraufgehenden Kapitel von *De mente* stellen und drittens die Gliederung des Gedankens im Kapitel einsichtig machen. Im zweiten Teil meiner Überlegungen zeichne ich darauf den Gedankengang des Cusanus zur Erläuterung der These, der Geist sei lebendige Substanz, nach. Eine kurze Zusammenfassung als dritter Teil beschließt die Überlegungen.

1 Struktur und Kontext

1.1 *Viva substantia* als Frucht der *docta ignorantia*

Der geistig-biographische Weg des Cusanus bis zur Bestimmung der *mens* als *viva substantia* erreicht eine erste entscheidende Marke mit der Erkenntnis des „belehrten Unwissens" (*docta ignorantia*) im gleichnamigen Werk von 1440 (vgl. Schwaetzer 2014). Zwischen diesem Werk und *De mente* liegen als weitere Knotenpunkte der Entwicklung die Ideen der „Mutmaßung" (*coniectura*; vgl. Bocken 2013) im gleichnamigen Werk *De coniecturis* von ca. 1442/3 und des „lebendigen Ähnlichkeitsbildes" (*viva similitudo*; vgl. Schwaetzer 2002), ausgeführt am Beispiel des „lebendigen Spiegels", aus der Schrift *De filiatione* aus dem Jahre 1445.

Den letzten dieser Schritte bezieht unser Kapitel ausdrücklich und mit systematischem Gewicht ein, schließt es doch mit dem Satz des Laien, der Geist sei „gewissermaßen ein lebendiger Spiegel" (*quasi vivum speculum*; c. 5, n. 87). Diese Aussage schließt die längere Passage zum *coclear speculare* (vgl. c. 5, n. 86 f.) ab, was häufig mit „Spiegellöffel" übersetzt wird; sicher nicht ganz zu Unrecht, aber auch nicht ganz treffend. Mit der „Spiegelform" (*forma specularis*; c. 5, n. 86) ist nämliche diejenige Form oder Idee gemeint, die selbst geistig schaufähig ist. Der als Beispiel dienende Löffel ist also aus Holz, der lebendigen Urmaterie, welche so geschnitzt und poliert ist, dass in ihr eine Form bzw. Idee ist, die sie ‚geisterkenntnisfähig', d.h. erkenntnisfähig als und für Geistiges macht. Dieses zentrale Bild des Kapitels wiederum ist seinerseits vorbereitet durch das Gleichnisbild (*aenigma*; vgl. hierzu Thurner 2004) des „lebendigen Diamanten", ebenfalls eine Variante des lebendigen Spiegels (vgl. c. 5, n. 85).

Ohne an dieser Stelle auf den Vorgang selbst einzugehen – es geht jetzt nur darum, den Zusammenhang mit dem Werk zu verdeutlichen –, lässt sich feststellen, dass Nikolaus wiederum an einer methodisch entscheidenden Stelle verdeutlicht, was er unter derartiger spekulativ-spiegelnder Erkenntnis versteht. Der Laie bemerkt (c. 5, n. 82), eine Genauigkeit in der Erkenntnis sei nicht erreichbar, wohl aber stellten wir „Mutmaßungen" (*coniecturae*) an, und zwar „der eine dunklere, der andere klarere" (*alius obscuriores, alius clariores*). Damit sind die zwei Lehrstücke der *docta ignorantia* wie der *coniectura* eingeführt.

Die *coniectura* kann dunkler oder heller sein; ihr Wahrheitsgehalt wird also an der Teilhabe am Licht als spiegelnd-spekulative Schau festgemacht. Zugleich verwendet Cusanus den Komparativ *clarior*, der für das *clare et distincte* eines René Descartes unsinnig wäre. Nikolaus kann mit der *coniectura* eine Teilhabe an der Wahrheit in Andersheit denken, die Wahrheit, nicht Wahrscheinlichkeit ist. Innerhalb der Wahrheit vermag er ein „klarer" zu denken, d.h. es kann etwas „wahrer" sein, ohne dass es sich um Grade der Wahrscheinlichkeit handelt. Eine Erkenntnis lässt sich beispielsweise vertiefen, um eine erläuternde Metapher zu geben.

Die *coniectura* selbst setzt zunächst einmal voraus, dass der Mensch keine unmittelbare Erkenntnis, d.h. kein automatisches Innesein einer Wahrheit hat. Dieser Überlegung werden wir im Kapitel in der Frage der Erkenntnis des Beseelten bzw. der „tierischen" Erkenntnisform begegnen (vgl. c. 5, n. 82f.). Der Mensch steht gerade vollständig in der *ignorantia*, im Nicht-Wissen. Wäre das Nicht-Wissen freilich vollständig, so wüsste er auch nicht um sein Nicht-Wissen. Zunächst einmal ist damit auch die gewöhnliche Bewusstseinsform bezeichnet. Sie hält, was sie im Bewusstsein hat, für Wissen. Das eigentlich Nicht-Wissen tritt für Nikolaus erst dort ein, wo gewusst wird, dass das Wissen, welches man zu haben vermeint, keines ist.

Als Mensch bin ich sowohl von der äußeren Welt getrennt als auch von einer geistigen metaphysischen Realität: Zunächst einmal gilt, dass ich – kantisch gesprochen – weder vom Ding an sich weiß noch eine metaphysische Erkenntnis als synthetisches Urteil a priori im rein Geistigen habe. Während Kant diesen Punkt eher als ein Ende beschrieben hat, haben ihn die deutschen Idealisten in ihrer ganzen Breite als neuen Ausgang verstanden. In ähnlicher Weise will bereits Cusanus das „Abenteuer der Vernunft" (Goethe) angehen. Die *docta ignorantia* als Transzendentalphilosophie (im Sinne Kants) ist ihm – anders als bei Kant – der Ausgangspunkt für die Frage nach einer Entwicklung der Erkenntnis hin auf Welt- und Geisterkenntnis. Mit jeder *coniectura* erfährt der Mensch, dass seine transzendentale Erkenntnisform doch auf wahre Weise Welt und Geist erreicht, wenn auch nicht erschöpfend. Es findet kein Übersteigen des Menschlichen in ein Absolutes oder Eines statt, sondern eine Erfahrung des Transzendenten innerhalb der transzendentalen Erkenntnisverfassung des Menschen.[1]

Der Denkweg des Cusanus führt zwischen 1440 und 1445 also von der Wurzel, dass der Mensch in die radikale Freiheit des Nichtwissens gestellt ist, zu dem Wachstum der freien, eigenwilligen Erkenntnisbetätigung, welche auf die Subjektivität angewiesen, aber nicht von ihr abhängig ist, nämlich der *coniectura* als einer Wahrheit, die räumlich wie zeitlich perspektivisch, aber doch wahr ist. Dieses Nadelöhr der Erkenntnis wird zur ‚Knospe' des Menschen als eines ‚lebendigen Spiegels' und zur ‚Blüte' des ‚lebendigen Ähnlichkeitsbildes Gottes' (*viva similitudo Dei*). Der Mensch ist Bild Gottes, mit einem Akzent auf beiden Worten. Denn er ist auch nur Bild. Bild ist, was nicht Sein ist. Wäre der Mensch unmittelbar im Sein, wäre er nicht frei. Das Bild Gottes kann sich von Gott abwenden. Jetzt ist er erstens Bild und zweitens lebendig, so dass er sich selbst als freies Bild gestalten kann. Die Frucht dieser Überlegungen ist das Verständnis der *mens* als *viva substantia*.

Die gewählte Metapher pflanzlicher Entwicklung von der Knospe zur Blüte trägt dem Charakter der Lebendigkeit Rechnung; sie will auch darauf verweisen, dass die Entwicklungsschritte nicht logisch oder notwendig sind, sondern zugleich gesetzmäßig und lebendig, und darüber hinaus noch frei. Schließlich bringe ich mit dieser Metapher zugleich auch meine Grundthese zum Ausdruck: Die Bestimmung der *mens* als *viva substantia* ist ein weiterer Schritt im cusanischen Denken, eine Frucht über die *viva imago* (als welche die *viva similitudo* in *De mente* erscheint) hinaus.

---

[1] Heinrich Barth hat dafür, Kant korrigierend, den auch gut zu Cusanus passenden Begriff der „transzendentalen Transzendenz" geprägt (vgl. hierzu Schwaetzer 2010), indem er Kants Transzendentalphilosophie und die scholastische Transzendentalienlehre verbunden hat.

1.2 Die *viva substantia* in *De mente*

Wie stellt sich die *viva substantia*-Bestimmung in die Entwicklung der ersten fünf Kapitel von *De mente*? Auf der Grundlage der Bemerkungen zum Werk des Cusanus können wir an dieser Stelle kürzer und schneller verfahren. Denn wir beobachten eine eigentümliche Wiederholung.

Im Kapitel 1 wird als Charakteristikum des Philosophen das Staunen angeführt (c. 1, n. 51). Staunen ist offensichtlich Ausdruck der Tatsache, dass der Mensch eine Klarheit gewinnt über seine radikale Getrenntheit von der Welt in einem Nichtwissen und sich in einem fragenden Prozess der Erkenntnis zuwendet, um diesen Abgrund zu überbrücken. Diese Haltung führt den Philosophen durch Vermittlung des Redners zum Laien. Die drei Personen steigen in einen unterirdischen Raum beim „Tempel der Ewigkeit" herab (c. 1, n. 54) – für einen in der Antike versierten Renaissancephilosophen eine klare Einkleidung der Szenerie in eine Einweihungsstätte, wie sie Rom etwa in den Resten der unter den christlichen Kirchen liegenden Mithras-Kultstätten und anderen hatte. Gesucht ist also ein gemeinsames, dialogisches, der Wahrheit und Einsicht verpflichtetes Erkenntnisgeschehen (vgl. Borsche 1999; Schwaetzer 2016).

Das Kapitel 2 unterscheidet zwischen dem eigentlichen Namen einer Sache und dem ihm in der Erkenntnis (begrifflich) aufgelegten; es ist also ein der *coniectura* gewidmetes. An ihrem Ende steht die „Kunst der Künste" als das Denken, welches schöpferisch aus sich alle Begriffe hervorbringt. Das dritte Kapitel stellt diesen Vorgang in das Verhältnis zwischen der menschlichen Erkenntnis und der göttlichen Schöpfung: Der Gedanke der Bildhaftigkeit und seine Beziehung wird grundgelegt. Mit Kapitel 4 bietet Nikolaus die grundlegende Bestimmung des Menschen als eines lebendigen Bildes Gottes (*viva imago Dei*; vgl. hierzu Mandrella 2012). So ist also in *De mente*, aus der Perspektive des fünften Kapitels, in den vier ersten Kapiteln ein Gedankengang angelegt, der über *docta ignorantia* und *coniectura* zur bildhaften Gott-Mensch-Relation und zur Lebendigkeit derselben führt; die eigene Entwicklung des cusanischen Denkens bis 1450 exakt systematisch aufnehmend. Aus diesem Befund entsteht nun die genaue Frage für das Verständnis des fünften Kapitels: In welchem Verhältnis steht die *mens* als *viva substantia* zur voraufgehenden *mens* als *imago*?

Eine erste Hypothese können wir gewinnen, wenn wir gewahr werden, dass die *imago* als Bildhaftigkeit ersetzt ist durch eine *substantia*. Nicht mehr geistiges Bild, sondern geistige Substanz ist Gegenstand der Überlegung. Wie aber ist ein solcher Übergang von Bild zu Substanz im Geistigen zu denken? Was meint Substanz?

1.3 Die Struktur des Kapitels

Zur Erläuterung der These, die sich bis hierher ergeben hat, blicken wir auf die Gliederung, die Cusanus dem Kapitel 5 gibt. Um einen klaren Faden zu gewinnen, stellen wir drei einfache Beobachtungen voran. Das Kapitel kennt erstens keinen Redebeitrag des „Redners". Der Gedankenfortschritt des Kapitels ergibt sich zweitens durch die Interventionen des Philosophen, die fast alle Fragen sind. Es gibt drittens eine einzige Ausnahme: Die Bemerkung des Philosophen zu Beginn von n. 86, die den Laien bestätigt und die Bedeutung des Diamanten-Gleichnisses hervorhebt.

Damit teilt sich das Kapitel in sieben, durch den fragenden Philosophen jeweils eingeleitete Entwicklungsschritte, die sich vorab folgendermaßen zusammenfassen lassen:
1. Der Geist als lebendige Substanz (n. 80)
2. Der Geist besteht vor dem Leib der Natur nach, aber nicht der Zeit (Merkwort ‚Leben') (n. 81)
3. Der Übergang zum seelischen Unterscheidungsvermögen (Merkwort ‚Beseeltes/Tierisches') (n. 82)
4. Der Unterschied zwischen Tier und Mensch (Merkwort ‚Mensch') (n. 83)
5. Der Geist im Menschen als selbständige Instanz (Merkwort ‚Geist') (n. 84)
6. Der Geist als lebendiger Spiegel des kosmischen Zusammenhangs (n. 85)
7. Der Spiegellöffel (n. 86 f.).

Was sich hier bereits als Gliederungsprinzip andeutet, wird sich im Durchgang durch die Schritte bestätigen: Cusanus „baut" ein aristotelisch-platonisches Schema der Seinsstufen des Menschen, inklusive der geistigen Seite, auf. Dadurch ist die Stellung der *mens* als *viva substantia* bereits mit einer gewissen Eindeutigkeit bestimmt. Sie steht an der fünften Stelle, an der nach Stein, Pflanze, Tier, Mensch (rational) in der christlichen und antiken Terminologie der Engel (in der antiken auch Daimonion genannt) steht; darüber stehen noch die an dieser Stelle nicht zu thematisierenden Stufen des Lebens im Kosmos und der überkosmischen Einheit mit Gott. Die Frage, die das fünfte Kapitel damit zu beantworten unternimmt, lautet demnach aus dieser Perspektive: Inwiefern ist die *viva substantia* eine adäquate Beschreibung für das Verhältnis von Mensch und Engel in der oben genannten Stufenfolge menschlichen Wesens? Mit dieser Vorbereitung sei nun ein Durchgang durch die sieben Gedankenschritte des Kapitels unternommen.

2 Der Gedankenweg des 5. Kapitels

2.1 Die Ausgangsfrage

Das Kapitel beginnt mit einer Bestimmung dessen, was „beinahe alle Peripatetiker" unter ‚Intellekt' verstehen (c. 5, n. 80).[2] Aus der Eingangsfrage des Philosophen nehmen wir zwei Stücke heraus: Erstens: „die Vernunft, die du offenbar den Geist nennst" (*intellectum, quem tu mentem dicere videris*; c. 5, n. 80) – Gegenstand des Kapitels ist also zunächst nach Auffassung des Philosophen und klassischer Diktion der „Intellekt"; der Philosoph ist der Auffassung, dass dieser vom Laien als *mens* bezeichnet wird. Zweitens wird vom Philosophen der Intellekt als ein „bestimmtes Vermögen der Seele" (*potentiam quandam animae*) beschrieben und „Erkennen" (*intelligere*) als „Akzidens" (*accidens*) bestimmt – im Bewusstsein, dass der Laie diese beiden Punkte nicht teilt. Die zu erwartende Gegenposition lautet also, dass der Geist nicht eine akzidentielle Potenz der Seele ist, sondern eben eine lebendige Substanz.

Der Anspielungsraum dieser Bestimmungen ist sehr reichhaltig. Der Zugang, der hier als einer unter verschiedenen möglichen gewählt werden soll, geht historisch von der entsprechenden Konzilsbestimmung aus. Im 8. ökumenischen Konzil, welches die Spaltung in Ost- und Westkirche zur Folge hatte und von westlicher Seite aus „contra Photium" genannt wird, erfolgt in Kanon 11 die Festsetzung, „dass der Mensch eine vernunft- und verstandesbegabte Seele habe" (*unam animam rationalem et intellectualem habere hominem*; Enchiridion symbolorum, 657); die Aussage, der Mensch habe zwei Seelen bzw. Seele und (davon unabhängigen) Geist wird verurteilt. Mit dieser Festlegung des Konzils wird der *intellectus* zu einem „Vermögen der Seele" (*potentia animae*). Das ist eine folgenreiche Bestimmung, die keineswegs bis zu Cusanus hin unumstritten war. Eine klassische Gegenposition etwa hat Johannes Scottus Eriugena in *De divisione naturae* III, c. 37 vertreten, für den die *ratio* eine Fähigkeit des Menschen, der *intellectus* hingegen eine des Engels ist. Der Mensch nämlich „erkennt wie ein Engel, hat Verstand wie ein Mensch, empfindet wie ein vernunftloses Tier, lebt wie ein Keim und besteht aus Körper und Seele (*intelligit quidem ut angelus, ratiocinatur ut homo, sentit ut animal irrationale, vivit ut germen, corpore animaque subsistit*)" (Johannes Scottus Eriugena 1981, 286). Diese Position findet sich auch bei Cusanus schon in den Predigten der 40er Jahre; in *Sermo* XLVII n. 11 heißt es

---

[2] Auf das Spiel zwischen Peripatikern und Platonikern, das die ganze Schrift durchzieht und in diesem Kapitel auf hohem Niveau und mit historischen Anspielungen klug geführt wird, werde ich nur eingehen, wo es für den elementaren Gedankenverlauf notwendig ist.

etwa lapidar vom Menschen: „die intellektuelle Bewegung, die eine engelhafte Bewegung ist" (*motus intellectualis, qui est motus angelicus*).

Eine wesentliche Schärfe der vom Philosophen gestellten Frage wird damit deutlich: Ist der „Geist", sei es nun *mens* oder *intellectus*, eine Potenz der menschlichen Seele oder etwas, an dem der Mensch nur teilhat, weil es eine Fähigkeit des Engels ist? Die cusanische Antwort, so meine These, wird lauten, dass weder das eine noch das andere der Fall ist, sondern dass die *mens* als *intellectus* eben eine *viva substantia* ist, also eine menschlich individuelle reine Geistigkeit, die sich der Mensch, der kreativen Freiheit einer *viva imago* teilhaftig, erwirbt. Sie ist also weder eine gegebene Substanz noch ein Akzidens. Der Mensch bleibt damit Mensch, auf der ontologischen Position des Menschen im Sinne der aristotelischen Stufenfolge, die Eriugena oben angegeben hatte. Das Verhältnis zum *intellectus* ist jedoch nicht, wie noch bei Eriugena, akzidentell (in dem Sinne, dass der Intellekt im eigentlichen Sinne eine Bestimmung des Engels ist), sondern wesensmäßig (in dem Sinne, dass der individualisierte Intellekt zum Wesen des lebendigen Menschen gehört, wenn er seine Lebendigkeit lebendig macht). Die Klammerbestimmungen des voraufgehenden Satzes verdeutlichen, dass die Seele als eine *viva substantia* nicht in derjenigen Verfassung gegeben ist, in der sie ihr gewöhnliches Verhältnis zur *ratio* hat. Erst durch die kreative Aktivität, sich selbst lebendig zu machen und damit zu verwandeln, kann sie sich im Sinne einer *viva substantia* gewahr werden.

Schauen wir auf die Antwort, die Cusanus dem Laien in den Mund legt: „Der Geist ist eine lebendige Substanz, die wir in uns erfahren, wie sie innerlich spricht und urteilt (*mens est viva substantia, quam in nobis loqui et iudicare experimur*; c. 5, n. 80). Dieser Teil der Antwort ist die geradezu klassische Definition eines sokratischen Daimonions oder eines Engels. Die *mens* ist eine *substantia*, und jetzt zu lesen: von der Materie getrennt, also eine rein geistige Substanz; damit ist die ‚Normaldefinition' des Engels aufgerufen. Diese *mens* sind wir nach gängiger Position nicht, sondern wir erfahren, dass sie in uns spricht und urteilt – wie das Daimonion des Sokrates. Insoweit stellt sich die Antwort klar gegen die Konzilsposition und auf die Seite derjenigen Tradition, als deren Vertreter wir Eriugena kurz angeführt haben.

Und doch schreibt Cusanus nicht einfach *substantia*, sondern *viva substantia*. Aus dem Kapitel 4 wissen wir um die Bedeutung dieser *viva substantia*. Der Philosoph hat schon den „Geist, der in unserem Geist spricht" (*spiritum in mente nostra loquentem*; c. 4, n. 78) angeführt als empirischen Ausdruck der angeborenen Urteilskraft. Die menschliche *mens* als *imago Dei* hat ihre Würde allein daher, dass diese Urteilskraft in ihr zu ihr in ein freies Verhältnis tritt. Das Adjektiv *viva* fällt indessen in diesem vierten Kapitel noch nicht, obwohl, wie bereits gezeigt, seit *De filiatione* der Ausdruck *viva similitudo* bereits gefunden und *viva imago* in

De sapientia (n. 18) bereits gefallen ist. *Viva imago* wird sich erst in späteren Kapiteln von *De mente* finden (c. 7, n. 106; c. 15, n. 158 u. ö.). Das für ihn und den seiner Schriften kundigen Leser eindeutige Signalwort *viva* wird also gerade hier in Kapitel 5 an dieser Stelle mit *substantia* verbunden.

Der Schritt, den Cusanus vollzieht, wird einsichtig, wenn wir uns die Bedeutung von *viva* ins Gedächtnis rufen. Der Mensch ist eine *viva similtudo* genau deswegen, weil er „lebendig, geistig und frei" (De fil. c. 3, n. 65) ist. Als freies, geistiges Wesen kann sich der Mensch intellektuell wie moralisch entwickeln und sich als „Kunst" (*ars*) oder „kreative Kraft" (*vis creativa*) (z. B. De ludo II, n. 102) entfalten. Das Prädikat der Lebendigkeit bezieht sich aber allererst auf „geistig" und auf „frei". Mit dem Bezug auf „geistig" treffen wir auf den geschilderten Kontext des Engels als geistiger Substanz. Nun tritt jedoch als weitere Bestimmung „frei" hinzu. Der lebendig kreative Vollzug im Geistigen ist ein freier. Diese Bestimmung trennt den Menschen seinerseits vom Engel. Die Antwort des Laien entfaltet also präzise Problemhorizont und These einer *viva substantia*, die innerhalb des menschlichen Bewusstseins auftritt, aber nicht dieses ist, sondern eine ihr übergeordnete Größe. Der Mensch kann sich dahin entwickeln, auf dieser Ebene, die er zunächst passiv in sich erfährt, eine aktiv-lebendige Kunst zu entfalten und so eine *viva substantia* zu werden.

Die weitere Antwort des Laien stellt die lebendige Substanz in genau diesen Kontext: Eigentlich ist sie vom Leib unabhängig, aber sie hat eine Aufgabe im Leib. Diese Aufgabe lautet „beleben" (*vivificare*; c. 5, n. 80). Da das Prädikat der *substantia* „*viva*" ist, werden wir uns davor hüten, dieses „Lebendigmachen" im schlichen Sinne des Organischen zu lesen. In der Tat lesen wird, dass sie die Kraft enthält, welche den Körper organisch macht, ihm Sinneseindrücke und Empfindung erlaubt, und ihm im denkenden Bereich mit rationaler, intellektualer und intellektiver Erkenntnisfähigkeit (*vis ratiocinativa et intellectualis et intellectibilis*; c. 5, n. 80) versieht. – Cusanus kennt hier wie anderswo eine von ihm nicht immer systematisch verwertete geistige Erkenntniskraft, die über dem Niveau der Engelserkenntnis liegt. Sie ist zunächst die Erkenntniskraft der reinen Geister untereinander bzw. mit Blick auf die Trinität.

Damit ist die *substantia viva*, die im menschlichen Bewusstsein spricht und erscheint, als individualisierte Form rein geistigen Menschseins auf der ontologischen Ebene des Engels (als rein geistig), aber als spezifisch menschlich (frei und kreativ) als seinerseits lebendiges Entwicklungsziel angelegt.

2.2 Präexistenz der *mens?*

Der Philosoph hat die Antwort des Laien durchaus erfasst. Die Kritik an der *potentia animae* und dem Akzidentellen begreift er, hört auch die Konnotationen auf die antike neuplatonisch tingierte Daimonion-Lehre. So verwundert seine zweite Frage nicht: Ist die „vernunfthafte Seele" (*anima intellectiva*) eine geistig von jeher existierende Substanz, die sich (je und je, wie Platon und die Pythagoräer lehren) in einem Leib verkörpert (c. 5, n. 81)?

Im Sinne des bereits Entwickelten ist klar, dass Cusanus seinen Laien diese Position ebenfalls verneinen lassen muss: Zum einen wäre faktisch dann die *viva substantia* bereits gegeben und könnte damit nicht Tat der kreativen Freiheit sein. Zum anderen strebt Nikolaus auch hier einen Ausgleich zwischen Aristoteles und Platon an. Die Antwort lautet deswegen lapidar: „Der Natur nach, nicht der Zeit nach" (*natura, non tempore*; c. 5, n. 81). Die individuelle Geistigkeit des Menschen hat ein systematisches Prius; sie muss als Möglichkeitsform im jeweiligen Menschen angelegt sein, damit sie wirklich werden kann. Aber in der Zeit erscheint sie später, weil sie individuell und frei entwickelt werden muss.

In einer typischen (neu)platonischen Metapher lässt Cusanus den Laien diese Ansicht erläutern (vgl. c. 5, n. 81). Der Geist sei wie das Sehvermögen; es ist nur der Natur nach vor dem Auge dagewesen, wird aber erst wirklich und tritt in die Erscheinung mit dem konkreten Sehen. Dennoch sind in ihm die Urbilder (Ideen – *exemplaria*) „begrifflich" (*notionaliter*) eingefaltet. Der Vorgang der Individualisierung wird von Cusanus mit einer „Samenkraft" (*vis seminalis*) beschrieben, die „Frucht bringen kann" (*fructum facere posse*) – ein bezeichnendes Bild. Dieses angeborene Vermögen muss nicht, sondern kann Frucht bringen. Das „Bringen" ist ein aktives Tun (*facere*). Eine Frucht steht in einem bestimmten Verhältnis zur hervorbringenden Pflanze: Sie ist Ergebnis derselben, aber gerade als Frucht wiederum auch unabhängig. Aus der Nuss dieses Nussbaums kann ein neuer Nussbaum werden, der vom alten Nussbaum unabhängig ist in seinem Leben. Diesen Vorgang unterstreicht Cusanus nochmals, indem er den Laien sagen lässt, der angeborene Samen brauche einen passenden Boden und die Gelegenheit, von der Möglichkeit in die Wirklichkeit durchzubrechen (*in actum prorumpendi*).

Es ist also keineswegs so, dass Cusanus die Position der Platoniker grundsätzlich verwirft; im Gegenteil erkennt er sie als notwendige Potentialität an. Aber das eigentliche Geschehen einer Ausbildung der *viva substantia* ist (gegen diese Position) nicht aus einer vorleiblichen Existenz gegeben, sondern wird aktiv im Leben frei vollzogen. Dadurch entsteht etwas, was wie eine Frucht Ergebnis dieses Lebens im Leib ist, aber zugleich als Frucht unabhängig von ihm; es vermag zu bleiben, auch wenn die es hervorbringende Pflanze (das Gefüge aus Leib und Geist in diesem bestimmten Leben) vergeht.

2.3 „Das Was bedenke, mehr bedenke Wie"

Der Philosoph begreift wiederum sehr klug, was auf dem Spiel steht. Aber erneut gerät er in eine Stolperfalle der Ansichten, die er kennt. Folgerichtig will er vom Laien das konkrete „Wie" eines solchen Vorgangs erfahren, bezieht sich jedoch auf den Vorgang als einen in der Vergangenheit liegenden (*factum sit*; c. 5, n. 82). Hätte er das Bild von der Frucht und die Aktivität des menschlichen Geistes im Sinne des Laien erfasst, hätte er ein Gegenwartstempus gewählt. Die Antwort des Laien ist auf diese systematische Spannung hin berechnet.

Strukturell ist an der Antwort zu beobachten, dass sie in zwei Teile zerfällt, die jeweils drei Unterglieder enthalten; dabei bildet ein einziger Ausdruck, das „du weißt" (*nosti*), die Spiegelachse. Im ersten Teil der Antwort finden sich folgende Stufen bezogen auf das Erkennen: a) keine Genauigkeit in Bezug auf die göttlichen Weisen (*divini modi*), b) Konjekturen, c) Gleichnis (*similitudo*). Dann folgt die Einleitung in das Gleichnis mit dem *nosti* (d). Das Gleichnis selbst teilt sich in e) den reinen Wahrnehmungsvorgang, in dem nichts unterschieden wird, f) die ordnende diskursive Kraft der *mens* und g) eine nur dem Menschen eigene Kraft, die so über dieser steht wie diese über jener. Gehen wir kurz auf diese Punkte ein, um die Gedankenbewegung weiterzuführen.

a) Dass die göttlichen Weisen (*divini modi* – im Sinne eines göttlichen ‚Wie') in Genauigkeit nicht erfassbar sind, ist die Grundeinsicht der *docta ignorantia*. Wie stets ist diese Aussage nicht negativ zu lesen, sondern positiv als Grundlage und Ermöglichung der freien Erkenntnisfähigkeit des Menschen. Wäre alles einfach und genau erkennbar, so wäre eine Erkenntnisentwicklung nicht möglich.

b) Möglich wird diese Erkenntnisentwicklung durch die bereits oben erläuterte *coniectura*. Die Konjektur ist definiert als Teilhabe an der Wahrheit in Andersheit (*coniectura igitur est positiva assertio in alteritate veritatem, uti est, participans*; De coni. I, c. 11, n. 57). Mit dieser Definition stellt Cusanus etwas sicher: Die Konjektur ist keine bloße Mutmaßung, Vermutung. Ihr Charakter ist auch nicht derjenige der Wahrscheinlichkeit. Sondern die Konjektur ist wahr. Wahrheit wird damit jedoch zu einer anderen Größe, als wir sie gewöhnlich zu verstehen gewohnt sind. Wenn Wahrheit erreicht ist, ist das Höchste erreicht, welches keiner weiteren Steigerung mehr fähig ist: Ist in der Wissenschaft etwas als wahr erwiesen, so hat die Untersuchung ihr Ziel erreicht. Konjekturen können, wie bereits eingangs erwähnt, klarer oder weniger klar sein – und das nicht, weil sie wahrscheinlich nur sind, sondern im Raume der Wahrheit.

c) Was geschieht, wenn sich eine Konjektur auf Klarheit hin entwickelt? Immer wieder gibt Cusanus in seinem Werk dafür Beispiele: Aus der diskursiv-rationalen Erkenntnis wird eine intellektuell-bildhafte. Dafür ist der Begriff der *similitudo* in besonderer Weise geeignet. *Similitudo* meint erstens den Menschen selbst als Bild Gottes. Die Idee einer *viva similitudo*, die dann in De mente „*viva imago*" heißt, formuliert Cusanus bereits in De filiatione um 1445. Und zwar, zweitens, in einer *similitudo* im Sinne von „Gleichnis", „bildhaftes Erkennen" – also in einer Erkenntnisform, die ihrerseits bildhaft oder aenigmatisch ist. Schließlich formuliert Cusanus drittens in dieser Schrift: „Erkenntnis aber vollzieht sich durch ein Ähnlichkeitsbild" (*cognitio autem per similitudinem est*; De fil. c. 6, n. 86; eine ähnliche Stelle auch spät im Compendium c. 10, n. 32). Erkennen geschieht durch eine *similitudo*. In diesem Sinne weist der Begriff einen Bezug zur Idee (*forma* oder *species*) auf und wird von Cusanus auch häufig so gebraucht. Die *similitudo* in diesem dreifachen Sinne meint also eine (a) spezifisch menschliche, (b) bildhafte und (c) ideengetragene Erkenntnisform. Sie steht damit bestimmten (neu)platonischen Erkenntnisarten sehr nahe, allerdings denkt Nikolaus sie nicht als rein-geistig transzendente, sondern immer zugleich irdisch verankerte. So lässt sich also *similitudo* hier als Ausdruck für die vertiefte Form der Konjektur verstehen. Darum kann der Laie sagen, sie genüge (c. 5, n. 82): Sie bietet eine Evidenz, die zugleich einen evidenten Weg der Vertiefung anbietet.

d) Aus diesem Grund setzt Cusanus – wie auch an anderen Stellen, an denen er Gleichnisbilder einsetzt (vgl. hierzu Bacher 2015) – mit einem „du weißt" (*nosti*) an. Der Grund des Bildes ist bereits ein sicheres Wissen und kein Vermuten oder Ahnen. Es gilt, dieses *nosti* als Ausgangspunkt im Auge zu behalten, weil damit im Anfang bereits eine spezifische Erkenntnisleistung des Menschen gegeben ist, von der her sich Vertiefung ereignet. Auf das „Wie", d. h. die Eigenart dieses *nosti*, kommt es Cusanus an. Wir werden darauf im nächsten Abschnitt zurückkommen, welcher der Frage von menschlicher und animalischer Erkenntnis gewidmet ist.

Nun setzt aber erst einmal das Gleichnis ein:

e) Gut aristotelisch (oder auch akademisch-skeptisch) hebt der Laie im ersten Punkt hervor, dass die reine Wahrnehmung „ungeordnet" (*confuse*; c. 5, n. 82) ist (zur Bedeutung dieser Passage für die Ausbildung einer *visio intellectualis* vgl. Schwaetzer 2006). ‚Rein' meint dabei, dass sie von keiner Form einer Beteiligung des Denkens begleitet ist. Hier ist sein Beispiel das sehr kleine Kind, welches zwar sieht, aber noch nicht gezielt einen Gegenstand aus der allgemeinen Umgebung unterscheidet (und deswegen z. B. auch noch nicht gezielt greift) – noch dichter am eigentlichen Gegenstand formuliert: Das Auge sieht Farben, es unterscheidet aber noch keine Farben.

f) Damit etwas gesehen wird und als dieses etwas unterschieden wird, muss zu der wahrnehmenden, sinnlich-empfindenden Seele (*anima sensibilis*) die *mens* hinzutreten, und zwar mit dem diskursiven Vermögen, hier noch präzise als „unterscheiden" (*discernere*) bzw. „Unterscheidungskraft" (*discretio*) beschrieben. Diese Kraft, so Cusanus, findet sich nun auch bei Tieren: Exemplarisch etwa bei Hunden, die ihren Herrn mit Hilfe des Geruchssinns erkennen. Dadurch wird nicht nur Welt erkannt und geschieden, sondern auch ein spezifischer Mensch als dieser erkannt.

g) Was jedoch den Menschen auszeichnet, ist eine Kraft, die sich so zur Erkenntnisfähigkeit der Unterscheidung verhält wie diese zur Wahrnehmung. Sie bestimmt Cusanus als „Form der tierischen Unterscheidungskraft und ihre Vollendung" (*forma discretionis animalis et eius perfectio*; c. 5, n. 82). Sie ist also zugleich die Idee der Unterscheidungsfähigkeit und deren Vollendung. Damit ist sie das Prinzip dieser Erkenntnis und ihr Entwicklungsziel – eine für das Folgende wichtige Bestimmung. Der Unterschied liegt also darin, dass eine Erkenntnistätigkeit auf der Ebene der *anima sensibilis* sehr wohl die Unterscheidungsfähigkeit ausüben kann, dass es aber erst die eigentliche Fähigkeit der *mens* ist, das Prinzip dieser Erkenntnisform handhaben zu können. Wenn sie dies vermag, so weiß sie erstens, dass sie erkennt, und zweitens kann sie mit der Unterscheidungsfähigkeit als einer bewussten (aus Einsicht in deren Prinzip) Fähigkeit frei umgehen und sie entwickeln. Unschwer wird deutlich, dass der Laie mit dieser *similitudo* (verstanden als Gleichnisbild) die (spezifisch menschliche) Leistung der *similitudo* bezogen auf sein spezifisches Erkennen als steigerbare und gesteigerte *coniectura*, nämlich *similitudo* beschreibt.

2.4 Mensch und Tier – Ichwerdung des Ichs

Die folgende Intervention, so kurz sie bei Cusanus ist, bildet doch auch systematisch die Mitte des Kapitels – in ähnlicher Weise hatte auch das kurze *nosti* im Abschnitt zuvor dieselbe strukturelle Spiegelposition der Mitte eingenommen.

Der Philosoph fragt etwas skeptisch nach, ob Cusanus meine, den Tieren komme Verstand zu, so wie es der „weise Philo" gemeint habe (vgl. c. 5, n. 83).[3] In der Antwort spitzt der Laie das im Gleichnis Gesagte zu: Natürlich haben die Tiere Verstand, insofern sie diskursiv-unterscheidend sind; jedes Tier weiß ja, was es frisst etc. Wäre das nicht gegeben, könnte ihre *natura* nicht bestehen: Diese Erkenntnisart gehört zum Wesen des Tieres und damit der *anima sensibilis* (auch beim Menschen).

Jedoch fehlt dieser diskursiven Erkenntnisart die *forma*, und deswegen ist sie, wie vorher die Wahrnehmung, „konfus". Die *forma* wird bestimmt als *intel-*

---

[3] Philo wird bereits in *De dato patris* c. 1, n. 92 als „weisester" zitiert und begegnet mehrfach hochschätzend bei Cusanus, ganz im Sinne seiner vor allem im Spätwerk sichtbaren Hochschätzung der Alexandriner, unter denen er mit Origenes den christlichen Neuplatoniker schlechthin findet. Seine Textkenntnisse bezieht Cusanus freilich über Hieronymus' *De illustribus viris*; vgl. hierzu *Apologia* n. 21.

lectus oder *mens*; was sie erreicht (ihre *perfectio* im Sinne des obigen) ist „Urteil" (*iudicium*) und „Wissen" (*scientia*). Das Urteil ist der Akt der *coniectura*. Wird dieses Urteil nicht einfach instinktiv oder naturgegeben vollzogen, sondern bewusst, so rückt das Erkennen selbst unter die Perspektive der Entwicklung der Wahrheit wie des Erkennenden. *Scientia* wird in diesem Sinne eine Zielperspektive der *perfectio*, d. h. mit *scientia* ist nicht einfach die unveränderliche Wahrheit gemeint, sondern der erkennende Entwicklungsvollzug der Wahrheit selbst. Auch *scientia* ist an dieser Stelle nur im Sinne einer ‚*viva scientia*' zu denken, oder als Weisheit (*sapientia*) im Sinne der beiden Bücher von *Idiota de sapientia*, die *De mente* vorausgehen.

Damit wird aber zugleich das Pikante der Antwort des Laien deutlich: Wenn in der Tat auch den Tieren mit Recht eine Verstandestätigkeit zugesprochen wird, dann ist nicht jedes Erkennen des Menschen eine Verwirklichung seiner eigentlich menschlichen Anlage, sondern ganz im Gegenteil erst dasjenige, in dem er sich im geschilderten dreifachen Sinne der *similitudo* lebendig begreift und selbst bildet. Für diese Stelle bei Cusanus gilt, was später J. G. Fichte einmal gesagt hat: „Die meisten Menschen würden leichter dahin zu bringen seyn, sich für ein Stück Lava im Monde, als für ein *Ich* zu halten" (Fichte 1971, 175, Anm.)

2.5 Vom Lesen der *viva substantia*

Der Philosoph trifft mit seiner nächsten Frage den Nagel auf den Kopf. Er möchte wissen, wie (*quomodo*)[4] der Geist die „Form des diskursiv tätigen Verstandes" (*forma rationis discurrentis*) ist (c. 5, n. 84). Ebenso wahr antwortet der Laie, das habe er doch schon gesagt. Indes setzt er ein weiteres Mal an und strukturiert seine Antwort erstens durch die Wiederholung des doppelten Vergleichs, zweitens mit dem Beispiel des Lesens und drittens mit der entsprechenden Auswertung.

Zur Wiederholung des Vergleichs: Wie der unterscheidende Verstand sich zum reinen Wahrnehmen verhält, so verhält sich die Form des Denkens zur Unterscheidungsfähigkeit und wird durch eine spezifische Dreiheit modifiziert. Das jeweils höhere Vermögen, so der Laie, „unterrichtet, erleuchtet und vollendet" (*informat et dilucidat et perficit*; c. 5, n. 84). Zwei dieser drei Begriffe klingen sehr bekannt; offenbar rekurriert der Laie hier auf den antiken Dreischritt der Mysterienweihe, der auch in die (neu)platonische Philosophie eingezogen ist, mit

---

[4] „*Quomodo*" ist hier wohl eher mit „wie" zu übersetzen als mit „dass", weil ein „dass" zu statisch aufgefasst werden könnte. Es ist freilich auch nicht rein modal gemeint – gerade weil hier „dass" und Vollzug, *factum* und *fieri*, zusammenfallen.

„Reinigung, Erleuchtung, Vollendung". Bemerkenswert ist, dass an die Stelle des Reinigens (*purgare*) das Unterrichten (*informare*) tritt. Aussagekräftig ist das *informare* als seinerseits mystischer bzw. theologischer Ausdruck der Erkenntnistheorie, der hier aber ganz anders verwendet wird als gewöhnlich (und auch anders, als die Übersetzung „unterrichten" es suggeriert). Offenbar ist das *informare* wirklich gemeint als ein „Sich-Hineinbilden" der *forma* in das jeweils niedere Seelenvermögen – so wie eingangs beschrieben wurde, dass der Geist in den Körper hineingeht und dann seiner Funktion nach Seele genannt wird.

Dadurch modifiziert sich die Wiederholung nun doch um ein Beträchtliches. Dass und wie der Geist *forma rationis* ist, hängt mit seinem Eingehen in die seelischen und leiblichen Vermögen zusammen. In der ersten *informatio* wird ein seelisches Unterscheidungsvermögen hineingebildet in die Sinnestätigkeit, in der zweiten wird ein geistiges Prinzip in ein seelisches Erkennen hineingebildet.

Dieser absteigende Weg der Hineinbildung des Geistes in die Vermögen wird auch durch das folgende Beispiel bestätigt: Auf einer ersten Stufe sieht man Zeichen auf dem Papier. Auf einer zweiten Stufe kann man diese „informiert" als Buchstaben deuten und vielleicht sogar vorlesen. Auf der dritten Stufe weiß man darüber hinaus, was mit den Zeichen, Worten und Sätzen gemeint ist. Die Stoßrichtung dabei ist immer die konkrete sinnliche Wirklichkeit. Es geht Cusanus nicht um einen die Welt verlassenden Aufstieg, sondern gerade im Gegenteil wird mit jedem höheren Vermögen die sinnliche, äußere Welt immer besser verständlich und tiefer durchdrungen.

Auch das Unterscheidungsvermögen, welches nur Wörter lesen, aber nicht verstehen kann, wird vom Laien jetzt als *confusus* bezeichnet, wohingegen die dritte Stufe einen „durch den Geist geformten Verstand" (*ratio per mentem formata*) darstellt. Dabei kann *mens* keinen subjektiven Geist meinen, da ein Wort zu verstehen nicht eine rein subjektive Sache ist. Diese *mens* ist also mehr als reflexives Subjektbewusstsein.

Um sich diesen Sachverhalt klar vor Augen zu führen, kann man auf die Dreiheit von „*informare, dilucidare, perficere*" zurückgreifen. Dieser Dreischritt gilt auch schon für das unterscheidende, diskursive Denken. Der Mensch ist dasjenige Wesen, welches dieses Vermögen der *anima sensibilis*, anders als die Tiere, zu kultivieren vermag. Dadurch gelangt er beispielsweise zu Schlussfolgerungen. Dadurch gelangt er aber auch zu seinem reflexiven Selbstbewusstsein. Die eigentliche Ebene eines menschlichen Geistes ist damit aber für Cusanus nicht erreicht, denn der Geist ist *forma rationis*, also Prinzip dieses (prinzipiierten) Vermögens. Damit ist auch der obige Satz Fichtes als Ausdruck des cusanischen Gedankens nochmals eingeholt: Das reflexive Bewusstsein und die auf es sich stützende vermeintliche Wissenschaft stammen nicht unmittelbar aus der *mens* als *forma rationis*, sondern sind nur von ihr Abgeleitetes.

Der folgende letzte Teil der Antwort gibt als begriffliche Auswertung, worauf das Beispiel hindeutet. Die *mens* kann als Prinzip des von ihr abhängenden Unterscheidungsvermögens nicht weniger sein als dieses, sondern nur mehr. Sie muss also mehr sein, und so bestimmt sie der Laie als Urteilsprinzip jetzt nicht über sinnlich vermittelte Inhalte, sondern eben über den Urteilsvollzug selbst. Der Geist ist also *forma rationis* aufgrund der Fähigkeit, den Urteilsvollzug selbst wahrzunehmen und seinerseits zu beurteilen. Das, worüber der Geist urteilt, bezeichnet der Laie als *rationes*. Diese *rationes* sind bereits oben als Weisen des Denkens beschrieben, etwa der Syllogismus. Es geht hier also nicht um die Inhalte, die beurteilt werden, sondern um die Vollzugsform selbst: „Denkweisen", nicht „Denkinhalte", ist an dieser Stelle die korrekte deutsche Übertragung von *rationes*.

Damit hat Cusanus eine Bewusstseinsform beschrieben, die oberhalb des gewöhnlichen Selbstreflexiven ist, mag dieses auch die *perfectio* der *anima sensibilis* mit diskretivem Vermögen sein; die Bewusstseinsform der *mens* existiert, weil sie reiner Vollzug ist, nur im kreativen Schaffen. Was dabei passiert, lässt sich folgerichtig in der Analogie der beiden anderen Stufen beschreiben: Die göttliche *mens* vollzieht einen dreifachen Prozess: *informare, dilucidare, perficere*; sie bildet sich in die menschliche *mens* ein, dadurch erleuchtet sie sie und vollendet sie zu einer eigenen, zugleich göttlich-allgemeinen wie individuell-geistigen Bewusstseinsform. Das ist die *viva substantia*, welche die *viva imago* bildet. Diesem Vorgang muss allerdings ein freier Erkenntnisakt der menschlichen *mens* korrespondieren, ansonsten wird die göttliche *mens* nicht wirksam.

2.6 Diamantspitzen des Gesprächs

Dieser zuletzt geschilderte Vorgang ist es, nach welchem der Philosoph konsequenterweise systematisch abschließend fragt: Woher stammt jenes Urteilsvermögen, welches über das Urteilen selbst zu urteilen vermag (c. 5, n. 85)?

Die Antwort des Laien wird dabei (nur hier) durch eine zustimmende Zwischenbemerkung des Philosophen ergänzt. Jetzt, auf dieser sechsten Etappe beginnt so etwas wie ein Gespräch. Der Philosoph bestätigt nicht nur den Laien, sondern liefert auch selbst ein weiterführendes Argument. Schon an diesem formalen Vorgang sieht man, wohin Cusanus zielt: Während im vorigen fünften Abschnitt die *viva substantia* als Alternative des Daimonions der platonischen Tradition etabliert worden ist, geht er jetzt darüber hinaus, indem er nicht etwa eine „Gemeinschaft der Heiligen", wohl aber eine Gemeinschaft von *vivae substantiae* andeutet.

Der Weg dorthin ist zugleich der Weg, auf dem der Laie die Frage nach dem Woraus der Urteilskraft beantwortet. Dieser Weg vollzieht sich in drei Bildern, die auf eine theoretische Aussage zur Bildgestalt des Menschen folgen: a) eine begriffliche Überlegung zum Menschen als Bild des göttlichen Urbildes, b) das Bild vom lebendigen Gesetz, c) das Bild vom Schlafenden, d) das Bild von der Diamantspitze.

Es ist auffallend, dass die ganze Passage nur noch auf der Ebene des Bildgedankens – sei es im Bild oder in der Theorie des Bildes – vorgeht. Auch das ist eine neue Stufe der Gedankenführung.

a) Der begriffliche Gedankenvollzug, den der Laie als Antwort anbietet, lautet folgendermaßen: I. Der Mensch ist *imago* des Urbildes (*exemplar*) von allem. Untersatz: Gott ist dieses *exemplar* von allem. II. Analogie: Das *exemplar* scheint in der *mens* so wider wie die Wahrheit in der *imago*. III. Schlussfolgerung: Also hat die *mens* als *imago* in sich die Wahrheit des *exemplar*, die sie aber nicht ist, sondern die in ihr widerstrahlt.

Damit hat die *mens* als *imago* etwas in sich, was zugleich außerhalb von ihr ist. Sie findet in sich etwas, was nicht sie und das mehr als sie ist. Zur Klärung mag eine weitere Analogie dienen: Die Seele lebt im Körper; das „im" ist offensichtlich nicht räumlich gemeint. Die Individualität des Menschen lebt in der Seele. Und in gleicher Weise: Der Geist des Menschen lebt in der Individualität. Wie der Körper für die Seele, so bietet die individuelle *mens* die ‚Umhüllung' für den göttlichen Geist.

Die Frage nach dem Woraus der Urteilskraft beantwortet sich also dadurch, dass die individuelle *mens* nicht als das letzte unteilbare, punktuelle „Etwas" gedacht wird, sondern selbst als ein Enthaltendes, in dem ein Enthaltenes, die Wahrheit des Urbildes, ist. Man sieht unschwer, dass nicht nur vom ‚Sein' einer solchen Konstruktion, sondern auch vom ‚Bewusstsein' derselben seine Wirkmöglichkeit abhängt. Ohne dass die individuelle *mens* sich ihres göttlichen Innenraums bewusst wird, kann sie die göttliche Wahrheit nicht als maßstabgebendes Urteilsvermögen verwenden.

b) Das erste Bild des „lebendigen Gesetzes" (vgl. hierzu auch Mandrella 2014) setzt an dieser Stelle ein. Wenn ein geschriebenes Gesetz „lebendig" wäre, dann vermöchte es in sich seine Urteile zu lesen, formuliert der Laie (c. 5, n. 85). „Lebendig" heißt hier offensichtlich: geistig lebendig, bewusst. In dem Fall könnte das Gesetz lesen, was es selbst ist. Es hat sich aber nicht selbst geschrieben. Es liest also in sich, was es zu richtigen Urteilen im Sinne des Gesetzes befähigt, aber es ist nicht selbst der Maßstab oder das Prinzip dieses Gesetzes. Zudem ist dieses Gesetz eben genau dieses Gesetz und kein anderes. Es erfährt die universelle Wahrheit durch die Wahrheit der Urteile gemäß dem Gesetz, das es ist, aber es verfügt nicht zugleich über die Wahrheit der Urteile aller Gesetze. Insofern ist es gerade dort, wo es strikt individuell ist, also über die Wahrheit seines Gesetzes urteilt, zugleich universell, indem dadurch, und nur dadurch, die Wahrheit von Gesetzmäßigkeit überhaupt in die Erscheinung tritt – und zwar für sein Bewusstsein und für die Welt. Singularität und Universalität, Individuum und Gattung bilden auf dieser Ebene keinen Gegensatz mehr, sondern sind notwendig komplementär in demselben.

Damit beschreibt Cusanus die eingangs von ihm skizzierte Individualisierung des Geistes, und zwar genau als „Einbildung" – „*informare*" –, für die im Bild das Gesetz steht. Aus diesem Grunde kann er nun das Bild abschließen mit der Bemerkung, der Geist sei die „lebendige Abbildung" (*viva descriptio*) der ewigen Weisheit – eine lebendige Niederschrift der Weisheit, die sich, vor Gott spielend, ein Haus gebaut hat (*Spr* 8, 30 f. bzw. 9, 1).

c) Im nächsten Schritt wendet der Laie sich dem „Erleuchten" (*dilucidare*) zu. Denn es liegt ja ein doppeltes Problem vor: Erstens ist das „lebendige Gesetz" sich offenbar immer vollständig bewusst und lebendig – das Bild ist von der *perfectio* her gedacht. Zweitens hat der Mensch dieses Prozessbewusstsein des Urteilens über Urteilsbildung nicht qua Natur aktualisiert, sondern es kommt ihm nur als Entwicklungsmöglichkeit zu.

Aus diesem Grunde bietet der Laie nun das Bild des Schlafenden, der erst nach und nach zur Wahrheit erwacht. Den Anfang des Prozesses bietet das Staunen an den Sinneseindrücken. Denn diese verlangen eine Verarbeitung durch das Unterscheidungsvermögen. Daran entsteht das reflexive Bewusstsein und kann an sich erleben, dass es wahrheitsfähig ist. Darüber hinaus kann es an einem Wahrheitsurteil auch erfahren, dass dieses immer nur konjektural ist. Aus dieser Einsicht wiederum folgt notwendig, dass Wahrheit steigerungsfähig ist. Damit ist der eigentliche Prozess angestoßen. Der Schlafende beginnt zu erwachen, d.h. das reflexive Bewusstsein als das schlafende erwacht zu einem wahrheitsbezogenen Urteilsvollzugsbewusstsein; ein Vorgang, der wirklich eine neue Bewusstseinsform für das Subjekt zur Erfahrung und – bei entsprechender Übung – zur Fähigkeit oder Habitus werden lässt. Dabei entdeckt er, wie der Laie am Ende dieses Bildes formuliert, dass die Wahrheit des Urbildes so erfahrbar wird, wie sie in der *mens* widerstrahlt. An der Wachheit der *mens* für die Wahrheit bemisst sich also die Reinheit oder Tiefe der Wahrheit. Für eine ganze wache *mens* wäre es der Zustand der *perfectio*, wenn die Wahrheit vollständig widerstrahlte.

d) Diesen Zustand der *perfectio* beschreibt das Bild vom Diamanten (c. 5, n. 85). In das Bild muss kurz eingeführt werden. Sein zentraler Gegenstand ist die Spitze eines Diamanten, die so zugeschliffen ist, dass sie in sich die ganze Umgebung widerspiegelt. Dieses Bild wird im Sinne einer ‚Sprengmetapher' (H. Blumenberg) auf die gesamte Welt (des Geistigen) übertragen. Heute werden Diamanten zumeist facettiert, damit sie möglichst facettenreich funkeln. Cusanus bezieht seine Idee aus der Schleifkunst seiner Zeit am burgundischen Hof. Der auf einen Punkt hin geschliffene Diamant galt symbolisch als der Stein schlechthin, der den auferstandenen Christus als Herrn und vor allem Priester der Welt darstellt. Das prominente Beispiel dazu findet sich auf der Innenseite des Genter Altars von Jan van Eyck (ca. 1432): die zentrale Tafel mit dem rotgewandeten Christus, der auf seiner Brust einen solchen Diamanten trägt, umgeben von weiteren symbolischen Schmucksteinen, die das himmlische Jerusalem andeuten. Ein weiterer wichtiger Aspekt liegt darin, dass ein senkrecht auf die Diamantspitze fallendes Licht so in ihr gebrochen wird, dass bei einer quadratischen Grundfläche (bezogen auf die Spitze) im Inneren aus der Selbstverschattung des Lichts eine schwarze Raute entsteht. Nicht nur dieses Phänomen, sondern auch weiteres am Genter Altar weist auf eine Idee hin, die Cusanus dann in der „*figura p*" in *De coniecturis* aufgegriffen hat (vgl. Schneider 2016 und 2019).

Durch diesen Kontext wird dreierlei ersichtlich: Erstens ist die Diamantspitze ein Christus-Symbol. Zweitens ist sie ein Bild des einzelnen Individuums, da jede menschliche *mens* eine solche Spitze darstellt. Drittens sind beide verbunden in der Idee der *coniectura*, und zwar im Sinne ihrer *perfectio*, wo gerade auch die höchste Lichtfülle ein individualisierendes Moment des Dunkels enthält. Nikolaus lässt den Laien an dieser Stelle also als abschließendes Bild zur *viva substantia* ein zu seiner Zeit hochmodernes und innovatives Bild aus der Malkunst und Technik geben, welches die Einheit von Individuum und universalem Gottesgeist durch Christus in der *mens* als einen konjekturalen Weg des Erwachens bis zur *perfectio* hin schildert. Die Aufnahme und Verwandtschaft sowohl der Ideen der Rheinischen Mystik wie der *Devotio moderna* sind hier evident.

Wenden wir uns zu der Formulierung, mit der Cusanus den Laien die Leistungsfähigkeit der Diamantspitze beschreiben lässt, so lesen wir, dass sie durch einen Akt des „sich Anblickens" (*se intuendo*) „Abbilder" (*similitudines*) aller Dinge in sich findet, wodurch sie von allen Dingen „Begriffe" (*notiones*) machen kann (c. 5, n. 85). Die Diamantspitze spiegelt also die Ideen nicht als *notiones*, sondern als *similitudines*, die jetzt aber gefunden werden, also offenbar solche der universalen, nicht der individuellen *mens* sind. Aus diesem Fund heraus gestaltet die individuelle *mens* die Begriffe.

Daran kann sie ihrerseits so erwachen, dass sie den Bewusstseinsweg von den Begriffen zu den Ideenbildern wiederum aktiv schaffend geht. Diese letzte und wichtigste Bewegung hin auf die geistige Tätigkeit, aus Begriffen substantiell bildschaffend zu werden, wird abgesetzt durch den Einwurf des Philosophen, der bemerkt, dass die Diamantspitze, je spitzer sie ist, desto besser ihre Aufgabe erfüllt. Er lenkt also den Blick darauf, dass das „Erwachen" in der Bewusstseinsform des Geistes ein Vorgang ist, der durch das Schleifen der Spitze des Diamanten zu beschreiben ist. Damit ist die Grundidee des späteren Werks *De beryllo*

(1458) an dieser Stelle formuliert: Dort wird der Beryll geschliffen. Das Schleifen meint die Ausbildung der Fähigkeit zur intellektuellen und aenigmatischen Schau, durch die man zum Richter im Urteilen wird (*De beryllo* n. 1). So ist der einzige Gesprächsbeitrag des Philosophen genau an die wichtigste Stelle des Kapitels gesetzt.

Dem Laien bleibt nur noch, diesen Sachverhalt zu unterstreichen, indem er betont, dass das Gleichnisbild so zu verstehen ist, dass man einsehen muss, dass die geschilderte Spiegelkraft des Diamanten, da sie im Raume der geistigen Bilder stattfindet, „vor aller Quantität" (*ante omnem quantitatem*; c. 5, n. 86) ist. Natürlich wird damit deutlich gemacht, dass es nicht darum geht, sinnliche Dinge zu spiegeln, aber noch viel mehr wird jetzt der Modus dieser Schau abgegrenzt von der *imaginatio*, der Vorstellungskraft der sinnlichen Seele, die auf quantitative Repräsentation angewiesen ist. Auf dem jetzt vom Laien wie vom Philosophen gemeinsam beschriebenen Niveau gibt es eine geistig individualisierte Erkenntnisschau, die unabhängig vom äußeren Sinneseindruck bzw. von dessen Vermögen arbeitet.

Präzise formuliert, gilt nach Cusanus für die gewöhnliche Erkenntnis, dass vier Punkte zusammenkommen müssen: a) die Sinneswahrnehmung, b) deren Strukturierung in ein Bild, c) der Begriff der Sache und d) die individuelle *mens* als Trägerin dieses Vorgangs. Diese gewöhnliche Erkenntnisform ist diejenige, die auf der Tätigkeit der *anima sensibilis* basiert. Sie ist zugleich notwendige Basis für die weitere Erkenntnisform, diejenige des Geistes. In ihr gilt, dass die äußere Sinneswahrnehmung (a) wegfällt. Das „Bild" der zweiten Stufe wird eine *similitudo*, die durch die aktive Leistung der individuellen *mens* (d) hervorgebracht wird, indem sie sich die aus der universellen *mens* stammende Fähigkeit des *iudicare* über die *notiones* (c) zu eigen macht und erübt. – ‚Übung' ist ein Schlüsselwort des Laien, welches gerade mit dem nun folgenden Löffelspiegelgleichnis verbunden ist.

2.7 Löffelspiegelgleichnis

Der Philosoph leitet den letzten Schritt des Kapitels ein mit der Aufforderung an den Laien, er möchte diese „Kunst" (*ars*) auf die „Schöpfung des Geistes" (*creatio mentis*) anwenden (c. 5, n. 86). Die Auswertung des folgenden Gleichnisses, das zu Beginn bereits erwähnt wurde, wird hier nicht mehr im Detail vorgenommen; sie ergibt sich aus dem bereits Gesagten und Schillers Wort an Goethe (Brief vom 20. Oktober 1794), er hasse es, dem Gefühl eines denkenden Lesers vorzugreifen, mache ich mir an dieser Stelle zu eigen. Aber die Konsequenz, die in der einleitenden Bemerkung des Philosophen liegt, sei doch hervorgehoben, zumal jetzt und erst jetzt der Fall eintritt, dass der Philosoph bereits in seiner einleitenden Frage den Gang des Gedankens selbst und bewusst aktiv vorantreibt.

Er zieht die Konsequenz, dass die vorgetragene Idee eine *ars* ist, also eine intellektuale Technik des Menschen, sich selbst zu einem Geiste zu bilden. Sehr klar sieht der Philosoph (und damit auch Cusanus), dass es zwei Arten von Techniken für den Menschen gibt: Die eine Technik bedient sich der *anima sensibilis* und führt in der Folge zu dem, was wir heute Technik zu nennen gewohnt sind. Die zweite Art bedient sich des Geistes und ist eine Technik – oder hier besser: Kunst – des Erwachens, sich als ein geistiges Ich zu bilden. Diese zweite Seite der Technik beschreibt der Philosoph treffend als eine *creatio mentis*, was nicht exakt die Selbstsetzung Fichtes ist, aber doch klar zum Ausdruck bringt, dass nur durch die rein geistige Aktivität eines sinnlichkeitsfreien Denkens (ohne Quantität und unabhängig von den Sinneseindrücken der *anima sensibilis* im Leib) die *mens* als individuelle menschliche *mens* überhaupt erst geschaffen wird.

Dass dieser Vorgang sich vollziehen kann und wie er möglich ist, hat das Kapitel bis hierher entwickelt. Im folgenden Spiegellöffelgleichnis (c. 5, n. 87) bietet Nikolaus ein Denkbild, an dem und mit dem man diesen Vorgang üben kann. Ganz im Sinne von Günther Anders handelt es sich bei dem Spiegellöffelgleichnis um eine Streckübung, ein *exercitium*, in die Ausbildung der moralischen Phantasie, bei der die Ebene des Textes als Textes verlassen wird (vgl. Anders 1985, 274). Zwar ließe sich der cusanische Text des Gleichnisses exakt und Schritt für Schritt auch analysieren, aber das Analyseergebnis würde nur bestätigen, was bis jetzt entwickelt ist. Der eigentliche Schritt über das Gesagte hinaus ist nur getan, wenn er vollzogen wird, nicht wenn er nur beschrieben wird.

3 *Viva substantia*

Im vorliegenden Kapitel beschreibt Nikolaus von Kues also einen Weg des Menschen, der seinen Ausgangspunkt nimmt vom Selbstbewusstsein innerhalb der *anima sensibilis*, in der Verwiesenheit auf die Anregung durch äußere Sinneswahrnehmung. Wenn er dabei nicht stehen bleibt, sondern entdeckt, dass damit nicht ein Endpunkt seiner Erkenntnis, sondern ein Anfangspunkt gegeben ist, dann vermag er sich als *viva imago* zu begreifen. Der Vorgang des Erwachens als Erleuchten führt den Menschen dazu, im eigentlichen Sinne durch eine Technik des Denkens sich selbst als individuellen Geist zu schaffen. So wird er zu einer *viva substantia*, einer geistigen Individualität. Diese Möglichkeit entsteht für ihn dadurch, dass er in sich ein Vermögen entdeckt, welches seinerseits den Vorgang des Urteilens zu beurteilen versteht. Mit dem gewöhnlichen Urteilen orientiert er sich in der Welt und positioniert auch sich selbst in der äußeren Welt. Im Erfassen, dass in ihm eine universale Kraft als Abbild der Wahrheit ist, dessen christologischer Ausdruck der perfekte Mittelspiegel aus dem Spiegelgleichnis von *De filiatione* ist und die es ihm erlaubt, die Güte des Urteilsaktes selbst zu qualifizieren, zeigt sich ihm der Weg zur eigenen Geistbildung.

Literaturverzeichnis

Anders, Günther (1985): Die Antiquiertheit des Menschen, München
Bacher, Christiane M. (2015): Philosophische Waagschalen. Experimentelle Mystik bei Nikolaus von Kues mit Blick auf die Moderne, Münster
Bocken, Inigo (2013): Die Kunst des Sammelns, Münster
Borsche, Tilman (1999): Der Dialog – im Gegensatz zu anderen literarischen Formen der Philosophie – bei Nikolaus von Kues, in: K. Jacobi (Hg.), Gespräche lesen. Philosophische Dialoge im Mittelalter, Tübingen, S. 407–433
Enchiridion symbolorum definitionum et declarationum de rebus fidei et morum/Kompendium der Glaubensbekenntnisse und kirchlichen Lehrentscheidungen, hg. von H. Denzinger, 44. Aufl., Freiburg/Basel/Wien 2014
Fichte, Johann Gottlieb (1971): Fichtes Werke. Hg. v. I. H. Fichte, Band I, Berlin (ND)
Johannes Scottus Eriugena (1981): Iohannis Scotti Eriugenae Periphyseon (De Divisione Naturae), ed. I. P. Sheldon-Williams with the collaboration of L. Bieler, Buch III, Dublin
Mandrella, Isabelle (2012): *Viva imago*. Die praktische Philosophie des Nicolaus Cusanus, Münster
Mandrella, Isabelle (2014): Die Konzeption des lebendigen Gesetzes (*lex viva*) bei Nicolaus Cusanus, in: A. Speer/G. Guldentops (Hg.), Das Gesetz – The Law – La Loi, Berlin/Boston, S. 650–660
Schneider, Wolfgang Christian (2016): Logik und Sinnspiel. Spekulative anagogische Schemata des Mittelalters bis zum Ludus Globi und zur Figura Paradigmatica des Cusanus, in: T. Borsche/H. Schwaetzer (Hg.), Können – Spielen – Loben. Cusanus 2014, Münster, S. 271–299
Schneider, Wolfgang Christian (2019): Cusanus und Jan van Eyck auf dem Konzil von Basel. Begegnungen am Ort gemeinsamer Geistigkeit der Großregion Rhein – Maas, in: H. Schwaetzer/M.-A. Vannier (Hg.), Nikolaus von Kues: Die Großregion als Denk- und Lebensraum, Münster, S. 61–76
Schwaetzer, Harald (2003): Viva similitudo. Zur Genese der cusanischen Anthropologie in den Schriften „Responsio de intellectu evangelii Iohannis", „De filiatione Dei" und „De genesi", in: ders./K. Reinhardt (Hg.), Nicolaus Cusanus. Perspektiven seiner Geistphilosophie, Regensburg, S. 79–94
Schwaetzer, Harald (2006): Die methodische Begründung der cusanischen Symbolphilosophie. Zum systematischen Verhältnis von imaginatio und visio, in: J.M. André/G. Krieger/ H. Schwaetzer (Hg.), Intellectus und Imaginatio. Aspekte geistiger und sinnlicher Erkenntnis bei Nicolaus Cusanus, Amsterdam/Philadelphia, S. 83–96
Schwaetzer, Harald (2010): Transzendentale Transzendenz – eine Annäherung via Kultur und Religion, in: C. Graf/H. Schwaetzer (Hg.), Existentielle Wahrheit. Heinrich Barths

Philosophie im Spannungsfeld zwischen Wissenschaft, Kunst und christlichem Glauben, Regensburg, S. 103–122

Schwaetzer, Harald (2014): Non aliud quam docta ignorantia. Wegmarken einer Transzendentalphilosophie des Transzendenten, in: I. Mandrella (Hg.), Nikolaus von Kues (Das Mittelalter. Perspektiven mediävistischer Forschung, Zeitschrift des Mediävistenverbandes, Band 19, Heft 1), Berlin, S. 34–60

Schwaetzer, Harald (2016): Denken im Gespräch. Pädagogische Wege zu einer gemeinsamen Einsicht bei Nikolaus von Kues, in: Pädagogische Rundschau 70, S. 683–694

Thurner, Martin (2004): Die Sinnlichkeit als Selbstdarstellung des Geistes: die ‚Aenigmata' des Cusanus, in: Recherches de théologie et philosophie médiévales 71, S. 372–391

Gregor Nickel
7 Geist und Zahl (*De mente* c. 6)

Mit den Worten „Deine Anwendung passt" (*apte applicasti*; c. 6, n. 88) schließt das sechste Kapitel an das zuvor besprochene Gleichnis des Löffelschnitzers an und dessen Thematik vorläufig ab. Mit einer kurzen, aber anspielungsreichen und gehaltvollen Bemerkung lenkt der Philosoph – mit dem Bezug auf Pythagoras gleichsam über die Bande gespielt – das Gespräch zum hauptsächlichen Thema des Kapitels: Die Zahl, der *numerus*, und sein Wechselspiel mit der *mens*. Für die Interpretation liegt es insofern nahe, an der einen oder anderen Stelle etwas detaillierter auf mathematische Zusammenhänge einzugehen.[1] Einerseits ist ein solcher Bezug zur Mathematik für die Interpretation der Werke des Nikolaus von Kues fast stets essentiell (vgl. hierzu Albertson 2014; Eisenkopf 2007; Hoff 2007; Müller 2010; Nagel 1984; Nickel 2005; sowie insgesamt Pukelsheim/Schwaetzer [Hg.] 2005), andererseits liegt dabei jedoch die Gefahr nahe, in unverständliche oder gar unwesentliche Technika abzugleiten. Ich möchte daher so verfahren, dass die folgende Interpretation weitgehend frei von im engeren Sinne mathematischen Überlegungen bleibt. Ich werde lediglich einige ‚Absprungpunkte' markieren, von denen aus drei längere Endnoten angesteuert werden können, die die Interpretation des Textes aus mathematischer Perspektive ergänzen.

Im Gang des Dreiergespräches stellt das sechste Kapitel mit seinen Erwägungen zum Wesen des *numerus* einen nötigen Exkurs dar zwischen der *mens* als „lebendige Substanz" (*viva substantia*) in Kapitel 5 und der weiteren Zuspitzung dieser Charakterisierung, nämlich der *mens* als „lebendige Zahl" (*vivus numerus*) in Kapitel 7.

---

[1] Bezüge zur Mathematik durchziehen die gesamte Schrift, hier nur einige Beispiele: bereits im ersten Kapitel wird ein dreieckiger ‚Gesprächs-Rahmen' gesetzt (c. 1, n. 56), nicht zufällig ist später der Name ‚Dreieck' das charakteristische Beispiel für die Fähigkeit der *mens*, Regeln zur Benennung zu setzen, das Allgemeine am Einzelnen zu erkennen (c. 3, n. 70), die kreative Kraft der *mens* wird in vorzüglicher Weise am Erschaffen der Mathematik erläutert (c. 9, n. 116), die *mens* unterscheidet und begrenzt, d.h. sie de-finiert die Gegenstände der Welt mittels Zahl und Figur bzw. Größe (c. 9 und 10) und schließlich ist es ein Rückverweis auf die Unzerstörbarkeit der Zahl, die die Unvergänglichkeit der *mens* erweist (c. 15, n. 157).

1 *Numerus* in zweifacher Bedeutung – ein erster Überblick

Von größter Bedeutung für die gesamte Interpretation des Kapitels scheint mir, dass darin der Begriff *numerus* in zumindest doppelter Bedeutung auftaucht, wobei diese beiden durch eine Bild-Urbild-Beziehung verbunden bleiben (vgl. hierzu bereits *De coni.* I, c. 2, n. 9). Gleich zu Beginn nämlich schüttelt der Laie die Autorität der Pythagoräer ab und unterschiebt diesen (höflich oder raffiniert) seine eigene Position. Als der Philosoph den pythagoräischen Grundsatz, „alles stamme aus der Zahl" (c. 6, n. 88), anspricht, reagiert der Laie durch die freundliche Zurückweisung einer allzu naiven Interpretation und mit der besagten Differenzierung des Zahlbegriffs: „Nicht dass ich glaube, sie wollten von der Zahl reden, wie sie in die Mathematik gehört und aus unserem Geist hervorgeht – denn dass die nicht Ursprung irgendeines Dinges ist, steht von selbst fest –, sondern sie haben symbolisch und vernünftig (*rationabiliter*) von der Zahl geredet, die aus dem göttlichen Geist hervorgeht, von der die mathematische ein Abbild ist. Denn wie sich unser Geist zum unendlichen Geist verhält, so verhält sich die Zahl, die aus unserem Geist hervorgeht, zu jener Zahl." (c. 6, n. 88) Wenn also im weiteren Verlauf des Kapitels von „Zahl" die Rede ist, muss sehr genau darauf geachtet werden, ob es um die Zahlen der (menschlichen) Mathematik geht oder um nur symbolisch als ‚Zahl' bezeichnete, aus dem göttlichen Geist hervorgehende (*procedere*) Gegenstände. Dabei verhält sich – nach Auskunft des Laien – unser Geist zum göttlichen Geist wie diese ‚Zahlen' zueinander. Aus dem Blick auf die eine Seite ließe sich also – mutmaßlich! – etwas über die andere Seite lernen. Noch etwas verwickelter wird der Gedankengang, wenn schließlich die *mens humana* selbst wiederum in einer grandiosen Metapher bereits in der vorangestellten Zusammenfassung zu Kapitel 6, entfaltet jedoch erst in Kapitel 7 als „sich bewegende Zahl" (*numerus se movens*) oder als „lebendige Zahl" (*numerus vivus*; c. 7, n. 97) bezeichnet wird; wir werden noch darauf zurückkommen.

Die zentralen Themen des Kapitels sind in der zitierten Passage größtenteils bereits angedeutet: (1) Die Zahl der Arithmetik geht aus dem menschlichen Geist hervor, (2) sie ist Abbild einer ‚Zahl', die aus dem göttlichen Geist hervorgeht, so wie der menschlich Geist Abbild des göttlichen ist, (3) die ‚Zahl' des göttlichen Geistes ist von erstrangiger Funktion für die Entfaltung der Schöpfung (bzw. für unser Begreifen des Hervorgehens der Schöpfung) aus Gott, während der arithmetischen Zahl eine entsprechende Funktion für die Begriffsbildung zukommt. Für beide ‚Zahlen' wird (4) eine genauere Wesensbestimmung gesucht und angegeben. Und schließlich werden (5) jeweils Bezüge zur philosophischen Tradition diskutiert: explizit genannt werden die Pythagoräer, die Platoniker, Boethius und schließlich Dionysius.

Dabei findet immer wieder auch eine Rückwendung zur *mens* statt, deren Erkenntnis- bzw. Operationsweise beschrieben wird. Die Rollenverteilung der Protagonisten ist ähnlich wie im vorigen Kapitel: Der Philosoph setzt durch sein Fragen die Themen und führt die Autoritäten der Tradition an, der Laie entfaltet die inhaltliche Position und just der Redner schweigt und hört zu. Wenn wir die Zwischenfragen des Philosophen das Kapitel gliedern lassen, so werden die folgenden Themen rund um den *numerus* besprochen und wir werden unseren Streifzug in dieser Weise in einzelne Etappen aufteilen lassen:
1. Die bereits erwähnte Unterscheidung von *numerus ex mente divina* und *ex mente nostra*.
2. Ob bzw. inwiefern die Zahlen Ursprünge der Dinge sind.
3. Zwei kritische Anfragen: Gibt es die Vielheit der Dinge nicht auch ohne den menschlichen Geist? Gibt es die Zahlen nicht auch ohne den (menschlichen) Geist?
4. Die Vielheit der Dinge als göttliche Zahl, die menschliche Zahl als Urbild der Begriffe.
5. Die Unzerstörbarkeit des Wesens der Dinge erklärt aus dem Wesen der Zahl.

2 Zahlen als „erstes Entsprungenes" (*primum principiatum*)

Der Philosoph lässt nach einer ersten Antwort des Laien nicht locker, die pythagoräische Thematik zu vertiefen. Weshalb liegt es nahe, die Zahlen als Prinzipien der Dinge (*rerum principia*; c. 6, n. 89) zu bezeichnen? Die längere Antwort beginnt mit dem Ausräumen eines möglichen Missverständnisses – in beachtenswerter, doppelter Verneinung formuliert. Der eigentliche Ursprung (*principium*) der Dinge kann nur ein einziger sein und dieser ist unendlich einfach (*infinite simplex*). Hier haben also Zahlen auch in einem übertragenen Sinne gar nichts zu suchen. Prinzip und Anfang der Schöpfung bleibt – theologisch gesprochen – Gott bzw. sein freier Entschluss. Wenn es demnach nur noch darum gehen kann, über das der Ontologie nach erste Entsprungene, *primum principiatum*, nachzudenken, dann erst bietet sich die Zahl der menschlichen Arithmetik als genau passendes Analogon an.

Die Argumentation des Laien ist bestechend, eine verwandte Überlegung könnte er aus *De coniecturis* (I, c. 2, n. 8) übernehmen: Das erste Geschaffene kann jedenfalls nicht ein Replikat des Schöpfers sein, ist also nicht unendlich einfach. Ist es aber demzufolge zusammengesetzt, so müssten seine (Bestand)Teile der

Natur nach früher sein als es selbst, es sei denn – und dies ist der Clou des Arguments –, es wäre nicht aus (früherem) anderem, sondern „aus sich selbst zusammengesetzt" (*ex se ipso compositum*; c. 6, n. 89). Was aber ist gleichursprünglich wie seine Bestandteile, was ist aus sich selbst zusammengesetzt? Wir erfassen nichts anderes derartiges als die Zahl unseres Geistes. Insofern bestätigt die Rede von Zahlen als *primum principiatum* die (noch zu naive) pythagoräische Sicht und rückt sie gleichzeitig zurecht. Zu erklären ist nun natürlich, inwiefern die (arithmetische) Zahl „aus sich selbst zusammengesetzt" ist (mathematische Konzepte einer Zusammensetzung von Zahlen finden sich in Endnote 1).

Zunächst erweist der Laie hier der pythagoräisch-platonischen Theorie des Geraden und Ungeraden (vgl. Becker 1954, 37) seine Reverenz: jede Zahl sei aus gerader und ungerader Zahl zusammengesetzt. Allerdings ist die schließlich bei Euklid (Buch VII der *Elemente*) auffindbare Zahlentheorie pythagoräischen Ursprungs mit ihrer Aufteilung aller Zahlen in gerade und ungerade Zahlen für die Interpretation eine Sackgasse, insofern zwar jede Zahl *entweder* gerade *oder* ungerade ist, nicht aber auf offensichtliche Weise aus gerade und ungerade zusammengesetzt. Diese äußerst knappe Bemerkung ist also kaum aus sich heraus verständlich. Zum Glück bieten jedoch *De coniecturis* – hier finden wir noch zusätzlich das zuvor ausgeführte Argument, dass jede Zusammensetzung bereits Zahl voraussetzt, da alles Zusammengesetzte notwendig auf eine *Mehrheit* von Teilen verweist, die nicht ohne Zahl (erkennbar) sein kann (vgl. *De coni.* I, c. 2, n. 8) – und *De ludo globi* ausführlichere Argumentationen. In *De coniecturis* wird bekräftigt, jede Zahl sei zusammengesetzt aus Gegensätzen, die sich voneinander unterschieden und zueinander in (der passenden) Proportion stünden. Insbesondere bestehe jede Zahl aus der Opposition von Geradem und Ungeradem; die Vier etwa bestehe aus der (ungeraden) Drei und der (geraden) Vier. Vielleicht ist dies so zu verstehen, dass die IIII aus drei Unterscheidungen, drei ‚Zwischenräumen' und zugleich vier Identifikationsakten hervorgeht. Unmittelbar davor wird wie in *De mente* darauf hingewiesen, dass ausschließlich getrennte Einheiten keine Zahl ergeben, wie die Form des Hauses nur in der *Verbindung* von Dach, Wand und Fundament entsteht. Die lediglich arithmetische Zusammensetzung (in *De coni.* 4=2+2, in *De mente* 3=1+1+1) beziehe sich nur auf ihre Größe (*quantitas*) und sei für das Wesen (*essentia*) der Zahl ohne tiefere Bedeutung.

Auf der gleichen Linie, die Beispiele etwas variierend, verfährt Cusanus in *De ludo globi* (II, n. 108 f.). Hier wird zunächst festgehalten, dass eine Zusammensetzung stets aus *ungleichen* Teilen erfolgt, die genaue Gleichheit (*aequalitas*) bleibt ja der zweiten trinitarischen Person vorbehalten. Eine genaue Mitte kann es also in Zusammengesetztem nicht geben, weil es keine zwei *genau* gleichen Teile gibt. Auch von hier aus zeigt sich, dass die arithmetische Gleichung 2+2=4 nur auf die Quantität, nicht aber auf das Wesen der Zahlen bezogen werden kann. Die eigentliche Mitte von 4 seien 2 und 3, denn es gelte 1+2+3+4=10 und deren Hälfte sei 2+3. Gleiches gelte auch für 4,5,6,7 und 7,8,9,10. Allerdings gilt dieser eher triviale Zusammenhang stets für vier aufeinander folgende Zahlen. Dieses Argument, das sich ja wiederum *nur* auf die quantitative, arithmetische Seite der Zahlen bezieht, zeigt also wenig. Im Folgenden wird die Argumentation schlüssiger. Hier wiederholt der Kardinal, dass Zahl nur aus Zahl zusammengesetzt sei, etwa der „Vierer aus dem Dreier und dem Anderen" (n. 109), der Dreier sei ungerade, das Andere gerade. Hier führt die unmittelbare Interpretation von gerade (teilbar durch 2) und ungerade (nicht gerade) wiederum in die Irre, denn dann könnten wir kaum eine entsprechende Zusammensetzung des Fünfers erklären. Eher scheint mir die Interpretation naheliegend, dass in jeder Zahl Unteilbarkeit (ungerade) im Sinne ihrer Einheit oder Individualität mit der Teilbarkeit in (Unter) Einheiten (gerade) verbunden werden. Dabei repräsentiert der Dreier die Unteilbarkeit, das darüber Hinausschreiten durch das „Andere" zum Vierer hin die Teilbarkeit (vgl. die Peano-Axiomatik in Endnote 1). Den Zweier zerlegt Cusanus nämlich ganz entsprechend in *ungleiche* Teile, in das Eine, *unum*, und das Andere, *alterum*. Die 1 spielt als ‚Anfang' der Zahlen eine Sonderrolle.

In *De mente* wird die Thematik ab n. 91 noch weiter vertieft: Sofern wir nur auf ihre Einheit(lichkeit) achten, zeige sich in der Zahl ein Zusammenfall der Gegensätze Einfachheit – Zusammensetzung bzw. Vielheit – Einheit. Das Zahlkonzept bindet eine zunächst disparate Vielheit zu einer (vielfachen) Einheit zusammen, es erlaubt uns z. B. in einem Besteckkasten unbestimmt viele einzelne, getrennte Löffel zu der einheitlichen Vielheit ‚vier Löffel' zusammenzufassen. Ihre mögliche *Anwendung* auf sinnlich-empirische Gegenstände darf allerdings keinesfalls zu dem Missverständnis Anlass geben, der Zahlbegriff *stamme* aus der Sinnlichkeit. Die Zahl ist somit nur durch eine spezifische Verbindung von Einheit und Vielheit möglich und in ihrem Wesen erfassbar, und sie kann somit auf der Modellebene das entsprechende (vor allem neuplatonische) Thema auf der ontologischen Ebene symbolisieren. Ein noch gründlicherer, schärferer (*acutius*) Blick (c. 6, n. 91; vgl. auch *De coni.* I, c. 5, n. 17; *De beryllo* n. 41) führt noch etwas weiter. Die Zahlen *ermöglichen* nicht nur Zahlenverhältnisse und damit die musikalischen Harmonien, sie selbst *sind* bereits ein harmonisches Verhältnis. Die anschließende Passage mit ihren ins Mathematische deutenden Anspielungen führt wegen des eiligen Themenwechsels leider nicht zu dem naheliegenden „lange[n] und sehr fesselnde[n] Gespräch" (c. 6, n. 91). Ob Nikolaus an dieser Stelle darauf hinweisen möchte, dass die Eile des Philosophen wichtige Themen überspringen muss, die nur mit der für die Mathematik nötigen Geduld und Langsamkeit zu erschließen wären? Wir bieten für die weniger Eiligen einen Absprung zu den Endnoten 2 und 3 an.

In der Zusammenfassung des bislang Erreichten durch den Laien findet nun eine bedeutsame Begriffsverschiebung statt: „Wir wissen also, dass das erste Entsprungene dasjenige ist, dessen Einprägung die Zahl trägt (*typus gerit*). Und wir können an seine Washeit nicht anders und näher herankommen, da die Genauigkeit der Washeit eines jeden Dinges durch uns nicht anders berührbar ist als im Rätsel (*aenigma*) oder Bild (*figura*). Wir nennen nämlich das erste Entsprungene symbolisch ‚Zahl', weil die Zahl Träger (*subiectum*) der Proportion ist; es kann nämlich keine Proportion ohne Zahl geben. Und die Proportion ist der Ort (*locus*) der Form." (c. 6, n. 92)

Zunächst springt der von Nikolaus eher selten verwendete Begriff *typus* ins Auge. Die Zahl – hier vermutlich die arithmetische Zahl der *mens humana* – „trägt den Typus des *primum principiatum*". In einer Hinsicht wird hier nur wiederholt, was wir im vorigen Absatz gesehen hatten: die harmonische, also zu Gunsten der Einheit erfolgende Zusammenfügung von Einheit und Vielheit in der Zahl, die in dieser Weise die Einprägung eines fundamentalen Strukturprinzips der *mens* zeigt. Der Terminus weckt nun allerdings auch christologische Assoziationen, denn die anderweitige Verwendung bei Cusanus hat stets die Bedeutung einer Einprägung Christi in bestimmte Menschen (vgl. *Cribr. Alk.* c. 15, n. 215, *Sermo* CCIV n. 9, *Sermo* CCLV n. 4, *Sermo* CCLXXXIV n. 22). In jedem Falle geht es beim *primum principiatum* keinesfalls um eine schlichte und unbestimmte ‚erste Materie', sondern in erster Linie um eine wesentlich geistige Entfaltung. Dafür spricht vermutlich auch, dass die Formulierung des Laien die Eingangspassage des Philosophen zwar fast wörtlich aufnimmt, an einer wichtigen Stelle jedoch verschiebt. An die Stelle der Materie rückt nun die Zahl als Fundament der Proportion ein (zugleich wird aus dem *locus* ein *subiectum*). Die Trias ‚Materie – Proportion – Form', die noch aus dem Anfertigen des (Spiegel)-Löffels motiviert war, wird zu ‚Zahl – Proportion – Form'. Es ist zu vermuten, dass der so entstehende Kosmos als ein Kontinuum aufzufassen ist, das bis zuletzt geistig bestimmt bleibt, wenn auch in abnehmender Weise – die *figura paradigmatica* aus *De coniecturis* könnte dies verdeutlichen. Vielleicht ist diese zweite Reihung als komplementäre Bewegung ‚von oben' gegenüber der ersten Bewegung ‚von unten' her zu lesen:

Zahl – Proportion – [Spiegel-Form = Löffel-Form] – Proportion – Materie

Nachdem also in Kapitel 5 beschrieben wird, wie der Schöpfer „durch die Bewegung des Himmels aus der geeigneten Materie die Proportion herausgeführt" (c. 5, n. 87), ohne die die Form des Löffels nicht sein könnte und zu der dann der von dem Löffel unabhängige Geist, die Spiegelform, irgendwie hinzugefügt wird, finden wir in Kapitel 6 den Beginn der Bewegung bei der (metaphysischen) Zahl, beim *primum principiatum*, das mittels Proportion die Spiegelform trägt (c. 6, n. 92). Von hier aus ist es jedenfalls nicht mehr weit bis zur *mens* als *vivus numerus*. Zu beachten bleibt freilich, dass die Spiegelkraft – das Reflexionsvermögen der *mens* – ausdrücklich „vor aller Quantität ist" (c. 5, n. 86). Ein schlichtes, arithmetisches Abzählen oder Ausrechnen des Geistes oder seiner Form wäre also ziemlich geistlos. Gleichwohl kann hier durchaus eine Sicht anknüpfen, die vermeint, zumindest für die (abtrennbare) materielle Seite des Universums die Arithmetik als alternativlose Statik ansehen zu können. Bei Gottfried Wilhelm Leibniz wird dies programmatisch formuliert, wenn er eine „universelle Charakteristik" entwirft, die – analog zur Arithmetik für Zahlen und zur Algebra für (allgemeine) Größen – alles auf eindeutige Weise in Charaktere kodieren soll und damit auf sämtliche Streitfragen mit einem schlichten *calculemus* antworten könnte. Nikolaus jedoch springt zur empirisch ungenauesten Kunst im Quadrivium: Der Schöpfer agiert als göttlicher Komponist und Musiker. Hier wie bereits beim vergnüglichen Entfalten der Zahl als Eigenwerk der *mens* (c. 6, n. 88) werden nochmals die ästhetische und vor allem die affektive Seite seiner Überlegungen unterstrichen.

3 Zwei kritische Anfragen zum Selbststand von Dingen und Zahl

Zwei Anläufe unternimmt der Philosoph, die vorgenannte These, Zahl und alles stamme aus der *mens*, in Frage zu stellen: in Bezug auf die Dinge (*res*) und in Bezug auf die Zahl. Zunächst also wendet er ein, die Vielheit der Dinge *bestehe* doch wohl, auch ohne dass unser Geist sich darauf beziehe (c. 6, n. 93). Diesen Hinweis auf einen – sicherlich plausiblen und nicht unberechtigten, aber noch zu wenig differenzierten – Realismus des *common sense* bestätigt der Laie, relativiert ihn aber im selben Atemzug: Von einer „Vielheit der Dinge" zu sprechen ist nur mit Bezug auf den jeweiligen (erkennenden bzw. hervorbringenden) Geist sinnvoll. Die Vielheit der Dinge – also die Dinge an sich selbst (vgl. c. 6, n. 96) – entsteht mit Bezug auf Gott aus dem „göttlichen Geist", und sie bestehen auch dann, wenn wir sie nicht zählen oder betrachten.[2] Die arithmetische Zahl bzw. die

---

[2] Dieser Gedanke wird im zwölften Kapitel nochmals quasi von der anderen Seite her ausdrücklich bekräftigt und zugleich balanciert. Während im sechsten Kapitel die Frage des Philosophen darauf abzielt, ob die Zahl bzw. Vielheit der Dinge auch ohne den (menschlichen) Geist vorliege, so wird in Kapitel 12 erwogen, ob bei Absehen von der Vielheit und Andersheit der Materie überhaupt noch etwas Zählbares verbleibt. Im Gegensatz zu einer dort als platonisch

arithmetische Vielheit der Dinge stammt allerdings aus unserem Geist (*sola mens numerat*; c. 6, n. 93), ohne den es überhaupt keine Zahl gäbe – und zwar vermutlich nicht nur in dem Sinne, dass die Dinge eigentlich schon arithmetisch fertig gezählt vorlägen und nur noch auf die nachzählende Bestätigung des Menschen warteten. Die Verwendung des eher ungewöhnlichen *diiudicare*, unterscheiden, an Stellen des schlichteren *iudicare*, urteilen, unterstreicht hier vielleicht noch die aktive Rolle der *mens humana*.

Nun hakt der Philosoph bei den Zahlen selbst nach: Gemäß einer üblichen Auffassung ist die Zahl eine Kollektion von Einheiten, als eine solche aber doch wohl kaum Produkt der *mens*. Hierauf ist die Antwort rasch gegeben: Das Sammeln, ohne das die Sammlung, die Kollektion nicht existieren könnte, ist eine Tätigkeit der *mens*, die durch vielfaches Identifizieren die Zahl hervorbringt. Dabei spielt der Laie mit dem lateinischen Wortstamm *legere*, wenn er betont, dass der Sprachgebrauch (*modus dicendi*) auf die Art der Einsicht (*modus intelligendi*) bezogen werden müsse, woraufhin dann die Aufmerksamkeit vom *intelligere* auf das *colligere*, das Zusammenlesen in der Zahl gelenkt werden kann.

Die dritte, die vorigen Antworten des Laien affirmierend aufnehmende Nachfrage des Philosophen verbindet schließlich die beiden vorigen: Inwiefern also ist die Vielheit der Dinge eine ‚Zahl' aus der *mens divina*? Die wiederum kurze Antwort des Laien ist dieses Mal durchaus gehaltvoll. Die Vielheit und damit die Unterschiedlichkeit der Dinge entsteht, weil der göttliche Geist das eine so, das andere anders erkennt – wiederum *intelligere* –; bei erneut genauem Hinsehen zeigt sich, dass die Vielheit der Dinge nicht wäre, wenn nicht als ein Modus des göttlichen Erkennens. Dieses unterschiedliche Betrachten ist allerdings nicht disparat und ungeordnet, sondern kann nur wiederum in größtmöglicher Weise auf Einheit bezogen werden. Was für die minimale Ungeteiltheit der Zahl auf ontologischer Ebene bereits weiter oben vermerkt war, wird nun quasi für die göttliche Epistemologie verwendet: Das erste Urbild (*exemplar*) der Dinge im Geist des göttlichen Schöpfers ist die (in bildlicher Weise so benannte) ‚Zahl'. Dass die Vielheit nicht disparat vorliegt, wird mit Verweis auf Erfreulichkeit (*delectatio*) und Schönheit (*pulchritudo*) der Schöpfung nochmals unterstrichen. Wie beim bereits erwähnten göttlichen Komponisten verweisen sie darauf, dass Vielheit in

---

bezeichneten Auflösung der Materie-befreiten einzelnen Seelen in einer All-Einheit insistiert Cusanus auf eine verbleibende Vielheit, die „Zahl des göttlichen Geistes ist" (c. 12, n. 143) und der keine „Kreatur entfliehen kann" (c. 12, n. 144); sie ist allerdings „für uns nicht mehr Zahl als Nicht-Zahl, da sie in solchem Maße für uns unzählbar ist, dass sie weder gerade ist noch ungerade, weder groß noch klein, noch in irgend etwas mit einer von uns zählbaren Zahl übereinstimmt" (c. 12, n. 143).

(passender) Proportion vorliegt, in der die Dinge (für sich und zueinander) stehen und die wesentlich auf der Zahl beruht.

4 Vielheit der Dinge und Vielheit der Begriffe – zwei einander koordinierte Zahlen

Indem der Laie die Zahl als „vorzüglichste Spur, die zur Weisheit führt" (c. 6, n. 94) charakterisiert, lenkt er den Blick auf ihren didaktischen und in gut platonischem Sinne propädeutischen Aspekt; der Philosoph bestärkt dies mit einem Hinweis auf die Pythagoräer, die Platoniker und Boethius. Der Laie führt nach dieser kurzen Zwischenbemerkung die doppelte Urbild-Abbild-Parallele fort. So wie die göttliche Zahl Urbild der Dinge (*rerum exemplar*) sei, so sei die arithmetische Zahl Urbild der Begriffe (*exemplar conceptionum*). Das erste Geschaffene des Begriffskosmos ist also Zahl. Sie ist Bedingung der Möglichkeit für alle urteilenden Vollzüge der *mens humana*: Angleichen (*assimilatio*), Begreifen (*notio*), Unterscheiden (*discretio*), Messen (*mensuratio*; c. 6, n. 95).[3] Das gilt sowohl auf der Sachebene einer Unterscheidung des einen Dinges vom anderen als auch auf der Metaebene einer Unterscheidung der Kriterien für die Unterscheidung auf der Sachebene durch die verschiedenen Kategorien: Substanz vs. Quantität werden exemplarisch genannt. Die (arithmetische) Zahl ist somit der (menschliche) *modus intelligendi* (n. 95); von hier aus ist es nun nicht mehr weit, die *mens* selbst als *vivus numerus* zu titulieren (c. 7, n. 97). Aber zunächst wird nochmals die eingangs vermerkte Parallele bekräftigt: „Weil nämlich die aus unserem Geist stammende Zahl das Abbild der göttlichen Zahl ist, die das Urbild der Dinge (*rerum exemplar*) ist, ist sie Urbild der Begriffe (*exemplar notionum*)." (c. 6, n. 95)

An dieser Stelle erscheint zum ersten Male im gesamten Werk explizit der Begriff der Trinität. Die *mens divina* ist Einheit (*unitas*) vor aller Vielheit, ihre Kraft zeigt sich hingegen trinitarisch in den Dingen: in deren Seinsheit (*entitas*), Gleichheit (*aequalitas*) und beider Verknüpfung (*conexio*). Und entsprechend ist auch *in* unserem Geist das Abbild der Trinität. Folgen wir der Analogie, die wir beim Aufstieg zum *primum principiatum* verwendet hatten, in der umgekehrten Richtung, so ist die Zahl der Arithmetik jedenfalls ein erstes Erzeugtes und zu-

---

3 Hier wird also die Arithmetik der Geometrie vorgeordnet. Allerdings finden wir im cusanischen Werk eine durchaus unterschiedliche Gewichtung zwischen diesen beiden mathematischen Subdisziplinen. Im zehnten Kapitel von *De mente* werden Arithmetik und Geometrie gleichermaßen für die Grundprinzipien der Erkenntnis, d. h. Unterscheidung und Begrenzung der Erkenntnisgegenstände in Anspruch genommen (vgl. c. 10, n. 126 und 128).

gleich exemplarisches Vorbild der *mens humana* bei ihrem Aufbau eines Kosmos der Begriffe. Wenn Cusanus der Zahl hier eine so herausragende Stellung für die Entfaltung des menschlichen Geistes zuweist, so wird sie damit einerseits Vorbild für die mögliche Bestimmtheit und Präzision des Begrifflichen, die Unterscheidungsfähigkeit der *mens humana*: Etwas kann als genau eines im Unterschied zu anderem bezeichnet werden. Es darf auf der anderen Seite aber nicht vergessen werden, was u. a. im zweiten Kapitel über die mehr oder minder große Genauigkeit der Namen gesagt wurde (c. 2, n. 58). Innerhalb der *ratio* sind Zahlen und Begriffe unverwechselbar präzis, mag eine genaue Rechnung und entsprechend ein begrifflicher Schluss vollziehbar sein, und gerade das macht die Stärke der *ratio* aus. Bei einer Bezugnahme auf die Gegenstände der Sinne, aber auch auf nichtsinnlich erfassbare Realia werden Zählung oder Rechnung und auch die begriffliche Bestimmung zur stets ungenauen Mutmaßung, mit der wir den Gegenstand allerdings besser oder schlechter treffen können. Für das Phänomen des Mehr oder Minder bzw. der Annäherung lässt sich wiederum die numerische Approximation als exemplarische Verwirklichung vorzeigen (hier wäre nochmals ein Ausflug zur Endnote 3 möglich).

Es würde allerdings diese These überziehen und damit wohl auch die Intention des Laien verfehlen, wenn man der Zahl eine so umfassende Priorität gegenüber der begrifflichen Sprache einräumen wollte, dass diese durch eine zahlenmäßige Präzisierung und Approximation im Prinzip ablösbar sein müsste. Dagegen spricht schon Nikolaus' meisterliche Erfindungsgabe auf begrifflicher Ebene – die Gottesnamen ‚Können-Ist' (*possest*), ‚nichts anderes' (*non aliud*), ‚Können selbst' (*posse ipsum*) sind hier nur die herausragenden Exemplare – und im Gebrauch der Sprache und sprachlicher Bilder. Vermutlich hängt dies auch damit zusammen, dass Sprache – anders als Zahlen und Figuren, die eine rein interne Relationierung zulassen – stets Bezug nimmt.

5 Unzerstörbarkeit der *essentiae* aus dem Wesen der Zahl

Das Kapitel schließt mit einem quasi *en passant* gezeigten Korollar: Aus dem Wesen der Zahl soll begründet werden, dass das Wesen der Dinge unzerstörbar ist. Im Abschlusskapitel wird diese Frage dann für die *mens* selbst gestellt und beantwortet, und wiederum ist eines der Argumente für deren Unvergänglichkeit, dass sie als Urheber der unvergänglichen Zahl selbst nicht vergänglich sein kann (c. 15, n. 157). Der Laie wiederholt hier nochmals vier (in der Mitte überkreuzte) Synonympaare für die konstituierenden Prinzipien bzw. Bestandteile der Zahl, wobei es primär um die metaphysische Zahl gehen dürfte, die aus dem göttlichen Geist hervorgehend die „Washeit der Dinge" (*quiditas rerum*) ausmacht, die allerdings indirekt aus der arithmetischen Zahl begriffen werden kann: Einheit – Andersheit, Selbes – Verschiedenes, Gerades – Ungerades, Teilbares – Unteilbares (c. 6, n. 96). Insofern nun aber die Zahl im wesentlichen aus der Einheit entfaltet ist, ihre Andersheit lediglich als eine Art beiläufiger Kollateralschaden aus deren Vervielfachung folgt, gilt auch für die Dinge, dass ihre Andersartigkeit, ihre Teilbarkeit und damit ihre Vergänglichkeit unwesentlich sind.

Die Abschlussbemerkung des Laien wendet sich nochmals ausdrücklich gegen die Theorie einer ‚mittleren Zahl', nach der es zwischen realen (sinnlichen) Dingen und dem göttlichen Geist noch zusätzlich die Zahlen als unabhängige Entitäten gäbe. Das *primum principiatum* – wir beziehen Zahl im Zusammenhang des Textes hier auf die *mens divina* – macht sich demnach nicht ontologisch selbständig, das Gesamt von Zahl – Proportion – Form – Proportion – Materie scheint nicht als in einzelne Entitäten auflösbar gedacht zu sein. Hier stimmt Nikolaus anscheinend der aristotelischen Kritik an Platon zu (*Metaphysik* I, 6, 987b 14–18), indem er bekräftigt, dass die Dinge selbst die Zahl der Dinge sind. Allerdings rezipiert er die im Liniengleichnis der *Politeia* prominent illustrierte Mittelstellung der mathematischen Gegenstände zwischen philosophischen Ideen und Gegenständen der Sinne ansonsten eher positiv – passend dazu ist die *ratio*, aus deren kreativer Entfaltung die mathematischen Gegenstände hervorgehen, in Bezug auf Einheitlichkeit dem *sensus* vor- und dem *intellectus* untergeordnet. Und so bleiben die Zahlen der menschlichen Mathematik vermutlich von Figuren, Begriffen und Worten wohl unterschieden und sie können offensichtlich getrennt davon betrachtet werden. Allerdings entsteht innerhalb der unterschiedlichen menschlichen Konzepte kaum die ontologische Frage nach einem ‚mittleren Bereich'.

Eher schon läge es nahe, in umgekehrter Richtung Figuren und Begriffe auf Zahlen zurückzuführen, durch Zahlen zu kodieren. In gewissem Sinne führt die Entwicklung der modernen Mathematik dies in Bezug auf Geometrie und Arithmetik vor, bereits Descartes durch die Einführung von Koordinaten, durchgehend erst im Verlauf der Formalisierungen des 20. Jahrhunderts. Dabei muss allerdings der Zahlbegriff der Arithmetik in beiden Fälle (algebraisch bzw. symbolisch) erweitert bzw. verallgemeinert werden. Neuerdings bezieht sich die sogenannte Digitalisierung wiederum ziemlich konkret auf die Zahlen der gewöhnlichen Arithmetik; in ihrem Rahmen werden zumindest Bilder und Worte in (binäre) Zahlen übersetzt bzw. aufgelöst und das (wie auch immer mentale) Umgehen mit Bildern und Worten in mathematische Algorithmen, die Zahlen in Zahlen umwandeln. Erneut könnten uns hier die Überlegungen des Cusanus eine Mahnung sein, die internen Übersetzungen und Verweisungen der menschlichen *ratio* nicht mit den – allenfalls durch die *mens increata* ‚gezählten' – Eigenschaften der Dinge oder den Dingen selbst zu verwechseln, aber auch nicht mit dem Agieren der gesamten *mens humana*, die mit Hilfe ihrer eigenen Zahlen „so wenig an unseren Geist herankomm[t] wie unser Geist an den unendlichen Geist" (c. 7, n. 98). Ganz so schlicht kommt sich der menschliche Geist also nicht auf die Schliche.

6 Eine (neu)platonische Gegen-lese

In ihrer Monographie *Die Theorie der Zahl im Platonismus* spannt Gyburg Radke (2003) einen weiten Bogen, der den Zahlbegriff im (Neu)Platonismus zugleich philologisch genau und systematisch erhellend entfaltet. Basierend auf dieser umfassenden Arbeit sollen nun einige bereits diskutierte Themen im Kontext des (Neu)Platonismus nochmals erörtert werden, um so das Spezifische bei Cusanus besser akzentuieren zu können.

In leichter, aber gravierender Verschiebung zum *primum principiatum,* das doch stets vom Ursprung radikal abhängig bleibt, wird die Zahl „im Platonismus primär als das ‚erste Seiende' gedacht, d. h. als das, was ‚zum ersten Mal' und ohne, daß sie in bezug auf diese Eigenschaft von etwas anderem abhängig wäre, alle diejenigen Charakteristika an sich hat, die generell von allem, was *ist*, gelten, nämlich [...] eine bestimmte Zusammensetzung einer Vielheit zu einer Einheit zu sein" (Radke 2003, 433). Die Zahl der Mathematik erweist sich dabei „als etwas, das nur eine bestimmte Verwirklichungsweise von Zahl ist, und [...] das, was Zahl von sich selbst her und im umfassenden, primären Sinn ist, voraussetzt" (ebd., 441). Sie entsteht nämlich durch ein kompliziertes Zusammenspiel: Gemäß einem absolut unveränderlichen Urbild, der *paradigmatischen* Zahl, wird von der *demiurgischen* Zahl die ungeformte, veränderliche, materielle Vielheit, die *monadische* Zahl, mit der bestimmten, passenden Zahlform, der *eidetischen* Zahl, versehen. Die drei Akteure werden schließlich als Aspekte eines einzigen, eigentlichen Zahlbegriffs verstanden. Dieser bestimmt die mathematische Zahl *formal,* er macht sie überhaupt erst zu einem einheitlichen Gegenstand, der zugleich durch Rechenoperationen veränderbar ist. Auffällig ist hierbei die Differenzierung des Zahlbegriffs, die derjenigen in *De mente* – *numerus divinae mentis* (c. 6, n. 96) vs. *numerus mathematicus et ex nostra mente* (c. 6, n. 88) – zumindest strukturell verwandt ist. Die Wahlverwandtschaft lässt sich sogar noch weiterverfolgen, insofern auch im Platonismus die Seele ins Spiel gebracht wird: „Die Wirkursache, die die Verbindung herstellt zwischen der Form der Zahlen und dem dieser Form zugrundeliegenden Material, das aus ununterschiedenen einfachen Einheiten besteht, ist [...] die rationale Seele." (ebd., 491) Und schließlich wird auch im Platonismus dieser Gedanke konsequent weiter ausgeführt. Durch die grundsätzliche Parallelführung von substantieller Bestimmtheit und rationalbegrifflicher Erkennbarkeit wird aus der spezifischen Tätigkeit der rationalen Seele, der Fähigkeit zum Herausbilden bzw. Erkennen einheitlich bestimmter Vielheiten, also von Zahlen, eine substantielle Charakterisierung: „[W]irkliches Erfassen aber ist dann gegeben, wenn das, was erkennt, indem es erkennt, mit dem, was erkannt wird, identisch wird: d. h., die Seele ist genau dann das, was sie kann und ist, wenn sie Zahl ist." (ebd., 492)

Es sind nun vermutlich feine Akzentverschiebungen, die es Nikolaus ermöglichen, den Schwung der platonischen Konzeption zu erhalten und ihr dabei gleichwohl seinen ganz eigenen Dreh zu geben. Zunächst mag es als philologische Kleinigkeit erscheinen, dass Cusanus den Ursprung der arithmetischen Zahl in der *mens humana* sieht, nicht in der Seele, *anima*. Die *mens humana* wird jedoch als Bild (*imago*) des göttlichen Geistes verstanden, nicht als dessen Entfaltung (*explicatio*). Nach der Unterscheidung von *imago* und *explicatio* müsste allerdings auch für das zahlenartige *primum principiatum* weitergefragt werden, wenn die göttliche ‚Zahl' noch vor Proportion und Form als erstes, nicht mehr ganz einheitliches Geistiges vom Schöpfer hervorgebracht wird. Die *mens humana* jedenfalls ist lebendige, entwicklungs- und reflexionsfähige Zahl und Spiegel des Schöpfers. Und dies hat Konsequenzen für die geistige Freiheit beim Setzen von arithmetischen, mathematischen, begrifflichen und anderen Regeln durch den Menschen (vgl. c. 7, n. 97): Während für die Antike bei aller Differenz im Detail einhellig gilt, dass Mathematik als Theorie aufzufassen ist, so wird sie bei Cusanus zur schöpferischen Wissenschaft. Beim Mathematisieren bewegt sich der menschliche Geist „in einem eigenen Seinsbereich, und kann nur so – indem er sich selbst als Werkzeug benutzt – die Mathematica erfassen. Dieses Erfassen erfolgt bei Cusanus allerdings nicht mehr wie bei Plato durch passive geistige Schau (*theoria*), sondern durch aktives geistiges Konstruieren (*praxis*)." (Nagel 1984, 58) Eine besondere Wendung erhält die cusanische Konzeption noch dadurch, dass die Beziehung zwischen göttlichem Geist und seinen Werken auf der einen Seite, und menschlichem Geist, der ja als göttliche Zahl aufgefasst werden kann, und seinen Zahlen auf der anderen Seite als Verhältnis (*proportio*) bezeichnet wird, also mit Hilfe eines Begriffs, der wiederum ohne Zahl eigentlich gar nicht verständlich wird: „Denn obwohl der [menschliche, G.N.] Geist göttliche Zahl ist, ist er dennoch auf die Weise Zahl, dass er einfache Einheit ist, die aus ihrer Kraft ihre Zahl hervorbringt. Dasselbe Verhältnis (*proportio*) also, wie es von den Werken Gottes zu Gott besteht, besteht von den Werken unseres Geistes zum Geist selbst." (c. 7, n. 98)

Nun müssen wir solchen Thesen allerdings die bereits in *De docta ignorantia* explizit ausgesprochene Mahnung, dass es zwischen dem Unendlichen und dem Endlichen *keinerlei* Proportion geben kann, entgegenhalten. Könnte das begrifflich ausgedrückte Abbildverhältnis überhaupt nicht ‚zahlen-haft' zu verstehen sein? Und wie passte dies wiederum dazu, dass das Urbild unserer Begriffe Zahl ist (c. 6, n. 95)? Wenn der Theologe Cusanus nicht in frommes Schweigen verfallen möchte, bleibt ihm doch nur sein – überdies noch individuell geprägter – endlicher, menschlicher Geist, dessen Wirkungsweise wiederum nur symbolisch und unzureichend als ‚zahlhaft' aufgefasst wurde. In dieser fast schon aussichtslos verwickelten Situation mag es ein Hoffnungszeichen (gewesen) sein, dass in Euklids *Elementen* der Umgang mit irrationalen (Größen)verhältnissen durch Rückbezug auf (unendlich viele, approximative) rationale *Zahlen*verhältnisse vorgeführt wird (beachte die entsprechende Fußnote in Endnote 3).

Dass Einheit und Unendlichkeit für den Theologen Cusanus – immer wieder neu gegeneinander austariert – grundlegende Konzepte sind, ermöglicht es ihm, den eher statischen Gegensatz zwischen Einheit und Vielheit zwar einerseits zu bekräftigen, ihn zugleich aber auch durch Approximation, durch ein dynamisches Spiel im Bereich des Mehr oder Weniger immer wieder neu virtuos (begrifflich und im mathematischen Bild) anzugehen. In der Tat scheint mir bei Cusanus zweierlei hilfreich und die antike Sicht aufsprengend zu sein, das jeweils aus der Reflexion über Mathematisches stammt: Unendlichkeit und produktiver Widerspruch. In einer kurzen Passage verweist auch Radke auf den cusanischen Zusammenfall der Gegensätze (*coincidentia oppositorum*), seine Brisanz scheint mir dabei allerdings unterschätzt (vgl. Radke 2003, 59). Zwar passt die schlichte Entfaltung gegensätzlicher, spezieller Bestimmungen aus einem allgemeineren Begriff nur allzu gut zur Entfaltung des Vielen aus der Einheit, mit einer solchen Ausdeutung wird jedoch die cusanische Unterscheidung von *ratio* und *intellectus* geradezu eingeebnet, eine logische Entfaltung der Begriffe vom allgemeinsten bis zu den einzelnen ganz ohne einen qualitativen Übergang vorstellbar. Demgegenüber bestimmt Nikolaus für die Gültigkeit des Widerspruchsprinzips genau den Bereich der *ratio* (vgl. *De coni.* II, c. 1, n. 77). Im Sinnlichen können Widersprüche gar nicht auftreten, im *intellectus* werden sie nicht etwa in einem allgemeinen Weder-noch entschärft, sondern zumindest in einem Sowohl-als-auch ausgehalten. Erst von hier aus – so scheint mir – ist die Entscheidung zu einer kreativen Entfaltung von Gegensätzen zu denken. Der Widerspruch ist bei Cusanus gerade nicht Anlass, den Diskurs besser abzubrechen, oder Anzeichen für die schlichte Notwendigkeit einer zusätzlichen Differenzierung, sondern Aufforderung zu einem grundsätzlichen Ebenenwechsel.

Ein für die Geistes- und Kulturgeschichte fundamentaler Unterschied zwischen der cusanischen und einer (neu)platonischen Konzeption betrifft schließlich das Verhältnis von Zahl bzw. Mathematik und Empirie. Bei diesem Thema wesentlich auf Platons *Timaios* bezogen, zieht der Platonismus eine strikte Grenze für den geistigen Zugang zu den sinnlichen Gegenständen des sublunaren Kosmos. Die Beimischung der Materie und ihre Veränderlichkeit verhindert, dass die Einzeldinge zu festen, begrifflichen Einheiten werden, ihre Struktur beugt sich keiner begrifflichen, notwendigen Ableitung: „Die Annahme der Mathematizität der empirischen Natur ist damit unvereinbar mit den Grundlagen platonischer Wissenschaftsauffassung" (ebd., 337). Da Nikolaus den Anspruch von vornherein und ganz bewusst auf *mehr oder weniger* passende Mutmaßungen herab- oder besser: einstimmt, kann er im Gegenzug die innerhalb der menschlichen *ratio* genauen mathematischen Formen durchaus zur Vermessung der Welt in Anspruch nehmen (vgl. Nagel 1984).

In den Kapiteln 9 und 10 von *De mente* wird dies programmatisch ausgedrückt, wobei eine zu naive Identifikation wiederum abgewiesen wird. Die ontologische Frage des Philosophen, ob alles, was ist, Größe und Vielheit *sei*, ob also die Welt mathematisch ist, wird vom Laien klar verneint, die epistemologisch qualifizierte Variante allerdings genauso deutlich in positiver Weise beantwortet: „Alles was ist, fällt unter Größe und Vielheit, da ja das Darlegen aller Dinge gemäß der Kraft der einen oder der anderen geschieht. Größe begrenzt, Vielheit unterscheidet." (c. 10, n. 128) In *De mente* wird dieser Aspekt nur angedeutet, mit großer Detailfreude wird er allerdings im dritten Teil der *Idiota*-Trilogie *De staticis experimentis* ausgeführt. Mathematik wird hier für die theoretische Seite der Naturforschung zur Leitwissenschaft. Aber auch für die philosophische Reflexion, insbesondere die Erkenntnistheorie, verschiebt Cusanus die Gewichtung vom Trivium zum Quadrivium, von der Logik zur Mathematik. Und so mag es an dieser Stelle passend erscheinen, von dem Versuch einer begrifflichen Leseübung zu den mathematischen Endnoten überzugehen.

Mathematische Abschweifungen und Hintergrundbeleuchtungen

Selbstredend ist die Mathematik zu Zeiten des Nikolaus von Kues eine deutlich andere als die heutige Mathematik. Intentionen, Standards und Konzepte verändern sich im Laufe der Zeit, so dass auch für die Geschichtsschreibung der Mathematik eine hermeneutische Kunst erforderlich ist. Wir streben im folgenden allerdings keinen mathematikhistorischen Exkurs im engeren Sinne an. Uns geht es vielmehr darum, für die Interpretation des sechsten Kapitels von *De mente* eine weitere Perspektive anzubieten, die neben knappen Zusammenfassungen historischer Gegebenheiten auch Blicke auf die moderne Mathematik wagt. Wenn diese dazu beiträgt, den systematischen Gehalt der Schrift des Cusanus ein wenig besser zu erschließen, hätte sie ihr Ziel erreicht.

Endnote 1: Zusammensetzung und Teilung von Zahlen (c. 6, n. 90)

Teilung und Zusammensetzung von Zahlen ist – auch für die aktuelle mathematische Wissenschaft – weniger trivial, als es auf den ersten Blick erscheinen mag. Auf einer elementaren Ebene können wir versuchen, eine gegebene (natürliche) Zahl sowohl additiv wie auch multiplikativ zu zerlegen, und diese arithmetischen Operationen standen Cusanus sicherlich *zunächst* ebenfalls vor Augen. Dabei ist die in (c. 6, n. 90) genannte ‚triviale' *additive* Zerlegung einer jeden Zahl wie etwa 3=1+1+1 in eine Summe von Einsen stets möglich, aber sowohl mathematisch wie auch – Cusanus zufolge – ontologisch wenig ergiebig. Allerdings zeigt sich beim additiven Zerlegen in größere Zahlen als 1 eine ziemlich interessante und schwierig zu durchdringende kombinatorische Fülle. Bereits die Zahl 10 lässt sich auf 42 unterschiedliche Weisen additiv zerlegen und für die 100 gibt es 190.569.292 unterschiedliche Zerlegungen. Algorithmen zur Ermittlung aller additiven Partitionen einer gegebenen Zahl sind sowohl von theoretischer als auch von eminent praktischer Bedeutung für die Informatik. Die *multiplikative* Zerlegung erscheint zunächst etwas komplizierter, denn nicht jede Zahl lässt sich überhaupt in ein Produkt anderer Zahlen umschreiben. Sehr schnell wird dann aber klar, dass die – nur durch 1 und sich selbst teilbaren – Primzahlen als multiplikative ‚Atome' dienen können und dass jede natürliche Zahl eindeutig (bis auf die Reihenfolge) in Primfaktoren zerlegbar ist (vgl. das bereits auf die pythagoräische Mathematik zurückgehende *Lemma von Euklid* in Buch VII der *Elemente*). Ebenfalls in den *Elementen* wird gezeigt, dass es mehr als endlich viele Primzahlen gibt (IX, Prop. 20). Die genaue Verteilung der Primzahlen innerhalb der Zahlen ist bis heute ein Thema aktueller Forschung, ebenso Fragen, die beide Zerlegungsarten verbinden, wie etwa die berühmte auf Christian Goldbach (1690 – 1764) zurückgehende Vermutung, dass jede gerade Zahl oberhalb von 2 als Summe von zwei Primzahlen geschrieben werden kann.

Für Cusanus geht es jedoch bei der Frage nach Zerlegung und Zusammensetzung von Zahlen wohl kaum um mathematische Theoreme der Arithmetik, Zahlentheorie oder theoretischen Informatik. Gleichwohl könnten wir versucht sein, seiner Frage noch etwas weiter auf den Spuren der modernen Mathematik zu folgen. Wenn man hierbei fragt, was aus mathematischer Perspektive Zahlen eigentlich *sind*, so können wir zunächst auf die der Anschauung gegebenen oder durch schulisches Einüben wohlbekannten Gegenstände verweisen. Aus der Perspektive der mathematischen Moderne sprechen wir präziser und vermutlich sogar wissenschaftlicher z. B. mit den nach Giuseppe Peano (1858 – 1932) benannten Axiomen die natürlichen Zahlen formal an, indem wir Grundoperationen bzw. Verhältnisse festlegen, nach denen mit Zahlen – was immer das sein mag –

umzugehen ist. Wir setzen dazu den Begriff einer ‚Menge' und des ‚Element-einer-Menge-Seins' ohne weitere Erklärung voraus und betrachten eine Menge $\mathbb{N}$, für die folgende Eigenschaften gelten: (1) Es gibt ein Element $0 \in \mathbb{N}$. (2) Zu jedem Element $n \in \mathbb{N}$ gibt es genau ein weiteres, vom ersten verschiedenes Element $n' \in \mathbb{N}$, das wir als *Nachfolger von n* bezeichnen. Mit Ausnahme der 0 sind alle Elemente von $\mathbb{N}$ Nachfolger eines anderen Elements. (3) Es gilt das Axiom der vollständigen Induktion.

Es liegt nicht allzu fern, Peanos Nachfolgeoperation in der Rolle des Anderen bei der cusanischen Zahlkonstitution zu sehen. Auch erscheint der hier zum Zuge kommende strukturelle, modern-axiomatische Blick auf die Zahlen bei Cusanus als durchaus vorbereitet. Auch wenn es ihm sicherlich zunächst um die Bestimmung des Wesens der jeweils einzelnen Zahl geht, kann dies gar nicht ohne Bezug auf die Vorgängerzahl bestimmt werden, und in der Konsequenz ohnehin nur mit Bezug auf die spezifische (quantitativ additive) Entfaltung der 1. Damit wäre dann nur noch die gesamte Struktur natürliche Zahlen sinnvoll zu verwenden, eine einzelne 4 ohne Bezug auf alle anderen Zahlen gar nicht sinnvoll zu denken.

Auf der Basis des Mengenbegriffs lassen sich nun Modelle konstruieren, die genau den formalisierten Axiomen (1)–(3) genügen. Zunächst benötigen wir dazu irgendeine Menge und wir verwenden aus Gründen der Sparsamkeit die *leere Menge* $\emptyset := \{\}$, eine einigermaßen merkwürdige Begriffsbildung der modernen Mathematik ähnlich wie die Zahl 0. Ernst Zermelo (1871–1953) gibt nun die folgende Konstruktion an:

$$0 := \emptyset, \quad 1 := \{\emptyset\}, \quad 2 := \{\{\emptyset\}\}, \quad 3 := \{\{\{\emptyset\}\}\}, \quad 4 := \{\{\{\{\emptyset\}\}\}\}, \ldots$$

Es ist direkt zu sehen, dass hier mit $0 := \emptyset$ und $n' := \{n\}$ die beiden ersten Peanoschen Axiome erfüllt sind. Ein wenig komplizierter, aber in gewisser Weise eleganter ist die alternative Konstruktion nach John von Neumann (1903–1957). Hier gilt:

$$0 := \emptyset, \quad 1 := \{\emptyset\}, \quad 2 := \{\{\emptyset\}, \emptyset\} = \{1, 0\}, \quad 3 := \{\{\{\emptyset\}, \emptyset\}, \{\emptyset\}, \emptyset\} = \{2\} \cup 2 = \{2, 1, 0\}, \ldots$$

Auch hier können wir recht schnell sehen, wie Peanos Axiome durch die Setzung $0 := \emptyset$ und $n' := \{n\} \cup n$ (der Nachfolger ist die Vereinigung von Vorgänger und der Menge, die den Vorgänger enthält) erfüllt werden. Zudem gilt hier, dass die Zahl n, aufgefasst als Menge, genau n Elemente hat, während es in der Konstruktion nach Zermelo – abgesehen von der 0 – jeweils nur ein Element ist. Zusammensetzung und Zerlegung könnten in diesem Bild dann die Bedeutung der Elementrelation bzw. einer (disjunkten) Vereinigung annehmen. Kehren wir nun nochmals zu Cusanus zurück: Vielleicht hätte er an diesen Konstruktionen sein Vergnügen, insofern die 3 nun nicht einfach aus 3 Einern zusammengesetzt ist. Bei Zermelo ist die

Menge 3 = {2} einelementig, lediglich die ‚Schachteltiefe' unterscheidet sie von anderen Zahlen. Bei von Neumann hat die *Menge* 3 zwar genau 3 Elemente, allerdings drei unterschiedliche, und im Sinne einer (disjunkten) Vereinigung können wir die 3 aus der 2 und einer durch Einschachteln veränderten 2 zusammensetzen.

Noch etwas näher an cusanische Überlegungen kommen wir beim Blick auf das hier verwendete Basiskonzept Menge, das – mehr oder minder formal bzw. axiomatisch fixiert – nach wie vor das wesentliche Referenzkonzept für nahezu alle derzeit gebrauchten mathematischen Begriffe ist. Betrachten wir die ursprüngliche Konzeption bei Georg Cantor (1845–1918), die einerseits noch nicht durchformalisiert, andererseits stärker reflektiert und metaphysisch verankert ist: „Unter einer ‚Menge' verstehen wir jede Zusammenfassung M von bestimmten wohlunterschiedenen Objekten m unserer Anschauung oder unseres Denkens (welche die ‚Elemente' von M genannt werden) zu einem Ganzen." (Cantor 1966, 282) Sehr schnell wird nun allerdings klar, dass eine solche gedankliche Zusammenfassung nicht immer widerspruchsfrei möglich ist: „Eine Vielheit kann nämlich so beschaffen sein, daß die Annahme eines ‚Zusammenseins' aller Elemente auf einen Widerspruch führt, so daß es unmöglich ist, die *Vielheit als Einheit* (Herv. G.N.), als ein ‚fertiges Ding' aufzufassen. Solche Vielheiten nenne ich absolut unendliche oder inkonsistente Vielheiten." (ebd., 443) Es erscheint an dieser Stelle naheliegend, daran zu erinnern, dass Nikolaus in der Zahl einen „Zusammenfall [...] von Einheit und Vielheit" (c. 6, n. 91) erblickt. Bei aller Differenz in Intention, mathematischem Hintergrund, zeitlichen Umständen und philosophischer Konnotation scheint sich hier jedenfalls ein ‚Grußverhältnis' zu zeigen (ausführlicher hierzu vgl. Nickel 2017).

Endnote 2: Sechs und Zehn – zwei besondere Zahlen. Zahl und musikalische Harmonie

Es könnte vielleicht auch eine zufällige Koinzidenz sein, aber es ist doch bemerkenswert, dass die umfangreichsten Erwägungen zum Begriff der Zahl just in Kapitel Nummer 6 auftauchen. Bereits die pythagoräische Mathematik kennt nämlich die vollkommenen Zahlen, die sich als Summe ihrer echten Teiler (einschließlich der 1) schreiben lassen. Und wieder kombinieren wir hier die beiden elementaren arithmetischen Zerlegungsmöglichkeiten der Zahlen, und auch hier reicht die Thematik bis in den Bereich aktueller Forschungsfragen: Nach wie vor ist etwa offen, ob es mehr als endlich viele vollkommene Zahlen gibt und ob alle vollkommenen Zahlen gerade sind. Seit der Antike ist jedenfalls wohlbekannt, dass die 6=1+2+3 die kleinste vollkommene Zahl ist; für die nächste Gelegenheit hätte Nikolaus immerhin 28 Kapitel schreiben müssen. Sicherlich war ihm – etwa direkt oder indirekt vermittelt durch Boethius' *De institutione arithmetica* – das Konzept der vollkommenen Zahl bekannt und auch einige der traditionell mit den vollkommenen Zahlen verbundenen ethischen bzw. metaphysischen Auslegungen. So geht u. a. Augustinus auf die Zahl der Schöpfungstage ein, die die Vollkommenheit des Werkes widerspiegle. Zudem ließe sich die Zerlegung der 6 auch in der Abfolge der Schöpfungstage wiederfinden: Der erste Tag mit der Schöpfung des Lichts stehe für sich, die zwei folgenden vollendeten das Weltgebäude und im Laufe der letzten drei Tage werde dieses belebt und bevölkert. Und auch vor diesem Hintergrund erscheint es passend, dass Nikolaus im sechsten Kapitel den Laien über die Weltschöpfung sprechen lässt (zu Nikolaus' kosmologischen Überlegungen vgl. Nickel 2019).

Eine weitere besondere Zahl ist die 10, die vor allem in *De coniecturis* intensiv verwendet wird und mit ihren Potenzen 1, 10, 100, 1000 einen Teil des Werkes strukturiert (c. 3 bis c. 8 sowie das Teilhabekonzept in c. 11 des ersten Buches; vgl. auch die Überlegungen zur 10 in Buch II, c. 7). Sie ist die Summe der in der pythagoräischen Mathematik als *Tetraktys* bezeichneten Gruppe der ersten vier Zahlen, 1+2+3+4=10. Damit folgt die 10 als ‚Dreieckszahl' unmittelbar auf die 6 (vgl. Abb. 1). Die weite Verbreitung eines dezimalen Zahlsystems hat vermutlich zunächst recht banale Gründe, insofern sich mit den Fingern zweier Hände recht bequem zählen und rechnen lässt. Für die pythagoräische Auffassung kommt nun aber die Beobachtung hinzu, dass sich musikalische, dem Ohr angenehme Harmonien offenbar durch Zahlenverhältnisse verstehen bzw. beschreiben lassen. Entscheidend ist dabei, dass die antike Musiktheorie erkennt (bzw. davon ausgeht), dass harmonische Intervalle genau dann erklingen, wenn eine charakteristische Eigenschaft der tönenden Gegenstände in einem ganzzahligen – bzw. in einem für einen anderen Sinn, in der Regel für den Gesichtssinn als ganzzahlig erkennbaren – Verhältnis stehen; besonders prominent ist hier die Länge der Saite eines Zupf- oder Streichinstruments. So gilt für die Oktave das Verhältnis 1:2, für die Quinte 2:3 und für die Quart 3:4 (vgl. *De coni.* II, c. 2, n. 83). Aus diesen reinen Intervallen bauen sich die klassisch-antiken Tonskalen auf und sie beherrschen im Grunde bis heute die abendländische Musikgeschichte (für Details vgl. Schüffler 2017).

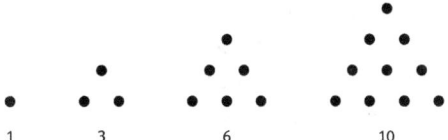

Abb. 1: Die ersten vier Dreieckszahlen

Suchen wir nach einer Unterteilung in kleinere Schritte, so ergibt sich aus dem Unterschied von reiner Quinte und Quarte der pythagoräische Ganzton (Tonos) mit dem Verhältnis 9:8, der auch aus zwei Quinten und einer Oktave abwärts zu erhalten ist. Aus der Differenz von zwei solchen Ganztönen und der Quarte bzw. der Quinte und drei solchen Ganztönen erhalten wir schließlich den pythagoräischen Halbton (Limma) als 256:243. Allerdings ergeben zwei solche Halbtöne nicht genau einen Ganzton; genau gerechnet erhalten wir den Ganzton T aus Limma L und einem etwas kleineren Halbtonintervall, der Apotome A, mit dem Verhältnis 9x243:8x256 = 2187:2048. Aus 5 Ganztönen (T) und 2 Halbtönen (L) können wir nun genau eine Oktave zusammensetzen, aus deren unterschiedlicher Reihung die im pythagoräischen Sinne reinen Tonskalen resultieren. Nun ergibt sich allerdings für die Bildung einer rein gestimmten Skala insofern ein Problem, dass übereinander gesetzte Quinten nie genau mit übereinander gesetzten Oktaven übereinstimmen können, was letztlich im bereits erwähnten Satz von der eindeutigen Primfaktorzerlegung begründet ist. Es kommen zwar 12 Quinten *in etwa* auf 7 Oktaven, es bleibt aber eine kleine Intervalldifferenz, die als Quintenkomma bezeichnet wird und die auch aus der Differenz von Ganzton (T) und zwei Halbtönen (2 L) zu erhalten ist. Zudem klingt die aus zwei T zusammengesetzte pythagoräische große Terz (Ditonus) mit dem Verhältnis 81:64 deutlich weniger harmonisch als die reine Terz mit einem Verhältnis 5:4 (Entsprechendes gilt für die kleinen Terzen). Mit der zunehmenden Mehrstimmigkeit im 15. Jahrhundert wird dies tatsächlich zu einem hörbaren Problem und mit der Integration reiner Terzen (vgl. Plisca 1985) überschreitet die Musiktheorie den Tetraktys.

Wie die Passage mit dem *semitonus* (c. 6, n. 91) genauerhin gemeint ist, lässt sich nur schwerlich eruieren. Bei der *medietas duplae* könnte es um eine exakte Zweiteilung des Ganztons nach dem geometrischen Mittel gehen, also nicht in die beiden verschiedenen, rationalen Teilintervalle Limma und Apotome, sondern in zwei exakt gleiche Halbtöne mit einem Verhältnis $3 : 2\sqrt{2}$. Allerdings stimmt dies mit dem unmittelbar danach genannten Verhältnis von Quadratseite und Diagonale, nämlich $\sqrt{2}$ nicht überein; musikalisch wäre dies geometrische Mittel der Oktave ein exakter Tritonus. Für die schlichtere Bedeutung der *medietas duplae* als geometrisches Mittel zwischen Einheit und doppelter Einheit bzw. (ahistorisch verkürzt) $\sqrt{2}$ spricht jedoch auch eine Parallele in *De theologicis complementis* (n. 12). Sehr klar wird hier zudem ausgedrückt, dass sich die gesuchte, (unendlich) genaue ‚Zahl' durch Zahlen, d.h. Zahlen der klassischen Arithmetik, annähern lässt und dass diese Approximation stets noch verbessert werden kann. Ähnliche, etwas ausführlicher und klarer formulierte Überlegungen finden sich in *De coniecturis* (II, c. 2, n. 83), wo von der Genauigkeit des Halbtons gesprochen wird, die der *ratio* verborgen bleibt, da sie die Koinzidenz von gerade und ungerade nicht erfassen kann (vgl. auch *De theol. compl.* n. 83). Es ist verführerisch, wäre aber doch wohl zu weit hergeholt, hierbei an eine gleichschwebende Stimmung zu denken, bei der alle 12 Halbtöne der Oktave genau auf dasselbe – irrationale – Verhältnis $\sqrt[12]{2} : 1$ eingestimmt werden.[4]

Endnote 3: „Eine Zahl, die einfacher ist, als dass die Berechnung unseres Geistes sie erreichen könnte...

... denn ein Verhältnis (*habitudo*) wird ohne Zahl nicht verstanden, und doch müsste jene Zahl zugleich gerade und ungerade sein" (c. 6, n. 91). Nikolaus spielt hier auf ein Phänomen an, das bereits in der Frühzeit der antiken griechischen Mathematik aufgetreten ist und bereits wenig später virtuos bearbeitet wurde, dessen Auswirkungen jedoch bis in die Mathematik des zwanzigsten Jahrhunderts reichen. Zugleich mit den aufgeworfenen mathematischen Schwierigkeiten stellte es – zumindest vorübergehend – eine philosophische Grundüberzeugung der Pythagoräer in Frage, dass sich nämlich alles durch Zahlen und Zahlenverhältnisse ausdrücken ließe (vgl. die Eingangsreferenz auf die Pythagoräer durch den Philosophen, c. 6, n. 88). Bereits in einfachsten geometrischen Situationen tauchen nämlich Größen auf, die sich zueinander nicht wie zwei (natürliche, d.h. positive, ganze) Zahlen verhalten. In einem Quadrat etwa ist das Größenverhältnis von Diagonale *d* und Seite *a* (vgl. Abb. 2) ein solches, nicht-rationales Verhältnis. In der Terminologie der antiken Mathematik sind *d* und *a* inkommensurabel, sie können also nicht als ganzzahlige Vielfache eines gemeinsamen Maßes darge-

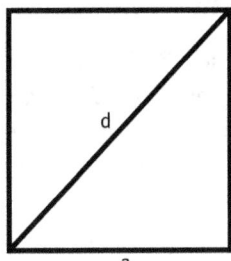

Abb. 2: Diagonale im Quadrat

---

4 Eine Sammlung von Passagen, in denen Nikolaus auf musikalische Fragen eingeht, findet sich in Hüschen 1971. Leider wird auch hier die genaue Bedeutung des *semitonus* in *De mente* nicht geklärt. Sehr viel ausführlicher – auch im Zusammenhang mit *De mente* – wird die Debatte um eine Definition des Halbtons analysiert in Santi 2002. Eine merkwürdige Nähe ergibt sich schließlich mit einer Passage in Nicole Oresmes *Algorismus proportionum*, in dem als Beispielaufgabe die Diagonale eines Quadrates im Verhältnis eines *semitonus* zur Seite eines anderen Quadrates schwingen soll und das Verhältnis beider Seiten gesucht wird (vgl. Taschow 1999).

stellt werden. Explizit findet sich das Thema dieser Inkommensurabilität relativ häufig in den philosophischen Schriften des Cusanus (vgl. etwa *De coni.* II, c. 1, n. 76, *De theol. compl.* n. 12, *Sermo CXCIX* n. 8, *De possest* n. 42). Bereits innermathematisch erweist sich also eine dem Geiste der Pythagoräer folgende Reduktion der Geometrie (als Lehre von den Figuren und insbes. von kontinuierlichen Größen) auf die Arithmetik (als Lehre der Zahlen) als unmöglich. Eudoxos von Knidos (ca. 390 – 345 v.Chr.) gelingt dann eine im wesentlichen geometrische Bearbeitung des Phänomens, die Euklid später in die *Elemente* aufnimmt.[5] Bereits bei Platon und Aristoteles ist von der anfänglichen Aufregung nur noch wenig zu spüren. Aristoteles etwa weist in den *Analytica Priora* auf einen klassischen Widerspruchsbeweis hin, der vermutlich bereits auf pythagoräische Mathematik (insbes. die Theorie der geraden und ungeraden Zahlen) zurückgeht. Es lohnt sich, einen Beweis in moderner Notation hier kurz aufzuführen, denn daraus lässt sich die Anspielung bei Cusanus gut nachvollziehen.

> Theorem: In einem Quadrat sind Seite a und Diagonale d nicht kommensurabel.
>
> Beweis durch Widerspruch: Zur Vereinfachung können wir $a := 1$ setzen. Wären nun a und d kommensurabel, so gölte $d:a = d:1 = p:q$ mit zwei (positiven, ganzen) Zahlen p und q. Diese Zahlen könnten dann (ggf. nach Kürzen) als *teilerfremd* gewählt werden. Nach dem Satz des Pythagoras gölte dann
>
> $$d^2 = a^2 + a^2 = 1^2 + 1^2 = 2 = p^2 : q^2,$$
>
> somit also $2q^2 = p^2$. Es wäre also p^2 gerade, damit aber auch p. Die dazu teilerfremde Zahl q müsste also ungerade sein. Die gerade Zahl p könnten wir jedoch als $p = 2r$ schreiben und es folgte $p^2 = (2r)^2 = 4r^2$, also gölte $q^2 = 2r^2$. Es wäre somit q^2 gerade und (wie oben) auch q. Die Zahl q müsste also zugleich gerade und ungerade sein. WIDERSPRUCH!

Bemerkenswert bei Cusanus ist nun vor allem, dass er in diesem Zusammenhang überhaupt von einer „Zahl" spricht, die eigentlich konsequente Trennung von Zahlen und Größen bzw. Größenverhältnissen demnach zumindest terminologisch aufhebt. Erst sehr viel später bearbeitet die moderne Mathematik das Problem dann in der Tat arithmetisch, nämlich durch eine Erweiterung des Zahl*bereichs* und (gravierende!) Modifikation des Zahl*konzepts*. Zahlen sind nun nicht mehr Vielfache einer Einheit (natürliche Zahlen) oder Verhältnisse solcher Vielfacher (rationale Zahlen), sondern reine Rechen- und Vergleichsgrößen (reelle

---

[5] Dabei umgeht er den direkten Umgang mit irrationalen Größen, etwa der Diagonale im Einheitsquadrat. Stattdessen wird das *Verhältnis* zweier solcher Größen A:B und die Gleichheit solcher Verhältnisse A:B = C:D definiert. Ist diese nicht durch ein Zahlenverhältnis gegeben – $nA = mB$ und $nC = mD$ mit zwei natürlichen Zahlen n,m –, so ersetzt er dies durch *unendlich viele* Implikationen der Art $nA < mB \Rightarrow nC < mD$ sowie $nA > mB \Rightarrow nC > mD$ für alle Zahlenpaare (n,m).

Zahlen) bzw. nur noch Rechengrößen (komplexe Zahlen).⁶ In den reellen Zahlen lässt sich das Verhältnis von Diagonale und Seite dann leicht ausdrücken, man notiert mit $\sqrt{2}$ eine (bzw. die einzige positive) Zahl, deren Quadrat 2 ergibt, und symbolisiert so die von Nikolaus im Rahmen philosophischer Spekulation benannte „Zahl, die einfacher ist, als dass die Verstandeskraft unseres Geistes sie erreichen könnte" (c. 6, n. 91), und kann sie beliebig genau z. B. durch rationale (Dezimal)brüche approximieren.

Dass wir diese Zahl nun in simpler und sinnvoller Weise *symbolisieren* können, dass ein virtuoser Umgang mit solchen und mit viel allgemeineren transfiniten Objekten im Rahmen moderner Mathematik gelingt, könnte freilich in zweierlei Weise missverstanden werden. Einerseits haben wir mit einem Ausdruck wie $\sqrt{2}$ oder π nicht etwa einen Zugang zu einer ‚über-rationalen' Mathematik gefunden, könnten das Anliegen, das Cusanus durch seine mathematischen Aenigmata verfolgte, nun durch schlichtes Rechnen einlösen oder gar trivialisieren. Der Bereich der mathematischen *ratio* ist lediglich und vor allem ganz im Sinne des Kardinals durch die kreative Bewältigung innermathematischer und anwendungsbezogener Probleme dramatisch angewachsen, ohne jedoch seinen Bereich prinzipiell zu verlassen. Zum anderen werden die cusanischen Aenigmata nicht wert- oder sinnlos, müssen allerdings neu gelesen werden. Nikolaus konnte vor dem mathematischen Hintergrund seiner Zeit gewisse Überlegungen innermathematisch symbolisieren und damit zugleich die Grenze der mathematischen *ratio* andeuten bzw. überschreiten. Das gelingt allerdings auch Nikolaus nicht durch mathematische, sondern nur durch begriffliche Argumentation. In dieser Hinsicht bleiben auch wir jedenfalls in derselben Situation. Darüber ließe sich in der Tat „ein langes und sehr fesselndes Gespräch führen […], wenn wir es nicht eilig hätten, zu Anderem zu kommen." (c. 6, n. 91)

Literaturverzeichnis

Albertson, David (2014): Mathematical Theologies. Nicholas of Cusa and the Legacy of Thierry of Chartres, Oxford
Becker, Oskar (1954): Grundlagen der Mathematik in geschichtlicher Entwicklung, München

---

6 Der Theologe und Mathematiker Bernard Bolzano (1781–1848) formuliert als einer der ersten diesen Standpunkt in seiner *Reinen Zahlenlehre* von 1848 als „Theorie der Zahlenmenge, die gegenüber den vier Grundrechenarten abgeschlossen ist" (Ebbinghaus 1983, 20). Eine solche kreative Erweiterung des Zahlbegriffs scheint mir ganz in Nikolaus' Sinne zu liegen. Zugleich ist jedoch zu betonen, dass die Basalität der natürlichen Zahlen bei genauerem Hinsehen durchaus auch in der mathematischen Moderne Bestand hat.

Cantor, Georg (1966): Gesammelte Abhandlungen mathematischen und philosophischen Inhalts. Hg. von E. Zermelo. Repr. Nachdruck der Ausgabe Berlin 1932, Hildesheim
Ebbinghaus, Heinz-Dieter et al. (Hg.) (1983): Zahlen, Berlin
Eisenkopf, Anke (2007): Zahl und Erkenntnis bei Nikolaus von Kues, Regensburg
Hoff, Johannes (2007): Kontingenz, Berührung, Überschreitung. Zur philosophischen Propädeutik christlicher Mystik nach Nikolaus von Kues, Freiburg/München
Hüschen, Heinrich (1971): Nikolaus von Kues und sein Musikdenken, in: F.W. Riedel/H. Unverricht (Hg.), Symbolae Historicae Musicae, Mainz, S. 47–67
Müller, Tom (2010): Perspektivität und Unendlichkeit, Regensburg
Nagel, Fritz (1984): Nicolaus Cusanus und die Entstehung der exakten Wissenschaften, Münster
Nickel, Gregor (2005): Nikolaus von Kues: Zur Möglichkeit von theologischer Mathematik und mathematischer Theologie, in: I. Bocken/H. Schwaetzer (Hg.), Spiegel und Porträt. Zur Bedeutung zweier zentraler Bilder im Denken des Nicolaus Cusanus, Maastricht, S. 9–28
Nickel, Gregor (2017): Kurzschlüsse oder fruchtbare wechselseitige Irritationen. Begegnungen von Mathematik und Theologie bei Nikolaus von Kues und Georg Cantor, in: G.M. Hoff/N. Korber (Hg.), Interdisziplinäre Forschung? Freiburg, S. 150–187
Nickel, Gregor (2019): *Nec finitum – nec infinitum*. Überlegungen zur Rolle der Mathematik in der Kosmologie des Nikolaus Cusanus, in: Siegener Beiträge zur Geschichte und Philosophie der Mathematik 11, S. 171–189
Plisca, Claude V. (1985): Humanism in Italian Renaissance Musical Thought, London
Pukelsheim, Friedrich/Schwaetzer, Harald (Hg.) (2005): Das Mathematikverständnis des Nikolaus von Kues (MFCG 29), Trier
Radke, Gyburg (2003): Die Theorie der Zahl im Platonismus. Ein systematisches Lehrbuch, Tübingen
Santi, Francesco (2002): Congetture su numero armonica e musica, in: M. Thurner (Hg.), Nicolaus Cusanus zwischen Deutschland und Italien, Berlin, S. 463–479
Schüffler, Karlheinz (2017): Pythagoras, der Quintenwolf und das Komma, 2. Aufl., Wiesbaden
Taschow, Ulrich (1999): Die Bedeutung der Musik als Modell für Nicole Oresmes Theorie, in: Early Science and Medicine 4, S. 37–90

Stephan Grotz
8 Der Geist als angleichende Kraft (*De mente* c. 7 und 8)

1 Einleitung

In den Kapiteln 7 und 8 spricht Cusanus eine Reihe von Themen an, die auf den ersten Blick allenfalls in einem sachlich losen Zusammenhang zu stehen scheinen: Fragen nach einer möglichen Einteilung der Wissenschaften kommen hier ebenso zur Sprache wie medizinische Theorien der Sinneswahrnehmung. Gleichwohl ist nicht zu übersehen, dass es in diesen Abschnitten ein Generalthema gibt, das Cusanus zwar auch in seinen anderen Schriften immer wieder anspricht, das er aber hier breiter als sonstwo entfaltet: Den menschlichen Geist (*mens*) sieht Cusanus vornehmlich durch das Merkmal der Angleichung (*assimilatio*) gekennzeichnet; dessen Tätigkeit äußert sich dementsprechend als angleichende Kraft bzw. als Kraft zur Angleichung (*vis assimilativa*).

Diese Kennzeichnung des menschlichen Geistes als angleichende Kraft ist wenn nicht neuartig, so doch zumindest erklärungsbedürftig. Das stellt sich nicht nur aus der Perspektive des heutigen Lesers so dar, sondern ergibt sich bereits aus der Gesprächsdynamik des Trialogs. Es ist nämlich der *idiota*, der jene Bestimmung des Geistes als assimilatives Vermögen ab dem dritten Kapitel von *De mente* verwendet (vgl. c. 3, n. 72: *nostrae mentis conceptio est entium assimiliatio*; sowie c. 4, n. 75: *Nam in vi eius [sc. mentis humanae] complicatur vis assimiliativa*) und der damit seinen beiden Gesprächspartnern – die als Rhetor bzw. als Philosoph das Reden und das Denken immerhin zu ihrem professionellen Geschäft gemacht haben – nun doch etwas über den menschlichen Geist mitteilt, was offensichtlich in deren Vorstellungswelt bislang noch keinen Platz gefunden hat.

So neu und unvermittelt das Konzept der *vis assimilitiva* in diesem Dreiergespräch auftaucht, so hat es doch seine Voraussetzungen, ohne die weder dieses Konzept noch die sich daraus ergebenden Folgegedanken, welche die Kapitel 7 und 8 beherrschen, zureichend verstanden werden können. Damit ist auch schon die Gliederung der folgenden Bemerkungen vorgezeichnet.

Zunächst versuche ich zu skizzieren, dass Cusanus die Tätigkeit unseres menschlichen Geistes nur insofern als Angleichung (*assimilatio*) fassen kann, als er ihn zuvor schon als Gleichheit (*aequalitas*) gekennzeichnet hat. Hierfür möchte ich in gebotener Kürze auf einen in den früheren Kapiteln entwickelten Gedanken zurückgreifen. Anschließend will ich erläutern, welche Konsequenzen Cusanus daraus in den beiden uns hier interessierenden Kapiteln zieht: Angleichung (*as-*

similatio) ist zum einen die Chiffre für die immense Bandbreite und Vielgestaltigkeit unseres geistigen Erkenntnisvermögens, zum anderen jedoch für seine unaufhebbare, da wesensmäßige Beschränktheit.

2 Gleichheit und Angleichung

Noch bevor der Laie die Tätigkeit der *mens* als Angleichung näher erläutert, ist ihm zufolge unser menschliche Geist zunächst und zuvor dies: Gleichheit (*aequalitas*; vgl. c. 4, n. 74; zum Begriff allgemein Schwaetzer 2000 sowie Beierwaltes 1985). Das ist merkwürdig genug. Weder sagt hier der Laie, womit denn unser Geist gleich ist oder gleich sein soll, noch entwickelt er das Merkmal der Gleichheit irgendwie aus einem Begriff von Denken. Vielmehr hebt der *idiota* zu einer Ausführung über das Verhältnis von Einheit und Gleichheit an, wonach die Gleichheit – und damit der menschliche Geist – keine Ausfaltung der göttlichen Einheit sei, sondern das Bild der Einfaltung der Einheit: „Die Gleichheit ist nicht die Ausfaltung der Einheit, sondern die Vielheit [ist die Ausfaltung der Einheit]. Die Gleichheit ist daher Bild der Einfaltung der Einheit, nicht [deren] Ausfaltung." (*Et non est aequalitas unitatis explicatio, sed pluralitas. Complicationis igitur unitatis aequalitas est imago, non explicatio*; c. 4, n. 74.)

Es gibt wohl kaum einen Leser, der sich hier nicht in eine „Eiswüste der Abstraktion" (Adorno) versetzt fühlen dürfte. Umso dringlicher wird daher die Frage: Was ist mit diesen Auslassungen zur Gleichheit, zur Einheit und zur Bildhaftigkeit jener Gleichheit gewonnen?

Zunächst einmal lässt sich an der cusanischen Bestimmung des menschlichen Geistes als Gleichheit Folgendes festhalten: Gleichheit meint eine Bezugsform. Wenn also unser Geist Gleichheit ist, dann ist er ganz wesentlich relational. Das wiederum meint: Unser Geist ist keine wie auch immer geartete Entität, an der im Gefolge dann auch, also akzidentell, Bezüge auftreten können. Und weil unser Geist wesentlich relational ist, besteht auch seine Tätigkeit zunächst einmal im Sich-Beziehen.

Der Erkenntnisakt hat für den Laien nicht den Status eines Akzidens, der Geist ist für ihn vielmehr lebendige Substanz: *Mens est substantia viva* (c. 5, n. 80). Im Merkmal der Lebendigkeit scheint im übrigen, anders als etwa im Merkmal der Angleichung, noch nicht der Gedanke der Meliorisierung impliziert zu sein: Die Lebendigkeit einer Substanz lässt sich offenbar nicht steigern, wohl aber deren Anpassungsfähigkeit bzw. Kraft zur Angleichung. Lebendigkeit meint aber auch mehr als nur eine ‚Dynamisierung', wenn damit die Tätigkeit einer zunächst bloß gegenständlich aufgefassten Substanz gemeint sein sollte. Im Gegenteil: ‚Lebendigkeit' zielt insbesondere auf eine Entgegenständlichung des Geistes. Wenn der

Geist wesentlich in einer Tätigkeit besteht, dann ist diese Tätigkeit substantiell als ein Sich-Beziehen zu verstehen.

Freilich ist damit letztlich nichts welterschütternd Neues gesagt. Die These von der wesentlichen Relationalität unseres Geistes konnte man, wenn man wollte, bereits aus Aristoteles (und mit ihm aus Anaxagoras) herauslesen. Das haben denn auch einige mittelalterliche Autoren getan: Das aristotelische Adagium, wonach der Intellekts nichts sei, bevor er erkennt (*De anima* III, 4, 429a 24), wird immer wieder in Anspruch genommen. (Im Hinblick auf Cusanus ist vor allem die sog. ‚Intellekttheorie' Meister Eckharts von sachlichem Belang; siehe hierzu Grotz 2009, 96 ff.)

Was aber den cusanischen Gedanken so interessant macht, ist die Verknüpfung des Gleichheitsgedankens mit den Begriffen der Einheit und Vielheit. Denn so viel ist klar: Wenn unser Geist nicht unmittelbar Einheit ist, sondern (wie im obigen Zitat angeführt) nur das *Bild* der Einheit, und wenn er zugleich nicht einfach Vielheit (bzw. die Ausfaltung der Einheit) ist, dann bedeutet dies: Unser Geist ist weder etwas unteilbar in sich selbst Enkapsuliertes, noch stellt er ein Konglomerat von völlig verschiedenen Fähigkeiten und Tätigkeiten dar. Für Cusanus ist unser Geist demnach ein Gefüge aus unifizierenden und diversifizierenden Momenten; oder in cusanischer Terminologie ausgedrückt: Die *mens* ist ein Ineinander von Momenten der Einfaltung (*complicatio*) und der Ausfaltung (*explicatio*). Unser Geist muss also etwas auf sich selbst als einem einheitlichen Moment zurückbeziehen können und sich zugleich auf die verschiedensten Gegenstände einlassen können, gleichsam für sie offen sein können.

Angleichung (*assimilatio*) kann daher, wie wir noch sehen werden, auch keine Einbahnstraße sein: Nicht nur gleicht unser Geist sich *den Dingen* an, sondern er gleicht auch die Dinge (an) *sich* an. Erst dadurch – dass nämlich unser Geist einerseits offen sein muss für unabsehbar Verschiedenes, was Gegenstand unseres Denkens werden kann, dass er aber andererseits bei all dieser Offenheit sich selbst als den ordnenden und strukturierenden Maßstab erfährt – erhält die Bestimmung seiner wesentlichen Relationalität ihr volles Gewicht.

Gleichheit meint also keine strikte Einheit, aber auch keine strikte Vielheit. Das impliziert auch: Es gibt nichts innerhalb des Universums, mit dem unser Geist absolut identisch wäre, aber auch nichts, von dem er sich schlichtweg, gewissermaßen in allen Hinsichten, unterscheiden würde. Daher gibt es auch nichts, was nicht Gegenstand unseres Denkens werden kann. Wolfgang Kluxen, der nur Weniges zu Cusanus publizierte, hat das einmal so formuliert: „Es geht um das Ganze, weil es der Geist ist, der Orientierung sucht. Er ist eben dadurch Geist, dass er zu allem ‚offen' ist – da nichts derart außerhalb seiner Reichweite liegt, dass es von seinem Denken gar nicht betroffen werden könnte –, und zwar derart, dass er das Mannigfaltige im Begriff stets zur Einheit bringt" (Kluxen 2012, 324).

Gegenstände zu denken heißt aber für Cusanus: sie zu unterscheiden. Cusanus nennt denn auch unseren Geist eine *forma discretiva*, eine zur Unterscheidung fähige Form (c. 5, n. 84; siehe auch *De dato patris* c. 2, n. 101; *De sap.* I, n. 5; *De docta ign.* I, c. 5 [n. 14]). Wie wir erst dann scharf sehen, wenn sich das für uns Sichtbare von- und gegeneinander abhebt und konturiert, so denken wir erst dann klar, wenn sich die einzelnen Gegenstände des Denkens voneinander abheben, auch und besonders da, wo sich die Abgrenzung nicht unmittelbar durch phänomenale Gegenbenheiten ergibt; also etwa dann, wenn wir die Farbe Rot an einem Gegenstand als ein Akzidens abheben gegenüber seinen substantiellen Merkmalen (vgl. dazu vorläufig c. 8, n. 114).

Was damit aber noch nicht geklärt ist, ist die Frage, woher denn die Unterscheidungsfähigkeit unseres Geistes herrührt. Cusanus' Antwort darauf ist frappant: Die Fähigkeit zur Unterscheidung rührt bei unserem Geist von seiner Fähigkeit zur Angleichung (*assimilatio*) her. Auf den ersten Blick scheint diese Antwort einen krassen Widerspruch zu implizieren. Denn wie sollte eine Instanz Gegenstände voneinander *unterscheiden*, sie mithin aktiv von sich aus strukturieren können, wenn und weil sie sich diesen Gegenständen *angleicht*? Kurt Flasch diagnostiziert denn auch eine Unausgeglichenheit im Konzept der *mens*, zumindest in der Art, wie Cusanus es in *De mente* präsentiert: „Da besteht eine gewisse Spannung zwischen folgenden zwei Aussagereihen: Einerseits soll die *mens* das Urbild aller anderen Dinge sein [...]. Aber dann gibt es in *De mente* eine zweite Aussagenreihe. In ihr erscheinen die Weltdinge als ‚draußen' und die Erkenntnis besteht dann darin, dass der Geist sich ihnen angleicht. Zuerst waren die Dinge die Ergebnisse der Selbstentfaltung der *mens*, zuletzt sind sie Ziel einer außengewandten Bewegung der *mens*. Zuerst, so scheint es, gibt Cusanus eine geistphilosophisch-dialektische, zuletzt eine naiv realistische Beschreibung der menschlichen Erkenntnis" (Flasch 1998, 302).

Der Gedanke, der hinter Cusanus' Antwort steht, ist folgender: Nur dann kann unser Geist etwas unterscheiden und Kontur gewinnen lassen, wenn er über dem steht, was da von ihm unterschieden und konturiert wird. Und darüber steht unser Geist nur, weil er bei dieser Unterscheidung in keinem Glied aufgeht. Unser Geist muss sich also zu jedem Glied gleichermaßen verhalten, damit er dann auch die einzelnen Glieder gegeneinander halten und vergleichen kann. Weil unser Geist zu allen möglichen Dingen eine geistige Beziehung aufbauen kann, dafür offen sein kann und sich insofern „jeder Form angleichen und Begriffe von allen Dingen hervorbringen" kann (*potest [...] se ipsam omni formae assimilare et omnium rerum notiones facere*; c. 4, n. 78), nur deshalb kann er dann auch Unterscheidungen treffen und Einteilungen vornehmen.

Damit haben wir ein erstes Resultat: Unser Geist ist deshalb wesentlich Gleichheit, weil er sich zu allem Denkbaren gleich verhalten kann und muss. Es gibt kein im Voraus festgelegtes Objekt, zu dem unser Geist zunächst einmal einen Bezug aufbauen müsste, um daraufhin Weiteres erkennen zu können. Insofern bleibt die Gleichheit als Merkmal unseres Geistes notwendigerweise unspezifisch. Mit Bedacht spricht der Laie deshalb von einer Gleichheit, ohne zu benennen, *womit* unser Geist eigentlich gleich ist oder wird. Mit seinem Versuch, den menschlichen Geist als Gleichheit zu fassen, verbindet Cusanus also den Anspruch, erklären zu können, woher unser Geist sein Unterscheidungsvermögen nimmt, durch das er etwas begreifen kann. Unser Geist ratifiziert nicht einfach irgendwelche naturhaft vorgegebenen Unterscheidungen, sondern er setzt, produziert sie allererst. Differenzen setzen kann aber nur eine Instanz, welche von diesen Differenzen nicht oder nicht zur Gänze bestimmt ist.

Dieser Gedanke ist durchaus noch ausbaufähig. Inwieweit er dies für Cusanus ist, ist im Folgenden zu zeigen.

3 Der Geist als Angleichung

Bislang haben wir gesehen: Die Möglichkeit unseres Geistes, Gegensätze als solche zu denken und anhand davon Unterschiede feststellen zu können, setzt seine Fähigkeit voraus, Gegensätze und das mit ihnen Unterschiedene zu umfassen und so zu transzendieren. Dafür stand der Begriff der Gleichheit ein. Und so sieht es zunächst ganz danach aus, dass es Cusanus mit der Kennzeichnung unseres Geistes als Gleichheit darauf ankommt, den Ursprung aller Unterschiede in den menschlichen Geist zu verlegen – so, als ob jedes Unterscheiden eine freie Setzung des menschlichen Geistes wäre und sich nun „die Gegenstände nach unserer Erkenntnis richten müssten" (Kant).

Freilich: So schöpferisch sich der menschliche Geist für Cusanus immer wieder präsentiert, so ist doch auch für Cusanus klar, dass nicht alle Unterschiede und Gegensätze auf unseren Geist zurückgehen können. Zumindest ist unser Geist nicht Ursprung desjenigen Gegensatzes, welcher zwischen ihm selbst und dem besteht, dem er seine angleichende Kraft angedeihen lässt. Dieser Gegensatz ist für unseren Geist unaufhebbar, er tritt in diesen Gegensatz sozusagen mit dem ersten Denkakt ein.

Für Cusanus lässt sich das Verhältnis unseres Geistes zu den extramentalen Dingen daher auch gar nicht einsinnig auf eine der beiden Möglichkeiten reduzieren: Weder richtet sich unser Denken ausschließlich nach den Gegenständen, noch stellt unser Denken das alleinige Maß für alle Dinge dar. Mit dem Begriff der Angleichung (*assimilatio*) fasst Cusanus dies auch terminologisch: Unser Geist kann sich die Dinge nur dadurch geistig anverwandeln und damit die Dinge an sich selbst angleichen, wenn er auch sich selbst an die Dinge angleicht. Gerade wegen dieser doppelten Ausrichtung („zu den Dingen und wieder von ihnen zurück") empfiehlt sich im übrigen das cusanische Konzept, den Geist als Angleichung zu fassen, gegenüber einem Begriff von Bewusstsein, der alle geistige Tätigkeiten mit einer einsinnigen, der so genannten intentionalen Ausrichtung auf die Dinge identifiziert.[1]

Näherhin nennt der Terminus der Angleichung für Cusanus zunächst einmal die Bedingung dafür, dass sich jeweils eines unserer verschiedenen sinnlichen und geistigen Vermögen überhaupt auf den jeweils entsprechenden Gegenstandsbereich beziehen und ausrichten kann: „Der Geist ist so sehr zur Angleichung fähig (*mens est adeo assimilativa*), dass er sich im Sehen dem Sichtbaren angleicht, im Hören dem Hörbaren, im Schmecken dem Schmeckbaren, im Riechen dem Riechbaren, im Tasten dem Tastbaren, in der Wahrnehmung dem Wahrnehmbaren, in der Vorstellung dem Vorstellbaren und im Denken dem Denkbaren (*quod in visu se assimilat visibilibus, in auditu audibilibus, in gustu gustabilibus, in odoratu odorabilibus, in tactu tangibilibus, in sensu sensibilibus, in imaginatione imaginabilibus, in ratione rationabilibus*)" (c. 7, n. 100).

An dieser Stelle kommt sehr deutlich zur Sprache, dass die Gleichheit einer übergeordneten Instanz, in diesem Fall diejenige unseres Geistes, die Grundlage für die Ausdifferenzierung und Abgrenzung verschiedenster Vermögen und Tätigkeiten – für die unterschiedlichen Sinnestätigkeiten ebenso wie für geistige Repräsentation (*imaginatio*) und diskursives Denken (*ratio*) – ist.

In dieser alles umfassenden Spannweite des menschlichen Geistes wird auch der Grund dafür liegen, dass der cusanische *idiota* überhaupt mit dem Terminus *mens* operiert. Im Gegensatz zu den beiden geläufigeren Bezeichnungen für unsere geistigen Vermögen – zur *ratio* und zum *intellectus*, zum ‚Verstand' und zur ‚Vernunft' – bildet der Terminus *mens* einen eher unspezifischen, geradezu undifferenzierten Begriff, in den die verschiedensten Beschreibungen unserer geistigen Tätigkeit integrierbar zu sein scheinen. Entsprechend sorglos zeigt sich der *idiota* zu Anfang des siebten Kapitels bei der Nachfrage seitens des philosophischen Gesprächspartners, ob denn nun der Ausdruck *mens* eher aristotelischen oder platonischen Geist-Konzepten nahestehe: „Philosoph: Sag bitte: Glaubst du, dass unser Geist Harmonie oder sich selbst bewegende Zahl oder Zusammensetzung aus Selbigem und Verschiedenem oder aus teilbarer und unteilbarer Wesenheit bzw. Entelechie ist? Denn derartige Ausdrucksweisen gebrauchen die

---

[1] Konzis kommt solch ein Begriff von intentionalem Bewusstsein etwa bei Gunnar Hindrichs zur Sprache: „Dagegen gibt es für die weiterreichende Annahme, dass das Bewusstsein sich als intentionales, auf eine Sache gerichtetes Bewusstsein auch mehr oder minder passiv *nach* dieser Sache zu richten hätte, bei der allgemeinen Bestimmung der Intentionalität keinen Grund." (Hindrichs 2002, 17.)

Platoniker und die Peripatetiker. Laie: Ich glaube, dass alle, die sich über den Geist ausgelassen haben, derartiges und noch anderes haben sagen können, weil sie von dem bewegt wurden, was sie in der Kraft des Geistes erfahren haben" (c. 7, n. 97).

Offensichtlich sieht der cusanische Laie auch in den verschiedenen philosophischen Konzepten des Geistes, mithin in den unterschiedlichen Selbstauslegungen des Geistes, die unifizierende Kraft des Geistes am Werk. Dass also diese verschiedenen Konzepte, in die sich die *mens* entfaltet und auslegt, überhaupt möglich sind, hat seinen Grund im komplikativen Charakter eben dieser *mens*.

Im Schmecken, im Riechen, aber auch im Denken gleicht sich, wie oben zitiert, unser Geist den Dingen, oder besser an dasjenige an Dingen an, was an ihnen jeweils sinnlich bzw. geistig erfassbar ist. Gleichheit heißt aber, wie bereits erwähnt, keine strikte Identität. Unser Geist wird also nicht vollkommen eins mit dem, was er von und an den Dingen erfasst. Das meint zugleich: Er durchdringt die Dinge nicht vollkommen. Anders als in der aristotelischen Tradition, der zufolge der Intellekt und das von ihm Erkannte im Denkakt identisch sind und somit das Erkannte vom Intellekt vollkommen durchdrungen werden kann (vgl. dazu die magistrale Studie von Schönberger 2004), steht bei Cusanus die Tätigkeit unseres Geistes unter einem konjekturalen Vorbehalt: Menschliches Erkennen ist niemals vollkommen; unserem Geist ist daher die *praecisio* versagt, mit der er das Wesen (die *essentia* oder *forma*) eines jeden Dinges erkennen könnte. Wohl aber ist unser Geist in der Lage, immer genauer an das Wesen eines jeden Dinges, an seine Form, heranzukommen – und zwar eben auf dem Wege der Angleichung.

Indem sich aber Erkenntnis (*cognitio*) als Angleichung vollzieht, heißt das für Cusanus, dass unser Geist die sinnlich wahrnehmbare und vorstellbare Gestalt (*figura*) der Dinge auf deren – nur geistig erfassbares – Wesen oder Form (*forma*) hin zu beziehen und diese *figura* mit der *forma* letztlich zur Deckung zu bringen hat: „Die göttlichen Werke aber, die aus dem göttlichen Intellekt hervorgehen, bleiben uns so, wie sie genau sind, unbekannt (*manent nobis uti sunt praecise incognita*); und wenn wir etwas an ihnen erkennen, stellen wir eine Mutmaßung an, und zwar mittels einer Angleichung der Gestalt (*figura*) an die Form (*forma*). Daher gibt es keinerlei genaue Erkenntnis (*nulla est praecisa cognitio*) von allen Werken Gottes, es sei denn bei dem, der diese Werke hervorbringt." (*De possest* n. 43.) Bemerkenswert an dieser Stelle ist der Umstand, dass für Cusanus auch die *figurae* der Dinge nicht einfach nur naturhaft vorgegeben sind, sondern dass unser Geist sich solche *figurae* verschafft, insbesondere durch mathematische Idealisierung. Letztere erbringt sehr wohl eine relativ genaue, niemals aber die absolut präzise Erkenntnis.

Der Anfangsphase bei dieser Angleichung spricht Cusanus, hierbei ganz traditionell, einen passivischen Charakter zu. Indem sich unser Geist an die Dinge angleicht, erhält er etwas von ihnen und fasst es auf: *conceptio* nennt Cusanus diese Anfangsphase, also ein Begreifen, das durchaus die Konnotation der Empfängnis mit sich führt. Überhaupt werde der Anfang einer Bewegung, in diesem Fall der Anfang eines Erkenntnisprozesses (*intelligere*), „eher als ein Erleiden bezeichnet" (c. 8, n. 109; ähnlich auch c. 8, n. 110).

Bezeichnenderweise charakterisiert Cusanus unseren Geist in dieser Anfangsphase jedoch nicht als eine völlig unbeschriebene *tabula rasa*, der sich dann die verschiedenen Erkenntnisbilder einprägen. Vielmehr hat bereits dieses anfängliche Auffassen einen imitativen, und das meint: einen nachbildenden Charakter (vgl. hierzu und zum Folgenden c. 8, n. 109). Unser Geist bildet etwas nach, was dem Aufgefassten ähnelt, oder besser: gleicht. Begreifen (*conceptio*) besteht demnach in der aktiven Nachbildung (*similitudo*) eines Dinges. Der Akt dieser angleichenden Nachbildung geht freilich von unserem Geist aus. Erst nach Abschluss (*post perfectionem*) der Erkenntnisbewegung stellt sich dann so etwas wie Erkenntnis oder Einsicht (*intellectus*) ein.

Unser Geist ist also nicht einfach den extramentalen Dingen vollkommen ausgeliefert, wenn er sich ihnen angleicht. Schon bei diesem Prozess des Auffassens nimmt er sich von den Dingen das, was von seinesgleichen ist. Insofern gleicht unser Geist aktivisch die Dinge an sich an; dies ist für Cusanus ein schöpferischer Prozess, eine originäre Leistung, die zudem ihrerseits die Schöpferkraft Gottes nachahmt. Auch diesen Umstand – die unabschließbare Angleichung des menschlichen Geistes an sein Urbild, an den schöpferischen göttlichen Geist – dürfte die Qualifikation der *mens* als *vis assimilativa* mit im Blick haben: „Der göttliche Geist erschafft, indem er denkt; der unsrige gleicht an, indem er denkt, dadurch dass er Begriffe bzw. vernunfthaftes Schauen hervorbringt. Der göttliche Geist ist eine seinsverleihende Kraft, der menschliche Geist eine angleichende Kraft (*divina mens est vis entificativa, nostra mens est vis assimilativa*)." (c. 7, n. 99; zum imitativen Charakter der *mens* vgl. auch c. 13, n. 149. Dass die Leistung der *mens* nicht mehr auf einer *imiatio naturae* beruht, sondern auf einer *imitatio creatoris*, betont zu Recht Krieger 2002, 15, im Anschluss an Hans Blumenberg.)

Beim menschlichen Erkennen haben wir es also nicht mit zwei zeitlich distinkten Phasen zu tun, so, als ob unser Geist zunächst die Dinge auf sich wirken ließe, um dann in einer zweiten Phase diesen ‚Input' zu verarbeiten. Vielmehr bringt der Geist in der Auseinandersetzung mit der extramentalen Wirklichkeit etwas hervor, was er gerade *nicht* aus dieser Wirklichkeit zieht: Die *conceptio* selbst ist nicht einfach gleichzusetzen mit einer *passio*, in der der Geist einfach nur etwas extramental Vorgegebenes zu übernehmen hätte (vgl. c. 8, n. 110). Zugleich aber findet der Geist in sich nicht einfach ein Arsenal vorgefertigter Begriffe vor, das er der Wirklichkeit überstülpt.

Andernfalls – gäbe es nämlich nur eine bestimmte Anzahl von angeborenen Begriffen in unserem Geist bzw. gäbe es nur eine bestimmte Gestalt, unter der sich die Dinge unserem Geist präsentieren könnten – wäre der Zugang zur Welt für unseren Geist limitiert. Womöglich gäbe es nur eine einzige Wissenschaft, die uns eine Erkenntnis über die Welt verschaffen würde. Es ist daher nur konsequent, wenn der Laie in den Kapiteln 7 und 8 die Rede auch auf die Vielfalt der menschlichen Wissenschaften und auf eine mögliche Einteilung der Wissensformen bringt.

Von Bedeutung scheint hierbei nicht so sehr die konkrete Gestalt zu sein, die hier eine *divisio philosophiae* animmt – der Laie korreliert die verschiedenen Vermögen (Sinnlichkeit, Vorstellungskraft, diskursives Denken) mit den entsprechend möglichen Wissensformationen: der Mechanik/Physik/Logik, der Mathematik und der Theologie (vgl. dafür c. 7, n. 102–106; dazu etwa auch Kremer 1978, 44 ff.). Es nimmt daher auch nicht Wunder, dass der Abstraktionsgrad bzw. die Materie- oder Körperfreiheit bei dieser durchaus konventionellen Stufenfolge des Wissens zunimmt. Sie spiegelt sich wieder in der dreifachen Bestimmung des Geistes als „Seele, die den Leib beseelt" (c. 7, n. 102), als „Geist an sich, der aber mit dem Körper vereint werden kann" (c. 7, n. 103) und als „Geist, der seine Einfachheit schaut, wie sie der Materie nicht mitgeteilt werden kann" (c. 7, n. 105).

Von größerer Bedeutsamkeit ist vielmehr, dass Cusanus an dieser Stelle den Ermöglichungsgrund für die Steigerbarkeit der Wissensformen nennt: Es ist die Geisteskraft der Angleichung, die nicht nur steigerbare Erkenntnisse innerhalb der verschiedenen Gegenstandsbereiche und Wissensgebiete erbringt. Sondern diese Kraft zur Angleichung ist ihrerseits steigerbar. Eine Rangordnung des Wissens ist damit nicht so sehr eine Sache der internen Struktur der Wissensobjekte, als vielmehr eine der *mens*.

Man könnte das auch so formulieren: Einerseits bedarf die *mens* bestimmter Bezugsgrößen, wenn sie „die Formen für die Dinge auf dem Wege der Angleichung (*via assimilationis*) aus sich hervorgehen lässt" (c. 7, n. 99); die *mens* kann daher „sich selber jeder Form angleichen und Begriffe von allen Dingen bilden" (c. 4, n. 78), nicht weil ihr all diese Begriffe angeboren wären, sondern weil sie in keinem Gegensatz zu irgendeiner dieser Formen seht. Insofern stellt das Fehlen (*carere*) jeder begrifflichen Form in der *mens* keinen Hinderungsgrund dar, dass sich die *mens* nicht auf diese Formen beziehen könnte.

Andererseits aber ist die *mens* ihrerseits eine Bezugsgröße, ist also selber Form, die eine unterscheidende Gliederung oder Artikulation bei anderem ermöglicht: „So ist der Geist (*mens*) die unterscheidende Form der Verstandesinhalte, wie der Verstand (*ratio*) die unterscheidende Form der Sinneswahrnehmungen und der Vorstellungen ist" (c. 5, n. 84).

Die Angleichung an einen beliebigen Gegenstand reicht demnach nicht hin, um diesen jeweils adäquat – d. h. in Hinblick auf seine *forma* – zu erfassen. Es braucht immer noch eine übergeordnete Instanz, die die entsprechende angleichende Bewegung zu den Dingen strukturiert. Insofern ist der Zugang zu den Dingen skaliert.

1. „Ohne Unterscheidung", „konfus" (*absque discretione, confuse*; c. 7, n. 100) und nur „auf grobe und nicht unterschiedene Weise" (*grosso et indiscreto modo*; c. 7, n. 102) erfolgt der sinnliche und imaginative Zugang zur Welt. Erst mit Hilfe der *ratio* kann die bildliche Vorstellungskraft (*imaginatio*) diese Eindrücke zueinander in ein Verhältnis setzen: „Im Denken (*ratio*) aber gleicht sie [d. h. die Vorstellungskraft] sich den Dingen mit Unterscheidung des einen Zustands vom anderen Zustand an" (c. 7, n. 100).

Solange aber der Zugang zu den Dingen an einer physiologischen Grundlage hängt – nämlich an den sog. Arteriengeistern, welche die nach außen gerichtete Vielgestaltigkeit der *mens* ausmachen[2] –, kommt die *mens* nicht an die Form der Dinge heran. Denn auf dieser physiologischen Grundlage sind höchstens „Abbilder der dinglichen Formen" (*imagines potius formarum*) möglich. Diese geistige Durchdringungskraft beschränkt sich hier auf die Hervorbringung von Begriffen (*notiones*), die eher mutmaßende Nachbildungen der materiellen Welt darstellen, als dass sie wahr wären.

Die Vermittlungsleistung jener „Geister" (*spiritus*) reicht bis in die wissenschaftlichen Einstellungen und Zugangsweisen hinein: „Unsere Geisteskraft schafft auf Grundlage jener Begriffe, welche auf diese Weise [d. h. auf physiologischer Grundlage] durch Angleichung hervorgebracht worden sind, die mechanischen Künste sowie die physikalischen und logischen Mutmaßungen [...]. Denn weil sie durch diese Angleichungen nur zu Begriffen vom Sinnenhaften kommt, wo die Formen der Dinge nicht wahr, sondern durch die Wandelbarkeit der Materie verdunkelt sind, so sind all diese Begriffe eher Mutmaßungen als Wahrheiten (*omnes notiones tales sunt potius coniecturae quam veritates*)" (c. 7, n. 102).

2. Sobald aber die *mens* aus sich selbst „Angleichungen an die Formen" hervorbringt, gewinnt die Angleichung und Unterscheidung an Dynamik. Hier nun ist die *mens* mit sich selbst zu Gange; sie bedient sich nicht mehr der Dinge, um zu erkennen, sondern „bedient sich ihrer selbst als Instrument, ohne irgendeinen organischen [Arterien-]Geist" (c. 7, n. 103). Dadurch sind Erkenntnisse

---

[2] Die Arteriengeister fungieren als eine Art von Transmitter, der Körperliches und Geistiges überbrückt. Entscheidend dabei ist, dass der Geist nicht auf eine geheimnisvolle Weise von außen her zum körperlichen Substrat hinzutritt, sondern dass das Geistige im Sinnlichen stets schon anwesend und spezifiziert ist – „gemäß der unterschiedlichen Bildsamkeit der Arteriengeister in den Organen" (*secundum variam flexibilitatem spirituum arteriarum in organis*); vgl. c. 7, n. 101.

möglich, die eine spezifische Form von Gleichheit (*aequalitas*) auszeichnet. Das gilt etwa von rein ideellen wie den mathematischen Gebilden, deren materielle Darstellungen nie gleich ausfallen können: „So erkennt unser Geist, dass ein Kreis eine Figur ist, bei der alle vom Mittelpunkt aus zum Umfang gezogenen Linien gleich (*aequales*) sind; in dieser Seinsweise kann kein Kreis außerhalb des Geistes in der Materie vorliegen. Denn in der Materie kann es unmöglich zwei Linien geben, die gleich sind" (c. 7, n. 103).

Auch diese Angleichung (*assimilatio*) des Geistes an derartige Instanzen von Gleichheit (*aequalitas*), wie es etwa die mathematischen Konzepte sind, ist keine einsinnige Bewegung unseres Geistes auf ein vorgegebenes Richtmaß, auf die materiefreien Formen, hin. Sondern hier bringt unser Geist etwas hervor, was von seinesgleichen ist: Diese abstrakten, materiefreien Formen sind nicht nur allein auf geistigem Wege erkennbar, sondern sie sind auch allein auf geistigem Wege hervorzubringen. Hier gilt auf erneuerte Weise der alte Grundsatz, dass Gleiches nur vom Gleichen erkannt werden kann (klassisch hierzu Müller 1965). Nur eine Instanz, die selber Gleichheit ist, kann sich an Formen der Gleichheit angleichen.

3. Dass die Bewegung der Angleichung sich nicht in der Alternative von Spontaneität oder Rezeptivität, von frei schaffender Produktivität oder passivischer Nachbildung erschöpft, zeigt sich insbesondere an der höchsten Form der Angleichung, zu der unser Geist fähig ist: an der (nicht von ungefähr an Platon gemahnenden) Angleichung unseres Geistes an Gott. Weder ist Gott das Produkt einer frei gesetzten Begriffskreation, noch ein vorgegebener Gegenstand, dem man sich in denkerischen Mühen zu nähern habe.

Wie bei dieser Angleichung an das absolut Eine vorzugehen sei, entwirft der Laie hier nur mehr „kursorisch und groben Zügen" (*cursorie et rustice*; c. 7, n. 106). Klar wird aber doch, dass diese Angleichung in erster Linie auf die Einnahme einer bestimmten Sichtweise hinausläuft: „alles zu sehen ohne alle Zusammensetzung aus Teilen" (*omnia absque omni compositione partium*), mit anderen Worten: zu sehen, „wie alles eins und eins alles ist" (*ut omnia unum et unum omina*; c. 7, n. 105). Der Terminus der Gleichheit umreißt diese Perspektive (wenn sie denn eine ist) so präzise wie nur möglich: Der Gegensatz von Allem und Einem, von Identität und Differenz kann nicht die leitende Hinsicht auf das absolut Eine sein. Damit erreicht die Bewegung der Angleichung ihren Höhepunkt: Die Angleichung der Gegensätze ist eine Tätigkeit, zu der unser Geist fähig ist und in der sich der göttliche Geist abbildhaft spiegelt. Das hat Cusanus einmal auf die griffige Formel gebracht: „Wir sind angleichende Schöpfer" (*sumus creatores assimilativi*; Sermo CLXIX, n. 6).

4 Angleichung und Unabschließbarkeit

Nach Cusanus zeichnet den menschlichen Geist eine geradezu unerschöpfliche Unbeschränktheit aus. Weder ist von vorherein abzuschätzen, was möglicher Gegenstand unseres Denkens werden kann, noch ist ein Ende abzusehen in der Verfeinerung der Verfahren, mit denen die Wissenschaften die Dinge zu erfassen suchen. Keine Wissenschaft gelangt somit an ihr Ende, ihr gehen weder die Gegenstände aus noch die Methoden.

Doch eben dadurch, dass Cusanus unserem Geist einen unbeschränkten Charakter attestiert, zeigt sich auf eine ganz spezifische Weise seine Limitation. Und dies hat im Wesentlichen mit Cusanus' Inanspruchnahme des Begriffes der Angleichung (*assimilatio*) zu tun.

Wir hatten ja gesehen: Der cusanische Begriff der *assimilatio* ist bewusst in beide Richtungen offen; er meint sowohl die Angleichung unseres Geistes an die Dinge, wie auch die Angleichung der Dinge an unseren Geist. Das besagt aber, dass unser Geist sich in ein freies Verhältnis zu den Dingen setzen kann, ohne dass er die Bindung an eben diese Dinge gänzlich verlieren könnte. Anders gesagt: Der Begriff der Angleichung macht die Ausrichtung auf einen Endpunkt namhaft, an dem das begriffliche Erkennen und die erkannte Wirklichkeit sich in unüberbietbarer Präzision vollkommen gleichen. Dieser Endpunkt ist zunächst einmal der Grund, warum unser Geist sich der Wirklichkeit aussetzen kann und muss. Allerdings ist mit dieser Ausrichtung keineswegs der Weg zu diesem Punkt festgelegt – ja, nicht einmal die Weglänge bestimmt sich aufgrund dieser Ausrichtung.

Dieser Endpunkt der Angleichung, an dem also strikte Gleichheit herrscht, ist demnach maßgebend für alles Erkennen, und doch bleibt er für den einzelnen, konkreten Erkenntnisakt als Maßstab schemenhaft. Denn von diesem Endpunkt aus lässt sich nicht mit Sicherheit bestimmen, ob eine bestimmte Erkenntnis der erkannten Wirklichkeit entspricht, sich also Erkenntnis und das Erkannte gleichen. Vielmehr setzt unser konkretes Erkennen stets dort an, wo wir bereits gesicherte Erkenntnis haben, und darauf lassen sich neue Erfahrungen und Wissensinhalte rückbeziehen. Dieses In-Bezug-Setzen durch den menschlichen Geist hat für Cusanus denn auch die formale Struktur eines Vergleichens. Etwas wird stets an etwas Anderem, an einer Maßeinheit, gemessen und beurteilt. Und es spricht nichts dagegen, dass diese Maßeinheit wiederum an einer anderen gemessen wird.

Damit bleibt freilich die Frage, warum sich unser Geist dies überhaupt antut – die Welt möglichst umfassend und präzise zu vermessen, ohne dabei eine Aussicht auf ein Ende haben zu können. Darauf wird Cusanus im nächsten Kapitel eine Antwort finden: Unser Geist tut das nämlich letztlich für sich selbst; er sucht bei all seinen Messungen und Vermessungen sein eigenes Maß, das er auf diese Weise allerdings nicht finden kann (vgl. c. 9, n. 123 ff.; vgl. dazu Grotz 2012).

Maßlosigkeit ist demnach eine zweischneidige Angelegenheit: Bei all seiner unermesslichen Extension findet unser Geist kein Maß, woran er selbst gemessen werden könnte – nicht in sich, nicht im Universum. Unser Geist begreift demnach sich selbst als unermesslich und zugleich als beschränkt. Anders gesagt: Er kann sich zwar dank seiner Erkenntniskraft alles aneignen und damit die Welt transparenter machen. Doch damit ist nicht zugleich gesagt, dass er in dieser beeindruckenden Welterschließung sich selbst ein Stück transparenter würde, er sich also sich selbst angleichen und zu sich selbst kommen würde.

Mit diesem Konzept der Gleichheit verschärft Cusanus den traditionellen Gedanken von der Abbildhaftigkeit unseres Geistes: Abbild des wahrhaft unendlichen, göttlichen Geistes ist die *mens humana* gerade aufgrund ihres eigenen, spezifischen Unendlichkeitscharakters: sie ist fähig zu einer unbeschränkten und prinzipiell unabschließbaren Annäherung an das Wesen der Dinge, eben weil sie zugleich zu keiner abschließend präzisen Gleichheit in der Lage ist, mit der dann die Koinzidenz des Ungleichen – des Denkens mit dem Gedachten bzw. mit der *forma* der Dinge – erreicht wäre. Gerade die Einsicht in die eigene unbeschränkte assimilative Kraft befähigt die *mens humana* zur Einsicht, dass eben diese ihre Unbeschränktheit ist, in der ihre absolute Ungleichheit mit der Unendlichkeit des göttlichen Geistes beschlossen ist.

Daher müssen auch die Fundierungsverhältnisse für solch ein Abbild, wie es die *mens* ist, ungleich komplexer gelagert sein, als es die herkömmliche Rede vom Abbild-Urbild-Verhältnis als einer unähnlichen Ähnlichkeit suggeriert. Weil hier die zwischen Abbild und Urbild bestehende Ähnlichkeit und ihre Unähnlichkeit nicht mehr als zwei gesonderte *Aspekte* gegeneinander verrechnet werden können, weil sich also in der Unendlichkeit der *mens humana* die Ähnlichkeit mit dem göttlichen Geist zugleich als die größte Unähnlichkeit präsentiert, bedarf es für Cusanus weiterführender Konzepte, um dieses Urbild-Abbild-Verhältnis sachgemäßer zu fassen. Nach seinem epochemachenden Begriff der *coincidentia oppositorum* stellt das Konzept der Gleichheit (*aequalitas*) einen weiteren Meilenstein dar bei Cusanus' lebenslanger Jagd nach einer angemessenen Fassung des Verhältnisses zwischen dem beschränkten und dem wahrhaft Unendlichen.

5 Resümee

‚Angleichung' als die Ausrichtung auf einen Endpunkt der Gleichheit scheint auf den *ersten* Blick einer resignativen Skepsis das Wort zu reden. In dieser Perspektive wissen wir höchstens, dass wir nichts wissen können: weder von uns selbst noch vom Wesen der Dinge.

Auf den *zweiten* Blick eröffnet der Terminus ‚Angleichung' einen Erkenntnisoptimismus, in dem man sich durchaus auch einrichten kann: Wir gewinnen zwar keine absolut präzise Erkenntnis in diesem Universum, dafür aber eine unendlich vielfältige und dabei durchaus exakte Erkenntnis. Mit Anneliese Maiers bekanntem Diktum ließe sich hier sagen, dass allererst der Verzicht auf absolute Exaktheit eine exakte Naturwissenschaft möglich macht (Maier 1955, 402). In diesem Horizont galt und gilt Cusanus vielen als einer der Urväter der modernen Naturwissenschaft.

Bei einem *dritten* Blick auf den Terminus ‚Angleichung' zeigt sich aber, dass es einen Endpunkt der Gleichheit geben muss, an dem sich jeder konkrete Akt der Angleichung bemessen lassen muss. Die Rede von einer Angleichung wäre ja sonst sinnlos. Nun eröffnet sich zwar unserem menschlichen Geist bei seinem unausgesetzten Umgang mit den Dingen, dass er dabei diesen Maßstab nicht findet – weder in sich noch draußen im Universum. Doch die unbeschränkte Erschließungskraft unseres Geistes bemisst sich nicht bloß nach dem Erreichen eines Zieles, sondern in dieser unendlichen Kraft selbst spiegelt sich, wie Cusanus sagt, eine Unendlichkeit, die erst den eigentlichen Maßstab für unseren Geist abgeben kann.

Dies kann nur eine Instanz sein, die über der Opposition zwischen dem unermesslichen Innenraum unseres Geistes und dem unermesslichen Außenraum des Universums steht – eine Instanz also, die beides umfasst und damit keines von beidem ist. Für die Suche des menschlichen Geistes nach dieser Instanz – nach Gott also – reicht daher weder eine Introspektion bzw. eine Rückkehr in sich selbst hin, noch genügt hier eine messende Hinwendung zur Natur und ihrer Ordnung.

Gefordert ist vielmehr ein Denken, das sich bewusst hält, dass das Absolute diesen Oppositionsformen, wie etwa derjenigen von Geist und Natur, nicht unterliegt, sondern sie allererst begründet. Es ist dies ein Denken, welches Cusanus mit einem kühnen und ungemein aspektreich entfalteten Begriff verbunden hat: dem der Koinzidenz, des Zusammenfalls aller Gegensätze.

Literaturverzeichnis

Beierwaltes, Werner (1985): Einheit und Gleichheit. Eine Fragestellung im Platonismus von Chartres und ihre Rezeption durch Nicolaus Cusanus, in: ders., Denken des Einen. Studien zur neuplatonischen Philosophie und ihrer Wirkungsgeschichte, Frankfurt am Main, S. 368–384

Flasch, Kurt (1998): Nikolaus von Kues. Geschichte einer Entwicklung. Vorlesungen zur Einführung in seine Philosophie, Frankfurt am Main
Grotz, Stephan (2009): Negationen des Absoluten. Meister Eckhart, Cusanus, Hegel, Hamburg
Grotz, Stephan (2012): Die Grenzen des Unendlichen. Universum und menschlicher Geist bei Nicolaus Cusanus, in: A. Dunshirn/E. Nemeth/G. Unterthurner (Hg.), Crossing Borders. Grenzen (über)denken. Beiträge zum 9. Internationalen Kongress der Österreichischen Gesellschaft für Philosophie in Wien, Wien, S. 855–865 (online abrufbar unter: https://fedora.phaidra.univie.ac.at/fedora/objects/o:128384/methods/bdef:Content/get [letzter Zugriff: 20.12.2020])
Hindrichs, Gunnar (2002): Negatives Selbstbewußtsein. Überlegungen zu einer Theorie der Subjektivität in Auseinandersetzung mit Kants Lehre vom transzendentalen Ich, Hürtgenwald
Kluxen, Wolfgang (2012): Nicolaus Cusanus de homine [1983], in: ders., Aspekte und Stationen der mittelalterlichen Philosophie, hg. von L. Honnefelder und H. Möhle, Paderborn u.a., S. 323–336
Kremer, Klaus (1978): Erkennen bei Nikolaus von Kues. Apriorismus – Assimilation – Abstraktion, in: MFCG 13, S. 23–57
Krieger, Gerhard (2002): Conceptus absolutus. Zu einer Parallele zwischen Wilhelm von Ockham, Johannes Buridan und Nicolaus Cusanus, in: J.M. André/G. Krieger/H. Schwaetzer (Hg.), Intellectus und Imaginatio. Aspekte geistiger und sinnlicher Erkenntnis bei Nicolaus Cusanus, Amsterdam/Philadelphia, S. 3–18
Maier, Anneliese (1955): An der Schwelle der exakten Naturwissenschaft, in: dies., Metaphysische Hintergründe der spätscholastischen Naturphilosophie, Rom, S. 339–402
Müller, Carl Werner (1965): Gleiches zu Gleichem. Ein Prinzip frühgriechischen Denkens, Wiesbaden
Schönberger, Rolf (2004): *Intellectus in actu est intellectum in actu*. Der aristotelische Begriff der Einheit der Erkenntnis im Mittelalter, in: J.-M. Narbonne/A. Reckermann (Hg.), Pensées de l'„un" dans l'histoire de la philosophie. Études en hommage au Professeur Werner Beierwaltes, Québec, S. 143–179
Schwaetzer, Harald (2000): *Aequalitas*. Erkenntnistheoretische und soziale Implikationen eines christologischen Begriffs bei Nikolaus von Kues. Eine Studie zu seiner Schrift *De aequalitate*, Hildesheim u.a.

M. Cecilia Rusconi
9 Der Geist als Punkt und Maß (*De mente* c. 9)

1 Einleitung

Das Thema von Kapitel 9 ist der Begriff des menschlichen Geistes als Maß und Grenze aller Dinge (vgl. hierzu ausführlicher Rusconi 2016b). Die argumentative Struktur, der Cusanus dazu folgt, geht aus von einem der Schwerpunkte des Werkes, der in der im ersten Kapitel gegebenen Definition des Geistes enthalten ist: „Der Geist ist das, woraus aller Dinge Grenze und Maß stammt. ‚Mens', der Geist, wird nämlich von ‚mensurare', messen, her benannt." (c. 1, n. 57; zu früheren Bezeugungen dieser Aussage vgl. den Quellenapparat in Nicolaus de Cusa 1983, 90).

Zu Beginn von Kapitel 9 schlägt der Philosoph vor, auf diese Frage zurückzukommen: „Lege dar, auf welche Weise der Geist alles misst, wie du am Anfang behauptet hast" (c. 6, n. 116). Die Antwort des Laien ist in drei Sätze gegliedert:
1. Der Geist bildet eine Reihe von Grenzen. Das sind der Punkt als Grenze der Linie, die Linie als Grenze der Fläche und die Fläche als Grenze des Körpers.
2. Der Geist bildet die Zahl.
3. (a) Menge und (b) Größe stammen aus dem Geist.

Zieht man als implizite Prämisse in Betracht, dass die Zahl der Ursprung der diskreten Quantität (Vielheit: *multitudo*) ist und die Grundbegriffe der Geometrie der Ursprung des Kontinuums (Größe: *magnitudo*) sind, so kann man behaupten, dass – wenn der Geist Ursprung von (1) und (2) ist – auch (3) die Vielheit und die Größe ihren Ursprung im Geiste finden müssen. Daraus wird geschlossen, dass der Geist der Ursprung jeder Abmessung ist.

Im Rahmen von Kapitel 9 behandelt Cusanus jedoch nur den ersten Satz. Allerdings ist seine Argumentation damit keineswegs unvollständig. Vielmehr wird das sechste Kapitel von *De mente* vorausgesetzt, in dem der zweite Satz, d. h. der Zusammenhang zwischen Geist und Zahl, nämlich bereits thematisiert worden war. Die genaue Behandlung des dritten Satzes hingegen ist Gegenstand des folgenden zehnten Kapitels.

Die Beschäftigung mit dem ersten Satz hat die folgende Struktur:
1. Auf welche Weise bildet der Geist die Grundbegriffe der Geometrie? (c. 6, n. 116–117)

2. Die Grundbegriffe der Geometrie beziehen sich aufeinander gemäß dem Verhältnis von Einfaltung (*complicatio*) und Ausfaltung (*explicatio*). (c. 6, n. 117–121)
3. Alle Einfaltungen sind Abbilder der Einfaltung der unendlichen Einfachheit. Sie stehen in der Notwendigkeit der Verknüpfung, deren Ort der Geist ist. (c. 6, n. 122)
4. Der Geist ist ein lebendiges Maß (*viva mensura*). (c. 6, n. 123)

Im Folgenden werde ich versuchen, diese Struktur *ad intra* zu erklären. Dazu wird (I) die aus der Behandlung des zweiten Satzes hervorgehende Voraussetzung erklärt und (II) die explizite Argumentation des ersten Satzes dargestellt. Da diese Argumentation im Dialog mit einem Aristoteliker durchgeführt wird, werde ich die aristotelischen Annahmen, die für die Beweisführung eine wichtige Rolle spielen, näher betrachten. Bevor wir uns eingehend mit den Argumenten des Cusanus befassen, müssen diese Annahmen kurz in ihren Kontext eingebettet werden.

2 Der Kontext

Die Definition des Geistes, die Cusanus in Kapitel 1 anbietet, stützt sich auf eine vermeintliche etymologische Ableitung des Wortes *mensura*. Cusanus nimmt diese Ableitung im zweiten Kapitel wieder auf, und zwar durch den Gesprächspartner des Laien, nämlich den Philosophen, der wegen des Fehlens einer Autorität, die eine solche Definition unterstützt, erstaunt reagiert: „Du sagtest, mens (der Geist) werde von mensurare (messen) her benannt. Ich habe niemals gelesen, dass bei den Ableitungen des Wortes jemand diese Ansicht vertreten hätte." (c. 2, n. 58) Cusanus benutzt diesen Einwand des Philosophen, um das Problem der Ungenauigkeit der Namen zu behandeln. Schließlich lässt er den Philosophen sagen: „Eine wunderbare Lehre hast du vorgetragen, Laie, um alle Philosophen in Übereinstimmung zu bringen." (c. 3, n. 71)

Wie in vielen seiner Werke stellt die Übereinstimmung der Philosophen (*concordantia philosophorum*) auch in *De mente* eine der Bemühungen des Cusanus dar. Im Laufe dieses Werkes tauchen Namen wie die von Platon, Aristoteles, Pythagoras, Hermes Trismegistus, Augustinus und Boethius auf. Die zentralen Bezugspunkte der cusanischen Versöhnungsversuche sind dabei Platonismus und Aristotelismus. Es wurde zu Genüge gezeigt, dass Cusanus Zeuge der für die Renaissance typischen und sich mindestens bis 1472 erstreckenden Debatte zwischen Platonikern und Aristotelikern war, mit der er sich grundlegend vertraut gemacht hatte (vgl. Senger 1986, 74–76). Wir wissen sogar, dass er enge Beziehungen zu den Hauptvertretern beider Fraktionen hatte und einige ihrer Werke besaß. Obwohl er an der Debatte nicht direkt teilgenommen hat, ist es unwahrscheinlich, dass sie seine zahlreichen Kritiken an den Fehlern des Platon und des Aristoteles, die sich u.a. in *De docta ignorantia*, *De mente*, *De beryllo* oder *De venatione sapientiae* finden, wie auch seine beständige Anstrengung, beide Lehren zu vereinen, nicht beeinflusst hat. *De mente* stellt ein Beispiel dieser Anstrengung dar (vgl. Kijewska 2010). Dabei lässt sich der Dialog mit dem Aristoteliker als Darstellung einer erneuten Diskussion interpretieren.

Den Figuren des Laien und des Redners, die schon in *De sapientia* zu finden sind, wird in *De mente* die des Philosophen hinzugefügt. Dieser verkörpert eine typische Figur des Quatroccento: Ein Büchernarr, Kenner der Antike und Vertreter des Aristotelismus. „Was hat dich getrieben, nach Rom zu kommen, der du ein Peripatetiker zu sein scheinst?" (c. 1, n. 53), fragt ihn der Redner am Anfang des Werkes. Im Laufe des Dialoges sind die Anspielungen auf die Platoniker und Peripatetiker zahlreich (vgl. Flasch 1998, 274). Im ganzen Werk kann man etwa zwölf Erwähnungen des Platon und Aristoteles und mindestens acht der *platonici* und *peripatetici* zählen (vgl. c. 1 n. 54; c. 4, n. 77 und 79; c. 11, n. 140; c. 13, n. 145 und 146; c. 14, n. 151–153). Wenn der Aristotelismus des Philosophen schon eine gewisse, dem Gesprächspartner entgegengesetzte Tendenz deutlich macht, wird der Laie im Rahmen verschiedener Probleme, die im Dialog diskutiert werden, vom Peripatetiker verleitet, sich von seiner angeblich neutralen Position aus für ein Paradigma zu entscheiden. Trotzdem wird die für das Kapitel zentrale Definition des Geistes als Maß und Grenze auf keine Autorität ausdrücklich bezogen. Im Gegenteil scheint der Philosoph noch nie davon gehört zu haben. Es wäre aber nicht überraschend, wenn man die peripatetische Ausbildung unseres Philosophen in Betracht zieht, dass der Laie in seiner Argumentation von einigen Voraussetzungen ausgeht, die seinem Gesprächspartner als Ausgangspunkt bereits bekannt sind.

3 Die Voraussetzung des zweiten Satzes: Die Zahl

Das Thema der Zahl taucht hauptsächlich in Kapitel 6 auf. In diesem Sinne zeigt Kapitel 9 eine gewisse Abhängigkeit vom sechsten Kapitel. Das Argument, das wir dort finden, kann besser verstanden werden, wenn wir einige Prämissen berücksichtigen, die Cusanus in früheren Werken darlegt. In dieser Hinsicht ist der Fall von *De coniecturis* besonders erklärend. Dort behauptet Cusanus, dass die Zahl ein mentales Prinzip ist: „Für das Bauwerk der Vernunft gibt es einen Ursprung, der sozusagen aus ihrer Natur selbst hervorsprießt: Die Zahl." (*De coni.* I, c. 2, n. 7)

Als Prinzip der Entwicklung der Vernunft (*ratio*) ist die Zahl nichts anderes als der Geist (*mens*). Sie ist also kein Begriff oder Idee, sondern vielmehr die Ausfaltung des Geistes (*explicatio mentis*) selbst: „Überhaupt ist die Zahl nichts anderes als ausgefaltete Vernunft. So sehr nämlich erweist sich die Zahl als Ursprung des durch die Vernunft Erreichbaren, dass ohne sie, wie man vernünftigerweise zugeben muss, überhaupt nichts übrigbleibt. Und wenn die Vernunft die Zahl ausfaltet und sich ihrer beim Aufbau der Mutmaßungen bedient, so ist das nichts anderes, als wenn die Vernunft sich ihrer selbst bedient und alles nach dem höchsten natürlichen Abbild ihrer selbst bildet." (*De coni.* I, c. 2, n. 7) Deswegen ist das Wesen der Zahl „das erste Urbild des Geistes" (ebd., n. 9).

In Kapitel 6 von *De mente* greift Cusanus im Dialog mit dem Philosophen diese These auf, wobei er versucht, sie in den Kontext der Tradition einzuordnen. Der Text beginnt mit einem Hinweis des Philosophen auf den Pythagorismus der im vorherigen Kapitel entwickelten Thesen über die Proportion: „Du scheinst mir sehr ein Pythagoräer zu sein, welche behaupten, alles stamme aus der Zahl." (c. 6, n. 88) Damit bezieht sich der Philosoph auf eine allgemein verteidigte Zuschreibung, die in Aristoteles' *Metaphysik* zu finden ist, wonach die Pythagoräer argumentiert hätten, die Zahlen seien die Prinzipien der Dinge. Es geht allerdings um eine These, die Aristoteles scharf kritisiert hat (vgl. *Metaphysik* XIII, 6, 1080a 12–1080b 36).

Zu seiner Verteidigung nimmt der Laie eine Bewertung des pythagoräischen Realismus vor: Die Pythagoräer hätten niemals behaupten können, die mathematische Zahl sei das Prinzip irgendeines Gegenstandes, denn es ist unbestritten, dass sie kein realer, sondern nur ein mentaler Gegenstand ist. Sie haben vielmehr auf vernünftige Weise die Zahl als Symbol des göttlichen Wortes gebraucht.

Ausführlicher lautet das Argument wie folgt: Es kann (i) nur einen einfachen Ursprung geben. Deshalb (ii) kann das erste Entsprungene nicht einfach sein. Wenn es nicht einfach ist, (iii) muss es zusammengesetzt sein. Man muss aber zugeben, dass (iv) es dennoch nicht aus Anderem zusammengesetzt ist, denn dann wäre es nicht das erste Entsprungene, sondern die Bestandteile gingen ihm der Natur nach voraus. Es bleibt als Möglichkeit nur übrig, (v) dass das erste Entsprungene aus sich selbst zusammengesetzt ist. (vi) Das nun, was aus sich selbst zusammengesetzt ist, wird vom endlichen Geist als Zahl verstanden (vgl. c. 6, n. 89). Auf diese Weise schlägt Cusanus mit Verweis auf den Pythagorismus einen Doppelsinn der Zahl vor, nämlich zum einen die Zahl im engeren Sinne, d. h. die mathematische Zahl, die aus dem Geiste hervorgeht, und zum anderen die Zahl im symbolischen Sinne, die nur durch Angleichung an die erste so benannt wird.

Der Philosoph reagiert auf die Bedrohung des mathematischen Idealismus. Wie kann man verstehen, dass über den Geist hinaus die Vielheit der Dinge besteht, wenn die Zahl im engeren Sinne nur aus unserem Geiste hervorgeht? „Besteht nicht die Vielheit der Dinge ohne die Betrachtung durch unseren Geist?" (c. 6, n. 93) Der Laie gibt eine positive Antwort: „Ja, aber vom ewigen Geist her. Wie daher in Bezug auf Gott die Vielheit der Dinge aus dem göttlichen Geist stammt, so stammt in Bezug auf uns die Vielheit der Dinge aus unserem Geist [...]. Weil nämlich die aus unserem Geist stammende Zahl das Abbild der göttlichen Zahl ist, die das Urbild der Dinge ist, ist sie Urbild der Begriffe." (c. 6, n. 93–95)

Damit hat Cusanus die Diskussion in die Richtung geführt, welche die Argumentation in Kapitel 9 einschlägt: Stammt die Zahl aus unserem Geist, so muss die Vielheit gleichermaßen aus unserem Geist stammen. Das Problem wird wieder durch eine Bedeutungsverdopplung gelöst. So wie man Zahl im doppelten Sinn verstehen muss, so muss auch die Vielheit zweideutig sein: (a) die Vielheit, deren Ursprung der unendliche Geist ist – d.i. die Vielheit der realen Dinge –, und (b) die Vielheit, deren Ursprung der endliche Geist ist – d.i. die mathematische Vielheit.

Mittels der Anspielung auf die Pythagoräer stellt Kapitel 6 ein Beispiel für den Standpunkt des Cusanus bezüglich der Zahl dar. Einerseits soll man die aristotelische Kritik gegen den Pythagorismus ernstnehmen: Die Zahl ist kein ontologisches Prinzip (vgl. *Metaphysik* VII, 11, 1036b). Andererseits ist diese Kritik nicht ganz zutreffend. Denn die Zahl ist doch ein erkenntnistheoretisches Prinzip, sofern sie das Abbild der Begriffe ist. Jede Tendenz, die mathematische Zahl als Prinzip der realen Dinge zu verstehen, beruht auf einer Angleichung des endlichen Geistes an den unendlichen, die nur in einer symbolischen Weise annehmbar ist.

4 Der erste Satz: Die Elemente der Geometrie

Nachdem in Kapitel 6 gezeigt wurde, dass die Zahl ein mentales und kein reales Prinzip ist, bleibt in Kapitel 9 die Aufgabe, das gleiche mit der Geometrie zu zeigen, nämlich dass auch die Größe zum Geist gehört. Die Rede über die geometrischen Wesenheiten beginnt mit der folgenden Feststellung: „Der Geist macht, dass der Punkt die Grenze der Linie ist und die Linie die Grenze der Fläche und die Fläche die des Körpers." (c. 9, n. 116)

So wie im Fall von Kapitel 6 bezieht sich das Thema auch hier auf vergangene Auseinandersetzungen über die mathematischen Wesenheiten. Tatsächlich behauptet Cusanus, Punkt, Linie und Fläche seien keine realen Wesenheiten, sondern mentale. Gleichfalls erklärt er, wie der Geist diese Grundbegriffe bildet, und zwar so, wie es Aristoteles in der *Metaphysik* (XIV, 3, 1090b) erklärt, wobei er

Grenze und Teilungen als zentrale Aspekte begreift. „Der Punkt ist nämlich Verbindungspunkt von Linie zu Linie oder die Grenze der Linie. Wenn du dir also eine Linie denkst, dann kann der Geist den Verbindungspunkt ihrer beiden Hälften bei sich betrachten [...]. Und wenn der Geist jeder Hälfte einen eigenen Endpunkt zuteilte, dann hätte die Linie vier Punkte. In wie viele Teile daher die zuvor gedachte Linie vom Geist geteilt werden mag, wie viele Endpunkte jene Teile haben, so viele Punkte wird für unser Urteil die gedachte Linie haben." (c. 9, n. 116) Wie der Geist von den Grenzen und Teilungen der Linie her den Punkt begreift, so begreift er die Linie, indem er die Grenze der Fläche – d. h. „die Länge ohne Breite" – betrachtet (Euklid, *Elemente* I, Def. 2). Die Fläche begreift er, „indem er die Breite ohne Dicke betrachtet" (Euklid, *Elemente* I, Def. 5).

Bis hierhin hat der Laie keine Schwierigkeiten, mit seinem aristotelischen Gesprächspartner einer Meinung zu sein. Um der Vermutung eines mathematischen Realismus keinen Anlass zu geben, erklärt er, dass „so weder Punkt noch Linie noch Fläche wirklich sein können, da allein der feste Körper außerhalb des Geistes wirklich existiert" (c. 9, n. 117).

So wie Kapitel 6 klarstellt, dass es unsinnig sei, die Zahlen als reale Wesenheiten zu verstehen, stellt auch Kapitel 9 klar, dass der Standpunkt des Laien denen, die gemeint haben, die Grundbegriffe der Geometrie seien reale Wesen, entgegensteht. Das schreibt Aristoteles sowohl den Pythagoräern – für welche die mathematischen Gegenstände (*mathematicalia*) die den sinnlichen Dingen innewohnenden Ursprünge sind – als auch Platon und seinen Anhängern – für welche die *mathematicalia* die den sinnlichen Dingen innewohnenden Prinzipien sind – zu (vgl. *Metaphysik* III, 5, 1001b 26 ff; VII, 2, 1028b 8 ff.) Gegen beide behauptet Aristoteles, dass der Körper die geometrischen Bestimmungen nicht aktuell enthält (vgl. *Metaphysik* III, 5, 1002a ff.; XI, 2, 1060b) Im Gegenteil sind die potentiellen Abschnitte und Teilungen der Körper entweder der Länge nach (in der Linie), der Breite nach (in der Fläche) oder der Tiefe nach (im Körper).

Im Folgenden richtet sich die Rede des Laien darauf, zu zeigen, dass jede Abmessung einen einzigen Ursprung im endlichen Geiste hat. Dazu muss man jede Maßeinheit in einem einzigen Maß vereinheitlichen. Der peripatetische Gesprächspartner weiß, dass die Erkenntnis jeder Gattung vermittels ihrer eigenen Maßeinheit erlangt wird. So gibt es eine Einheit der Länge, eine der Breite, eine der Tiefe, eine der Schwere oder eine der Geschwindigkeit. In jeder bedeutet das Maß und Prinzip eine Einheit, die an sich ohne Teile ist, so wie z. B. bei den Linien die Länge eines Fußes als nicht weiter teilbare Einheit gebraucht wird.

Ebenfalls weiß der Gesprächspartner als Anhänger des Aristoteles, dass das Maß die Eigenschaft der Einheit und Ungeteiltheit besitzt, was als das Einfache gilt, so dass wir es mit einem exakten Maß zu tun haben, in Bezug auf das etwas abzuziehen oder hinzuzufügen als unzulässig empfunden wird (vgl. *Metaphysik*

X, 1, 1052b). Er weiß ferner, dass das Maß immer dem zu Messenden gleichartig ist. So dient als Maß der Ausdehnung wieder ein Ausgedehntes, und zwar im einzelnen für die Länge ein in der Länge, für die Breite ein in der Breite Ausgedehntes usw. (vgl. *Metaphysik* X, 1, 1053a).

Was aber der Gesprächspartner noch nicht weiß, ist seinen eigenen Worten nach, dass jedes Maß von einer einzigen Maßeinheit abhängig ist, welche der Geist ist. So muss der Laie seinen Gesprächspartner davon überzeugen, dass es unter Punkt, Linie, Fläche und geometrischen Körpern ein Prinzip der Homogenität gibt.

Diese vereinheitlichende Maßeinheit ist der Punkt. Denn der Punkt ist es, von dem etwas abzuziehen oder dem etwas hinzuzufügen als unzulässig empfunden wird. Auf die gleiche Weise, wie die arithmetische Einheit im engeren Sinne keine Zahl, sondern Ursprung der Zahl ist, ist der Punkt keine Größe. Vielmehr ist er eine bloße Grenze, weshalb er selbst nicht begrenzt sein kann (vgl. Euklid, *Elemente* I, Def. 13). Stellt aber der Punkt keine Größe dar, dann wird auch keine Länge erreicht, egal wie viele Punkte hinzugefügt werden.

Der Philosoph weist darauf hin, wie nahe der Laie mit seiner Meinung dem Boethius (*De institutione arithmetica* II, 4) steht, der sagt: „Wenn du einen Punkt zu einem Punkt hinzufügst, tust du nicht mehr, als wenn du nichts mit nichts verbindest." (c. 9, n. 118; vgl. Boethius 1999, 107) Tatsächlich erklärt Boethius an dieser Stelle, dass der Punkt der Anfang des Intervalls und der Länge sei, obwohl er selbst weder Intervall noch Linie ist. Der Punkt ist im Grunde genommen nichts und nichts kommt von nichts. Man darf also die Linie nicht als eine kontinuierliche, aus Punkten bestehende Reihe denken. Mit diesem Argument behauptet der Laie, die Linie müsse vielmehr ein ausgedehnter Punkt sein – *punctus extensus* (c. 9, n. 118). Mit anderen Worten stellt die Linie die Ausfaltung (*explicatio*) bzw. die Entwicklung (*evolutio*) des Punktes dar (c. 9, n. 118 f.).

Obwohl Cusanus versucht, diese These auf Boethius zu stützen, verleiht er dem Punkt eine Bedeutung, die dieser ihm nicht unbedingt verliehen hatte. Denn kann man immer noch behaupten, dass der Punkt nichts ist, wenn er die *complicatio* aller Elemente der Geometrie darstellt? Da die geometrischen Wesenheiten wegen ihrer Ausdehnung nicht als nichts betrachten werden können, muss der Punkt als etwas Reales verstanden werden, wenn er die *complicatio* dieser Wesenheiten darstellt. In diesem Sinne weicht Cusanus von der boethianischen Auffassung des Punktes zugunsten seiner eigenen Theorie der *complicatio* ab.

Wie bei jedem Ausfaltungsprozess handelt es sich im geometrischen Bereich um einen Alterations- bzw. Materialisationsprozess. Cusanus spielt auf die Wandelbarkeit der Materie (*variabilitas materiae*) an (c. 9, n. 118). Offensichtlich geht es hier um keine sinnliche Materie, da es um mentale Wesen geht. Gegenstand ist vielmehr die intelligible Materie, die Cusanus auch in anderen Werken, u. a.

De beryllo, in Anspielung auf Aristoteles behandelt (vgl. *De beryllo* n. 63). Die intelligible Materie ist das, was von den sinnlichen Dingen bleibt, wenn man ihre sinnliche Materie abstrahiert (vgl. *Metaphysik* VII, 10, 1036a 9 – 13; VII, 11, 1037a 4), und zwar die räumliche Ausdehnung, mittels deren Bestimmung die geometrischen Figuren gebildet werden. Allerdings muss die Beziehung der Ein- und Ausfaltung (*complicatio – explicatio*), die zwischen Punkt und Linie besteht, bei der ganzen Reihe der Figuren festgehalten werden. In diesem Sinne sagt der Laie: „Die Linie ist daher die Entwicklung des Punktes und die Fläche die der Linie und der Körper die der Fläche." (c. 9, n. 118)

Cusanus behandelt diese geometrische *explicatio* aus dem Punkt in anderen Texten noch ausführlicher, obschon mit manchen Varianten. In *De theologicis complementis* wird sie *in extenso* behandelt: „Wie aus dem Punkt die endliche Gerade herausgeführt wird, und daraus die verschiedenen vieleckigen Figuren und schließlich die kreisförmige". (*De theol. compl.* n. 9) Sofern der Punkt der Ursprung der Größe ist, ist er gleichzeitig die Grenze dieser Ausfaltung. Denn er stellt die Grenze der Teilung des Kontinuums dar. So wie die Vielheit bzw. die Zahl aus der Einheit ins Unendliche wächst, so wird die Größe in immer weiter Teilbares geteilt. Aber im Fall der Größe findet der Geist die Grenze des Teilbaren im unteilbaren Punkt, der wegen seiner Unteilbarkeit als „kleinstes Teilchen" verstanden wird. Alle geometrischen Bestimmungen sind also Abschnitte der Ausfaltung eines einzigen unteilbaren Punktes: „Es ist nämlich ein und derselbe Punkt in allen kleinsten Teilchen, wie eine und die selbe Weiße in allem Weißen." (c. 9, n. 119) So stellt das Verhältnis *complicatio – explicatio* ein Prinzip der Homogenität der geometrischen Mengen zur Verfügung, welche die notwendige Voraussetzung, um eine einzige Maßeinheit festzulegen, darstellt (vgl. Aristoteles, *Metaphysik* X, 1, 1053a 24).

Zieht man aber diese Homogenität aller Größen in Betracht, dann kann man den Punkt nicht als eine bloße Grenze oder potentielle Trennung einer bestimmten Größe denken. Man muss ihn vielmehr als Grenze der Größe im Allgemeinen verstehen. Man kann mit anderen Worten den Punkt nicht bloß als potentielle Grenze der Linie verstehen. Vielmehr muss er als einfaltender Ursprung verstanden werden, der sich in der Linie ausfaltet. Deshalb behauptet der Laie: „Er ist ihre Vollendung und Ganzheit, die die Linie in sich einfaltet." (c. 9, n. 120)

Nun heißt den Punkt als einfaltenden Ursprung zu verstehen, ihn nicht als bloße Grenze, sondern eher als begrenzenden Ursprung oder als Ursprung der Grenzen zu verstehen, d. h. als Ursprung der Reihe aller Grenze, der als solche die ganze Reihe einfaltet. Indem er den Punkt als Ursprung und Vollendung der Größe versteht, hat der Laie seinen peripatetischen Gesprächspartner zu einer Stellungnahme, die gegen Aristoteles steht, geführt. Denn für ihn ist der Punkt kein Ursprung der Größen und hat auf keinen Fall an ihnen teil. Deswegen kann man aus dieser Perspektive nicht denken, der Punkt wäre vollkommener als die Linie, sondern ganz im Gegenteil. Denn je unbestimmter die geometrischen Bestimmungen sind, desto unvollkommener müssen sie sein. Aus einer aristotelischen Perspektive führt das Festhalten an der Vorgängigkeit der einfachsten Begriffe dazu, den ontologischen Vorrang mit einem logischen zu verwechseln (vgl. *Metaphysik* III, 5, 1002a; XIII, 2, 1077a). Versteht man aber Linie, Fläche und Körper als eine homogene Reihe aus einem einzigen Punkt, so muss man doch den einfacheren gegenüber den bestimmteren Bestimmungen Priorität einräumen, wodurch sie ihren Status als Prinzipien wiedererhalten.

Dennoch erklärt Cusanus nochmals – so wie er es in Kapitel 6 getan hat –, es gehe nicht darum, einen mathematischen Realismus zu vertreten. Dieses Mal kommt der Laie der Frage nach dem wirklichen bzw. äußerlichen Bestand zuvor: „Und Hölzer und Steine haben zwar ein bestimmtes Maß und Begrenzungen unabhängig von unserem Geist, jedoch vom ungeschaffenen Geist her, von dem alle Begrenzung der Dinge herkommt." (c. 9, n. 117) Einerseits ermangeln die geometrischen Gegenstände, so wie die Zahlen, jeglicher Wirklichkeit. Weder die einen noch die anderen sind Ursprünge der Dinge, die außerhalb des Geistes bestehen. Andererseits bilden die geometrischen Gegenstände – wie die Zahl – eine Art von Prinzipien, nämlich die Prinzipien, aus denen der Geist das Maß und die Grenze aller Dinge, die er erkennt, setzt.

Die Zustimmung des Gesprächspartners erfordert also keine strenge Konversion zum Platonismus. Es handelt sich vielmehr um einen Mittelweg, der sich bei der Unterscheidung des dem endlichen Geiste Zugehörigen und des dem unendlichen Geiste Zugehörigen öffnet. Tatsächlich gibt es einerseits (a) den unendlichen Geist, der das Maß der Dinge festlegt, wobei „Maß der Dinge" die wirklichen Unterschiede der realen Wesen betrifft. Andererseits gibt es (b) den endlichen Geist, der das Maß der Dinge festlegt, wobei „Maß der Dinge" die begrifflichen Grenzen der Dinge betrifft. Durch diese Verdoppelung des schöpferischen Prinzips haben die Ursprünge der Vielheit und der Größe gleichzeitig einen Prinzipienstatus ontologischer Art. Es sind nicht die äußerlichen Wesen, die sich aus den mathematischen Prinzipien entwickeln, sondern nur deren Abmessung bzw. rationale Erkenntnis. Diese rationale Erkenntnis ist die Ausfaltung gewisser einfaltender Prinzipien, die als solche nicht zur Ausfaltung selbst gehören, sondern in den Bereich der endlichen Einfaltungen, den Cusanus als ‚Notwendigkeit der Verknüpfung' – *necessitas complexionis* – bezeichnet (c. 9, n. 122; vgl. hierzu Rusconi 2016a).

Die Notwendigkeit der Verknüpfung ist eine der vier Seinsweisen (*modi esendi*), die Cusanus in Kapitel 7 beschreibt. Dort stellt er nochmals die Stellungnahmen der Platoniker und Aristotelikeer einander gegenüber. Sowohl die einen wie die anderen meinten, dass der Geist eine lebendige Zahl sei, die Unterscheidungen bildet. Die Platoniker aber fanden, dass er „dabei im Sinne einer Zusammenfassung und im Sinne einer Auseinandertrennung vorgeht und zwar entweder an Hand der Einfachheit und absoluten Notwendigkeit (*modum simplicitatis ac necessitatis absolutae*) oder der absoluten Möglichkeit (*possibilitatis absolutae*) oder der Notwendigkeit der Verknüpfung [...] (*necessitatis complexionis vel determinatae*) oder endlich der determinierten Möglichkeit (*possibilitatis determinatae*)" (c. 7, n. 97).

In diesem Zusammenhang wird der Erkenntnisbereich der *necessitas complexionis* mit der Mathematik verbunden. Das ist die Weise, auf welche der Geist – „nicht als Geist, der in den Körper, den er belebt, eingetaucht ist, sondern als Geist an sich" – „Angleichungen an die Formen" bildet, „und zwar nicht so, wie sie in die Materie eingetaucht sind, sondern wie sie in sich und an sich sind [...], z. B. wenn er erfasst, dass der Kreis eine Figur ist, bei der alle vom Mittelpunkt zum Umfang gezogenen Linien gleich sind, auf welche Weise des Seins ein Kreis außerhalb des Geistes in der Materie nicht existieren kann." (c. 7, n. 103)

In Kapitel 9 nimmt Cusanus dieses Schema wieder auf, um zu betonen, dass der Geist dazu fähig ist, sich jeder Seinsweise mittels ihrer eigenen Abmessungen anzunähern. Denn er ist der Ursprung von jedem Maß, so dass er selbst kein bestimmtes Maß darstellt. Auf diese Weise kann der Geist die Geschöpfe weder übertreffen noch von ihnen übertroffen werden. Der Laie erklärt diese Fähigkeit des Geistes am Beispiel eines lebendigen Zirkels, der sich selbst ausdehnt und zusammenzieht, „um sich bestimmten Größen anzugleichen". So sagt Cusanus, dass „der Geist ein gewisses absolutes Maß ist, das nicht größer oder kleiner sein kann, da es nicht zu einem Quantum eingeschränkt ist, und [...] jenes Maß lebendig ist, so dass es durch sich selbst misst, gleich wie ein lebendiger Zirkel durch sich selbst messen würde". (c. 9, n. 124)

Ein bestimmtes Maß ist notwendigerweise größer oder kleiner als andere mögliche Maße. Wegen seiner Fähigkeit, sich an alles anzugleichen, ist aber der Geist weder größer noch kleiner als die anderen Geschöpfe, so wie der Punkt weder größer noch kleiner als jedes Ausmaß ist, weil er selbst keine Größe darstellt. Diese Eigenschaft stützt sich darauf, dass der Geist keine Ausfaltung (*explicatio*) wie die anderen Geschöpfe ist, sondern *imago dei*, d. h. Bild der Einfaltung (*complicatio*): „Denn wie Gott die Einfaltung der Einfaltungen ist, so ist der Geist, der Gottes Bild ist, Bild der Einfaltung der Einfaltungen [...] Und durch das Bild der absoluten Einfaltung, die der unendliche Geist ist, hat er die Kraft, mit der er sich jeder Ausfaltung angleichen kann." (c. 4, n. 74)

5 Schlussbemerkungen

Obwohl das Thema der *modi essendi* am Ende des Kapitels erwähnt wird, gehört dessen Behandlung, wie gesagt, streng genommen zu Kapitel 7. Allerdings muss diesbezüglich Folgendes in Betracht gezogen werden. Hat Cusanus in Kapitel 9 eine Homogenität zwischen Maß und Gemessenem wirklich bewiesen, dann beschränkt sich diese Homogenität – was ihre Genauigkeit angeht – auf die mathematischen Größen und dadurch nur auf die Weise der *necessitas complexionis*.

Einerseits hängt diese Beschränkung mit dem Ziel der menschlichen Erkenntnis zusammen. Denn das Ziel aller Abmessungen des Geistes liegt in der Erkenntnis seiner selbst. Wenn deshalb der Philosoph verwundert danach fragt, „warum der Geist sich so begierig auf das Messen der Dinge richtet", antwortet der Laie: „Um das Maß seiner selbst zu erreichen. Denn der Geist ist ein lebendiges Maß, das, indem es anderes misst, sein eigenes Fassungsvermögen erreicht." (c. 9, n. 123) Andererseits scheint die Voraussetzung dafür, Bild Gottes (*imago dei*) zu sein, auch wenn sie für die Selbsterkenntnis notwendig ist, keine ausreichende Voraussetzung zu sein. Denn „sein eigenes Maß findet er nur dort, wo alles eins ist" (c. 9, n. 123) bzw. im unendlichen Geist. „Dort ist die Wahrheit seiner Genauigkeit, weil dort sein angemessenes Urbild ist." (c. 9, n. 123)

Es gibt bei jeder Abmessung immer einen Verlust. Sowohl die Weisen der äußerlichen Wirklichkeit wie der Geist selbst werden nur ungenau und ungewiss erkannt. Das ist wahrscheinlich der Grund, warum der Laie zu den vier *modi essendi* am Ende des Kapitels noch einen fünften Modus hinzufügt, und zwar den symbolischen. Cusanus erinnert an die in Kapitel 6 erwähnte symbolische Zahl, indem er eine „Weise des Vergleichs" beschreibt, in der der Geist sich der Prinzipien der Abmessung, nämlich der Zahl und der geometrischen Figuren bedient und sich in eine Ähnlichkeit mit diesen versetzt. Diese symbolische Weise des Vergleichs erscheint im Werk des Cusanus unter verschiedenen Benennungen immer wieder. Sie taucht schon in *De docta ignorantia* als Übertragung auf das Unendliche (*transsumptio ad infinitum*) auf (*De docta ign.* I, c. 12 [n. 33]). Sie findet sich wieder beispielshaft in *De theologicis complementis* als ein Aufstieg der mathematischen zu den theologischen Figuren (*ascensio de mathematicis figuris ad theologicas*; *De theol. compl.* n. 3) und bekommt ihre volle systematische Form in *De beryllo*, wo sie als *scientia aenigmatica*, d. h. als die Wissenschaft, die sich des Gleichnisbildes bedient, charakterisiert wird (*De beryllo* n. 7; zum *aenigma* vgl. Thurner 2004). Wenn es möglich ist, das Werk des Cusanus systematisch zu verstehen, wäre es nicht unangemessen, die in *De mente* entwickelten Thesen als theoretische Grundlage für die Entwicklung dieser ‚änigmatischen Wissenschaft' zu interpretieren.

Literaturverzeichnis

Boethius (1999): De arithmetica, ed. H. Oosthout und J. Schilling, Turnhout
Flasch, Kurt (1998): Nikolaus von Kues. Geschichte einer Entwicklung, Frankfurt am Main
Kijewska, Agnieszka (2010): „Idiota De mente": Cusanus' Position in the Debate between Aristotelianism and Platonism, in: W. Euler/Y. Gustafsson/I. Wikström (Hg.), Nicholas of Cusa on the Self and Self-Consciousness, Åbo, S. 67–88
Nicolaus de Cusa (1983): Idiota de mente, ed. Renata Steiger, in: Nicolai de Cusa opera omnia, iussu et auctoritate Academiae Litterarum Heidelbergensis ad codicum fidem edita, vol. V, 2. Aufl., Hamburg, S. 81–218
Rusconi, M. Cecilia (2012a): *Commentator Boethii ‚De Trinitate' [...] ingenio clarissimus*. Die Kommentare des Thierry von Chartres zu *De Trinitate* des Boethius als Quelle des Cusanus, in: MFCG 33, S. 247–290
Rusconi, M. Cecilia (2012b): Die Auffassung der Mathematik bei Cusanus und das daraus entstehende Gewissheitsproblem, in: H. Schwaetzer/M.-A. Vannier (Hg.), Zum Intellektverständnis von Meister Eckhart und Nikolaus von Kues, Münster, S. 157–168
Rusconi, M. Cecilia (2016a): Die Verwandlung der *Necessitas Complexionis* von Thierry von Chartres zu Nikolaus von Kues. Ein Versuch zur Systematisierung der *modi essendi-Lehre*, in: MFCG 34, S. 239–258
Rusconi, M. Cecilia (2016b): La noción de mensura en Nicolás de Cusa. Una lectura crítica del capítulo IX de De mente, in: Temas Medievales. Departamento de Investigaciones Medievales del Instituto Multidisciplinario de Historia y Ciencias Humanas (DIMED-IMHICIHU-CONICET) 24, S. 107–124
Senger, Hans Gerhard (1986): Aristotelismus vs. Platonismus. Zur Konkurrenz von zwei Archetypen der Philosophie im Spätmittelalter, in: A. Zimmermann (Hg.), Aristotelisches Erbe im arabisch-lateinischen Mittelalter, Berlin/New York, S. 53–80
Thurner, Martin (2004): Die Sinnlichkeit als Selbstdarstellung des Geistes: die ‚Aenigmata' des Cusanus, in: Recherches de théologie et philosophie médiévales 71, S. 372–391

Thomas Leinkauf
10 Geist und (göttliche) Dreieinigkeit (*De mente* c. 11)

1 Grundfragestellung

Cusanus deutet die Wirklichkeit systematisch und konsequent aus der ‚Sicht' des Geistes (*mens*). Sie erschließt sich ihm dadurch in grundsätzlicher Weise als eine dreifache Perspektive auf das, was ist (*id quod est*): als Gott im Sinne des absoluten, höchsten und ‚incontracten' (d. h. un-eingeschränkten, durch nichts verkürzten) Seins; als Welt, die diesem höchsten Sein in inbegrifflicher, alles umfassender Totalität (als *universum* oder *mundus*) gegenüber steht und das uneingeschränkte Sein Gottes auf ein ‚contractes' Sein zusammenzieht; und als Mensch, der als Synthesis dieser beiden Einheiten eigentliches ‚Bild' Gottes in der geschaffenen Wirklichkeit ist, wobei dem Menschen in der zweiten göttlichen Person noch einmal ein ideales Ur- und Vorbild dieser durch ihn zu leistenden Synthesis sachlogisch und existenzlogisch vorausgesetzt ist (vgl. Leinkauf 2006, 120–203).

Die im elften Kapitel von *De mente* im Vordergrund stehende, letztlich auf Plotin und vor allem auf Augustinus zurückgehende Frage nach dem Verhältnis zwischen der Struktur des menschlichen Geistes und der trinitarischen Verfasstheit des ersten Prinzips oder des göttlichen Wesens ist schon eine Konsequenz dieser grundsätzlichen In-den-Blick-Nahme der Wirklichkeit durch Cusanus. Während für die griechische, vorchristliche Tradition das erste, absolute Prinzip – der „voraussetzungslose Ursprung" (*anhypothetos archê*; Platon, *Staat* VI, 510–512) – wesentlich als ein Eines oder das Eine zu denken war (und zugleich etwa auch, mit Platon, als das Gute, *to agathon*, oder, mit Aristoteles, als vollkommenste Substanz, *teleiôtatê ousia*, bestimmt war) und daher eine ‚innere', durch Reflexivität bestimmte Vielheit in diesem strikten Einen nicht zu denken war, so hatte doch schon Aristoteles im zwölften Buch seiner *Metaphysik* (die später als seine ‚Theologie' galt) in grundlegenden und für die Folgezeit von überragender Bedeutung gewordenen Überlegungen die innere, wesentliche Verfasstheit des allervollkommensten Seienden und der höchsten Substanz als Leben und Denken bestimmt. Damit werden Grundbegriffe, die schon Platon im Blick auf das höchste Sein eingeführt hatte, differenziert und aufeinander bezogen: Das Denken wird als ein lebendiger, in allen seinen Vollzugsmomenten aus drei Grundmomenten – Denkendes (*nous*), Denkgegenstand (*noêton*) und Denkvollzug (*noêsis*) – bestehender, Vorgang bestimmt (*Metaphysik* XII, 7, 1072b 10–30; XII, 9, 1074b 25–35).

Nur im höchsten Sein, das sich im Denken selbst zum Gegenstand wird, fallen Sein, Leben als Vollzug des Denkens und Denken als Denken dieses Seins zusammen.

Dieser Text der aristotelischen Metaphysik ist sowohl in der Kommentartradition immer wieder ausgelegt worden als auch gerade aus der Perspektive des sich ausdifferenzierenden Denkansatzes der platonischen Schule, im Mittelplatonismus und vor allem grundlegend durch Plotin und Proklos, immer wieder im Blick auf die Prinzipienlehre diskutiert worden. Während Plotin die Struktur der dreifältigen Selbstreflexivität allerdings als Seinsform seiner zweiten Hypostase, des Geistes, bestimmte (die sich bild-haft in den propositional strukturierten egologischen Reflexionsakten des Seelischen reflektieren konnte) und vom ‚Sein' des Einen selbst strikt getrennt gehalten hat (die Reflexionen in *Enneade* VI 7 und VI 8 zum Denken oder Wollen des Einen sind immer mit einem „quasi"-Index versehen), ist es die christliche Tradition, für die lateinische Filiation vor allem Augustinus, in der es aus systematischer Sicht zu einer Synthese aus Nus-Lehre und Henologie gekommen ist: Hier – und das ist die verpflichtende Basis für den Ansatz des Cusanus – kam es zu einer philosophisch fundierten Ausprägung eines Konzeptes von Dreiheit im Sinne einer *tri-unitas* oder *trinitas*, das den Hintergrund der Eingangsfrage von *De mente* c. 11, „Wie alles in Gott in Dreieinigkeit ist, ebenso auch in unserem Geist" (*Quomodo omnia in deo sunt in trinitate, similiter et in mente nostra*; c. 11, n. 129), bildet. Den Trinitätsbegriff hatte Cusanus schon mehrfach in seinen vor *De mente* entstandenen Schriften diskutiert (*De docta ign.* I, c. 10 [n. 27]; *De coni.* I, c. 1, n. 6; c. 2, n. 9), dabei aber auch immer den Unterschied zwischen dem Einen Gott als „Gottheit" (*deitas, theotês*) und dem in sich als Dreiheit differenzierten, im engeren Sinne ‚christlichen' Gott (*deus, theos*) im Blick behalten (vgl. *Cribr. Alk.* I, c. 14, n. 64; II, c. 10, n. 111).

In der neuplatonisch-augustinischen Tradition ist auf Basis von Platon, *Alkibiades* 127 E–133 C zudem bis hin zu Marsilio Ficino und eben auch Cusanus die stabile Einsicht entwickelt worden, dass die „denkende Selbsterfassung" des Menschen „zur strikten Vorbedingung jeder Gotteserkenntnis" gehört (vgl. Flasch 1973, 6f.; Beierwaltes 1991, 77–93. 102f. 173–175). Hierher gehört eines der Hauptthemen der Geist-Reflexionen des Cusanus: die „Ähnlichkeit" (*similitudo*) des menschlichen Intellektes (*intellectus*) mit dem Wesen Gottes auf der einen Seite und die Bildhaftigkeit des menschlichen Geistes (*mens*) in Bezug auf das Sein Gottes auf der anderen Seite – dies wird in *De mente* c. 3–4 diskutiert und ist Voraussetzung des Textes von Kapitel 11. Cusanus hat die trinitarische Verfasstheit des göttlichen Wesens aus philosophischer Perspektive – im Rückgriff auf Augustinus, Proklos, die Schule von Chartres – mehrfach und unterschiedlich bestimmt, vornehmlich als Einheit von *unitas – aequalitas – connexio* (*De docta ign.* I, c. 7–9; *Sermo* XXII n. 16f.) dann aber auch etwa als *unitas – iditas – idemptitas*

(*De pace* c. 8, n. 24) oder *principium* – *medium* – *finis* (*De ludo* II, n. 107; vgl. Beierwaltes 1980, 126–131; Leinkauf 2006, 128–132).

2 Die dreifache Struktur des göttlichen Geistes

In *De mente* c. 11 wird der trinitarische Aspekt des göttlichen Seins zunächst über kategorial- und möglichkeitslogische Überlegungen eingeführt, die deutlich auf spätere Reflexionen in den Schriften *De venatione sapientiae*, *De possest*, *Compendium* und *De apice theoriae* vorausweisen: Cusanus lässt den *idiota* zunächst „drei Absoluta" (*tria absoluta*), d. h. rein für sich und abgetrennt von anderem zu sehende Sachgehalte unterscheiden (c. 11, n. 131), die das Denken in der Reflexion auf die Struktur des Seins ausprägen kann (siehe A, B, C unten) – zunächst ganz ohne Bezug zu ‚theologischen' Fragestellungen: Die „zehn allgemeinsten Gattungen" des Seienden (*decem genera generalissima*) sind in der Wirklichkeit (*actu*) „unterschieden" (*divisa*; c. 11, n. 129), d. h. in ihrer artikulierten ontologischen und noetischen Bestimmtheit, in der sie je eine von allen anderen unterschiedene kategoriale Einteilung (substantiell, qualitativ, quantitativ etc.; x ist p im Sinne der Wesensbestimmung) und prädikative Attribution (x ist so und so groß) vollziehen – das So-und-so-Große ist unterschieden vom Wiebeschaffenen, das Substantielle vom Akzidentellen, das Temporale vom Nicht-Temporalen etc.

Vor der aktualen Differenziertheit jedoch müssen diese unterschiedenen kategorialen Bestimmungen gemäß dem – hier nicht weiter begründeten – Grundsatz (i): ‚vor aller Unterscheidung ist die Verknüpfung' (ante *omnem divisionem conexio*; c. 11, n. 129) in einer unungeschiedenen, anfänglichen Einheit gedacht werden (*sine divisione*; c. 11, n. 129). Zusätzliche Grundsätze (die ebenfalls ohne weitere Begründung thetisch hinzutreten und die Cusanus den *idiota* anführen lässt, um deutlich zu machen, dass unser Intellekt hier nicht anders als „zustimmen" kann – ein klassischer stoischer Begriff, c. 11, n. 130: *mens assentit*) besagen: (ii) ‚Gott ist vollkommen' und (iii) ‚vollkommen ist das, dem nichts fehlt' (*perfectum sit, cui nihil deest*; c. 11, n. 129). Sie führen zu dem Schluss (iv), dass in Gott als dem vollkommenen Sein die „Allheit aller Dinge" (*universitas rerum*, aus [iii]) in „höchster Vollkommenheit" (aus [ii]) ist, und zwar in einer Einheit, die absolute „Verknüpfung" (*conexio*) „ohne Andersheit und Verschiedenheit" (*sine alteritate et diversitate*; c. 11, n. 129) ist (aus [i]).

Nachdem dies klargestellt ist: ‚alles ist *vor aller zeitlich wirklichen Differenz* in dem höchsten vollkommenen Sein ohne Andersheit und Differenz als einheitliche Verknüpfung', geht der Laie einen Schritt weiter und setzt diese Einsicht in ein Verhältnis zu modallogischen Grundsachverhalten: (v) ‚es gibt eine Wirklichkeit', d.h. die Allheit der uns bekannten, sinnlich als Welt manifesten Dinge (*rerum universitas in tempore*; c. 11, n. 130); (vi) ‚etwas (sc. an und aus sich) Unmögliches kann nicht entstehen oder werden' (c. 11, n. 130: *impossibile non fiat*) – ein zentraler Grundsatz des aristotelischen Denkens (*Physik* VI, 10, 241b 6; *Metaphysik* III, 4, 999b 5–12; III, 6, 1003a 5), den Cusanus in *De venatione sapientiae* ganz in den Vordergrund stellt und als ein absolutes „*certissimum (...) et praesuppositum*" (*De ven. sap.* c. 2, n. 6) darstellt; (vii) ‚alles, was ist, ist auch entstanden' (in-explizite Annahme); daraus abgeleitet (viii): die ‚*rerum universitas in tempore*' ist (als Ganze) entstanden und damit (aus [vi]) als Ganze möglich gewesen.

Diese Allheit der uns bekannten, sinnlich als Welt manifesten Dinge hat also (A) ein „Werden-Können" (*posse fieri*), das zum Sein des in ihr Seienden gehört. Dieses Werden-Können wird später (in *De possest* und *De venatione sapientiae*) zu einem Grundbegriff des cusanischen Denkens werden. Zu einem *posse fieri* gehört aber auch notwendig ein „*posse facere*", ein Machen- oder Wirken-Können (c. 11, n. 130). Wie also *vor* dem zeitlichen Sein der Intellekt alles im noch zeitlosen reinen Werden-Können, in einer Art universalen Seinsmöglichkeit erfasst, so sieht er mit der gleichen Konsequenz eine zu dieser Seinsmöglichkeit hinzukommende (B) universale Seins-Setzungskraft, die ebenfalls noch *vor* dem Wirklich-Sein des Sein-Könnenden anzusetzen ist (*antequam essent*; c. 11, n. 130).

Der absoluten uneingeschränkten Seinsmöglichkeit (A) von all dem, das keine Seins-Unmöglichkeit aufweist (im Hintergrund steht hier die komplexe Debatte über die *possibilia* im göttlichen Denken vor der Schöpfung, wie wir sie etwa bei Duns Scotus finden können, mit der Unterscheidung von *possibile logicum* und den *compossibilia*) steht eine ebenso absolute Seins-Mächtigkeit (B) gegenüber (von der hier implizit vorausgesetzt wird, dass sie nichts Unmögliches oder Widersprüchliches ‚machen' oder ‚bewirken' kann). Damit tatsächlich, wie die ja unabweislich als existent sich zeigende Wirklichkeit es fordert, diese Möglichkeit in Wirklichkeit überführt werden konnte, muss nach der Logik der Argumentation des Laien ein Drittes (C) hinzutreten, das diese noch Unverbundenen verbindet: eine „Verknüpfung dieser beiden" (*nexus ipsius utriusque*), d.h. des *posse fieri* und *posse facere*, denn, so die Auskunft: „sonst wäre das, was durch den, der wirken kann, hat werden können, nie geworden" (*alias quod potuit fieri per potentem facere numquam fuisset factum*; c. 11, n. 131).

Wir haben also jetzt die vorhin schon erwähnten „*tria absoluta*": (A) das *posse fieri*, (B) das *posse facere* und (C) den *nexus utriusque* – und es ist genau von diesen drei für sich notwendigen, absoluten Bestimmungen, von denen Cusanus jetzt sagt, dass sie „vor" (*ante*) der Seinskonstitution oder vor der Bewegung, die (als Schöpfung) zum Sein führt, in der Einheit und Ewigkeit des absoluten ersten Prinzips, in Gott, subsistieren: „Aber diese drei Absoluta sind vor aller Zeit die einfache Ewigkeit. Daher erblickst du sie in der einfachen Ewigkeit in dreieiner

Weise" (*Sed illa tria absoluta sunt ante omne tempus simplex aeternitas. Hinc omnia conspicis in simplici aeternitate triniter*; c. 11, n. 131).

Als ‚Resultat' des Gedankenganges kann gelten, dass die Momente A, B und C, sofern sie je als absolute genommen werden, „nichts anderes sind als ein einziges unendlich Absolutes und eine einzige Gottheit" (c. 11, n. 131). Es ist signifikant, dass Cusanus seinen *idiota* hier den Begriff „*deitas*" (Gottheit) verwenden lässt, der trinitätslogisch immer die Einheit vor und in der Dreiheit anzeigt, sozusagen das „*profundum paternum*" vor aller Differenzierung. In diesem Passus von *De mente* bereitet Cusanus seine später entwickelte dynamische *posse*-Dialektik vor (vgl. Leinkauf 2012, 94–97), die er insbesondere in seiner mehr als zehn Jahre nach *De mente* entstandenen Spätschrift *De venatione sapientiae* weiter entwickeln wird. Dort erhält sie dann die modifizierte Schlussgestalt: *posse facere – posse fieri – posse factum:* „Das Werden-Können (*posse fieri*) ist nicht das Geworden-Sein-Können (*posse factum*). Daraus folgt, dass das Werden-Können nicht aus dem Werden-Können geworden ist; vielmehr ist vor dem Werden-Können nichts als das Machen-Können (*posse facere*)." (*De ven. sap.* c. 39, n. 116; vgl. hierzu Schnarr 1973, 68–169, insbes. 101 f.)

In *De venatione sapientiae* wird der Unterschied zwischen den *tria absoluta*, die als A-B-C in Gott selbst dessen trinitarischen Momente ausmachen, und den relativen, geschaffenen Konstitutionsmomenten alles Seienden A'-B'-C' dann ganz klar herausgestellt. Dem *posse fieri*, das selbst nicht noch einmal Resultat eines Werdens sein kann (sonst müsste es ja sich selbst voraussetzen) wird eine absolute Instanz vorausgesetzt, die es selbst erschafft und dadurch zu einem „*creatum*" macht: „Das Werden-Können ist nicht vor dem Allmächtigen" (*non est posse fieri ante omnipotentem*; *De ven. sap.* c. 38, n. 114); „das Werden-Können [ist] erschaffen, da es durch das Machen-Können erzeugt [...] ist" (*cum sit per posse facere productum [...] creatum dicimus*; *De ven. sap.* c. 39, n. 116).

Wichtig ist hier, dass Cusanus dieses Erfassen einer dreifachen, aus dem Sein-Können einer Sache resultierenden Grundstruktur von *posse fieri, posse facere, nexus utriusque* als ein „im Geist sehen" (*mentaliter videre*; c. 11, n. 130) oder als ein Sehen „mit dem Auge des Geistes" (*oculo mentis*) oder ein „Erblicken" (*conspicere*; c. 11, n. 131) bezeichnet. Mit der Anzeige dieser spezifischen mentalen Erkenntnisform hebt Cusanus auf die für ihn grundlegende Differenz von logisch-diskursiven, unterscheidenden, prädizierenden Akten des Verstandes (*ratio*) und den spekulativen, intuitiven, in-eins-schauenden Akten der Vernunft (*intellectus*) und des Geistes (*mens*) ab. Ein Erfassen der drei Momente eines dreifach-verknüpften Seins oder auch Vorganges, für welches die drei Momente in ihrem Unterschieden-Werden und Unterschieden-Sein nicht im selben Moment der Unterscheidung auch schon wieder auseinanderfallen, kann nur durch spekulative höchste Erkenntnisakte erreicht werden. Das „*triniter*"-*conspicere* ist eben nicht zu denken als eine Art additiver Vorgang – ähnlich der Art, wie wir zuvor in der Analyse des thematischen Textpassus die aufeinander aufbauenden Grundsätze (i – viii) und daraus folgend die Grundmomente A-B-C des Ternares unterschieden haben und unterscheiden mussten (da diese auch faktisch eine gewisse Eigenständigkeit gegeneinander aufweisen) – sondern als ein *direktes* Erfassen der untrennbaren Einheit der dreifachen Momente *in* ihrer Verschiedenheit. In dieser Hinsicht verhalten sich die Momente *posse fieri, posse facere, nexus* wie die Personen im trinitätslogischen Gefüge, deren Unterscheidung vom göttlichen Wesen und von ihren jeweils ‚anderen' ko-trinitarischen Instantiierungen gerade keine Unterscheidung im strikten Sinne ist, sondern eher das Herausheben eines Aspektes bedeutet, der letztlich allen gemeinsam ist, jedoch nur in genau einer Person alle anderen trinitarischen Bestimmungen unter einen Index setzt.

Dass es zwischen den Personen der christlichen Trinität und den im philosophischen Zugriff auf die Möglichkeit eines in sich differenzierten Einen erarbeiteten Bestimmungen für Cusanus einen sachlogischen Zusammenhang gibt, zeigt der Fortgang des Gesprächs sofort im Anschluss: Cusanus setzt nämlich zwischen die einzelnen Glieder des ternarischen Ganzen eine bestimmte Ordnung des ‚Früher und Später' an (c. 11, n. 131): A (*posse fieri*) geht unumkehrbar dem B (*posse facere*) voraus und aus beiden folgt erst notwendig das C (*nexus*). Der *philosophische* Ternar ‚*posse fieri – posse facere – nexus*' wird jetzt explizit der zuvor durch den Grundternar ‚*unitas – aequalitas – nexus*' ebenfalls philosophisch bestimmten theologischen Trinität (*pater – filius – spiritus*) gleichgesetzt.

Der zweite Ternar wird, gewonnen aus der Auseinandersetzung mit der Schule von Chartres, seit *De docta ignorantia* als stabile Formel verwendet (vgl. *De docta ign.* I, c. 7 – 10. c. 24 [n. 80 f.], auch durchscheinend in *De mente* c. 4, n. 74 f.; c. 6, n. 95. Vgl. Thierry von Chartres, Commentum super Boethii librum De trinitate II, 30 – 38; ed. Häring 1971, S. 77 – 80; zu Cusanus und Thierry sowie insgesamt der Schule von Chartres vgl. Albertson 2014). In der direkten sachlichen Folge der weiter oben angezeigten Tradition der Verknüpfung der noetischen Aktivität mit dem wesentlichen Selbstvollzug der göttlichen Substanz (Wesen) seit Aristoteles, Plotin und Augustinus setzt Cusanus auch das Denken Gottes mit der ternarischen Struktur gleich: „Der ewige Geist erkennt alles in der Einheit, in der Gleichheit der Einheit und in beider Verknüpfung" (*mens aeterna omnia in unitate, unitatis aequalitate et utriusque nexu intelligit*; c. 11, n. 132). Da in Gott (mit Thomas von Aquin) *intelligere* und *esse* bzw. *essentia* koinzidieren, vollzieht sich sein Denken in absoluter, zeitfreier und höchster Weise. Damit ist sozusagen der Weg freigemacht, um die Frage des Kapitels nach der „*similitudo*" des göttlichen und menschlichen Geistes zu beantworten.

3 Der menschliche Geist als Ähnlichkeitsbild (*similitudo*) des göttlichen Geistes

Die Beantwortung der Frage nach der „*similitudo*", deren Bejahung dem menschlichen Geist dieselbe ternarische Grundverfasstheit vindizieren müsste, greift der Bedeutung gemäß auf eine noch allgemeinere und grundsätzlichere Struktur von *similitudo* zurück, deren für die lateinische Tradition verbindlich gewordene Formulierung sich bei Augustinus findet (und die einen weiteren Grundsatz der Argumentation einführt): (viii) ‚alles Prinzipiierte weist in sich eine Ähnlichkeit zum Prinzip auf'. Ist also das Prinzip durch ‚A-B-C' bestimmt, so ist das Prinzipiierte als A'-B'-C' ebenfalls durch ‚A-B-C' bestimmt: Wir können nun für ‚A-B-C' entweder den Ternar *unitas – aequalitas – connexio* oder auch den abgeleiteten Ternar *posse fieri – posse facere – nexus utriusque* einsetzen. Cusanus überträgt in der ihm eigenen ingeniösen Weise *beide* Ternare, die ja, wie wir gesehen haben, selbst im Verhältnis der Fundierung zueinander stehen, da der erste dem zweiten vorausgeht (in unserem Text deutlich durch das dreimal aufgenommene *descendit* angezeigt), auf die Struktur aller „*principiata*": „In allem also, *was aus dem Ursprung hervorgegangen ist*, findet sich notwendig das Werden-Können, das von der unendlichen Kraft der absoluten Einheit oder Seinsheit herkommt, das Wirken-Können, das von der Kraft der absoluten Gleichheit herkommt, und beider Zusammensetzung, die aus der absoluten Verknüpfung herkommt" (*in omnibus igitur quae principiata sunt, posse fieri, quod descendit a virtute infinita unitatis seu entitatis absolutae, posse facere, quod descendit a virtute absoluta aequalitatis, et compositionem utriusque, quae descendit a nexu absoluto, reperiri necesse est*; c. 11, n. 132, m.H.).

Aus der hier behaupteten Bild-Struktur des Geistes heraus, die mit der Wendung „unser Geist, das Bild des ewigen Geistes" (*mens nostra imago mentis aeternae*; c. 11, n. 133) die bekannten Bild-Bestimmungen aus c. 3, n. 72 (*huius complicantis simplicitatis imago*), c. 4, n. 74 (*imago simplicissima*) oder aus c. 7, n. 106 (*viva imago dei*) aufgreift, reaktiviert Cusanus die These oder Konjektur aus c. 1, n. 57, dass der Geist von ‚messen' her benannt werde (*mentem a mensurando conicio*; siehe auch c. 3, n. 71), in der Weise, dass es jetzt der Geist ist, der sein ‚Maß' in dem „ewigen (sc. göttlichen) Geist" als *seiner eigenen Wahrheit* zu erjagen strebt (*venare contendit*) – d.h. also, dass das Ähnlichkeitsbild (*similitudo*) des Geist-Ternares sein Maß und damit seine Wahrheit in dem Urbild des göttlichen Ternares oder der lebendigen Trinität sucht.

Nicht nur der Begriff des ‚Maßes' als eine anfängliche Näherungsbestimmung von *mens* taucht in unserem Kontext wieder auf, sondern vor allem auch der epistemologisch weit zentralere Begriff der „Angleichung" (*assimilatio*) aus c. 3,

n. 72, c. 4, n. 75 und c. 7, n. 99–107 (vgl. etwa c. 7, n. 99: „Der göttliche Geist ist eine seinsverleihende Kraft [*vis entificativa*], unser Geist ist eine angleichende Kraft [*vis assimilativa*]). Die „hohe Kraft" oder das „hohe Vermögen" (*vis alta*; c. 11, n. 133) des Geistes wird jetzt expliziert durch eine Synthese aus dem Assimilationsgedanken und der Binnendifferenzierung des „Könnens" (*posse*) in passivische, aktivische und synthetische Instantiierung: Angeglichenwerden-Können, Angleichen-Können und beider Verknüpfung (*posse assimilari – posse assimilare – nexus utriusque*). Der endliche menschliche Geist, der das Ähnlichkeitsbild (*similitudo*) des absoluten göttlichen Geistes ist, kann nun, so die Schlussfolgerung des Cusanus, seine genuine Leistung als Geist, das Erkennen, nur als zeitlich-vielheitlichen Nachvollzug des zeitfrei-einheitlichen Erkenntnisakts Gottes realisieren – indem er ihn aber realisiert, und d. h. in jedem einzelnen Erkenntnisakt, instantiiert der Geist seine Bildhaftigkeit. So heißt es: „In dieser Aufeinanderfolge [...] siehst du unseren Geist in Entsprechung zum göttlichen Geist erkennen. Der göttliche Geist nämlich erkennt ohne Aufeinanderfolge und in jeder Weise des Erkennens" (*in [...] successione [...] vides mentem nostram in similitudine aeternae mentis intelligere. Aeterna enim mens sine successione simul omnia et omni modo intelligendi intelligit*; c. 11, n. 133).

Die Differenz zwischen Zugleich und Nacheinander, zwischen Vielheitlich und Einheitlich, zwischen Bewegung und Ruhe markiert das Bild-Urbild-Verhältnis; in dieser Differenz jedoch ist die Struktur des Dreifachen oder Ternarischen das Vermittelnde, das in der sich aus Identität und Differenz zusammensetzenden Bild-Relation die Identität anzeigende Moment. Die Grundfolge oder Grundsequenz, in der der Geist seine bildhafte Erkenntnisleistung realisiert, ist diejenige von Materie, Form und Synthesis als Erkennen – in der sich die aristotelische Grundunterscheidung aus *Metaphysik* VII, 3, 1028b–1029b von *hylê*, *eidos/morphê* und *synholon* spiegelt. Cusanus ordnet nun diese sequentiellen Faktoren den ternarischen Momenten zu: Die Materie entspricht dem *posse fieri*, die Form dem *posse facere* und die Synthesis dem *nexus*. Seine These ist, dass der Geist „nichts erkennt, wenn er nicht, in irgendeiner Weise Materie und hinzukommende Form voraussetzend (*praemittere*), diese (sc. Vorausgesetzten) auf die Weise eines Zusammengesetzten (*compositum*) verknüpft (*nectere*)" (c. 11, n. 133). Die Faktoren der synthetisierenden Erkenntnisbewegung sind nun noch einmal näher zu bestimmen, denn der herausgearbeitete *posse*-Ternar ist ja, wie sich später (c. 11, n. 134) zeigen wird, ein allgemeines Bild der Trinität im geschaffenen Sein.

Entsprechend der in Kapitel 3 herausgestellten Grundbestimmung der *mens* als einer auf der begrifflichen Ebene (*notionaliter*; c. 3, n. 72; siehe auch ebd.: „Das Begreifen unseres Geistes ist begriffliches Erkennen der Dinge" [*conceptio nostrae mentis est rerum notio*]) einenden Einheit (*unitas uniens*; c. 6, n. 95) können die

Faktoren der ternarischen Erkenntnissynthesis selbst auch ‚nur' begriffliche Größen darstellen (wenn man einmal *notionaliter* mit ‚begrifflich' übersetzen wollte). Und genau dies ist der Fall: Der menschliche Geist bildet die Wesenheiten und Sachgehalte der Dinge auf eine annähernde Weise (*assimilative*) begrifflich und d. h. in der Weise von allgemeinen Bestimmungen (*universalia*) der rational-logischen, propositionalen Kategorialunterschiede ab. Dem *posse fieri*, das zuvor schon als Analogon zur ‚Materie' herausgestellt worden war, wird daher das Prädikament der Gattung (*genus*) zugewiesen, dem *posse facere*, das der Form zugeordnet war, dasjenige des Unterschiedes (*differentia*, im Sinne der für jeden Urteilsakt konstitutiven *differentia specifica*) und dem *nexus* dasjenige der Art (*species*) oder – im Sinne der ‚letzten' Bestimmung, die noch eine allgemeine Formbestimmung an sich trägt, die nicht zur Reihe der deskriptiv-akzidentalen Prädikate gehört – des Individuums (*individuum*; c. 11, n. 133; vgl. hierzu Leinkauf 1994).

Aber auch die noch ausstehenden Prädikamente aus der Reihe des Porphyrios, das *proprium* und das *accidens*, gewinnt der reflexive Selbstvollzug der *mens* aus der Perspektivierung einerseits des „eigentümlichen Erleidens" (*propriae passionis*), andererseits des „Hinzukommenden" zur schon bestimmten Wesensform (*accidentia*; c. 11, n. 133). So ist das dreifach-strukturierte Bild des göttlichen Geistes in seiner ihm eigentümlichen Produktivität als eine die prädikamentalen Formen zur begrifflichen Bestimmung des Seienden anwendende mentale Einheit zu denken, die nicht nur selbst ‚geistiges' (mentales, intellektuales, rationales) Bild des absoluten Einen ist, sondern die durch sich und in sich wiederum begriffliche ‚Bilder' oder besser: Näherungsbestimmungen (*assimilationes*) des durch das absolute Eine hervorgebrachten Seins ausprägt, die dann – wie wir aus anderen Texten wissen – in die verschiedenen Wissenschaften, Techniken und Kunstausprägungen eingehen. ‚Begriffliche Bilder' (als *conceptus, notiones, universalia*) deswegen, weil die Synthesis aus Genus und Differenz, z. B. Lebewesen (*animal*) und Menschsein (*humanitas*), eine einzige genau bestimmte „Substanz" (c. 11, n. 134: *unam esse substantiam*) ausbildet, die im Begriff ‚Mensch' (gedacht als Art) die durch den Geist verbundene Einheit aus Gattungsbestimmung und spezifischer Differenz ist – eigentlich hätte Cusanus hier die hinzutretende Form, die er selbst ja zuvor, wie wir gesehen haben, als [spezifische] Differenz bestimmt, als Rationalität auszeichnen sollen.

In den Ausführungen, die Cusanus in n. 134 f. gibt, wird deutlich, dass die begrifflichen Bestimmungen, um die es hier geht, alle als (i) rein begrifflich allgemeine Bestimmungen (in dem Sinne, dass hier, im denkenden Selbstvollzug des Geistigen, auch die Materie als ein begriffliches Sein zu denken ist, sei es als „*possibilitas essendi*" oder als „*genus*") und (ii) als durchweg in synthetischer Einheit gesetzt zu denken sind: „In derjenigen Gesamtheit der Dinge, die im Geist

ist, ist alles in Dreiheit und in Einheit der Dreiheit in Ähnlichkeit zu demjenigen zu denken, was in dem ewigen Geist ist" (c. 11, n. 135). Auch die zehn „allgemeinsten Gattungen" (*decem genera generalissima*), die aristotelischen Kategorien (*Categoriae* 1, 1b 25 – 27; *Topica* 103b 20 – 23), sind im Denken natürlich ‚auf die Weise des Denkens' (c. 11, n. 136: *sed ut in mente sunt*), d. h. sie können nicht außerhalb des Denkens und des Geistes auf dieselbe Weise Form oder Zusammengesetztes sein, wie sie dies auf eine primäre und eigentliche Weise im Denken sind. So ist die Qualität als begrifflich-intelligible Bestimmung kein Akzidens, sondern eben ein *intelligibile* und *universale*; erst in ihrem Bezogensein auf untergeordnete, komplex-begriffliche oder materielle Bestimmtheiten fungiert sie auch als Akzidens im Sinne von ‚x ist rot'.

Die begrifflichen kategorialen Bestimmungen sind als solche nicht Teil der außermentalen Wirklichkeit, wohl jedoch sind die ternarischen, übergeordneten Grundmomente A-B-C jeder Seinswirklichkeit, wie der Fortgang zeigt, die festen, stabilen Faktoren, die jede Form des Wirklichen strukturieren (und dadurch in eine intelligible Form heben, die dem Denken allererst durch seine kategorialen Operationen zugänglich werden kann): „Alles, was wirklich ist, besteht in [oder: hat sein Sein in] Materie, Form und Verknüpfung" (c. 11, n. 137). Das Menschsein (*humanitas*) ist ontologisch (nicht mehr, wie oben, nur begriffslogisch), also als Wesensform und *natura* im Sinne der gattungshaft-allgemeinen Möglichkeit Mensch zu sein (*possibilitas essendi hominem* = *posse fieri* [A]), die Materie (*materia*); das selbe Menschsein ist im Sinne der arthaften Aktualisierung dieser ‚materialen' Möglichkeit die Form (= *posse facere* [B]); und das selbe Menschsein ist als (konkreter) Mensch (*homo*), das „aus beiden Zusammengesetzte und Verknüpfte" (*ex utroque compositum conexumque* = *nexus* [C]).

Die am Satzanfang (c. 11, n. 137) herausgestellte Selbigkeitsbestimmung „*hoc ipsum*" wird in dem explikativen „*ita videlicet, ut*"-Halbsatz am Schluss noch einmal ganz als tragende Voraussetzung explizit gemacht: „dass ein und dasselbe die Möglichkeit des Menschseins, die Form und das aus beidem Zusammengesetzte ist" (*ut unum et idem sit possibilitas essendi hominem, forma (sc. hominis) et compositum ex utroque*). Allerdings kann Cusanus diese starke Identitäts-und Selbigkeitsforderung hier nicht wirklich ableiten, sondern nur als Konsequenz schöpfungstheologischer Selbstmitteilung der göttlichen Einheit in allem von ihr Geschaffenen postulieren. In diesem Sinne ist die ganze Wirklichkeit, die menschliche wie auch die natürliche Welt, durch die dreifache Grundverfasstheit des absoluten göttlichen Grundes bestimmt. Dies macht der Laie noch einmal dadurch klar, dass er diese ternarische Selbigkeit und Einheit auch für das traditionelle Muster-Akzidens ‚das/die Weiße' (*albedo*) postuliert („dieselbe Natur der Qualität"; c. 11, n. 137).

Die systematische Ausfaltung der *posse*-Theorie in *De venatione sapientiae* wird insbesondere den hier in *De mente* noch unscharf gefassten Begriff des *nexus utriusque* zu klären versuchen, indem durch die Umformulierung *posse fieri, posse facere* und *posse factum* zum einen das *posse* als sich gleich bleibender Grundtenor heraustritt und zum anderen die Modi des Verbs *facere* ausdifferenziert werden in den passivischen Infinitiv *fieri*, den aktivischen Infinitiv *facere* und das Partizip Perfekt im Passiv *factum* (*De ven. sap.* c. 39, n. 115). Diese hier in *De mente* entfaltete *posse*-Spekulation wird in den Schriften *De possest, De venatione sapientiae* und *De theologicis complementis* weiter ausgebaut. Vor allem wird dem Ternar, der ganz gezielt ohne den direkten Bezug auf das Sein (*esse, est*) auskommen will, da in ihm eigentlich nur die abgeleitete, unvollkommene, immer im Werden und in der Abbildlichkeit zum idealen Sein sich befindende Wirklichkeit reflektiert wird (das *fieri, facere* und *factum*), in der späteren Konzeption im Begriff des *possest* (der eine geniale Synthese aus dem Infinitiv *posse* und der 3. Person Singular des Indikativ Aktiv *est* darstellt) das absolute Sein Gottes noch vorangestellt (*De possest* n. 6, n. 16; *De ven. sap.* c. 13, n. 34, c. 39, n. 120; vgl. Beierwaltes 1980, 120–124; Leinkauf 2006, 138–143). Die absolute Einheit von Können und Sein im ewigen IST Gottes ist die *unitas uniens*, die auch den hier in *De mente* entwickelten *posse*-Ternar fundiert.

In dieser Übertragung oder Anwendung unseres in spekulativer Begriffsreflexion gewonnenen Ternares *posse fieri, posse facere* und *nexus utriusque* auf kategorial- und modallogische Grundstrukturen der Wirklichkeit entwickelt Cusanus einen stark aufgeladenen Begriff von Materie, der diese teilweise als eine Form des Seins erscheinen lässt, die, obgleich an sich der reinen Möglichkeit zugeordnet (*esse possibiliter*; c. 11, n. 138; vgl. c. 11, n. 137: *possibilitas essendi [...] materia est*) und damit als noch konfuse, indifferente, unklare Weise des Seins der Form (in der Gattungseinheit), doch auch als zum „Wirklich-Sein" (*actu esse*) nicht im Widerspruch stehen soll: „Ich nehme Wirklich-Sein nicht so, dass es dem widerspricht, was In-der-Materie-Sein ist" (*non recipio esse actu, ut repugnet ei, quod est esse in materia*; c. 11, n. 138) heißt es als Antwort auf die Frage des Philosophen, wie das, was als Mögliches noch nicht ‚ist', dennoch in der Materie sein könne. Das Möglich-Sein ist somit *nur dann* ein Nicht- oder Noch-nicht-Sein, wenn seine modale Differenz zum faktischen Wirklichsein betont wird; an sich ist es selbst ein Sein, in dem das, was wirklich ist, als ein Dieses und als ein in diesen Dingen verwirklichtes Sein (*ut actu sunt, id est hic et in his rebus*) ein Sein hat, z. B. so, wie „im Wachs diese Möglichkeit ist, eine Kerze zu sein, im Kupfer diese Möglichkeit, ein Kessel zu sein" usf. (c. 11, n. 138; vgl. Thierry von Chartres 1971, 75 [Commentum super Boethii librum De trinitate II, 22]).

Es ist klar, dass eine solche Konzeption von ‚Materie' (in der gesagt wird, „dass alles, wie es wirklich ist, [...] auch in der Materie ist" [*quod omnia ut actu sunt in materia quidem sunt*'; c. 11, n. 138]) in diese scheinbar eine Form idealer Durchbestimmtheit als einen jeweiligen Möglichkeitshorizont ansetzt – etwa die Summe aller Formbestimmungen als quasi-Wirklichkeiten, die dem Wachs zukommen, die dem Kupfer zukommen, die der Oberflächenstruktur von x als Farbe zukommen oder die auch dem Menschsein zukommen etc. Cusanus sagt nun Folgendes: Es gibt eine Äquivalenz, eine ‚so-wie'-Relation, zwischen „*esse in materia*" und „*esse actu*". So, wie es in der Wirklichkeit ist – hier haben das Wachs oder das Kupfer immer eine bestimmte Wirklichkeit als Kerze oder Kessel etc. – so ist es auch in der Materie als ontologischem Ort der Möglichkeit (*posse fieri*). Die bestimmte Möglichkeit (*haec possibilitas*) des Wachses, eine Kerze zu sein, ist sozusagen in der Materie ebenso schon gesetzt, wie dann in der Wirklichkeit.

Das impliziert aber: Der Übergang von Möglichkeit zu Wirklichkeit hängt nicht von dem formalen Bestimmungsgehalt ab und die Synthesis (*nexus*) von Materie (*posse fieri*) und Form (*posse facere*) eines möglichen x^m ist in der geschaffenen, realen Materie immer schon dieselbe, wie diejenige Synthesis des wirklichen x^w. Diese Auskunft bekommt man aber erst in *De venatione sapientiae* (c. 39, n. 116), wo es heißt: „Werden-Können und Geworden-Sein-Können [sind] dem Wesen nach nicht verschieden" (*non igitur posse fieri et posse factum in essentia sunt differentia*), sondern stellen einen je anderen Seinsmodus dar. Der Übergang ist also ein anderer, nämlich derjenige des unterschiedlichen *modus essendi*, d.h. es ist ein Übergang von einem unvollkommeneren Sein zu einem vollkommeneren Sein, vom Nicht-Existieren des möglichen x^m zu seinem Existieren als wirkliches x^w. Die Wirklichkeit gilt Cusanus als eine höhere Seinsweise als die bloße Möglichkeit, d.h. dieser Übergang ist nicht eine Konsequenz formaler Bestimmung oder Anreicherung, sondern Seinssetzung oder Schöpfung – die hier angesprochenen Probleme allerdings werden nicht weiter ausgeführt.[1]

Cusanus deutet in unserem Text auch sprachlich durch die Verwendung von bestimmten Demonstrativpronomina (*hic, haec, hoc*) an, dass er die in der ‚Materie' subsistierende Allgemeinheit des Möglichseins oder der Seinsmöglichkeit einschränkt auf eine je bestimmte Allgemeinheit. Es heißt nämlich ‚*omnia ut actu sunt, id est* hic *et in* his *rebus, in materia quidem sunt*', d.h. „hier und in diesen (bestimmten) Dingen" – der Bezugsrahmen sind die Dinge dieser wirklichen Welt.

---

[1] Hierzu ist vor allem auf *De ven. sap.* c. 38, n. 114 zu verweisen, wo Cusanus davon ausgeht, dass im Werden-Können, das ja hier in *De mente* der Materie entspricht, alles Gewordene enthalten ist und dass dieses Potential ausschließlich durch Gottes Setzungs-/Schaffensakt oder, bezogen auf die Selbstorganisation der Welt, durch die Natur als *natura naturans* (ebd. c. 4, n. 10; c. 9, n. 23) aus seiner unbestimmten Möglichkeit (*posse fieri simpliciter*) in seine bestimmte Möglichkeit (*posse fieri contractum ad id, quod fit*) überführt werden kann; vgl. Schnarr 1973, 69f. und 120. Zu der komplexen Modaltheorie des Cusaners vgl. Leinkauf 2021.

Und es heißt auch bei den Beispielen nicht ‚*in cera est possibilitas essendi candelam*', sondern präzise ‚haec *possibilitas*', „*diese* Möglichkeit, Kerze zu sein" (c. 11, n. 138). Cusanus sagt auch nicht: ‚die Möglichkeit diese Kerze (*hanc candelam*) zu sein' im Sinne der definiten Einschränkung der Möglichkeit (oder der Materie als Ort des Möglichen) auf individuelles Einzelseiendes, sondern es ist die bestimmte Möglichkeit (*haec possibilitas*) zu der noch unbestimmten unbegrenzten Anzahl einzelner Kerzen.

Was also „hier" in den wirklich existierenden (natürlichen) Dingen das In-der-Materie-Sein eines x betrifft, so handelt es sich um die bestimmte, d. h. der zugrundeliegenden Materie – dem Wachs, dem Kupfer, dem Stein etc. – entsprechende Möglichkeit, jeweils ein x dieser Art zu sein. Die Differenz zwischen In-der-Materie-Sein als Möglichsein und dem Wirklichsein als „*actu esse*" (*actualis determinatio*) kann nur in der letzten individuierenden Bestimmung (*contractio*) liegen, die den Übergang von Möglichkeit als Noch-Nicht-Bestimmtheit zur Wirklichkeit ausmacht, den wir zuvor mit Blick auf *De docta ignorantia* als Übergang zwischen *modi essendi* ableiten konnten: von der *possibilitas* in die *actualis determinatio*. Wichtig ist: Die *actualis determinatio* ist für Cusanus nie die *determinatio simpliciter*, die, als Idee, nur im absoluten Sein Gottes gegeben sein kann. In dieser Hinsicht kann das im *nexus* realisierte, bestimmte, wirkliche Sein nie die im *posse fieri* angelegte Seinsmöglichkeit als ganze ausschöpfen. Kein Sein ist als *posse factum* alles das, was (es) sein kann: *omnia quod esse potest* – dies ist nur im absoluten *posse* Gottes als *possest* realisiert (*De ven. sap.* c. 37, n. 108; *De docta ign.* I, c. 3 [n. 9 f.]; *De ludo* II, n. 96).

4 Schluss

Die restlichen Passagen von Kapitel 11 gehen abrupt von der komplexen Problematik der bildhaften Repräsentation der göttlichen Dreiheit in allen Strukturen der Wirklichkeit zu ganz anderen Fragestellungen über, die aber das grundsätzliche Problem des Verhältnisses Einheit – Vielheit (Dreiheit) im Blick halten: (i) aus welchem Grunde (mit welcher Begründung) kann man eine Dreiheit zugleich auch als eine individuelle Einheit bezeichnen (*individua una*; n. 138 f.); (ii) ist der menschliche Geist (*mens*) als Substanz und als Einheit aus seinen verschiedenen Erkenntnis- und Verstehensweisen (*modi comprehendendi*) zusammengesetzt (*composita*; n. 140 f.)? Wir haben von der Seite des Philosophen also einmal die Frage nach der individuellen Einheit eines (scheinbar) Zusammengesetzten, der Drei-Einheit des göttlichen Wesens, des menschlichen Geistes und der natürlichen Dinge, und nach der kompositen Einheit einer (scheinbar) einfachen Substanz, des menschlichen Geistes.

Zu dieser ersten Fragestellung (i), die sich aus mehreren Unterfragen zusammensetzt, nimmt der Laie folgendermaßen Stellung: Die Einheit jeder Drei-Einheit (Trinität, Ternar) wird von der Instanz her zu Recht ‚Einheit' genannt und d.h. legitim als Einheit auch gedacht, die man als „einende Einheit" (*unitas uniens*) bezeichnet (vgl. hierzu schon c. 6, n. 95). In Bezug auf Gott, d.h. die theologische Trinität, ist die individuelle oder unteilbare Einheit als Produkt der einenden Einheit der „wahren Substanz" (*substantia vera*) zu verstehen; in Bezug auf alles Geschaffene, d.h. auf den Geist wie auch auf die natürlichen Dinge, als Produkt der einenden Einheit, die als *natura* zu verstehen ist. In der Perspektive des ontologischen Gesamtgefüges ist allerdings die zweite ‚einende Einheit' – das, was in der Tradition als Natur oder Wesen einer Sache galt – ein Bild (*imago*) der ersten einenden Einheit, die „im eigentlichen Sinne" (*proprie*) Substanz ist (c. 11, n. 138). Eben von der Einheit der Substanz her, so der Laie, werden auch die einzelnen Momente der Dreiheit je als Einheit verstanden: Die Einheit (*unitas*) ist eine (*una*), die Gleichheit ist eine und die Verknüpfung ist eine (c. 11, n. 139). Die Denomination der Momente der göttlichen Trinität *unitas – aequalitas – conexio* als Vater, Sohn und Geist hingegen perspektiviert diese aus ihrem Individualsein als Personen (*personae*). Es sind in der Trinität also (entsprechend dem Grundsatz des Nizänischen Konzils: *mia ousia, treis hypostaseis*) zwei Perspektiven ineins zu unterscheiden und zusammen zu sehen: diejenige, die alles unter den Index der „einen Substanz" stellt (*unitas substantiae*) – hier treten die Drei ineinander; und diejenige, die alles unter den Index der „Einzigkeit" (*singularitas*) der Personen stellt – hier treten die Drei auseinander.

Bei der zweiten Fragestellung (ii) nach dem Zusammengesetztsein oder Nicht-Zusammengesetztsein des menschlichen Geistes entsprechend seiner epistemischen Vermögen geht es insbesondere darum, ob die substantielle Einheit des menschlichen Geistes, die ihn ja – ebenso wie seine ternarische Verfasstheit – zum „lebendigen Bild" (*viva imago*) der göttlichen Einheit macht, durch die ‚Teil-Vermögen' (*modi comprehendi*: c. 11, n. 140; *partes*: ebd.) selbst geteilt wird, oder ob diese selbst jeweils das Ganze sind. Der Laie muss mehrfach zugeben, dass dies eine äußerst schwierige und kaum zu beantwortende und erkennende Sache sei: „*difficulter dici posse arbitror*" und „*difficillimum est dictu et cognitu*" (c. 11, n. 140). Das Problem stellt sich analog zu demjenigen der Trinität aus der ersten Frage (i) (aus dem es durch den Philosophen ja auch abgeleitet ist): Wenn die einzelnen *modi comprehendendi* (oder *cogitandi*) selbst substantielle Einheiten *und zugleich* substantielle Teile (*partes*) der übergreifenden Einheit des Geistes sind, wie ist das Verhältnis dieser Teile zum Ganzen genau zu denken?

Einmal muss gesagt werden (c. 11, n. 140): Der Geist ist „eine Kraft des Begreifens und ein kräftemäßiges Ganzes, das aus allen Kräften des Begreifens zusammengesetzt ist", zum anderen jedoch gilt auch, dass „jede einzelne (Begreifens)Weise ein für sich substantieller, d. h. einiger, autarker, suffizienter Bereich des Erkennens ist. Wenn daher gelten soll: Jeder substantielle Teil wird vom Ganzen wahrhaft ausgesagt und zwar als Teil des ganzen Vermögens selbst, dann ist, wenn das Teilvermögen x (z. B. das Denken) tätig ist, der ganze Geist als denkender tätig, wenn das Teilvermögen y (z. B. das Sehen), der ganze Geist als sehender tätig, wenn das Teilvermögen z (z. B. Vorstellen) etc.: „Denn wenn der Geist auf diese oder diese (*sic vel sic*) Weise erkennt, dann können seine Erkenntnisvermögen (*virtutes intelligendi*), die seine Teile sind, nicht Akzidentien sein" (c. 11, n. 140).

Ob und wie sie im Akt ihres x-Seins, y-Seins oder z-Seins zugleich „substantielle Teile" (*partes substantiales*) und „der Geist selbst" (*mens ipsa*; c. 11, n. 140) sein können, ist eben die Schwierigkeit. Die Diskussion führt die beiden Gesprächspartner direkt in die nur im spekulativen, intellektualen Denkzugriff zu thematisierende (nicht: zu ‚lösende') Grundfrage nach dem Verhältnis von Einheit und Vielheit in einer übergreifenden Einheit: Die schon eingeführte Wendung „einende Einheit" (*unitas uniens*) nimmt den aktiven Aspekt, die *vis uniendi* der Substanz, und denkt diese Kraft und Aktivität als eine universal innerhalb dieser substantiellen Einheit präsente Grundform, so dass alle Teilmomente – in der Trinität *unitas, aequalitas, conexio* als Vater-Sohn-Geist; im Geist *posse fieri, posse facere, nexus* als Denken, Verstehen, Vorstellen und Wahrnehmen – jeweils in ihrem aktualen spezifischen Tätigsein Ausdruck der ganzen Kraft und damit der ganzen substantiellen Einheit sind. Der Geist wird daher in seinen Teilvermögen immer selbst als *ganzes* Vermögen gedacht: „[Der Geist] selbst als ganzer [wird] Verstehenskraft, Folgerungskraft, Vorstellungskraft und Wahrnehmungskraft genannt" (*ipsa tota dicatur vis intelligendi, ratiocinandi, imaginandi et sentiendi*; c. 11, n. 141).

Die „Kraft" der Wahrnehmung in uns ist daher eine Kraft des Geistes und „daher Geist" (*hinc mens*), so wie jeder beliebige Teil der Linie „daher" auch die Linie selbst ist: „*quaelibet pars lineae linea*" (c. 11, n. 141). Die quantitative Größe (*magnitudo*) ist daher, sofern sie allerdings „getrennt von der Materie" genommen wird, nach Überzeugung des Laien ein gutes Beispiel für diese spekulative Identität von Teil und Ganzem. Natürlich kann der Teil einer materiell individuierten Linie nicht als dieser bestimmte Teil die (ganze) Linie sein – der Teilabschnitt b–c der Linie a–d ist immer nur, unabhängig von seiner bestimmten Größe, eine Sammlung von materiellen Teilchen, die gemäß der Bedingung der *partes-extra-partes*-Struktur außerhalb eines beliebigen anderen Teilabschnittes subsistieren. Hier sind Teil und Ganzes getrennt und fallen nicht ineinander, vor allem kann im Teil nicht das Ganze als Ganzes präsent sein.

Dies ist aber gemeint, wenn gesagt wird: ‚der Geist denkt, wenn er denkt, als Ganzer' oder ‚der Geist nimmt, wenn er wahrnimmt, als Ganzer wahr', etc. Da der

Teil als ‚Teil' die Wahrheit seines Teil-Seins nur vom Ganzen her zugeschrieben bekommen kann (*de toto verificatur* – dies der Modus, in dem das Problem für den menschlichen Geist im Erkennen besteht), ist er, so die Schlussfolgerung des Laien, auch von derselben „Seinsheit" (*entitas*) wie das Ganze (*eiusdem entitatis*; c. 11, n. 141). Sind Teil und Ganzes Produkte der Unterscheidung innerhalb einer übergreifenden, sie fundierenden Einheit wie derjenigen der ‚Größe' (*magnitudo*, *quantitas*), so ist jedes der Unterschiedenen von derselben Seinsweise dessen, dessen Unterschiedene sie sind: Der Teil der Linie ist Quantität oder Größe und die Linie ist Quantität oder Größe; d. h. das Quantität-Sein ist im Teil, unangesehen des faktischen Wie-Groß-Seins (noch die kleinste Linie ist Linie), ebenso gegenwärtig wie im Ganzen.

Auf den Geist übertragen heißt dies, dass seine Teilvermögen wie auch er selbst als ganzer Geist Produkte der Unterscheidung innerhalb einer übergreifenden, fundierenden Einheit sein müssen; in diesem Falle der „Kräfte des Begreifens" (*virtutes comprehendendi*), die Produkt wiederum der *unitas uniens substantiae* sind: „Woher hat er diese Kräfte des Begreifens? Laie: Er hat sie von der Einheit" (*ab unitate habet*; c. 11, n. 141). So ist das rationale Verstehen von derselben Seinsheit wie der Geist selbst, beide sind Instantiierungen der einheitlichen, in sich in Vermögen unterschiedenen Kraft des Verstehens.

So versucht Cusanus durch das Sprachrohr des Laien die für seine Geisttheorie fundamentale Kopräsenz des Geistes als Ganzen in allen einzelnen Akten seiner verschiedenen Vermögen deutlich zu machen. Die komplexe, die göttliche Dreiheit abbildende Dreiheit des Geistes erweist sich in allen ihren einzelnen Vermögen – dem Erkennen der Materie nach (*modo materiae*), das greift die *posse fieri*-Komponente auf; dem Erkennen der Form nach (*formaliter*), das greift die *posse facere*-Komponente auf; und dem Erkennen der Einzelheit nach (*singulariter*), das greift die *nexus*- oder Synthesis-Komponente auf (alle eingeführt c. 11, n. 133f.) – als durch die Einheit bestimmte unterschiedene (*dividue intelligere* nach den genannten Modi) und unterscheidend-verknüpfende Einheit (c. 11, n. 141). Dass (!) unser Denken jedoch als „unterscheidendes" oder, wie Cusanus sagt, „geteilt" (*dividue*) denkt und erkennt, ist selbst Produkt der zugrundeliegenden Einheit, die in die Vielheit „hinabsteigt" (*descendit*; c. 11. n. 141) – ein in der Sache auf Plotin und die neuplatonische Denkform zurückgehender Grundgedanke.

Literaturverzeichnis

Albertson, David (2014): Mathematical Theologies: Nicholas of Cusa and the Legacy of Thierry of Chartres, Oxford

Beierwaltes, Werner (1980): Identität und Differenz als Prinzip des cusanischen Denkens, in: Ders., Identität und Differenz, Frankfurt am Main, S. 105–143

Beierwaltes, Werner (1991): Selbsterkenntnis und Erfahrung der Einheit. Plotins Enneade V 3. Text, Übersetzung, Interpretation, Erläuterungen, Frankfurt am Main

Flasch, Kurt (1973): Die Metaphysik des Einen bei Nikolaus von Kues. Problemgeschichtliche Stellung und systematische Bedeutung, Leiden

Leinkauf, Thomas (1994): Die Bestimmung des Einzelseienden durch die Begriffe contractio, singularitas und aequalitas bei Nicolaus Cusanus, in: Archiv für Begriffsgeschichte 37, S. 180–211

Leinkauf, Thomas (2006): Nicolaus Cusanus. Eine Einführung, Münster

Leinkauf, Thomas (2012): Renovatio und unitas. Nicolaus Cusanus zwischen Tradition und Innovation – die ‚Reformation' des Möglichkeitsbegriffs, in: Th. Frank/N. Winkler (Hg.), Renovatio und unitas – Nikolaus von Kues als Reformer. Theorie und Praxis der *reformatio* im 15. Jahrhundert, Göttingen, S. 87–104

Leinkauf, Thomas (2021): Nicolas of Cusa. Mind or intellect, unfolding divine Trinity and created triads. Aspects of Cusa's theory of mind, in: G. Cuozzo/Th. Leinkauf (Hg.), Dialettiche del Rinascimento. Natura, Mente e Arte da Nicolo Cusano a Leonardo da Vinci, Milano, S. 59–91

Schnarr, Hermann (1973): Modi essendi. Interpretationen zu den Schriften De docta ignorantia, De coniecturis und De venatione sapientiae von Nikolaus von Kues, Münster

Thierry von Chartres (1971): Commentum super Boethii librum De trinitate, in: N. M. Häring (Hg.), Commentaries on Boethius by Thierry of Chartres and his school, Toronto

Isabelle Mandrella
11 Geist und Wille (*De mente* c. 13)

1 Einleitung

Mit Kapitel 13 nähert sich *De mente* dem Ende zu. Nachdem Cusanus Begriff, Funktion und Tätigkeit des Geistes dargelegt hat und bevor er seine Schrift im 15. Kapitel mit dem Thema der Unsterblichkeit des Geistes ausklingen lässt, nimmt er in Kapitel 12 bis 14 eine philosophiegeschichtliche Einordnung vor, an der deutlich wird, dass seine Ausführungen über den Geist sowohl platonisch als auch aristotelisch beeinflusst sind, gleichzeitig aber auch beanspruchen, eine zumindest gleichrangige Position zu vertreten. In seiner Auseinandersetzung mit Platon und Aristoteles zeigt sich Cusanus von der Absicht geleitet, beide Standpunkte nicht gegeneinander auszuspielen, sondern miteinander zu verbinden und aufeinander abzustimmen. Insofern lassen sich seine Überlegungen der drei Kapitel als Beitrag zu der für das 15. Jahrhundert typischen Harmonisierung platonischer und aristotelischer Philosophie lesen (vgl. Senger 1986; Flasch 2001, 219–232).

Aber darüber hinaus bietet insbesondere Kapitel 13, das Cusanus mit der Überschrift „Dass das, was Platon Weltseele nannte und Aristoteles Natur, Gott ist, der alles in allem wirkt; und wie er den Geist in uns erschafft" versieht, zwei systematisch bedeutsame Erträge: Erstens nämlich macht er deutlich, worin er sich von Platon und Aristoteles absetzt – und präsentiert damit seinen eigenen Standpunkt als Korrektur der beiden antiken Positionen. Was ihn von den beiden Denkern und ihren Schulen unterscheidet, ist die Vorstellung eines schöpferisch tätigen und freien göttlichen Geistes, die für ihn voraussetzt, dass Gott willentlich begabt ist. Dass Platon und Aristoteles nicht einsahen, dass Gott als erste Ursache nur wirken kann, weil er über einen (freien) Willen verfügt (vgl. c. 13, n. 147), stellt für Cusanus den maßgeblichen und immer wieder thematisierten Grund für seine Kritik an den Lehren beider Philosophen und ihrer Denkrichtungen dar. Auch in *De mente* nutzt er die Gelegenheit, den Willen in Abhebung von der platonischen Vorstellung der Weltseele und vom aristotelischen Naturverständnis als Charakteristikum des schöpferischen göttlichen Geistes zu präsentieren und zu begründen.

Damit hängt der zweite systematische Ertrag zusammen, den Kapitel 13 zu bieten hat: Die Willensbegabung des göttlichen Geistes findet ihr Abbild in der Willensbegabung des menschlichen Geistes. Betroffen sind folglich die Freiheit und Kreativität des menschlichen Geistes, der – wie Cusanus es von Beginn der

Schrift an entfaltet hat – als „Abbild der einfaltenden Einfachheit" (*complicantis simplicitatis imago* – c. 3, n. 72; vgl. auch c. 9, n. 122) des göttlichen Geistes auf die gleiche Weise tätig ist wie sein göttliches Urbild – wenngleich mit den damit einhergehenden Einschränkungen auf den assimilativen, nicht entifikativen Bereich (vgl. c. 3, n. 72f.; c. 7, n. 99). Dem Willen des Menschen kommt hier jedoch eine besondere Funktion zu, insofern es nicht nur um die Gottähnlichkeit der schöpferischen Potentiale des menschlichen Geistes als solche geht. Vielmehr übernimmt der Wille die besondere Aufgabe, zu veranlassen, dass der menschliche Geist sich nicht nur seiner Abbildhaftigkeit bewusst wird, sondern auch aktiv danach trachtet, dem göttlichen Urbild immer ähnlicher werden zu wollen. Cusanus schließt damit eine entscheidende Erklärungslücke: Denn das dem menschlichen Geist als Abbild Gottes anerschaffene, unendliche geistige Potential kann nur dann verwirklicht werden, wenn sich der Wille über ein natürliches Streben hinaus in Freiheit für dessen Umsetzung entscheidet.

2 Die Auseinandersetzung mit Platon und Aristoteles

Das Kapitel beginnt damit, dass der Philosoph den Laien nach seinem Verständnis der Weltseele (*anima mundi*) fragt. Das Thema war bereits zuvor in Kapitel 12 kurz angeklungen, wo es um verschiedene Modelle der Einheit des Intellektes ging. Der Philosoph hatte dort (c. 12, n. 142) neben der peripatetisch-averroistischen Vorstellung einer solchen Einheit (vgl. Wirmer 2008) die Weltseele als das Konzept erwähnt, mittels dessen die Platoniker die Einheit aller vernünftigen Seelen erklären, sofern alle Seelen mit ihr eine Substanz teilen, in die sie sich nach dem Tod wieder auflösen. In seiner Antwort war der Laie nicht weiter auf die Weltseele eingegangen, sondern hatte sich ganz der Widerlegung der Idee von der Einheit des Intellektes gewidmet (c. 12, n. 142–144). Insofern ist es konsequent, dass der Philosoph zu Beginn des folgenden Kapitels die Frage nach der *anima mundi* noch einmal aufgreift.

Der Laie möchte sich jedoch nicht mit langen Diskussionen aufhalten. So kommt er gleich zum Kern der Sache, nämlich der Funktion der platonischen Weltseele, die er mit dem aristotelischen Verständnis von Natur parallelisiert und harmonisiert: Was Platon ‚Weltseele' nannte, nannte Aristoteles ‚Natur'. Des Laien eigene Mutmaßung (*coniectura*) besteht darin, dass er – mit dem ihm üblichen Selbstbewusstsein! – sein Verständnis dieser harmonischen Einheit korrigierend hinzufügt: „[W]eder jene Seele noch die Natur [sind] etwas anderes [...] als Gott, der alles in allem wirkt und den wir den Geist des Alls nennen." (c. 13, n. 145)

Der Philosoph, der sich auch in anderen Situationen nicht sonderlich geistreich verhält, kommentiert dieses Erklärungsangebot des Laien mit dem einzigen, was er zu bieten hat: Mit einem Referat der platonischen und aristotelischen Position, das freilich vielleicht auch – im Sinne einer Vergewisserung – seiner Ratlosigkeit geschuldet ist, wie mit der Bemerkung des Laien umzugehen ist. Immerhin scheint er die vom Laien ins Spiel gebrachte Gemeinsamkeit der platonischen und aristotelischen Lehre nachzuvollziehen: Beide wollen mit ihren Modellen erklären, wie „alles bewegt" wird; Platon durch die alle Urbilder der Dinge unzerstörbar enthaltende Weltseele, Aristoteles durch die klug agierende Natur (c. 13, n. 145). Gemeint ist zum einen das in Platons *Timaios* entworfene Schöpfungsszenario, in dem ein Demiurg die Welt nach den ewigen Urbildern (Ideen) schafft; zum anderen das von Aristoteles herausgearbeitete Verständnis einer aus sich selbst heraus schöpferisch tätigen Natur. Beide Traditionen werden insbesondere im 12. Jahrhundert durch die Autoren der so genannten Schule von Chartres aufgegriffen, auf die Cusanus sich immer wieder bezieht.

Es folgt ein sehr langer Monolog des Laien, der nur noch zweimal durch einen kurzen Einwurf des Redners unterbrochen wird (c. 13, n. 148 und 150; der Philosoph wird sich erst zu Beginn des 14. Kapitels wieder einmischen: c. 14, n. 151). In seiner Erläuterung, wie er sich die Gemeinsamkeit der platonischen und aristotelischen Positionen vorstellt, greift der Laie zunächst das Referat des Philosophen auf, unterwirft es jedoch seinem eigenen Erklärungsmuster, das davon ausgeht, dass sowohl Weltseele als auch Natur nur als vermittelnde Instanzen im Dienst eines Höheren zu verstehen sind. Cusanus setzt für diese Interpretation das platonische und aristotelische Einverständnis voraus – bei Platon noch zurückhaltender („vielleicht": c. 13, n. 146), bei Aristoteles ohne Vorbehalte. Die Weltseele, die alle Begriffe und Urbilder so enthält, dass sie niemals vergessen werden können, vergleicht er mit einem Knecht, „der den Geist seines Herrn kennt und dessen Willen ausführt" (c. 13, n. 146). Wenn der Herr – hier in Gestalt der göttlichen Vorsehung – bewegend tätig wird, kann er sich also für seine Ausführung auf den Knecht – in Form des „Wissens der Weltseele" – stützen. Die Weltseele inklusive ihres Wissens wird somit zum Instrument des Weltenschöpfers erklärt. Ähnlich verhält es sich mit der aristotelischen Natur, deren Klugheit nämlich darin besteht, „den Befehl Gottes auszuführen". Hier ist es also die Natur, derer sich Gott bedient.

Damit zeigt sich, dass und wie Cusanus die platonische und aristotelische Lehre nicht einfach ablehnt, sondern – mit den nötigen Korrekturen – in seine Position integriert. Dies bekräftigt die folgende Bemerkung, in der er auf das Lehrstück von den vier Seinsweisen aller Dinge (*modi essendi*: absolute Notwendigkeit, Notwendigkeit der Verknüpfung, absolute Möglichkeit, bestimmte Möglichkeit) zurückgreift, das er von Thierry von Chartres übernommen hat und in vielen Schriften verwendet (vgl. Rusconi 2012). Es bildet den theoretischen Rahmen, in den das platonische bzw. aristotelische Weltseelen- und Naturverständnis eingeordnet und somit in eigener Absicht systematisiert wird: „Darum schrieben sie [Platon und Aristoteles] die Notwendigkeit der Verknüpfung (*necessitas complexionis*) jener Seele und der Natur zu, weil sie genötigt wird, in bestimmter Weise so zu handeln, wie die absolute Notwendigkeit (*absoluta necessitas*) befiehlt." (c. 13, n. 146) Eine ausführlichere Auseinandersetzung mit diesem Thema, dem Cusanus hier in Kapitel 13 nur diesen einen Satz widmet, hatte er bereits in *De docta ignorantia* präsentiert (vgl. *De docta ign.* II, c. 9). Dort zeigt sich auch, dass er sich für die Zuschreibung eines platonischen Weltseelebzw. aristotelischen Naturverständnisses an die ‚Notwendigkeit der Verknüpfung' erneut an Thierry von Chartres orientiert (vgl. Rusconi 2012, 270 mit Anm. 91).

Zwei der allen Dingen zukommenden Seinsweisen werden hier benannt, insofern sie von den Ideen der Weltseele und Natur tangiert sind: Die ‚Notwendigkeit der Verknüpfung', auch ‚bestimmte Notwendigkeit' (*determinata necessitas*) genannt, und die ‚absolute Notwendigkeit'. Mit letzterer ist Gott selbst gemeint, der als absolut notwendiges, höchstes, unbedingtes, unendliches, alle Dinge einfaltendes, einfaches und eines Prinzip aller Dinge fungiert. Die *necessitas complexionis* betrifft hingegen den Bereich der endlichen Einfaltungen, also rein intelligible immaterielle Dinge wie reine Formen, mathematische Gegenstände und Ideen, auf die die endlichen Gegenstände als Prinzip zurückgeführt werden müssen (vgl. Rusconi 2016). In Kapitel 7 illustriert Cusanus das am Beispiel eines auf den Boden gemalten Kreises, der niemals mit einem wahren, intelligiblen Kreis an sich, wie er im Geist existiert, identisch ist und somit immer nur als dessen Abbild zu verstehen ist: „Daher ist der Kreis im Geist das Urbild und Maß der Wahrheit des Kreises auf dem Boden. So sagen wir, dass die Wahrheit der Dinge im Geist in der ‚Notwendigkeit der Verknüpfung' ist, nämlich in der Weise, wie es die Wahrheit des Dinges erfordert, wie es vom Kreis gezeigt worden ist." (c. 7, n. 103) Die Notwendigkeit der Verknüpfung bringt also prinzipiell etwas Vermittelndes zum Ausdruck, das – wie es bereits in *De docta ignorantia* heißt – „von der absoluten Notwendigkeit herabsteigt, um gleichsam eine einschränkende Notwendigkeit und eingeschränkte Form zu sein, in der alle Formen in ihrer Wahrheit sind." (*De docta ign.* II, c. 7 [n. 129]) Damit ist der sachliche Grund gefunden, warum Cusanus sowohl Weltseele als auch Natur der ‚Notwendigkeit der Verknüpfung' zuschlägt: Beide sind abhängig von etwas Höherem, nämlich der ‚absoluten Notwendigkeit', Gott.

All diese Überlegungen sind jedoch nur unserer Weise des Verstehens (*modus intelligendi*) geschuldet. Denn wenn unser Geist zu begreifen versuchen, wie Gott die Welt erschaffen hat (cusanisch: wie „der göttliche Entwurf [*conceptus divinus*] ins Sein hervortritt"; c. 13, n. 146), verwendet er Metaphern und Vergleiche; so etwa die Vorstellung, Gott sei quasi eine Baukunst (*ars architectonica*), „der eine andere ausführende Kunst untergeordnet ist". Auf die platonische und aristotelische Position angewendet meint das: Gott ist wie die Baukunst, die sich bei der Erschaffung der Welt untergeordneter Künste wie der Weltseele oder der Natur bedient.

Es ist auffällig, dass Cusanus hier von Gott als der Baukunst spricht; vermutlich hätte man eher die Rede von Gott als Bauherrn erwartet. Offensichtlich will er eine vorschnelle Personalisierung vermeiden. Die Begründung für dieses Vorgehen findet sich in der folgenden Passage, die gleichzeitig daran erinnert, dass die hier verwendete Rede von der göttlichen Schöpfung sich nur unserem eingeschränkten *modus intelligendi* verdankt. Denn eigentlich ist es unzutreffend, für die Schöpfung in Gott diese verschiedenen Momente bzw. Künste zu unterscheiden: „Aber weil dem allmächtigen Willen alles notwendig gehorcht, deshalb braucht der Wille Gottes keinen anderen Vollstrecker. Denn Wollen und Vollstrecken fallen in der Allmacht zusammen." (c. 13, n. 146) Auf das zugrundeliegende Problem zurückgeführt: Gott ist kein Künstler, der sich unterschiedlichen geistigen und stofflichen Materials bedient; er ist die Kunst selbst. Er braucht, um alles zu bewegen, weder eine Weltseele, die seinen Willen, noch eine Natur, die seinen Befehl ausführt. Diese Zusammenhänge sahen weder Platon noch die Neu(platoniker), weder Aristoteles noch die Peripatetiker.

3 Göttlicher Geist und Wille

Was meint der Zusammenfall von Wollen (*velle*) und Ausführen (*exsequi*) in der göttlichen Allmacht (*omnipotentia*)? Der Laie greift zu einem Beispiel, das er der Glasbläserkunst entnimmt: Ein Glasbläser macht ein Glas, indem er hineinbläst, d. h. mittels seines Hauches unterwirft er das Glas seinem Willen, indem er es in eine bestimmte Form bringt und es dadurch als so oder so beschaffenes Glas erschafft. Der Vergleich ist insofern geschickt gewählt, als sich zum einen im direkt schöpferischen Kontakt des Glasbläsers zum Glas jene Unmittelbarkeit abbilden lässt, die oben in Bezug auf Gott beschrieben wurde, der auf keine vermittelnde Größe angewiesen ist: Der Glasbläser bedarf keines äußeren Instrumentes zur Herstellung des Glases. Sein Instrument ist sein Atem, sein Hauch (*spiritus*), den er gezielt ausschickt und ohne den das Glas nicht entstehen würde. Zum anderen erlaubt es die Verwendung des Begriffs *spiritus*, den in *Gen* 2, 7 geschilderten Akt der Erschaffung des Menschen zu assoziieren, den Gott zunächst aus Lehm formt, um ihm dann seinen Geist einzuhauchen. Es geht also darum, die Uneingeschränktheit göttlicher Kreativität, ihre mit dem Wollen und Ausführen zusammenfallende Allmacht darzustellen.

Die Rede vom Hauch hat hier jedoch noch eine weitere Konnotation, die zum nächsten Abschnitt überleitet: Sie ist der trinitätstheologischen Terminologie entnommen, denn mit *spiritus* ist zunächst die dritte Person der Trinität, der Heilige Geist gemeint. In der klassischen Trinitätslehre bezeichnet darüber hinaus die ‚Hauchung' (*spiratio*) das Hervorgehen des Heiligen Geistes aus den beiden göttlichen Personen Vater und Sohn. Wenn Gott im Beispiel des Glasbläsers also als hauchend dargestellt wird, impliziert das für Cusanus immer auch innertrinitarische Prozesse und Relationen, insofern durch diese Hauchung die dritte göttliche Person aus den beiden anderen hervorgeht.

Damit gewinnt ein weiterer Begriff trinitätstheologische Bedeutung: „das Wort oder der Entwurf" (*verbum seu conceptus*; c. 13, n. 146). Denn hier wird die zweite göttliche Person, der Sohn, angesprochen: Christus als (fleischgewordenes) Wort Gottes – so etwa im berühmten *Johannes*-Prolog – oder als Entwurf bzw. Begriff Gottes, durch den Gott die Welt erschuf (vgl. *Kol* 1, 15). Damit erhält auch die wenige Zeilen zuvor zitierte Aussage, Gott brauche keine ihm äußerliche, vermittelnde Kunst, „damit der göttliche Entwurf (*conceptus*) ins Sein hervortritt" (c. 13, n. 146), einen zusätzlichen tieferen Sinn. Denn die Aussage leugnet ja nicht, dass Gott vor der Erschaffung der Welt einen Entwurf im Sine einer Idee, wie er diese Welt zu erschaffen gedenkt, hat. Entscheidend ist, dass es sich dabei nicht um etwas Gott Äußerliches handelt – wie es die Platoniker und Aristoteliker mit ihrer Begrifflichkeit von Weltseele und Natur fälschlicherweise dachten. Wenn also zugestanden wird, dass Gott sich eines Entwurfs bedient, dann ist dieser Entwurf nichts anderes als Gott selbst, wie der Laie es zu Beginn des Kapitels in seiner Vermutung bereits formuliert hatte: Alles scheinbar (nämlich nach unserer Erkenntnislogik anzunehmendes) Vermittelnde ist nichts anderes als „Gott, der alles in allem wirkt und den wir den Geist des Alls nennen" (c. 13, n. 145).

Die Trinitätstheologie bietet vor dem Hintergrund dieser Problematik die Möglichkeit, verschiedene Momente in Gott zu unterscheiden, ohne die Einheit Gottes zu gefährden. In diesem Sinne ist der *conceptus* allenfalls als zweite Person von Gottvater als erster Person unterscheidbar. Zusammenfassend lässt sich somit sagen, dass Cusanus die Anspielungen auf die innertrinitarischen Verhältnisse an dieser Stelle einsetzt, um zu zeigen, wie der göttliche Geist einerseits als einer alles wirkt, andererseits aber verschiedene differenzierbare Momente in sich enthält, die ihn zu einer dynamisch wirkenden Einheit werden lassen.

Dabei gilt es zu sehen, dass Cusanus durchaus eigene Akzente setzt. Ein solcher kündigt sich bereits im Glasbläserbeispiel an und wird im folgenden Abschnitt vertieft: Vom Hauch des Glasbläsers wird nämlich gesagt, dass er den Willen des Glasbläsers ausführt. „In diesem Hauch", so fährt Cusanus fort, „ist [einerseits] das Wort oder der Entwurf (*verbum seu conceptum*) und [andererseits] das Vermögen (*et potentia*)" (c. 13, n. 146). Was sich hinter dem Wort oder dem

Entwurf verbirgt, war soeben geklärt worden. Beider Funktion im Beispiel ist es, darauf hinzuweisen, dass der glasblasende Künstler nicht einfach willkürlich losbläst, sondern eine Idee im Geist haben muss, die er zu verwirklichen sucht. Einen anderen Aspekt meint die *potentia*: das Vermögen, die Möglichkeit, die Fähigkeit, die Macht. Gemeint ist: Die Idee allein reicht nicht aus – es müssen auch das Vermögen bzw. die Möglichkeit gegeben sein, die Idee in die Tat umzusetzen. Diese Funktion kommt dem Willen zu. In Bezug auf den göttlichen Willen gilt wie auch in Bezug auf den Entwurf: „Der Wille Gottes [braucht] keinen anderen Vollstrecker. Denn Wollen und Vollstrecken fallen in der Allmacht zusammen." (c. 13, n. 146)

Das Glasbläserbeispiel hatte zu verdeutlichen versucht, wie sich die göttliche Schöpfertätigkeit denken lassen muss. (Es muss kaum eigens darauf hingewiesen werden, dass das Beispiel selbstverständlich an einer Stelle hinkt, weil es das Material des Glases vorauszusetzen scheint – eine Annahme, die auch für Cusanus in keiner Weise mit der Vorstellung vereinbar ist, dass Gott die Welt aus dem Nichts – *ex nihilo* – erschuf.) Eben dort setzt Cusanus im Folgenden wieder an: bei der absoluten, für sich bestehenden Schöpfungskunst (*absoluta ars creativa per se subsistens*; c. 13, n. 147). Und erneut zeigt er mittels trinitätstheologischer Überlegungen, dass diese Kunst dynamisch zu denken ist, d. h. differenzierbare Momente in sich enthält, die dennoch ihre Einheit nicht in Frage stellen. Jede Kunst nämlich enthält „in ihrem Wesen notwendig" drei Momente: „die Allmacht (*omnipotentia*), so dass ihr nichts widerstehen kann, die Weisheit (*sapientia*), so dass sie weiß, was sie tun soll, und die Verknüpfung (*nexus*) der Allmacht mit der Weisheit, so dass das, was sie will, geschieht. Jene Verknüpfung [...] ist der Geist (*spiritus*), gleichsam Wille oder Begehren (*voluntas seu desiderium*)." (c. 13, n. 147)

Alle drei Momente waren im Abschnitt vorher bereits begegnet: Der Kunst muss erstens die ungehinderte Macht zukommen, ihr Werk in die Tat umsetzen zu können; sie muss zweitens wissen, was sie kreativ hervorzubringen beabsichtigt; und sie braucht drittens das, was Allmacht und Weisheit miteinander verbindet, nämlich den Willen, das Gewusste, sofern das Vermögen vorliegt und nichts Äußerliches die Ausführung hindert, in die Tat umzusetzen. Wenn Cusanus den Willen oder das Begehren im Sinne von ‚Wollen' als Geist bezeichnet, ist unbedingt darauf zu achten, dass hier nicht von *mens* die Rede ist, sondern erneut von *spiritus*. Wir bewegen uns also wieder im trinitarischen Bereich. Darauf weist unmissverständlich auch der Begriff der Verknüpfung, des *nexus* hin, als der die dritte Person der Trinität, der Heilige Geist, bezeichnet wird, weil er das (liebende) Band ist, das Vater und Sohn miteinander verbindet. Zusammengenommen ergibt dies folgenden Ternar, der ganz der klassischen Trinitätslehre entnommen ist: Vater = Allmacht, Sohn = Weisheit, Heiliger Geist = Verknüpfung bzw. Wille. Erneut wird somit deutlich: Was hier in der Schöpferkunst als in Dreiheit differenzierbare Momente beschrieben wird, ist und bleibt Einheit Gottes: „Deswegen bringt die Kraft der Schöpfungskunst, welche die absolute und unendliche Kunst oder Gott, der Hochgelobte, ist, alles in dem Geist oder Willen hervor, in dem die Weisheit des Sohnes und die Allmacht des Vaters ist, so dass ihr Werk das der einen ungeteilten Dreieinigkeit ist." (c. 13, n. 147)

Interessant ist die besondere Bedeutung, die Cusanus hier dem Willen und somit einer Voluntarisierung Gottes gibt (vgl. Mandrella 2016b). Zunächst ruft er ein unangefochten geltendes Diktum in Erinnerung: *Nihil volitum nisi praecognitum* – nichts kann gewollt werden, ohne vorher gewusst oder erkannt zu werden. „Auf Unmögliches nämlich und völlig Unbekanntes richtet sich kein Wille oder Begehren." (c. 13, n. 147) Für Cusanus ist das freilich kein Grund, dem Intellekt im Willensakt den Vorzug zu geben – anders als in den mittelalterlichen Debatten um Intellektualismus und Voluntarismus, in denen das oben zitierte Diktum gerne als intellektualistisches Argument gegen eine Priorität des Willens ins Feld geführt wird. Vielmehr interessiert ihn der oben bereits angerissene Aspekt des Vermögens, der *potentia*. Deshalb greift er auf die Doppeldeutigkeit des Begriffs *spiritus* zurück, die – wie im Glasbläserbeispiel auch – nicht nur den Heiligen Geist bezeichnet, sondern auch den Hauch. Anders als im Beispiel des Glasbläsers gibt Cusanus dem Hauch hier eine dritte Bedeutung, denn er assoziiert ihn mit der Bewegung (*motus*) des Windes. Bewegung und Hauch hängen miteinander zusammen: Hauch bewirkt Bewegung, wie am Wind ersichtlich wird. „Durch Bewegung aber bringen alle Künstler hervor, was sie wollen." (c. 13, n. 147) Offensichtlich geht es Cusanus hier darum, die besondere Dynamik des göttlichen Willens zum Ausdruck zu bringen, insofern er die eigentliche Kraft der Schöpfungskunst repräsentiert. Dies impliziert ebenfalls dessen Machtfülle, unendliche Möglichkeit, Kreativität und Lebendigkeit.

Die Fähigkeit des Willens bzw. des göttlichen Geistes, solche Dynamik und Bewegung zu bewirken, kannten die Platoniker und Aristoteliker nicht. Sie verlegten den Ursprung der Bewegung vielmehr in etwas Gott Untergeordnetes, in ein wohl von ihm hervorgebrachtes, aber doch von ihm getrenntes Prinzip: eine vernünftig regierende Weltseele oder eine aus eigener Kraft tätige Natur. Mit dieser Bemerkung (c. 13, n. 146) kommt der Laie wieder zum Beginn der Diskussion zurück und schließt den Abschnitt thematisch ab.

In der Auseinandersetzung mit Platon und Aristoteles um das rechte Gottesverständnis zeigt sich zweierlei: Zum einen sollten die Bezüge zur Trinitätstheologie nicht darüber hinwegtäuschen, dass Cusanus einer philosophischen Argumentation verpflichtet bleibt. Was ihn an den trinitätstheologischen Zusammenhängen interessiert, ist nicht ein Mysterium des Glaubens, sondern der – wie unbestritten feststeht: neuplatonisch beeinflusste – Versuch, Einheit in Dreiheit zu denken, d. h. das Verhältnis des Einen zur Vielheit der Welt dadurch zu erklären, dass bereits in Gott durch die Relation der drei göttlichen Personen Dynamik und Bewegung denkbar werden. Was Cusanus den antiken Denkern vorhält, ist nicht etwa ihr mangelnder Glaube, sondern ihr Festhalten am Paradigma der Notwendigkeit als des einzig für Gott geltenden Modus, der es nicht erlaubt, Gott als dynamischen, d.h. mit einem freien Willen ausgestatteten, kreativen Ursprung zu denken. Damit kommt zum anderen eine Dynamisierung und Voluntarisierung Gottes zum Ausdruck, die zeigt, wie Cusanus seine neuplatonischen Vorlagen neu interpretiert, indem er dem über den Willen artikulierten Können Gottes einen neuen Stellenwert zuschreibt.

4 Menschlicher Geist und Wille

Nach den langen Ausführungen des Laien ist es der Redner, der einen neuen Aspekt ins Spiel bringt: Was lässt sich vor diesem Hintergrund, der die Erschaffung der Welt durch einen willentlich begabten, dynamischen und kreativen Gott annimmt, über die Erschaffung des menschlichen Geistes sagen (c. 13, n. 148)? Darüber hinaus bringt der Redner seine Freude über die Methode des Laien zum Ausdruck, seine spekulativen Gedanken durch hilfreiche Beispiele zu erläutern, und bittet auch mit Blick auf das nächste anstehende Thema um dieselbe Unterstützung. Der Laie geht bereitwillig auf das Anliegen des Redners ein und greift dafür die Rede von Gott als der absoluten Kunst wieder auf.

Auf die vorigen Kapitel zurückgreifend, in denen der Geist immer wieder als Kraft (*vis*) beschrieben worden war (vgl. etwa c. 4, n. 75 und n. 78; c. 5, n. 80; c. 8, n. 108), ruft der Laie seinen Zuhörern in Erinnerung, dass „unser Geist eine gewisse Kraft ist, die das Bild der genannten göttlichen Kunst darstellt" (c. 13, n. 148). Dass der menschliche Geist Abbild des göttlichen Geistes ist, bedeutet, dass das Abbild in seiner ontologischen Abhängigkeit vom Urbild nur Anteil an dessen absoluter Wahrheit hat: „Daher ist alles, was in der absoluten Kunst in voller Wahrheit enthalten ist, in unserem Geist als dem Bild wahr enthalten." (c. 13, n. 148) Hinzuzufügen ist an dieser Stelle, dass Cusanus die Ansicht vertritt, dass das Abbild niemals in der Lage ist, die absolute Präzision des Urbildes zu erreichen (vgl. etwa *De beryllo* n. 5); andernfalls wäre es mit dem Urbild identisch. Hinzuzufügen ist auch, dass die besonderen Potentiale des Menschen als intellektueller Natur es erlauben, dass der Mensch sich dieser Zusammenhänge bewusst wird, d.h. in der Lage ist, sich als Abbild des Urbildes zu erkennen und damit zur Selbsterkenntnis zu gelangen, indem er die gottähnlichen Potentiale in sich entdeckt und schließlich realisiert (vgl. Mandrella 2012, insbes. 211–230 und 271–287).

Zurück zu *De mente:* Die zwischen dem Urbild der absoluten Kunst und ihrem Abbild bestehende Ähnlichkeitsbeziehung ist keine zufällige oder beliebige, denn wie der vorangehende Abschnitt gezeigt hatte, ist die Kunst oder der Künstler in seiner kreativen Dynamik immer von der Absicht getragen, eine bestimmte künstlerische Idee verwirklichen zu wollen. Eben dies hatte der Laie in Bezug auf die Schöpferkunst als die Vereinigung von Allmacht, Weisheit und Wille bezeichnet. Die Intention der göttlichen Schöpferkunst, die vor allem in *De beryllo* eine große Rolle spielt (*De beryllo* n. 4, n. 54), gilt insbesondere in Bezug auf den menschlichen Geist, der nicht einfach ein Geschöpf unter vielen anderen ist, sondern den der göttliche Geist mit einer ganz besonderen Absicht, nämlich als sein eigenes Abbild geschaffen hat: „Daher ist der Geist von der Schöpferkunst erschaffen, wie wenn jene Kunst sich selbst erschaffen wollte, aber, da die unendliche Kunst nicht vervielfältigt werden kann, dann ihr Bild entsteht" (c. 13, n. 148). Um diese göttliche Absicht zu verdeutlichen, greift der Laie zum erwünschten Beispiel: „so wie wenn ein Maler sich selbst malen wollte und, weil er selbst nicht vervielfältigt werden kann, dann, wenn er sich malt, sein Bild entstünde." (c. 13, n. 148)

Auf geschickte Weise verknüpft Cusanus an dieser Stelle die dynamische und zielgerichtete Kreativität der Kunst (= göttlicher Geist) mit der Erschaffung von Bildern (= sein Abbild, der menschliche Geist). Die dafür verwendete Malermetapher benutzt er häufig und auch die Idee des sich selbst porträtierenden göttlichen Geistes bzw. Urbildes taucht in mehreren Schriften auf (vgl. hierzu Bocken/ Schwaetzer [Hg.] 2005; Leinkauf 2006, 204–212); nicht zuletzt bereits in Kapitel 3 (n. 73), um die besondere Stellung des menschlichen Geistes als Abbild der unendlichen göttlichen Einfaltung zu beschreiben.

Vor dem Hintergrund der Annahme, dass unser Geist das im Sinne eines Selbstporträts beabsichtigte Abbild des göttlichen Geistes ist, entfaltet der Laie im nächsten Abschnitt die Konsequenzen, die sich daraus für das Selbstverständnis des Menschen ergeben. Diese Textstelle, in der Cusanus die Metaphern vom toten und lebendigen Bild verwendet, darf zweifellos als eines der schönsten und treffendsten Zeugnisse cusanischer Anthropologie gelten (vgl. hierzu auch Eisenkopf 2005). Die Ausgangsfrage lautet: Wann ist der menschliche Geist das vollkommenste Bild des göttlichen Geistes? Antwort: Wenn er „vollkommener (*perfectior*) und seinem Vorbild ähnlicher (*conformior exemplari*) sein kann" (c. 13, n. 149).

Die beiden Komparative machen deutlich: Hier geht es um Veränderungs- und Steigerungsfähigkeit, nicht um ein Verharren in einem scheinbaren Vollkommenheitsstatus. Vorausgesetzt wird dabei, dass ein Bild umso vollkommener ist, je ähnlicher es seinem Urbild ist. Mag ein Bild, so präzisiert nun der Laie, auch so vollkommen sein, so dass man es gegebenenfalls kaum von seinem Urbild unterscheiden kann; es ist „niemals so vollkommen wie ein beliebiges unvollkommenes Bild, das das Vermögen hat, sich immer mehr und mehr ohne Begrenzung dem unerreichbaren Vorbild gleichzugestalten." (c. 13, n. 149) Nicht die Ausgangsposition oder der Istzustand sind somit für die Vollkommenheit eines Bildes entscheidend, sondern seine Veränderbarkeit. Damit beschreibt Cusanus einen Prozess des Gleichgestaltens (*conformare*), in dem sich das Abbild in immer größerer Steigerungsfähigkeit „mehr und mehr ohne Begrenzung" (*plus et plus sine limitatione*; vgl. auch die Rede vom Geist als einer „Grenze ohne Grenze" [*interminus terminus*] in *De ven. sap.* c. 27, n. 82) dem Urbild annähert, ohne es jemals zu erreichen, denn das Urbild ist und bleibt „unerreichbar" (*inaccessibilis*). Diese Unerreichbarkeit führt jedoch nicht zur Resignation oder zu radikaler Skepsis, sondern ist ein dauernder Ansporn, seine Potentiale immer weiter zu steigern (vgl. etwa *Sermo* CLXVIII n. 8; hierzu Mandrella 2012, 187–193 und 244– 263).

Die grenzenlose Steigerungsfähigkeit ist nicht einfach eine Verlegenheitslösung, weil die Unerreichbarkeit des Urbildes keine andere Möglichkeit zulässt, sondern sie hat einen sachlichen Grund: „Hierin ahmt es [sc. das Bild] nämlich die Unendlichkeit in der Weise des Bildes, wie es kann (*modo quo potest*), nach." (c. 13, n. 149) Mit anderen Worten: In der unendlichen Dynamik des *plus et plus* ahmt der menschliche Geist die Unendlichkeit des Urbildes nach, wenn auch in abbildhafter Form, d.h. in der ihm zukommenden eingeschränkten Weise. Die Gottähnlichkeit des Menschen vollzieht sich somit nicht in der Zuschreibung von Zuständen und Eigenschaften, sondern in der Verwirklichung potentieller Fähigkeiten. Deshalb ist das vollkommenere Bild stets dasjenige, das diese Möglichkeit der Verbesserung bietet.

Die Vorstellung vom vollkommenen und weniger vollkommenen Bild kleidet der Laie in ein Beispiel, für das er auf die Malermetapher zurückgreift (c. 13, n. 149). Ein Maler malt zwei Bilder bzw. Selbstporträts: Eines, das ihm ähnlicher zu sein scheint, und ein unähnlicheres. Nach den normalen Regeln der Kunst würden wir vermutlich das erste für das bessere halten. Cusanus dreht die Beurteilungsmaßstäbe jedoch um: Das scheinbar bessere ist nämlich ein totes Bild (*imago mortua*), das sich nicht mehr verändert, während das weniger ähnliche und scheinbar schlechtere Bild ein lebendiges ist (*imago viva*). ‚Lebendig' meint hier: „nämlich ein solches, das, durch seinen Gegenstand in Bewegung gesetzt, sich selbst immer gleichförmiger machen könnte" (c. 13, n. 149). Das lebendige Bild entspricht also dem steigerungsfähigen Bild, wie es oben beschrieben worden ist.

Mit dem Begriff der Lebendigkeit greift Cusanus eine Metapher auf, die sich wie ein roter Faden durch *De mente* zieht: Der Geist ist lebendige Substanz (c. 5, n. 80), lebendige Abbildung (c. 5, n. 85), lebendige Zahl (c. 7, n. 97), lebendiges

Maß (c. 9, n. 123) – und immer wieder lebendiges Bild (c. 7, n. 106; c. 15, n. 158). Die genaue Herkunft dieser Metapher ist nicht eindeutig rekonstruierbar (zu den verschiedenen Forschungsthesen vgl. Mandrella 2014, insbes. 225–230), der philosophiegeschichtliche Hintergrund des damit zum Ausdruck gebrachten Gedankens ist hingegen klar das platonische Motiv der Angleichung an Gott (*theosis theo*; vgl. dazu Beierwaltes 2002). In Kapitel 13 wird erneut deutlich, wie Cusanus mit der Lebendigkeit die unendliche Steigerungsfähigkeit des Geistes in der Verähnlichung mit dem Urbild meint und wie der Geist umso vollkommener genannt werden kann, je mehr er „die Malerkunst [...] nachahmt" (c. 13, n. 149).

Was bedeutet es nun konkret für den menschlichen Geist, „in der Weise, in der er kann, vollkommenes und lebendiges Bild der unendlichen Kunst" (c. 13, n. 149) zu sein? Hier übernimmt Cusanus das von Augustinus erstmals entwickelte (vgl. Brachtendorf 2000 und Kreuzer 2007) und über Bonaventura tradierte Modell von der Ähnlichkeit des göttlichen und menschlichen Geistes, die beide ternarisch oder dreifaltig strukturiert sind: Der menschliche Geist ist als Abbild der göttlichen Trinität konzipiert (vgl. hierzu insgesamt c. 11). In Anlehnung an die Ausführungen zur Trinität des göttlichen Geistes zu Beginn des Kapitels heißt das, dass der dreifaltige menschliche Geist sich ebenfalls durch Macht, Weisheit und beider Verknüpfung, nämlich Wille auszeichnet – „so nämlich", wiederholt der Laie, „dass er, einmal angeregt, sich immer mehr und mehr dem Urbild gleichgestalten kann" (c. 13, n. 149). Auffällig, aber durchaus konsequent in dieser Übertragung ist, dass die göttliche Allmacht des Urbildes in Bezug auf das Abbild zur Macht (*potentia*) herabgestuft worden ist. Von der Struktur her bleiben alle drei Momente jedoch gleich.

Wie ernst es Cusanus damit ist, das Ähnlichwerden mit dem göttlichen Geist als Bewegung und Verwirklichungsprozess darzustellen, zeigt sich in der Erläuterung, dass unser Geist „zu Beginn der Erschaffung keinen tatsächlichen Widerschein der Schöpfungskunst in Dreiheit und Einheit enthält" (c. 13, n. 149). ‚Tatsächlich' meint hier *actualis*, d. h. ‚wirklich'; aber nicht im Sinn von ‚real', sondern – als Gegenbegriff zu *potentialis*, ‚der Möglichkeit nach' – in der Bedeutung von ‚verwirklicht'. Die Ähnlichkeit mit der Schöpfungskunst muss also noch verwirklicht, d. h. von der Möglichkeit in die Wirklichkeit überführt werden. Dazu beruft sich der Laie in Analogie zur göttlichen „Kraft der Schöpfungskunst" (c. 13, n. 147) auf die Kraft des menschlichen Geistes, „durch die er sich, einmal angeregt, der Wirklichkeit der göttlichen Kunst gleichförmiger machen kann" (c. 13, n. 149). Diese Kraft nennt Cusanus ‚anerschaffen' (*concreata*), in Anlehnung an die „anerschaffene Urteilsfähigkeit" (*concreatum iudicium*) in Kapitel 4. Sie erlaubt jene oben beschriebene unendliche Dynamik der Gleichgestaltung mit der göttlichen Kunst, „wiewohl die genaue Übereinstimmung mit der unendlichen Kunst stets unerreichbar bleibt." (c. 13, n. 149)

In diesem Zusammenhang nimmt der Wille erneut eine zentrale Stellung ein, denn er ist dasjenige Moment, das notwendig ist, damit die in Macht und Weisheit sich äußernde Möglichkeit in die Wirklichkeit überführt wird, d. h. damit die Anregung in die Tat umgesetzt wird und der Geist das, was er kann, so, wie er es kann – diese Kann-Formulierungen durchziehen den ganzen Abschnitt – verwirklicht. Denn die besagte Ähnlichwerdung mit dem göttlichen Urbild ist kein natürlicher Automatismus – obwohl der Mensch eine natürliche Sehnsucht (*desiderium naturale*) nach dem Absoluten hat. Sie muss in Freiheit gewollt und entschieden werden, was selbstverständlich die Möglichkeit des Scheiterns und Fehlgehens impliziert (vgl. Mandrella 2016a). Allerdings muss hinzugefügt werden, dass Cusanus diesem Thema auffällig wenig Platz einräumt; vielleicht, weil er von der intellektuellen Stoßkraft seines Modells so überzeugt ist, dass es ihm unwahrscheinlich erscheint, dass sich jemand willentlich dagegen entscheidet.

5 Schluss

In Kapitel 13 hat Cusanus am Leitfaden der Kunst gezeigt, wie essentiell die göttliche wie menschliche Kreativität und Handlungsfähigkeit vom Willen als demjenigen Vermögen, das Können und Wissen zusammenführt, abhängen. Die sich hinter diesem Modell verbergende Dynamik, die sowohl in der göttlichen Angelegenheit der Erschaffung der Welt, als auch in den menschlichen Angelegenheiten, sein Leben im Sinne seiner geistigen Potentiale zu führen, das Prinzip der Bewegung und Lebendigkeit an erste Stelle setzt, eröffnet Gott und Mensch eine machtvolle Freiheit; eine Unabhängigkeit, sich für die frei gewählten Möglichkeiten zu entscheiden und sie somit zu verwirklichen. Diese Unabhängigkeit zeigt sich in Bezug auf die göttliche Trinität darin, dass alle vermittelnden, instrumentellen Instanzen bei der Erschaffung der Welt abgewiesen werden und die Schöpfung allein auf den trinitarisch verfassten Gott zurückgeführt wird. Auch in Bezug auf den menschlichen Geist ist Cusanus offensichtlich auf eine Unabhängigkeit bedacht, die – in Gestalt einer reinen Kraft! – den Geist vom Leiblich-Materiellen freizuhalten versucht.

Begegnet war dieses Bemühen schon gleich zu Beginn von *De mente*, wo der Laie die erste Mutmaßung über den Geist äußert (c. 1, n. 57): Es geht Cusanus nicht um den Geist, der den Leib beseelt und nach seiner Definition nach eher ‚Seele' (*anima*) genannt werden müsste (vgl. Flasch 2001, 275–277), sondern um den ‚in sich bestehenden Geist' (*mens in se subsistens*). Damit ist keineswegs nur der göttliche Geist gemeint; ausdrücklich legt der Laie dar, dass der in sich bestehende Geist „entweder unendlich oder Abbild des Unendlichen" ist (c. 1, n. 57).

An verschiedenen späteren Stellen – etwa in c. 5, n. 86 f., c. 6, n. 92 oder c. 12, n. 142 – ist Cusanus bemüht, das Verhältnis dieses als Abbild des Unendlichen, in sich bestehenden menschlichen Geistes zu seiner endlichen Form und Materie zu klären – so auch hier in Kapitel 13, wo der Redner fragt, wie dieser Geist bei der Erschaffung des Menschen eingegossen wird (c. 13, n. 150). Der Tenor der Antworten auf diese Frage besteht darin, dass der Geist als Kraft etwas darstellt, das prinzipiell unabhängig von der geschaffenen Proportion als „Ort der Form" (*locus formae*; c. 6, n. 92) ist und auch dann weiterbesteht, wenn diese Proportion zerstört wird. Als Beispiel wählt der Laie erneut ein Glas, das er durch Anstoßen zum Klingen bringt, bis es zerbricht und der Ton verebbt: „Wenn nun jene Kraft, weil sie nicht vom Glas abhing, deswegen auch nicht aufhören würde, sondern ohne Glas weiterbestünde, hättest du ein Beispiel dafür, wie jene Kraft in uns erschaffen wird, die Bewegung und Harmonie bewirkt, und aufhört, sie zu bewirken, aufgrund des Zerbrechens der Proportion, obgleich sie deswegen nicht aufhört, zu sein." (c. 13, n. 150)

Diese Zusammenhänge führen den Laien zum Schluss des Kapitels wieder zurück zur Kunst: Das Beispiel, mit dem Kapitel 13 schließt, ist nämlich der Kunst des Lautespielens gewidmet. Wer das Lautespielen beherrscht, der brauchte zwar eine Laute, um das Spielen zu lernen, aber dessen einmal erreichte Kunst des Lautespielens hängt nicht davon ab, ob ihm tatsächlich eine Laute zur Verfügung steht oder nicht; eine solche Person beherrscht die Kunst unabhängig von einer vorhandenen Laute. Die Kunst ist sogar selbst dann nicht vernichtet, wenn überhaupt „keine für dich geeignete Laute mehr in der Welt zu finden wäre." (c. 13, n. 150)

Damit zeigt sich erneut, wie dynamisch, nämlich in Gestalt einer kreativen, lebendigen Kraft, Cusanus den (göttlichen wie menschlichen) Geist versteht, der in der Einheit von Können, Wissen und Wille in der Lage ist, zu wirken, was er kann und was er will.

Literaturverzeichnis

Beierwaltes, Werner (2002): Das Eine als Norm des Lebens. Zum metaphysischen Grund neuplatonischer Lebensform, in: Th. Kobusch/M. Erler (Hg.), Metaphysik und Religion. Zur Signatur des spätantiken Denkens, Leipzig, S. 121–151

Bocken, Inigo/Schwaetzer, Harald (Hg.) (2005): Spiegel und Porträt. Zur Bedeutung zweier zentraler Bilder im Denken des Nicolaus Cusanus, Maastricht

Brachtendorf, Johannes (2000): Der menschliche Geist als Bild des trinitarischen Gottes – Ähnlichkeiten und Unähnlichkeiten, in: ders. (Hg.), Gott und sein Bild. Augustins De Trinitate im Spiegel gegenwärtiger Forschung, Paderborn u. a., S. 155–170

Eisenkopf, Anke (2005): Das Bild des Bildes. Zum Begriff des toten und lebendigen Bildes in *Idiota de mente*, in: I. Bocken/H. Schwaetzer (Hg.), Spiegel und Porträt. Zur Bedeutung zweier zentraler Bilder im Denken des Nicolaus Cusanus, Maastricht, S. 49–74

Flasch, Kurt (2001): Nikolaus von Kues. Geschichte einer Entwicklung, 2. Aufl., Frankfurt am Main

Kreuzer, Johann, Der Geist als imago Dei – Augustinus und Cusanus, in: K. Reinhardt/H. Schwaetzer (Hg.), Nikolaus von Kues in der Geschichte des Platonismus, Regensburg, S. 65–86

Leinkauf, Thomas (2006): Nicolaus Cusanus. Eine Einführung, Münster

Mandrella, Isabelle (2012): *Viva imago*. Die praktische Philosophie des Nicolaus Cusanus, Münster

Mandrella, Isabelle (2014): Viva imago. Der Einfluss des Raimundus Sabundus auf die cusanische Metapher der *viva imago*, in: C. Rusconi (Hg.), Manuductiones. Festschrift zu Ehren von Jorge M. Machetta und Claudia D'Amico, Münster, S. 223–241

Mandrella, Isabelle (2016a): „Amor liber est". Liebe und Freiheit bei Nicolaus Cusanus (Trierer Cusanus Lecture 20), Trier

Mandrella, Isabelle (2016b): Koinzidenz der Gegensätze und Voluntarisierung Gottes: Cusanus und Aristoteles, in: Recherches de théologie et philosophie médiévales 83, S. 95–131

Rusconi, Cecilia Maria (2012): *Commentator Boethii ‚De Trinitate' [...] ingenio clarissimus*. Die Kommentare des Thierry von Chartres zu *De Trinitate* des Boethius als Quellen des Cusanus, in: MFCG 33, S. 247–290

Rusconi, Cecilia Maria (2016): Die Verwandlung der *Necessitas Complexionis* von Thierry von Chartres zu Nikolaus von Kues. Ein Versuch zur Systematisierung der *modi essendi-Lehre*, in: MFCG 34, S. 239–258

Senger, Hans Gerhard (1986): Aristotelismus vs. Platonismus. Zur Konkurrenz von zwei Archetypen der Philosophie im Spätmittelalter, in: A. Zimmermann (Hg.), Aristotelisches Erbe im arabisch-lateinischen Mittelalter. Übersetzungen, Kommentare, Interpretationen, Berlin/New York, S. 53–80

Wirmer, David (2008): Nachwort, in: Averroes, Über den Intellekt. Auszüge aus seinen drei Kommentaren zu Aristoteles' De anima. Arabisch – Lateinisch – Deutsch, hg., übers., eingel. und mit Anmerkungen versehen von D. Wirmer, Freiburg, S. 313–409

Martin Thurner
12 Geist und Unsterblichkeit (*De mente* c. 15)

Im Schlusskapitel von *Idiota de mente* fordert der Philosoph den Laien auf, ihm seine Meinung zur Frage nach der Unsterblichkeit des Geistes kundzutun. Offenbar hoch motiviert vom Erkenntnisgewinn, den die bisherigen Gespräche mit dem Laien gebracht haben, benennt der Philosoph damit ein Thema, das sich in doppelter Weise für eine Abrundung der Dialoge eignet. Zum einen markiert die Unsterblichkeitsfrage historisch den Beginn der Philosophie des Geistes, in deren Tradition auch Cusanus bewusst steht. Die Unsterblichkeit der Seele wurde philosophisch erstmals ausführlich behandelt in Platons Dialog *Phaidon*, den Cusanus in lateinsicher Übersetzung besaß (Cod. Cus. 177) und paraphrasiert (z. B. in *De beryllo* c. 39, n. 72). Somit endet der cusanische Dialog über den Geist mit einem Rückgang zu den eigenen geschichtlichen Wurzeln. Zum anderen eröffnet die Thematik den Blick auf die (eschatologische) Zukunft des Geistes jenseits des zeitlichen Todes und ist daher auch der Sache nach die abschließend zu bestehende philosophische Prüfung an der Schwelle zu den ‚letzten Dingen'. Wenn der Philosoph am Beginn des entsprechenden Kapitels feststellt, dass es „jetzt noch übrig bleibt", die Unsterblichkeitsfrage zu klären, so ist dies also nicht in dem Sinne zu verstehen, dass damit ein historisch randständiger und systematisch gar entbehrlicher Anhang der Geistphilosophie folgt. Im Gegenteil: Das Thema ist deshalb für den Schluss aufgehoben, weil sich darin eine geschichtlich wie sachlich abschließende Synthese der cusanischen Konzeption vom Geist vollziehen lässt.

Der Charakter als Synthese des eigenen Gedankens im Rahmen von historischem Rückblick und eschatologischem Ausblick zeigt sich auch in der Gliederung des Kapitels. Nach den einleitenden Sätzen folgt eine Zusammenfassung dessen, was die Denker vor Cusanus zur Unsterblichkeitsfrage sagten (c. 15, n. 156). Das Kapitel – und damit die gesamte Schrift *De mente* – endet mit dem Verweis auf den Genuss der ewigen Glückseligkeit (c. 15, n. 160). In den dazwischenliegenden Abschnitten folgen an die acht Argumente (ohne explizite Nummerierung und nicht immer scharf voneinander abgegrenzt), in denen Cusanus die Annahme der Unsterblichkeit im Rückgriff auf die eigenen, im Traktat vorher entfalteten geistphilosophischen Gedanken begründet.

1 Die Übereinstimmung (mit) der Tradition

Die Art und Weise, wie Cusanus in einem ersten Schritt die traditionellen Sichtweisen zur Thematik des Kapitels präsentiert, kann als eine Reminiszenz an die in der mittelalterlichen Scholastik etablierte Form der *quaestio disputata* gelesen werden. Der Autor greift diese Darstellungsform aber derart auf, dass er sie zugleich in scholastikkritischer Manier wandelt. In den einzelnen Artikeln der mittelalterlichen Quaestionen wurden in einem einleitenden Teil nach Art einer Wissenssammlung die bekannten Argumente aller Autoritäten zu der behandelten Frage gesammelt und in zwei Gruppen nach befürwortenden und ablehnenden Positionen aneinandergereiht. Darauf folgte dann im *corpus articuli* die Darlegung der eigenen Auffassung des scholastischen Autors selbst, die sich meist an die befürwortenden Argumente der Tradition anschloss. Im letzten Teil der Quaestio wurden dann die eingangs zitierten ablehnenden Haltungen vorausgehender Denker nochmals aufgegriffen und durch Interpretation oder auch Korrektur mit der These des *corpus articuli* in Einklang gebracht.

Verglichen mit der formal und inhaltlich auf Ausdifferenzierung hin orientierten scholastischen Quaestio erscheint die cusanische Darstellungsweise ganz als Ausdruck seines von Raimundus Lullus (1232–1316) inspirierten Ideals einer „zirkulär"-synthetischen, „kurzen und leichten Theologie" (zur *theologia circularis* vgl. De docta ign. I, c. 21 [n. 66]; De vis. Dei c. 3, n. 8; zur *theologia brevis et facilis* vgl. De sap. II, n. 29 und n. 36). Cusanus verkürzt den scholastischen Autoritätenrekurs auf gerade einmal zwei Sätze. In diesen bezieht er sich nicht explizit auf einzelne Autoren, sondern auf zwei unterschiedliche Gruppen. Diese akzentuiert er zwar als konträre Positionen, jedoch ausdrücklich nur in den inhaltlichen Prämissen und der Methode der Ableitung, nicht im Hinblick auf das Ergebnis. Im Ergebnis stimmen beide Gruppen überein, sodass Cusanus selbst seine eigene Position nicht gegen eine der Gruppen profilieren muss, sondern sich in zweifelsfreier Gewissheit diesem ‚Konsens der Weisen' ohne weitere Diskussion unmittelbar anschließen kann (c. 15, n. 156). Hinter dieser Vorgehensweise steht die für Cusanus wie für weite Teile der späteren Renaissancephilosophie leitende Annahme, dass die Weisen aller Zeiten und Nationen in den grundlegenden Fragen der Philosophie immer schon harmonisch übereinstimmten und selbst die Antipoden Platon und Aristoteles mit anderen Worten im Prinzip dasselbe meinten (vgl. c. 13, n. 145; zur Grundidee und ihrer historischen Entwicklung vgl. Schmidt-Biggemann 1998).

In den beiden die Tradition zusammenfassenden Sätzen (c. 15, n. 156) werden die Namen der Vertreter der beschriebenen Positionen nicht explizit genannt. Dennoch lässt sich sowohl vom Inhalt als auch von Parallelen zu vorausgehenden Abschnitten der Schrift *De mente* zweifelsfrei erschließen, dass damit eine grundsätzliche Konkordanz in der Unsterblichkeitsfrage zwischen Platon und Aristoteles, sowie deren Schultraditionen behauptet wird. Gemeinsam ist in der Sicht des Laien beiden die erkenntnisphilosophische Grundfrage, in welchem Verhältnis der Geist zur höchsten Stufe der Einsicht, der sogenannten „Vernünftigkeit" (*intellectibilitas*) steht. Im Kontext von *De mente* wurde diese Vernünftigkeit vorab als jene Erkenntnisregion definiert, „wo sich der Geist der göttlichen Einfachheit gleichförmig macht", was seinerseits in der Gottebenbildlichkeit des Geistes begründet liege (vgl. c. 14, n. 152). Die unterschiedlichen Sichtweisen ergeben sich daraus, dass einige Philosophen annehmen, dass die Vernünftigkeit der Ursprung des Abstieges der Vernunft (*intellectus*) sei, andere hingegen vertreten, dass dieselbe Vernünftigkeit das Ziel einer Aufstiegsbewegung des Verstandes (*ratio*) darstelle. Was Cusanus im Unsterblichkeitskapitel nur thesenhaft zusammenfasst, wurde im vorausgehenden Teil der Schrift ausführlich erläutert und als nur perspektivisch differente Konkordanz zwischen platonischer und aristotelischer Position in der Geistphilosophie benannt: „Daher setzt Aristoteles den Verstand als Anfangsgrund für den Aufstieg der Vernunft, Platon dagegen die Vernünftigkeit für ihren Abstieg. So scheint zwischen ihnen ein Unterschied nur in der Weise der Betrachtung zu bestehen" (c. 14, n. 153). Konsequenterweise zeigt sich eine derartige Harmonie auch in der Frage nach der Unsterblichkeit des Geistes: Während die erstere (platonische) Ansicht davon ausgeht, dass „der Geist in keiner Weise vom Leib abhängt", geben auch die Vertreter der dazu komplementären (aristotelischen) Auffassung zu, „dass der Geist keineswegs mit dem Leib vergeht" (c. 15, n. 156). Auch wenn man zwischen Platon und Aristoteles philosophiehistorisch mehr wesentliche Differenzen sehen mag, als Cusanus dies konstruiert, so trifft es hier durchaus zu, dass Aristoteles trotz eines unterschiedlich hergeleiteten Seelenbegriffes in der Frage nach der Unsterblichkeit (allein) des geistigen Seelenteils sachlich mit seinem Lehrer Platon übereinstimmt (vgl. *De generatione animalium* B 3, 73b 27 und *De anima* II, 2, 413b 27).

Da somit unter allen, „die die Weisheit geschmeckt haben", ein Konsens über die zweifelsfreie Gewissheit der Unsterblichkeit des Geistes festgestellt wird, braucht Cusanus sich nicht weiter mit Gegenpositionen abzugeben. Er kann gleich dazu übergehen, den Beitrag seines eigenen Denkens für eine noch gewissere Begründung dieses klassischen Themas der Philosophie in einer Reihe von Argumenten darzulegen. Vorab verweist er noch kurz darauf, dass er bereits „bei anderer Gelegenheit" Gedanken dazu kundgetan habe, ohne aber inhaltlich näher darauf einzugehen; er bezieht sich hier auf *De sap.* I, n. 17, wo die Unsterblichkeit gefolgert wird aus der Gleichförmigkeit, die zwischen dem Sein des Geistes und der ewigen absoluten Weisheit besteht. Ein Vergleich mit den vorausgehenden Unsterblichkeitsargumenten in anderen cusanischen Schriften (z. B.

De coni. II, c. 11, n. 129; c. 16, n. 163; zum Motiv der Unsterblichkeit im gesamten cusanischen Denken vgl. Kremer 1996) zeigt, dass in *De mente* weniger von den feststehenden Wesensbestimmungen des Geistes dessen Unsterblichkeit abgeleitet wird, sondern vielmehr aus dessen urteilender, sich selbst bewegender, begreifender und definierend-„messender" Wirksamkeit.

2 Der Geist „berührt" das Unveränderliche

Ähnlich wie schon Augustinus am Beginn seiner Schrift über die Unsterblichkeit der Seele, *De immortalitate animae* I 1 (Augustinus 2020, 130), begründet auch Cusanus in seinem ersten Argument (c. 15, n. 156) die Unsterblichkeit des Geistes aus dessen erkennender Tätigkeit. In guter aristotelischer Tradition (vgl. *De anima* III, 4, 429b 18 und III, 7, 431b 12–17) beschreibt er den Erkenntnisprozess als Akt der Abstraktion. Die Wesenswahrheit einer Sache erkennt man dadurch, „dass durch den Geist die Formen von der Veränderlichkeit abgezogen (*abstrahi*) und in den unwandelbaren Bereich der Notwendigkeit der Verknüpfung zurückversetzt werden" (c. 15, n. 156). In der Weise, wie dieser Abstraktionsprozess näherhin beschrieben wird, manifestiert sich aber ein dezidiert platonisches Erkenntniskonzept. Die „unveränderliche Wahrheit" wird gerade nicht als das ‚Intelligible im Sinnenfälligen' gefunden, wie beispielsweise Thomas von Aquin dies lehrte (vgl. *Summa theologiae* I, 84, 6 f. sowie 85, 1), sondern in einem als „Notwendigkeit der Verknüpfung" (*necessitas complexionis*) bezeichneten Reich materiefreier Formen, also rein im Geist: „Und wenn die Seele vermittels der Organe sucht, ist das, was sie findet, veränderlich, wenn sie durch sich selbst sucht, ist das, was sie findet, dauerhaft, klar, durchsichtig und bestimmt" (c. 15, n. 156). Der Begriff der *necessitas complexionis*, vorab genannt in *De mente* c. 7, n. 97, war von Cusanus bereits in seinem 1440 abgeschlossenen, ersten philosophischen Hauptwerk *Das gelehrte Nichtwissen* eingeführt worden (*De docta ign.* II, c. 7 [n. 129]), im Anschluss an den Sprachgebrauch des Platonikers Thierry von Chartres. Damit wird, im Unterschied zur absolut einfachen Notwendigkeit Gottes, die nur begrifflich, also noch nicht materiell, ausdifferenzierte Einheit der verschiedenen idealen Formen bezeichnet, also das, was man vulgärplatonisch einen rein intelligiblen Ideenkosmos nennen könnte. Cusanus versteht diesen urbildhaften Seinsmodus als Vermittlungsinstanz zwischen Gott und der materiellen Schöpfung. Die im Abstraktionsvorgang für Aristoteliker wie Thomas von Aquin (vgl. *Summa theologiae* I, 85, 1) notwendige ‚Hinwendung zu den Sinnenbildern' erscheint bei Cusanus umgekehrt als eine Rückwendung der in die Veränderlichkeit herabgesunkenen Formen zu ihrer ursprünglich geistigen Wesensidentität: „Zu sich zieht er nämlich hin, was er von der Veränderlichkeit abzieht" (c. 15, n. 156).

Wenngleich der Geist als Ort bestimmt wird, wo allein die unveränderlichen Formen gefunden werden können, so wird damit doch keine unmittelbare Identität zwischen Seele und Ideenreich behauptet. Cusanus spricht davon, dass das Unveränderliche von der Seele nicht umfasst, sondern in einem Akt der „Schau" (*intuitio*) lediglich „berührt" (*attingere*) wird. Mit dieser Wortwahl greift der Autor auf eine optische und haptische Metaphorik zurück, die seit Platon (z. B. *Symposion* 212a 1–3) für eine das Begreifen übersteigende Stufe der Wahrheitssuche verwendet wird. Da das Schauen und Berühren der Wahrheit jenseits aller begrifflichen Differenzierung stattfindet und sich eher als eine affektiv qualifizierte Einheitserfahrung ereignet, hat insbesondere die mystische Theologie diese Ausdrucksweisen aufgegriffen, um den ekstatischen Akt der mystischen Einung zu umschreiben (vgl. Hamm 2007). In dieser Tradition benennt auch Cusanus mit derartigen Formulierungen (z. B. *De sap.* I, n. 7: „Das Unberührbare wird auf nichtberührende Weise berührt: *attingitur inattingibile inattingibiliter*") jenen Moment, wo der Geist seines absoluten Wahrheitsgrundes unmittelbar gewahr wird als immer schon vor-gegebene Voraussetzung alles späteren Begreifenkönnens: „Da das schlechthin und absolut Größte, dem gegenüber es kein Größeres geben kann, zu groß ist, als dass es von uns begriffen werden könnte, da es doch die unendliche Wahrheit ist, so berühren wir es nur in der Weise des Nichtergreifens (*non aliter quam incomprehensibiliter attingimus*)" (*De docta ign.* I, c. 4 [n. 11]). Die als Wirken des Geistes beschriebene Zurückversetzung der Formen von der Veränderlichkeit in den Bereich des Unwandelbaren ist damit nicht als Erreichen einer vollkommenen Identität zu verstehen, sondern als Prozess einer nie abschließbaren Angleichung (*assimilatio*) an die im Geist abbildlich widerstrahlende absolute Wahrheit (c. 7, n. 106).

Gerade diese nicht begrifflich-intentional vermittelte, sondern unmittelbar gegebene Präsenzweise der absolut transzendenten Wahrheit im Geist dient Cusanus nun als erstes Argument für seine Unsterblichkeitsthese. In impliziter Anlehnung an das bis auf Parmenides zurückgeführte, noch von Aristoteles (*De anima* I, 2, 404b 17) zitierte geistphilosophische Prinzip, dass „Gleiches nur durch Gleiches erkannt werden kann", wird gefolgert, dass der Geist, wenn er das Unveränderliche auch nur im Modus der intuitiv berührenden Angleichung erkennt, selbst „in seiner Natur von aller Veränderlichkeit frei ist" (c. 15, n. 156). So kann Cusanus resümieren, dass die Seele „also nicht von der Natur des Veränderlichen ist, das sie mit dem Sinn erreicht, sondern des Unveränderlichen, das sie in sich findet" (c. 15, n. 156).

Dieses Unsterblichkeitsargument funktioniert nur unter der (im Text nicht explizit gemachten) Voraussetzung, dass der Geist für die Wahrheitserkenntnis nicht wesentlich auf den Leib und dessen Sinne angewiesen ist. Überraschenderweise werden Leib und physischer Tod im Unsterblichkeitskapitel von *De mente* überhaupt nicht erwähnt. Doch schon vorab hatte Cusanus diese prinzipiell geforderte Unabhängigkeit des erkennenden Geistes von den leiblichen Sinnen erklärt: „Danach bildet unser Geist, nicht als Geist, der in den Körper, den er belebt, eingetaucht ist, sondern als Geist an sich, der aber mit dem Körper vereint werden kann, indem er auf seine Unwandelbarkeit blickt, Angleichungen an die Formen, und zwar nicht so, wie sie in die Materie eingetaucht sind, sondern wie sie in sich und an sich sind, und begreift die unwandelbaren Wesenheiten der Dinge, indem er sich selber als Instrument bedient, ohne irgendeinen organischen Geist" (c. 7, n. 103; vgl. Santinello 1996). Diese erkenntnistheoretische Prämisse setzt wiederum eine ontologische Bedingung voraus, nämlich dass die Dinge im Geist losgelöst von der Materie wahrer sind, als in ihrer materiegebundenen, extramentalen Existenz in der Welt. Cusanus teilt diese metaphysische Position mit der platonischen Tradition. Ein eher aristotelisch geprägter Denker wie Thomas von Aquin würde diese erkenntnistheoretischen und ontologischen Voraussetzungen nicht teilen, denn für ihn bleibt der Geist gerade für seine erkennende Tätigkeit wesentlich auf die Sinne verwiesen. Eine vom Leib losgelöst gedachte Seele (die sogenannte *anima separata*) wird für Thomas eher zu einem geistphilosophischen Problem (vgl. *Summa theologiae* I, 89, 1; dazu Heinzmann 1986, 252–258), als wie bei Cusanus zu einem Argument für deren Unsterblichkeit.

3 Der Geist als „lebendige Zahl"

Im ersten Gedankengang war die abstrahierende Wirksamkeit des Geistes im Bezug auf die unveränderlichen Formen der Dinge der Ausgangspunkt. Die Unsterblichkeit ergab sich dabei aus der angleichenden „Berührung" des Unveränderlichen durch den Geist in diesem Prozess. Im zweiten Argument geht Cusanus einen Schritt weiter, indem er den Geist nicht nur als den Betrachter, sondern als den Urheber von etwas Unvergänglichem vorstellt. Bereits im ersten Argument hatte er als Beispiel für die allein im Geist zugängliche unvergängliche Wahrheit, in auf Platon (*7. Brief*, 342a – 343a) zurückgehender Tradition, die „geometrischen Figuren" (c. 15, n. 156) genannt, die evidentermaßen in materialisierter Gestalt „auf dem Fußboden" nie so exakt sind wie in ihrem Begriff. In ausdrücklicher Kritik an Platon über diesen hinausgehend (*De beryllo* c. 33, n. 55) betont Cusanus jedoch, dass die *mathematicalia* Hervorbringungen des menschlichen Geistes sind, der Geist also als deren Urheber zu bezeichnen ist (*De coni.* I, c. 1f., n. 5–9). Wenn der Mensch Prinzip der mathematischen Gegenstände ist, diese aber unveränderlich sind, ist der Geist demzufolge Ursache von etwas Unveränderlichem. Auf dieser Folgerung beruht das zweite Unsterblichkeitsargument.

Die Allgemeinheit der Mathematik wird hier auf den Bereich der „Zahl" fokussiert. Von der materiellen Veränderlichkeit losgelöst erscheint die Zahl in sich als unvergänglich. Wenn die Zahl aber aus unserem Geist hervorgeht, dann muss dieser ihr Urheber mindestens ebenso unvergänglich sein. Betrachtet man zudem, dass „keine Zahl die Zählkraft des Geistes erschöpfen kann" (c. 15, n. 157), dann erscheint der Geist über die nur in eingeschränkter Aktualität unveränderliche Zahl hinaus sogar als eine unendliche Potenz von Unvergänglichkeit.

Stellte Cusanus im ersten Argument die abstraktiv rezipierende Wirksamkeit des erkennenden Geistes in den Mittelpunkt, so ist es hier die explizierend kreative Tätigkeit. Dies entspricht vollkommen der cusanischen Grundidee, dass die (in der ganzen Schrift *De mente* systematisch entfaltete) Gottebenbildlichkeit des menschlichen Geistes primär im Bereich der Kreativität besteht (vgl. schon *De coni*. I, c. 1, n. 5). Cusanus war bekanntermaßen der erste Denker, der, wenn auch nur in einem entfernt abbildlichen Sinn, so doch ausdrücklich auch dem Menschen die Kreativität zusprach (vgl. Haug 2003). Wenngleich es Cusanus stets als Differenz hervorhebt, dass nur Gott Sein setzen kann, die Hervorbringungen des menschlichen Geistes hingegen nur Angleichungen an die Urbilder der Dinge im göttlichen Geist sind, gewinnt für ihn auch dieser letztere abbildende Akt eine kreative Qualität. Im Moment der Kreativität sah er die Differenz zwischen einem toten und einem lebendigen Abbild (c. 13, n. 149; dazu umfassend Mandrella 2012): „Wir erfahren aber, dass der göttliche Samen als lebendiges Bild in uns diese lebendige, bewunderswerte Fähigkeit ist, dass wir angleichende Schöpfer (*creatores assimilativi*) sind!" (*Sermo* CLXIX n. 6) Diese lebendige, kreative Abbildlichkeit manifestiert sich in der Explikation der mathematischen Gegenstände aus dem Geist. Im Blick darauf, dass der Mensch die Zahl unerschöpflich aus sich selbst heraus entfaltet, also nicht passiv gezählte, sondern aktiv „zählende Zahl" ist, kann Cusanus den Geist als eine „lebendige Zahl" begreifen (c. 15, n. 157).

Am Begriff der Zahl wird also sowohl einsichtig, dass der menschliche Geist unsterblich ist, wie auch, dass diese Unsterblichkeit der Seele keine sich selbst begründende ist, sondern als Teilhabe an der absoluten Unsterblichkeit des göttlichen Urbildes gedacht wird. Im vorausgehenden Kapitel 7 von *De mente* machte Cusanus dies bereits deutlich: Die Bestimmung des Geistes als „eine gewisse lebendige göttliche Zahl" dient als „Eignung, die göttliche Harmonie widerzustrahlen". Zwischen den Zahlen, dem menschlichen Geist und Gott besteht ein gestuftes Teilhabeverhältnis von Abbilds- und Proportionalitätsanalogien. Zunächst, was die ontologische Begründung, Bestimmung und Differenz von Prinzip und Prinzipiiertem betrifft: Ebenso wenig wie die gezählten Zahlen an die Fülle unseres zählenden Geistes, aus dem sie hervorgehen, heranreichen, „kommt unser Geist an den unendlichen Geist heran". Sodann im Hinblick auf die lebendige Abbildlichkeit in der kreativen Wirksamkeit: „Dasselbe Verhältnis also, wie es von den Werken Gottes zu Gott besteht, besteht von den Werken unseres Geistes zum Geist selbst" (c. 7, n. 98). Wenngleich im zweiten Argument des Unsterblichkeitskapitels von *De mente* der partizipative, eben in der Gottebenbildlichkeit begründete Charakter der Unvergänglichkeit des die Zahl explizierenden Geistes nicht ausdrücklich genannt ist, so wird dies vom Gesamtkontext der Schrift her doch unmissverständlich evident.

4 Der Geist als Maß von Bewegung und Zeit

Während im ersten Beweisgang die Rezeptivität des Geistes für die unveränderlichen Formen die Grundlage war und im zweiten die Kreativität des Geistes für die unvergänglichen Zahlen, kombiniert Cusanus im nun folgenden dritten Argument beide Perspektiven. Thema ist wieder die Wirksamkeit des Geistes, diesmal im Hinblick darauf, dass dieser die Bewegung (vor allem der Himmelskörper) „misst" (c. 15, n. 157). Die Bestimmung der Tätigkeit des Geistes als „messen" folgt einer traditionellen Etymologie, in der das lateinische Wort *mens* (Geist) von *mensurare* (messen) abgeleitet wird: „Der Geist ist das, woraus aller Dinge Grenze und Maß stammt. *Mens*, der Geist, wird nämlich von *mensurare*, messen, her benannt, vermute ich" (c. 1, n. 57). Wie aus den Marginalien zu Cod. Cus. 96 hervorgeht, kannte Cusanus diese Etymologie beispielsweise aus dem Kommentar des Albertus Magnus zu Dionysius Areopagitas *De divinis nominibus* (vgl. Baur 1941, Marginalie 143). Cusanus geht offenbar davon aus, dass der Intellekt im Erkenntnisprozess von den Sinnendingen nicht ihr Maß rezeptiv aufnimmt, sondern den Dingen dabei ihr begriffliches Maß kreativ gibt, indem er sie dem idealen Urbild in der „Notwendigkeit der Verbindung" angleicht. Im Unsterblichkeitsargument wird dies hinsichtlich der Himmelsbewegungen ausgeführt.

Dabei ist zu berücksichtigen, dass der Wechsel der Ortslage für Cusanus nicht im aristotelischen Sinn eine bloß akzidentelle Veränderung bedeutet, welche die Substanz nicht wesentlich betrifft. Bereits in der systematisch entworfenen Kosmologie des zweiten Buches seines ersten philosophischen Hauptwerkes *De docta ignorantia* hatte Cusanus hervorgehoben, dass die Dinge durch die Verhältnishaftigkeit wesentlich bestimmt sind, in der sie zueinander und mittels des Universums zum Absoluten stehen. In dem innerhalb der Dreiergruppe der *Idiota*-Schriften auf *De mente* folgenden Traktat *De staticis experimentis* („Experimente mit der Waage") werden daher konsequenterweise nur mehr die Gewichtsrelationen zur Bestimmung der Dinge herangezogen. Wenn der Geist als Maß für die Bewegungsrelationen der Himmelskörper bestimmt wird, dann betrifft es diese also nicht nur äußerlich, sondern gemäß der cusanischen Kosmo-Ontologie im Wesenskern ihres Seins.

Auf dem Hintergrund seines in *De mente* vorab entfalteten Begriffes eines im Erkenntnisprozess aktiv maßgeblichen Geistes wird nun im Hinblick auf die Himmelsbewegungen festgestellt, „dass die Bewegung ebenso sehr den Geist misst, wie der Geist die Bewegung" (c. 15, n. 157). Als Begründung dafür führt Cusanus an, dass die astronomischen Messinstrumente, mit denen im Himmel Maß genommen wird, ja allesamt Erfindungen des menschlichen Geistes sind. Ohne vom Menschen festgesetzte Maßeinheiten wäre keine Bewegung zu erfassen. Daraus ist zu folgern, dass der Geist zwar alles misst, als Prinzip des Messens aber über alles Gemessene erhaben ist: „Er wird bleiben als Grenze, Maß und Bestimmung alles Messbaren" (c. 15, n. 157).

Cusanus expliziert die Bestimmung des Geistes als Bewegungsmaß hier nicht ohne Grund an den Himmelskörpern. Dieser Bezugspunkt erlaubt ihm nämlich, daraus ein Argument für die Unsterblichkeit des Geistes abzuleiten. An der Bewegung der Himmelskörper hatte bekanntlich schon Aristoteles seinen Begriff der Zeit begründet. Aristoteles bestimmte die Zeit als „Maß der Bewegung" (*Physik* IV, 12, 220b 32 – 221a 1). Cusanus nimmt diese aristotelische Definition der Zeit als der natürlichen Bewegung inhärierendes Maß wörtlich auf (c. 15, n. 157). Er deutet sie aber eher im Sinne der Zeitphilosophie des Augustinus um, demgemäß die Zeit eine „Ausdehnung des Geistes" (*distentio animi*) ist, weil Vergangenheit und Zukunft nicht mehr bzw. noch nicht sind und die Gegenwart in ihrer Augenblickshaftigkeit stets zum Nichtsein tendiert (vgl. *Confessiones* XI, 26; dazu Flasch 2004; zum Zeitverständnis des Cusanus vgl. Senger 1996). Diese Umdeutung findet sich hier in der cusanischen These impliziert, wonach das Maß der Bewegung (auch) aus dem Geist stammt. Daraus folgt konsequent, dass auch die Zeit als Bewegungsmaß aus dem Geist entspringt und er als deren Prinzip ebenso über sie erhaben ist und nicht unter sie fällt. Mit der Bewegung misst der Geist auch die Zeit, weshalb „die Zeit nicht die Kraft des Geistes erschöpfen kann" (c. 15, n. 157). In ihrer Erkenntnisbewegung ist die Vernunftseele vielmehr die vorgängige Einfaltung aller zeithaft aufeinanderfolgenden Bewegung. Damit ist der Geist als überzeitliches Prinzip erwiesen, das nicht vom Vergehen der Zeit tangiert wird, und erscheint als unsterblich.

Wie wichtig Cusanus dieses Argument aus der Bestimmung der Seele als einfaltendes Bewegungs- und Zeitmaß war, zeigt sich nicht zuletzt darin, dass er es in Kurzform in der zwölf Jahre später (1462/63) verfassten Schrift *Über das Globusspiel* mit Fokus auf die Kreativität des Geistes aufgreifen wird: „Und sie [sc. die Seele] erfindet die Wissenschaften, d. h. die Arithmetik, Geometrie, Musikwissenschaft und Astronomie, und macht die Erfahrung, dass diese in ihrer Kraft eingefaltet sind. Diese Wissenschaften sind nämlich von den Menschen erfunden und entfaltet worden. Und weil sie unvergänglich und immer in derselben Weise bleiben, sieht auch die Seele sich selbst wahrhaft unvergänglich, immer wahrhaft fortdauernd, weil ja diese mathematischen Wissenschaften nur in ihr und in ihrer Kraft eingefaltet und durch ihre Kraft entfaltet sind, sodass sie, wenn die Verstandesseele selbst nicht existierte, überhaupt nicht sein könnten" (*De ludo* II, n. 93).

5 Der Geist als „Form des Bewegens"

Die Sicht des Geistes als eines aktiv notionale Wirklichkeit entfaltenden Prinzips ist auch die Grundlage für das folgende, vierte Argument. Cusanus betrachtet, wie der Geist „aus sich die schlussfolgernde Bewegung (*motum ratiocinativum*) hervorbringt" (c. 15, n. 157). Dass der „aktive Intellekt" selbsttätig durch Abstraktion die Begriffe bildet, ist auch Gemeingut der aristotelisch-scholastischen Psychologie bei Thomas von Aquin (*Summa theologiae* I, 79, 4). Seiner Auffassung nach ist die menschliche Seele aber auf die Anregung durch die Sinnendinge angewiesen, damit sie sich von ihren Möglichkeiten zu ihrer Wirklichkeit bewegt. „Aus sich selbst" kann die *anima intellectiva* keine Erkenntnisbewegung hervorbringen (*Summa theologiae* I, 87, 1). Demgegenüber schreibt Cusanus der *mens* ausdrücklich die Fähigkeit zu, die Erkenntnisbewegung ohne einen solchen äußeren Beweggrund zu entfalten. Alle Bewegung wird vielmehr auf den Geist als deren Prinzip zurückgeführt. Die Vernunftseele wird so als „Form des Bewegens" bestimmbar (c. 15, n. 157). Der Geist ist in seiner Erkenntnisbewegung also nicht nur vom Bewegt-Werden durch die Sinnendinge unabhängig, sondern darüber hinaus Ursprung jeder erkennbaren Bewegung.

Der Schritt zu einem Unsterblichkeitsbeweis liegt nahe: Wenn der Tod die Auflösung eines lebendigen Wesens ist, Auflösung aber eine Bewegung ist, dann kann der Tod den Geist nicht treffen, weil dieser die vorausgesetzte Form aller Bewegung und damit auch Auflösung ist: „Wie sollte also die Form des Bewegens durch Bewegung zur Auflösung gebracht werden?" (c. 15, n. 157).

Cusanus vollzieht in diesem Gedanken implizit eine prinzipielle Reduktion der physischen Bewegung von Werden und Vergehen (Tod) auf die Erkenntnisbewegung des Intellekts. Nur unter der (hier nicht ausdrücklich als solche benannten) Voraussetzung, dass die physische Bewegung eine Unterart der intellektuellen ist, funktioniert das Argument. Wie könnte sonst der Intellekt Formprinzip nicht nur für die „schlussfolgernde Bewegung", sondern auch für die natürliche Auflösungsbewegung des Todes sein, was Cusanus hier offenbar wie selbstverständlich annimmt? Dass die sinnliche Wirklichkeit in ihrem Sein wesenhaft auf ein geistiges Urbild zurückzuführen ist, gehört zum Kerngehalt der platonischen Ideenmetaphysik. Freilich sind nach dieser Ontologie, in deren Tradition auch Cusanus steht, die seinsbegründenden Formen nicht der Vergänglichkeit ihrer materiellen Abbilder unterworfen, sondern im prinzipiellen Sinne unvergänglich. Über Platon hinaus geht Cusanus aber in der Geistphilosophie von *De mente* davon aus, dass diese seinsbegründende Teilhabe der Sinnendinge an den Ideen nicht unmittelbar oder durch eine allgemeine Weltseele gegeben, sondern ausschließlich „durch den (menschlichen) Geist" vermittelt ist (vgl. c. 3, n. 73; zur cusanischen Idee der Seinsvermittlung durch den menschlichen Geist vgl. Schwarz 1970). Nur wenn auch die physische Bewegung des Vergehens in Tod und Auflösung „allein durch den (menschlichen) Geist" am zeitfrei idealen Urbild der Bewegung in der „Notwendigkeit der Verknüpfung" teilhat, kann daraus die Unsterblichkeit der Seele resultieren. Das vierte Argument setzt also die Bestimmung des Menschen als Schöpfungsmittler voraus und ergibt sich aus dieser neuen spezifischen Sicht des Cusanus auf die Zentralstellung des menschlichen Geistes.

6 Der Geist als sich selbst bewegendes Leben

Der folgende Beweisgang basiert auf der Frage, wovon die (Erkenntnis-)Bewegung, als deren „Form" der Geist soeben bestimmt wurde, ihrerseits ihren bewegenden Ausgang nimmt. Obwohl Cusanus die Seele in *De mente* durchweg als von Gott geschaffene ansieht, sagt er dennoch nicht, dass etwa Gott der Seele den Bewegungsimpuls zur Erkenntnis unmittelbar gibt. Er geht vielmehr davon aus, dass der Geist „sich selbst bewegt" (c. 15, n. 157). Mit dem Gedanken der Selbstbewegung der Seele verlässt Cusanus die aristotelische Bestimmung der Bewegung als Eigenschaft, die einem Ding akzidentell von einem anderen her äußerlich zukommt. Bei Aristoteles findet sich der Grundsatz: „Alles, was sich bewegt, wird durch ein anderes bewegt" (*Physik* VII, 1, 241b 34). Konsequenterweise kritisierte er alle Positionen, die von einer Selbstbewegung der Seele ausgehen (vgl. *De anima* I, 3, 405a 29–405b 1). Cusanus hingegen geht in Übereinstimmung mit der platonischen Tradition (z. B. Thierry von Chartres) davon aus, dass eine Bewegung prinzipiell auch aus dem Wesen eines Dinges selbst heraus resultieren kann und daher als eine „substanzielle Bewegung" zu fassen ist. Die Schrift *Über das Globusspiel* wird die Begründung dafür nachliefern, warum die Seele als eine solche sich selbst bewegende Wesenheit begriffen werden muss: Weil die Vernunft „nicht Vernunft sein kann ohne die vernünftige Bewegung [...], ist die vernünftige Bewegung also substanziell sich selbst bewegend" (*De ludo* I, n. 24). In derselben Schrift wird aber zugleich betont, dass die Selbstbewegung der Seele ihr Erschaffensein durch Gott nicht ausschließt: „Gott nämlich ist weder Seele, noch bewegt den Menschen Gottes Geist. Sondern in dir erschaffen ist die Bewegung, die sich, nach der Lehre der Platoniker, selbst bewegt; sie ist die vernünftige Seele, welche sich und alle deine Bewegungen bewegt" (*De ludo* II, n. 23).

Für Aristoteles (*Physik* VIII, 2, 252b 22) ist die Selbstbewegung zwar keine Eigenschaft der Seele allein, jedoch in einem analogen Sinne Kennzeichen eines durch die Seele belebten Naturwesens. Als Unterscheidungsmerkmal eines Lebewesens von der unbelebten Natur ist die Selbstbewegung Ausdruck von Leben. Im Gefolge dieser Gleichsetzung von Selbstbewegung und Leben kann Cusanus nun aus der Annahme einer substanziellen Selbstbewegung des Geistes einen Unsterblichkeitsbeweis ableiten: Mit der Erkenntnisbewegung bringt die Vernunftseele auch ihr eigenes Leben hervor. Weil eine „Bewegung, die sich selbst bewegt, nicht aufhören kann", lebt der sich selbst bewegende Geist „immer" (c. 15, n. 157).

In der Ableitung der Unsterblichkeit aus der Selbstbewegung folgt Cusanus einem Argument aus Platons *Phaidros* (245c 5–8): „Jede Seele ist unsterblich, denn das stets Bewegte ist unsterblich. Was aber ein anderes bewegt und von einem anderen bewegt wird, das hat, sofern es ein Aufhören der Bewegung hat, auch ein Aufhören des Lebens. Das sich selbst Bewegende allein also, sofern es nie sich selbst verlässt, hört nie auf, bewegt zu sein." In einer Vertiefung dieses Arguments entdeckte bereits Platon (*Phaidon* 105b 5–d 12), wie aus dem Gedanken der substanziellen Selbstbewegung die Einsicht folgt, dass das Leben notwendigerweise im Wesensbegriff der Seele enthalten ist und davon nicht einmal hypothetisch weggedacht werden kann. Wie das wesenhaft warme Feuer niemals seinen Gegensatz der Kälte annimmt, ist es auch undenkbar, dass die wesenhaft als Lebensprinzip bestimmte Seele jemals im Tod von ihrem Gegensatz tangiert wird.

Diese von Platon vorgegebene Rückführung der Wesenswirksamkeit von Selbstbewegung in den Wesensbegriff von Lebendigkeit nimmt auch Cusanus am Ende seines fünften Unsterblichkeitsarguments vor. Die Unvergänglichkeit des Geistes kann nicht nur aus seiner selbst verursachten Wirkung in der Erkenntnisbewegung reduktiv erschlossen, sondern auch aus seiner wesenhaft mit Leben verbundenen Definition deduktiv bewiesen werden: „Er hat nämlich das Leben als ein ihm verbundenes, durch das er immer lebendig ist, so wie die Kugel immer rund ist durch den ihr verbundenen Kreis" (c. 15, n. 157). Indem Cusanus hier abschließend die Immerlebendigkeit der Seele denknotwendig aus ihrem Wesensbegriff ableitet, bedient er sich einer Argumentationsstruktur, die Anselm von Canterbury in *Proslogion* 2–3 für seinen berühmten, später sogenannten „ontologischen" Gottesbeweis verwendet hat (Anselm von Canterbury 1962, 84–87). Für Anselm ist es Gott, in dessen Wesensdefinition die Existenz enthalten ist, sodass allein Gottes Existenz nicht *nicht* gedacht werden kann und somit als (denk-)notwendig erscheint. Wenn Cusanus seinen Beweis für die Unsterblichkeit der Seele in (einer ihm wohl bewussten) Analogie zum anselmischen Gottesbeweis führt (vgl. Dangelmayr 1975), dann wird daran für uns ersichtlich, wie hoch er vom menschlichen Geist dachte und wie konsequent er philosophisch dessen (biblische) Bestimmung als „Bild Gottes" umsetzte.

7 Der Geist als Koinzidenz von einfaltender Einheit und ausfaltender Andersheit

Auch das sechste Argument ergibt sich ganz aus der für *De mente* spezifischen Sicht des Geistes als Bild Gottes. Dergestalt ist der Geist nicht wie alle anderen Kreaturen Ausfaltung der absoluten Einfaltung Gottes, sondern eben das Bild der absoluten Einfaltung und als solches allen endlichen Ausfaltungen Gottes in der Schöpfung überlegen (c. 15, n. 158; ausführlich: c. 4, n. 74–76). Diese neue philosophische Bestimmung erlaubt es Cusanus, Begrifflichkeiten, die er in vorangegangenen Schriften im Hinblick auf das Absolute (Gott) erarbeitet hatte, nun in abbildhafter Differenz auch vom menschlichen Geist zu prädizieren. Der folgende Unsterblichkeitsbeweis beruht darauf: Die Begriffe von „Koinzidenz" und „Einfaltung/Ausfaltung", die er in *De docta ignorantia* als Eigenschaften des *maximum absolutum* eingeführt hatte (vgl. *De docta ign.* I, c. 4 [n. 11–12] und II, c. 3 [n. 111]), begegnen hier als Prädikate der Vernunftseele und begründen ihre Unsterblichkeit.

Zuerst wird der Geist in diesem abbildhaften Sinne als „Zusammenfall von Einheit und Andersheit" bestimmt (c. 15, n. 158). Diese Definition wird dann von der Sicht auf den Geist als „lebendige Zahl" her verstanden, wie sie im zweiten Unsterblichkeitsargument erläutert wurde. Weil die Zahl „aus der Vielheit der Einheit konstituiert wird" und somit „aus sich selbst zusammengesetzt ist" (c. 6, n. 90 und 94), ist sie unteilbar und damit unzerstörbar. Bereits im vorausgehenden siebten Kapitel von *De mente* hatte Cusanus die Wesensbestimmung des Geistes in Analogie zu derjenigen der Zahl erschlossen: „Denn dass der Geist aus Selbigem und Verschiedenem besteht, heißt, dass er aus Einheit und Andersheit so besteht, wie die Zahl zusammengesetzt ist aus Selbigem in Hinsicht auf das Gemeinsame und Verschiedenem in Hinsicht auf das Einzelne, welches die Erkenntnisweisen des Geistes sind" (c. 7, n. 97). Aus der Wesensgleichheit zwischen Zahl und Geist ergibt sich des Letzteren Unsterblichkeit, da auch „in ihm die Teilbarkeit mit der unteilbaren Einheit zusammenfallend besteht" (c. 15, n. 158).

Die seit der Schrift *Über die Mutmaßungen*, abgeschlossen wohl im Jahr 1444, bei Cusanus vorherrschende Betrachtung des Geistes von seiner Ähnlichkeit mit der Zahl her (*De coni.* I, c. 2, n. 9) ist auch in der Weise leitend, wie er im sechsten

Unsterblichkeitsargument den Geist als „Zusammenfall von Einfaltung und Ausfaltung" (c. 15, n. 158) bestimmt. Wenn der Geist zählt, dann faltet er zugleich aus und ein. Jede Zahl faltet die Einheit aus und bleibt so in die Einheit eingefaltet. Da aber „eine Kraft, die im Ausfalten einfaltet, nicht kleiner werden kann" (c. 15, n. 158), wird auch der Geist nicht schwinden und ist damit unsterblich.

Am Schluss dieses Beweises bezieht Cusanus den bildhaften Einfaltungscharakter des zählenden Geistes auch auf die Zeit. Wie im dritten Unsterblichkeitsargument, das vom Geist als Maß der Zeit ausging, legt Cusanus auch hier das Zeitverständnis der platonischen Tradition zugrunde, modifiziert es aber in einem entscheidenden Punkt ganz im Sinne seiner Geistphilosophie. Gemäß Platon ist die Zeit das „bewegte Bild der Ewigkeit" (*Timaios* 37d 5f.; zur Wirkungsgeschichte in der platonischen Tradition vgl. Mesch 2003). Für Cusanus ist die Zeit die „Ausfaltung der Ewigkeit", der Geist aber das „Bild der Ewigkeit". Eine Ausfaltung ist dem Seinsrang nach immer geringer als ein Bild und somit ist der Geist über die Vergänglichkeit der ausgefalteten Zeit erhaben. Der Geist endet nicht mit der Zeit, sondern lebt unaufhörlich im Bestand der in ihm wesenhaft abgebildeten Ewigkeit.

8 Das in seiner Güte unbegrenzte Absolute als Grenze des Geistes

Im dritten Argument erwies Cusanus die Seele als das Maß von Bewegung und Zeit, die selbst nicht durch die von ihr gemessene Vergänglichkeit begrenzt werden kann. Im nun folgenden, vorletzten Beweis des Kapitels untersucht er hingegen, worin der messende Geist selbst sein Maß findet und was sich daraus für die Frage nach der Unsterblichkeit ergibt.

Dabei geht er von der dem Geist „anerschaffenen Urteilskraft" aus (c. 15, n. 158). In bis auf Platon (*Politeia* 523e 3 – 524d 5) zurückgehender Tradition stellt er fest, dass der Intellekt über einen apriorischen Maßstab verfügt, nach dem er alle rationalen Inhalte als wahr oder falsch beurteilt. Wenn die Verstandesinhalte also durch den Geist beurteilt werden, kann der Verstand nicht seinerseits den Geist umfassen und definieren: „Es bleibt also unser Geist für jeden Verstand unmessbar, unendlich und unbegrenzbar" (c. 15, n. 158). Nicht der Verstand misst den Geist, sondern der Geist misst alle Verstandesinhalte am Maßstab der in ihm immer schon apriorisch aufleuchtenden Wahrheit.

Auf der Entdeckung, dass in der Urteilskraft der Seele eine unveränderliche Wahrheit vorausgesetzt ist, hatte Augustinus seinen berühmten (später so genannten) „noologischen" Gottesbeweis aufgebaut (vgl. hierzu Heinzmann 1992,

70–79). Bereits im fünften Argument konnte man beobachten, wie Cusanus die Struktur eines klassischen Gottesbeweises (dort des sogenannten „ontologischen" von Anselm von Canterbury) zur Grundlage eines Unsterblichkeitsbeweises für den menschlichen Geist machte. Ermöglicht wurde diese Analogisierung zwischen Beweis für die Existenz Gottes und Beweis für die Unsterblichkeit der Seele durch die Bestimmung des Geistes als Bild Gottes. Genauso wird nun hier mit der von Augustinus für den Gottesbeweis verwendeten Argumentation verfahren. Aus dem Vorhandensein der Wahrheit in der menschlichen Urteilskraft schließt Cusanus nicht primär auf die Existenz Gottes, sondern folgert daraus, dass „allein der unerschaffene Geist unseren Geist misst, begrenzt und beendet wie die Wahrheit ihr aus sich, in sich und durch sich erschaffenes lebendiges Bild" (c. 15, n. 158). Die absolute, unerschaffene Wahrheit wird als Grenze und Maß des Geistes bestimmt. Damit findet der Geist das Unbegrenzte als seine Grenze. Was im Unendlichen begrenzt wird, ist selbst zwar nicht aktuell, aber zumindest potenziell unendlich, weil es sich im es begrenzenden Unendlichen immer mehr vergrößern kann. In der drei Jahre nach *De mente* verfassten Schrift *Über die Schau Gottes* wird Cusanus den unendlichen Gott explizit als „Ende ohne Ende" (*finis sine fine*) begreifen und daraus folgern, dass auch die Gottessehnsucht des Menschen unendlich bleibt (*De vis. Dei* c. 13, n. 53 und c. 16, n. 68.)

In der Bestimmung des Unendlichen als Grenze des Geistes ist damit ontologisch die Möglichkeit gegeben, dass auch das Leben des Geistes unbegrenzt und er damit unsterblich ist. Allein diese Möglichkeit gilt Cusanus jedoch noch nicht als Unsterblichkeitsbeweis. Es muss überdies noch begründet werden, dass es nichts geben kann, was diese Möglichkeit verhindert. Dazu führt Cusanus rein methodisch-hypothetisch einen Grund an, der dem Leben des Geistes eine Grenze setzen könnte: „Wie sollte das Bild vergehen, welches der Widerschein der unvergänglichen Wahrheit ist, es sei denn, die Wahrheit zieht den mitgeteilten Widerschein zurück?" (c. 15, n. 158). Wenn die potenzielle Unendlichkeit des geistigen Lebens darauf beruht, dass in seiner Urteilskraft die absolute Wahrheit mitgeteilt ist, dann könnte dieses Leben enden, sobald diese Mitteilung aus irgendeinem Grund aufhört. Doch ein solcher Grund ist nach Cusanus denkunmöglich: Gemäß der ‚zirkularen Theologie' bezeichnen in Gott alle Prädikate dasselbe und sind daher austauschbar. Gottes Wahrheit ist also mit seiner Gutheit identisch. Die absolute Güte versteht Cusanus in platonischer Tradition als eine vollkommene Seinsfülle, die sich selbst neidlos verströmt und allem mitteilt (vgl. Kremer 1987). Es würde dem vollkommenen Begriff von Gottes Gutheit widersprechen, wenn er dem menschlichen Geist als seinem Bild jemals die Mitteilung seiner Wahrheit verwehren würde, die dessen unendliches Maß und Unsterblichkeitsgarant ist: „Wie es also unmöglich ist, dass die unendliche Wahrheit den unendlichen Widerschein entzieht, da sie die absolute Güte ist, so ist es unmöglich, dass ihr Bild, das nichts ist als ihr mitgeteilter Widerschein, jemals schwindet" (c. 15, n. 159).

Cusanus begründet das ewige Leben des Geistes aus der philosophischen Tradition der Vernunftwahrheit des Guten und kann es von daher als notwendig erweisen. Wenngleich er dabei eine Argumentationsstruktur anwendet, die Augustinus für einen Gottesbeweis zugrunde legte, so differiert er in der Frage nach einer Ermöglichung einer postmortalen Existenz des Menschen vom Kirchenvater doch beträchtlich. Augustinus macht das ewige Leben nicht aus der philosophischen Vernunftwahrheit des Guten notwendig, sondern ganz von der theologischen Willensentscheidung der göttlichen Gnade abhängig. Da die Gnadenmitteilung keineswegs als notwendig abgeleitet werden kann, sondern stets einem ungebundenen und deshalb auch vernünftig undurchschaubaren Willensentschluss Gottes folgt, ist die Unsterblichkeit im positiven Sinn einer Gottverbundenheit für Augustinus keineswegs garantiert, Hölle und ewiger Verdammung sind vielmehr Tür und Tor geöffnet (vgl. zu diesen Zusammenhängen Flasch 1995). Cusanus ist in *De mente* nicht nur eine solche willens- und gnadentheologische Betrachtung in der Unsterblichkeitsthematik fremd, sondern es fehlt überraschenderweise im betreffenden Kapitel die heilsgeschichtlich-soteriologische Perspektive völlig: Das Leben nach dem Tod wird erschöpfend ohne jeden Rekurs auf das einer übernatürlichen Erlösungsordnung angehörende Christusereignis begründet, Jesus Christus und dessen Erlösungswerk bleiben unerwähnt und sind auch nicht implizit vorausgesetzt. Dass diese soteriologische Dimension von Sünde und Erlösung bei Cusanus eher in den Predigten thematisiert wird als in den theoretischen Schriften, mag als Hinweis darauf zu deuten sein, dass sie in den Hintergrund tritt (anders sieht dies Dahm 1997). Dies ist aber nicht in dem Sinne zu verstehen, dass in *De mente* allgemein und in den Unsterblichkeitsbeweisen speziell der christliche Glaube und die Theologie keine Rolle mehr spielen. Sie werden im Projekt der cusanischen Geistphilosophie vielmehr von einer heilsgeschichtlichen auf eine schöpfungsontologisch-transzendentalphilosophische Ebene transponiert: Die Glaubensoffenbarung wird auf das Motiv der Schöpfung des Menschen als „Bild Gottes" (vgl. *Gen* 1, 26) reduziert, dieses aber bildet in begrifflich reflektierter Form die unverzichtbare Grundlage eines jeden geistphilosophischen Unsterblichkeitsbeweises.

9 Die unmittelbare Gewissheit in der „angeborenen Religion"

Die in der Bestimmung des Menschen als „Bild Gottes" implizit vorgenommene transzendentalontologische Rückgründung der Geistphilosophie in der Theologie des vortheoretischen Glaubenslebens macht Cusanus im letzten, achten Argument zur ausdrücklichen Grundlage eines Unsterblichkeitsbeweises. Ausgangspunkt bildet dabei das Konzept einer „angeborenen Frömmigkeit" (*connata religio*). Damit meint Cusanus, dass bereits in der allgemeinen Menschennatur, unabhängig von einer konkreten Kultur oder Tradition, ein vorreflexiver Transzendenzbezug vorhanden ist, der sich in einer Vielfalt von religiösen Vorstellungen und Praktiken äußert (vgl. Feil 1986, 138–159). Als übereinstimmenden Inhalt eines derartigen, vorphilosophischen Aprioris identifiziert Cusanus auch die Unsterblichkeit des Geistes. Mit der angeborenen Religion sei diese allen Menschen „von Natur aus eingegeben" (c. 15, n. 159; vgl. dazu Euler 1996).

Gemäß dem vorreflexiven Charakter dieser Übereinstimmung im Unsterblichkeitsglauben führt Cusanus dafür keine argumentativen Begründungsgänge an. Dennoch behauptet er, dass diese Auffassung „zweifelsfrei" ist (c. 15, n. 159). Offenbar spricht Cusanus den allen gemeinen religiösen Behauptungen ein geradezu absolutes Maß an Wahrheitsbedeutung zu. Diese Einschätzung des Glaubens beruht bei Cusanus ihrerseits keineswegs allein auf Glauben, dafür führt er vielmehr eine reflektierte Begründung ein: Die allgemein religiöse Annahme der Unsterblichkeit ist deshalb zweifelsfrei überzeugend, weil sie den Menschen unmittelbar gewiss ist und diese unmittelbare Gewissheit letztlich mit der Selbstgewissheit zusammenfällt, die weder ontisch aufhebbar noch ontologisch auflösbar ist: „Wir haben nämlich kein sichereres Wissen (*certiorem scientiam*) davon, dass wir Menschen sind, als davon, dass wir einen unsterblichen Geist haben, da das Wissen von beidem allgemeine Behauptung aller Menschen ist" (c. 15, n. 159).

Bereits in *De docta ignorantia* hatte Cusanus die vorreflexive Gewissheit mit der argumentativ-begrifflich begründenden Theorie der Philosophie in ein Verhältnis gesetzt und dieses Verhältnis auch ausdrücklich als solches reflektiert. Bevor er den für das Werk grundlegenden Begriff des „absolut Größten" (*maximum absolutum*) mit rationalen Methoden expliziert, stellt er fest, dass er damit dasjenige reflektiert, was „im Glauben aller Völker unbezweifelt (*indubie*) als Gott geglaubt wird" (*De docta ign.* I, c. 2 [n. 5]). Damit gibt er zu verstehen, dass sein philosophischer Hauptbegriff in vorbegrifflicher Form bereits im Glaubenswissen vorgegeben ist und darin auch seinen Ursprung findet, von woher er überhaupt erst ins Denken kommt und diesem zur Reflexion aufgegeben wird. Dies entspricht ganz der auf Augustinus und Anselm von Canterbury zurückgehenden Tradition des „Ich glaube, damit ich verstehe" (*credo, ut intelligam*). Analog zu Cusanus führt auch Anselm seinen dem sogenannten „ontologischen Gottesbeweis" zugrunde liegenden Begriff des „etwas, worüber hinaus Größeres nicht gedacht werden kann (*id, quo maius cogitari nequit*)" zu Beginn des zweiten Kapitels des *Proslogion* zuerst als Glaubensaussage ein („Wir glauben, dass du etwas bist, im Vergleich zu dem nichts Größeres gedacht werden kann: *credimus te esse aliquid quo nihil maius cogitari possit*"; Anselm von Canterbury 1962, 84). Am Schluss des Gesamtwerkes von *De docta ignorantia* bringt Cusanus diese ursprüngliche Bedeutung des Glaubens für das Denken auch ausdrücklich auf den Begriff, indem er in einem mit „Glaubensgeheimnisse" (*mysteria fidei*) überschriebenen Kapitel den Glauben als „Anfang der Vernunft" (*initium intellectus*) bezeichnet (*De docta ign.* III, c. 11 [n. 244]; zum cusanischen Glaubensverständnis vgl. Thurner 2001a, 220–300; Thurner 2001b). Wenngleich die philosophische Spekulation also stets vom Glauben als ihrem „Ursprung" den Anfang nimmt, geht sie dann doch im Prozess der Reflexion auch qualitativ darüber hinaus. Dies macht Cusanus in *De docta ignorantia* unmissverständlich deutlich, wenn er feststellt, dass die Trinität des Absoluten in den spekulativen Begriffen „Einheit, Gleichheit, Verbindung" (*unitas, aequalitas, connexio*) nicht nur viel präziser, sondern ihr wesensgemäßer zum Ausdruck kommt (*De docta ign.* I, c. 9 [n. 26]; *De non aliud* c. 5, n. 19).

Dieselbe strukturelle Bezogenheit von Glauben und Denken liegt auch der Schrift *De mente* zugrunde. Von daher ist es kein Zufall oder verzichtbares Anhängsel, wenn Cusanus gerade im letzten Argument der ganzen Schrift auf die (Unsterblichkeits-)Gewissheit der „angeborenen Frömmigkeit" zu sprechen kommt. Er bezieht sich damit zurück auf den Ursprung des ganzen geistphilosophischen Gedankenganges, den er in der Rahmenerzählung des Dialoges thematisiert. Dies geschieht im letzten Unsterblichkeitsargument ganz ausdrücklich: Der Laie macht den von ihm bis dahin umfassend philosophisch belehrten Redner abschließend darauf aufmerksam, dass es das Staunen über die anlässlich des Heiligen Jahres 1450 nach Rom pilgernde „unzählbare Volksmenge" frommer Menschen war, das den philosophischen Gedankengang überhaupt erst angeregt hat (c. 15, n. 159). In den Eröffnungsworten des ersten Kapitels von *De mente* hieß es dazu: „Zu der Zeit, als viele Menschen wegen des Jubeljahres in staunenswerter Hingabe nach Rom herbeieilten, da war, so hört man, ein unter allen Zeitgenossen hervorragender Philosoph auf einer Brücke anzutreffen, wie er die Vorübergehenden voll Staunen betrachtete" (c. 1, n. 51). Schon seit Platon (*Theaitetos* 155d 2f.) und Aristoteles (*Metaphysik* I, 2, 982b 12f.) gilt das Staunen als Ursprungsakt der Philosophie. Cusanus bezieht dieses denkursprüngliche Staunen ganz auf die *connata religio* und deren unmittelbare Unsterblichkeitsgewissheit: „Ich habe nämlich allezeit auf meiner Wanderung durch die Welt weise Männer aufgesucht, um über die Unsterblichkeit des Geistes belehrt zu werden, da in Delphi das Erkennen geboten worden ist, dass der Geist sich selbst erkennen und mit dem göttlichen Geist verbunden fühlen soll; aber bisher habe ich das Gesuchte noch nicht so vollkommen und mit hellem Verstand berührt wie dieses unwissende Volk mit dem Glauben" (c. 1, n. 52). Dennoch bleibt es aber in *De mente* nicht bei einem Staunen über die Glaubensgewissheit, sondern es folgt die Mühe einer spekulativen Reflexion und Begründung derselben: „Gewiss muss es ein Geschenk Gottes sein, dass die Laien mit dem Glauben klarer daran rühren als die Philosophen mit dem Verstand. Denn du weißt, welch ausführlicher Untersuchung es bedarf, wenn man die Unsterblichkeit des Geistes mit dem Verstand behandelt, die doch jeder von diesen allen [sc. den Laien] allein durch den Glauben für unzweifelhaft hält, da aller Sorge und Mühe sich darauf richtet, dass die Seelen nach dem Tod, von keiner Sünde verdunkelt, in das lichtvolle und heiß ersehnte Leben entrückt werden" (c. 1, n. 52). Im 15. Kapitel der Schrift hat Cusanus die „ausführliche Untersuchung" dessen, was er im ersten Kapitel als unmittelbare Gegebenheit der angeborenen Religion bestaunt hatte, mit philosophischen Mitteln abgeschlossen. Die Unsterblichkeitsgewissheit der Laien des Glaubens wird in den Unsterblichkeitsargumenten des philosophierenden Laien aufgehoben.

10 Die Unsterblichkeitsbeweise als Felder einer „Weisheitsjagd"

Im Rückblick auf die acht Unsterblichkeitsbeweise des 15. Kapitels von *De mente* ist auffällig, dass Cusanus diese in recht loser Aufeinanderfolge aneinanderreiht, ohne die einzelnen Teile argumentativ zu verbinden oder einen höher zu gewichten als den anderen. Dies erinnert an die Art, wie Anselm von Canterbury im *Monologion* (rückblickend darauf festgestellt im Vorwort des *Proslogion*; Anselm von Canterbury 1962, 68) und Thomas von Aquin (*Summa theologiae* I, 2, 3) ihre Gottesbeweise in Form einer „Verkettung vieler Argumente" (*multorum concatenatio argumentorum*) bzw. in „fünf Wegen" (*quinque viae*) präsentieren. Dennoch hat diese Weise der Darlegung innerhalb des cusanischen Denkens einen ganz spezifischen Sinn. Im Zusammenhang mit dem zweiten Argument spricht Cusanus davon, dass der vorgetragene Beweis „erjagt" werden könne (c. 15, n. 157). Damit greift er eine auf Platon zurückgehende Metaphorik auf, in welcher das Denken als eine Art „Jagd" versinnbildlicht wird. In der 1462 zwei Jahre vor seinem Tod verfassten Spätschrift *Über die Jagd nach Weisheit* (*De venatione sa-*

pientiae) stellt Cusanus seine eigenen vielfältigen Denkbemühungen, wie sie in seinen zahlreichen Schriften ihren Niederschlag fanden, als „Felder" dar, auf denen der Geist nach Weisheit jagen könne (*De ven. sap.* prol., n. 1 und c. 9, n. 30; zur Geschichte der Jagdmetapher vgl. Tarabochia Canavero 2002 und Bombassaro 2002, insbes. 156–182). Der Sinn dieser Selbstdarstellung seines Denkens im ‚Aenigma' (vgl. Thurner 2004) der Jagd erschließt sich von dem Verständnis von Weisheit (*sapientia*) als „schmackhaftes Wissen" (*sapida scientia*) und „Lebensspeise des Geistes" her, wie es Cusanus vor allem im ersten der *Idiota*-Dialoge *De sapientia* grundgelegt und experimentell (im Sinne einer auch erfahrungshaften Erprobung) entfaltet hatte (*De sap.* I, n. 10; vgl. Thurner 2011). Als in diesem Sinne verstandene „Weisheit" ist das in den *Idiota*-Dialogen gesuchte und theoretisch konstruierte „Wissen" immer auch Gegenstand von erfahrungshaftem „Schmecken". Die Gedankengänge der Schriften erschöpfen sich daher nicht allein in ihrem begrifflich-argumentativen Gehalt, sondern bringen ihrem Schöpfer auch eine beglückende Erfahrung seiner Lebendigkeit. Wenn Cusanus im abschließenden Kapitel von *De mente* eine potenziell unabgeschlossene Reihe von Unsterblichkeitsargumenten nacheinander kreiert, dann erfährt er jene unerschöpfliche Lebendigkeit des Geistes, die er theoretisch als „Unsterblichkeit" beweisen will, im Vollzug des Denkens schließlich in der Weise eines unmittelbaren Selbstexperiments.

Literaturverzeichnis

Anselm von Canterbury (1962): Proslogion/Anrede. Lateinisch-deutsche Ausgabe von P. F. S. Schmitt OSB, Stuttgart-Bad Cannstatt

Augustinus (2020): De immortalitate animae/Die Unsterblichkeit der Seele. Zweisprachige Ausgabe, eingel., übers. und komm. von Ch. Tornau, Paderborn

Baur, Ludwig (1941) (Hg.): Nicolaus Cusanus und Ps. Dionysius im Lichte der Zitate und Randbemerkungen des Cusanus, Heidelberg

Bombassaro, Luiz Carlos (2002): Im Schatten der Diana. Die Jagdmetapher im Werk von Giordano Bruno, Frankfurt am Main

Dahm, Albert (1997): Die Soteriologie des Nikolaus von Kues. Ihre Entwicklung von seinen frühen Predigten bis zum Jahr 1445, Münster

Dangelmayr, Siegfried (1975): Maximum und cogitare bei Anselm und Cusanus, in: Analecta Anselmiana IV/1, Frankfurt am Main, S. 203–210

Euler, Walter Andreas (1996): Auferstehung und Unsterblichkeit als Frage der Grundlegung von Religion, in: MFCG 23, S. 165–182

Feil, Ernst (1986): Religio. Die Geschichte eines neuzeitlichen Grundbegriffs vom Frühchristentum bis zur Reformation, Göttingen

Flasch, Kurt (1995): Logik des Schreckens. Augustinus von Hippo. Die Gnadenlehre von 397, Lateinisch-Deutsch, herausgegeben, erklärt und mit einem Nachwort, 2. Aufl., Mainz

Flasch, Kurt (2004): Was ist Zeit? Augustinus von Hippo, Das XI. Buch der Confessiones, Historisch-philosophische Studie, Text – Übersetzung – Kommentar, 2. Aufl., Frankfurt am Main
Hamm, Berndt (2007): „Gott berühren": Mystische Erfahrung im ausgehenden Mittelalter. Zugleich ein Beitrag zur Klärung des Mystikbegriffs, in: ders./V. Leppin (Hg.), Gottes Nähe unmittelbar erfahren. Mystik im Mittelalter und bei Luther, Tübingen, S. 111–139
Haug, Walter (2003): Nicolaus Cusanus zwischen Meister Eckhart und Cristoforo Landino. Der Mensch als Schöpfer und der Weg zu Gott, in: Ders., Die Wahrheit der Fiktion. Studien zur weltlichen und geistlichen Literatur des Mittelalters und der frühen Neuzeit, Tübingen, S. 538–556
Heinzmann, Richard (1986): Anima unica forma corporis. Thomas von Aquin als Überwinder des platonisch-neuplatonischen Dualismus, in: Philosophisches Jahrbuch 93, S. 236–259
Heinzmann, Richard (1992): Philosophie des Mittelalters, Stuttgart/Berlin/Köln
Kremer, Klaus (1987): „Bonum est diffusivum sui". Ein Beitrag zum Verhältnis von Neuplatonismus und Christentum, in: W. Haase (Hg.), Aufstieg und Niedergang der römischen Welt. Geschichte und Kultur Roms im Spiegel der neueren Forschung, Teil 2, Bd. 36,2, Berlin/New York, S. 994–1032
Kremer, Klaus (1996): Philosophische Überlegungen des Cusanus zur Unsterblichkeit der menschlichen Geistseele, in: MFCG 23, S. 21–64
Mandrella, Isabelle (2012): *Viva imago*. Die praktische Philosophie des Nicolaus Cusanus, Münster
Mesch, Walter (2003): Reflektierte Gegenwart. Eine Studie über Zeit und Ewigkeit bei Platon, Aristoteles, Plotin und Augustinus, Frankfurt am Main
Santinello, Giovanni (1996): In welchem Sinne versteht Cusanus Charakter und wechselseitige Bezogenheit von Leib und Seele im Menschen? Wie versteht er demzufolge den Tod?, in: MFCG 23, S. 3–16
Schmidt-Biggemann, Wilhelm (1998): Philosophia perennis. Historische Umrisse abendländischer Spiritualität in Antike, Mittelalter und Früher Neuzeit, Frankfurt am Main
Schwarz, Willi (1970): Das Problem der Seinsvermittlung bei Nikolaus von Cues, Leiden
Senger, Hans Gerhard (1996): Das Zeit- und Ewigkeitsverständnis bei Nikolaus von Kues im Hinblick auf die Auferstehung der Toten, in: MFCG 23, S. 139–157
Tarabochia Canavero, Alessandra (2002): Niccolò Cusano e Marsilio Ficino a caccia della sapienza, in: M. Thurner (Hg.), Nicolaus Cusanus zwischen Deutschland und Italien. Beiträge eines deutsch-italienischen Symposions in der Villa Vigoni 28.3.–1.4.2001, Berlin, S. 481–510
Thurner, Martin (2001a): Gott als das offenbare Geheimnis nach Nikolaus von Kues, Berlin.
Thurner, Martin (2001b): „Der Glaube ist der Ursprung des Denkens". Philosophie als Weg der Gottsuche nach Nikolaus von Kues, in: A. Bucher (Hg.), Welche Philosophie braucht die Theologie?, Regensburg, S. 33–53
Thurner, Martin (2004): Die Sinnlichkeit als Selbstdarstellung des Geistes: die ‚Aenigmata' des Cusanus, in: Recherches de théologie et philosophie médiévales 71, S. 372–391
Thurner, Martin (2011): „Sapida scientia". Erfahrung und Reflexion im Weisheitsbegriff des Nikolaus von Kues, in: A. Beutel/R. Rieger (Hg.), Religiöse Erfahrung und wissenschaftliche Theologie. Festschrift für Ulrich Köpf zum 70. Geburtstag, Tübingen, S. 501–514

Auswahlbibliographie

Textausgaben und Übersetzungen von *Idiota de mente*

Idiotae de Mente, in: D. Nicolai De Cusa, Cardinalis, utriusque Iuris Doctoris, in omniqúe Philosophia incomparabilis viri Opera, Tomus 3, Basel 1565, fol. 147–172

Idiota de mente, ed. Ludovicus Baur, in: Nicolai de Cusa opera omnia, iussu et auctoritate Academiae Litterarum Heidelbergensis ad codicum fidem edita, vol. V, Leipzig 1937, S. 41–115

Idiota de mente, ed. Renata Steiger, in: Nicolai de Cusa opera omnia, iussu et auctoritate Academiae Litterarum Heidelbergensis ad codicum fidem edita, vol. V, 2. Aufl., Hamburg 1983, S. 81–218

Deutsch

Der Laie über den Geist. Übersetzt von Martin Honecker und Hildegund Menzel-Rogner, Hamburg 1949

Der Laie über den Geist, in: Nikolaus von Kues, Philosophisch-theologische Schriften. Studien- und Jubiläumsausgabe, Lateinisch – deutsch. Hg. u. eingeführt von Leo Gabriel, übersetzt und kommentiert von Dietlind und Wilhelm Dupré, Band 3, Wien 1964, S. 479–609

Der Laie über den Geist. Mit einer Einleitung von Giovanni Santinello auf der Grundlage des Textes der kritischen Ausgabe neu übersetzt und mit Anmerkungen hg. von Renate Steiger, Lateinisch – deutsch, Hamburg 1995

Englisch

The Layman About Mind. Translated by Clyde Lee Miller, New York 1979

The Layman on Mind. Translated by Jasper Hopkins, Minnesota 1996. Online abrufbar unter: https://www.jasper-hopkins.info/DeMente12-2000.pdf (letzter Zugriff: 05.01.2021)

Französisch

Dialogues de l'Idiot. Sur la sagesse et l'esprit. Texte latin et traduction. Introduction, texte, traduction et notes de Hervé Pasqua, Paris 2011

La sagesse, l'esprit, les expériences de statique selon l'Idiot. Édition bilingue latin/français. Traduction de Françoise Coursaget, introduction et commentaires de Roger Bruyeron, Paris 2012

Italienisch

Idiota – la mente. Traduzione di Giovanni Santinello, introduzione di Gregorio Piaia, Pisa 2002
La mente, in: Niccolò Cusano, Opere filosofiche, teologiche e matematiche. Testo latino a fronte a cura di Enrico Peroli, Firenze/Milano 2017, S. 846–977

Niederländisch

De leek over de geest. Vertaald en met inleiding door Inigo Bocken, Budel 2001

Polnisch

Laik o umyśle. Tłumaczenie, wstęp i przypisy Agnieszki Kijewskiej [Übersetzung, Einleitung und Anmerkungen von Agnieszka Kijewska], Kęty 2008

Russisch

Prostec ob ume. Übersetzt von Aleksej F. Losev, in: Nikolaj Kuzanskij. Sočinenija v dvuch tomach, Vol. 1, Moskau 1979, S. 385–444
Ob ume. Übersetzt und mit Einleitung und Kommentar von Aleksej F. Losev, in: ders., Nikolaj Kuzanskij v perevodach i kommentarijach, Vol 1, Moskau 2016, S. 479–592 [textkritisch edierte Ausgabe]

Spanisch

Diálogos del idiota. Introducción y traducción de Angel Luis González, Pamplona 1998
Un ignorante discurre acerca de la mente (Idiota. De mente). Edición bilingüe. Traducción: Jorge M. Machetta, introducción: Jorge M. Machetta y Claudia D'Amico, Buenos Aires 2005

Eine japanische und portugiesische Übersetzung sind zur Zeit in Arbeit.

Datenbank

Unter www.cusanus-portal.de (letzter Zugriff: 12.03.2021) sind die meisten Originalwerke des Cusanus mit den dazugehörigen Übersetzungen abrufbar. Eine Suchfunktion ermöglicht es, den lateinischen Text auf bestimmte Begriffe oder Textpassagen hin zu untersuchen. Die Datenbank enthält außerdem eine laufend aktualisierte Bibliographie, ein Namens- und Begriffslexikon, Informationen zu Leben und Werk des Nicolaus Cusanus sowie eine Sammlung wichtiger und nützlicher Links.

Zu Leben und Werk des Nicolaus Cusanus

Acta Cusana. Quellen zur Lebensgeschichte des Nikolaus von Kues, hg. von Erich Meuthen und Hermann Hallauer: Bd. 1, Lieferung 1–4, hg. von Erich Meuthen. Hamburg 1975–2000; Bd. 2, Lieferung 1–7, hg. von Hermann Hallauer, Erich Meuthen, Johannes Helmrath und Thomas Woelki, Hamburg 2012–2020
Brösch, Marco u. a. (Hgg.): Handbuch Nikolaus von Kues. Leben und Werk, Darmstadt 2014
Flasch, Kurt: Nicolaus Cusanus, München 2001
Flasch, Kurt: Nikolaus von Kues in seiner Zeit. Ein Essay, Stuttgart 2004
Hopkins, Jasper: A Concise Introduction to the Philosophy of Nicholas of Cusa, Minneapolis 1986
Jacobi, Klaus (Hg.): Nikolaus von Kues. Einführung in sein philosophisches Denken, Freiburg/München 1979
Leinkauf, Thomas: Nicolaus Cusanus. Eine Einführung, Münster 2006
Mandrella, Isabelle (Hg.): Nikolaus von Kues (Das Mittelalter. Perspektiven mediävistischer Forschung. Zeitschrift des Mediävistenverbandes, Band 19, Heft 1), Berlin 2014
Meuthen, Erich: Nikolaus von Kues 1401–1464. Skizze einer Biographie, 7. Aufl., Münster 1992
Moffitt Watts, Pauline: Nicolaus Cusanus: A fifteenth-century vision of man, Leiden 1982
Müller, Tom: Der junge Cusanus. Ein Aufbruch in das 15. Jahrhundert, Münster 2013
Senger, Hans Gerhard: Nikolaus von Kues. Leben – Lehre – Wirkungsgeschichte, Heidelberg 2017
Vannier, Marie-Anne (Hg.): Encyclopédie des mystiques rhénans d'Eckhart à Nicolas de Cues et leur réception, Paris 2011
Vansteenberghe, Edmond: Le Cardinal Nicolas de Cues (1401–1464). L'action – la pensée, Paris 1920, Nachdruck Frankfurt am Main 1963
Watanabe, Morimichi: Nicholas of Cusa – A Companion to his Life and his Times. Hg. von Gerald Christianson und Thomas M. Izbicki, Farnham u. a. 2011
Winkler, Norbert: Nikolaus von Kues zur Einführung, Hamburg 2001

Zur Philosophie von *Idiota de mente*

André, João Maria/Krieger, Gerhard/Schwaetzer, Harald (Hg.): Intellectus und Imaginatio. Aspekte geistiger und sinnlicher Erkenntnis bei Nicolaus Cusanus, Amsterdam/Philadelphia 2006
Beierwaltes, Werner: Denken des Einen. Studien zur neuplatonischen Philosophie und ihrer Wirkungsgeschichte, Frankfurt am Main 1985
Bocken, Inigo: Die Kunst des Sammelns. Philosophie der konjekturalen Interaktion nach Nicolaus Cusanus, Münster 2013
Bocken, Inigo/Schwaetzer, Harald (Hg.): Spiegel und Porträt. Zur Bedeutung zweier zentraler Bilder im Denken des Nicolaus Cusanus, Maastricht 2005
Borsche, Tilman: Der Dialog – im Gegensatz zu anderen literarischen Formen der Philosophie – bei Nikolaus von Kues, in: K. Jacobi (Hg.), Gespräche lesen. Philosophische Dialoge im Mittelalter, Tübingen 1999, S. 407–433

Borsche, Tilman/Schwaetzer, Harald (Hg.): Können – Spielen – Loben. Cusanus 2014, Münster 2016
Borsche, Tilman/Schwaetzer, Harald (Hg.): Bilder beweglich denken. Akten des Symposiums zu Ehren von Kazuhiko Yamaki, Münster 2019
Bredow, Gerda von: Im Gespräch mit Nikolaus von Kues. Gesammelte Aufsätze 1948–1993. Hg. von Hermann Schnarr, Münster 1995
Cassirer, Ernst: Individuum und Kosmos in der Philosophie der Renaissance, 6. Aufl., Darmstadt 1987
Eisenkopf, Anke: Zahl und Erkenntnis bei Nikolaus von Kues, Regensburg 2007
Elpert, Jan Bernd: Loqui est revelare – verbum ostensio mentis. Die sprachphilosophischen Jagdzüge des Nikolaus Cusanus, Frankfurt am Main u. a. 2002
Euler, Walter A. u. a. (Hg.): Nicholas of Cusa on the Self and Self-Consciousness, Åbo 2010
Filippi, Elena: Umanesimo e misura viva: Dürer tra Cusano e Alberti, Verona 2011
Flasch, Kurt: Nikolaus von Kues. Geschichte einer Entwicklung. Vorlesungen zur Einführung in seine Philosophie, Frankfurt am Main 1998
Herold, Nobert: Menschliche Perspektive und Wahrheit. Zur Deutung der Subjektivität in den philosophischen Schriften des Nikolaus von Kues, Münster 1975
Kny, Christian: Kreative, asymptotische Assimilation. Menschliche Erkenntnis bei Nicolaus Cusanus, Münster 2018
Kny, Christian: Messen ohne Maß? Nicolaus Cusanus und das Kriterium menschlicher Erkenntnis, in: I. Mandrella/K. Müller (Hg.), Maß und Maßlosigkeit (Das Mittelalter. Perspektiven mediävistischer Forschung. Zeitschrift des Mediävistenverbandes, Band 23, Heft 1), Berlin 2018, S. 92–108
Kremer, Klaus: *Praegustatio naturalis sapientiae*. Gott suchen mit Nikolaus von Kues, Münster 2004
Leinkauf, Thomas: Renovatio und unitas. Nicolaus Cusanus zwischen Tradition und Innovation – die ‚Reformation' des Möglichkeitsbegriffs, in: Th. Frank/N. Winkler (Hg.), Renovatio und unitas – Nikolaus von Kues als Reformer. Theorie und Praxis der *reformatio* im 15. Jahrhundert, Göttingen 2012, S. 87–104
Mandrella, Isabelle: *Viva imago*. Die praktische Philosophie des Nicolaus Cusanus, Münster 2012
Mandrella, Isabelle: Die Konzeption des lebendigen Gesetzes (*lex viva*) bei Nicolaus Cusanus, in: A. Speer/G. Guldentops (Hg.), Das Gesetz – The Law – La Loi, Berlin/Boston 2014, S. 650–660
Mandrella, Isabelle: „Amor liber est". Liebe und Freiheit bei Nicolaus Cusanus, Trier 2016
Meier-Oeser, Stephan: Die Präsenz des Vergessenen. Zur Rezeption der Philosophie des Nicolaus Cusanus vom 15. bis zum 18. Jahrhundert, Münster 1989
Moritz, Arne: Explizite Komplikationen. Der radikale Holismus des Nikolaus von Kues, Münster 2006
Moritz, Arne: (Hg.): Ars imitatur naturam. Transformationen eines Paradigmas menschlicher Kreativität im Übergang vom Mittelalter zur Neuzeit, Münster 2010
Müller, Tom/Vollet, Matthias (Hg.): Die Modernitäten des Nikolaus von Kues. Debatten und Rezeptionen, Bielefeld 2013
Nagel, Fritz: Nicolaus Cusanus und die Entstehung der exakten Wissenschaften, Münster 1984
Pasqua, Hervé (Hg.): Nicolas de Cues (1401–1464). Sources et postérité. Le tournant anthropologiques de la philosophie, in: Noesis 26–27 (2015–2016)

Pukelsheim, Friedrich/Schwaetzer, Harald (Hg.): Das Mathematikverständnis des Nikolaus von Kues. Mathematische, naturwissenschaftliche und philosophisch-theologische Dimensionen, Trier 2005
Reinhardt, Klaus/Schwaetzer, Harald (Hg.), Cusanus-Rezeption in der Philosophie des 20. Jahrhunderts, Regensburg 2005
Reinhardt, Klaus/Schwaetzer, Harald (Hg.): Nicolaus Cusanus. Perspektiven seiner Geistphilosophie, Regensburg 2003
Reinhardt, Klaus/Schwaetzer, Harald (Hg.): Nikolaus von Kues in der Geschichte des Platonismus, Regensburg 2007
Rusconi, Cecilia (Hg.): Manuductiones. Festschrift zu Ehren von Jorge M. Machetta und Claudia D'Amico, Münster 2014
Schwaetzer, Harald/Steer, Georg (Hg.): Meister Eckhart und Nikolaus von Kues, Stuttgart 2011
Senger, Hans Gerhard: Aristotelismus vs. Platonismus. Zur Konkurrenz von zwei Archetypen der Philosophie im Spätmittelalter, in: A. Zimmermann (Hg.), Aristotelisches Erbe im arabisch-lateinischen Mittelalter. Übersetzungen, Kommentare, Interpretationen, Berlin/New York 1986, S. 53–80
Senger, Hans Gerhard: *Ludus sapientiae*. Studien zum Werk und zur Wirkungsgeschichte des Nikolaus von Kues, Leiden u. a. 2002
Senger, Hans Gerhard: Cusanus-Literatur der Jahre 1986–2001. Ein Forschungsbericht, in: Recherches de théologie et philosophie médiévales 69 (2002), S. 225–242. 371–394
Stallmach, Josef: Ineinsfall der Gegensätze und Weisheit des Nichtwissens. Grundzüge der Philosophie des Nikolaus von Kues, Münster 1989
Thurner, Martin (Hg.): Nicolaus Cusanus zwischen Deutschland und Italien. Beiträge eines deutsch-italienischen Symposiums in der Villa Vigoni, Berlin 2002
Velthoven, Theo van: Gottesschau und menschliche Kreativität. Studien zur Erkenntnislehre des Nikolaus von Kues, Leiden 1977
Vimercati, Emmanuele/Zaffino, Valentina (Hg.): Nicholas of Cusa and the Aristotelian Tradition. A Philosophical and Theological Survey, Berlin 2020
Yamaki, Kazuhiko: Anregung und Übung. Zur Laienphilosophie des Nikolaus von Kues, Münster 2017
Yamaki, Kazuhiko (Hg.): Nicholas of Cusa. A Medieval Thinker for the Modern Age, Richmond, Surrey 2002
Ziebart, K. Meredith: Nicolaus Cusanus on Faith and the Intellect. A Case Study in 15th-Century Fides-Ratio Controversy, Leiden/Boston 2014

Hinweise zu den Autoren

Markus L. Führer: Prof. Dr.; Professor für Philosophie am Augsburg College in Minneapolis, USA.
Veröffentlichungen: The Theory of Intellect in Albert the Great and its Influence on Nicholas of Cusa, in: G. Christianson/Th. Izbicki (Hg.), *Nicholas of Cusa in Search of God and Wisdom. Essays in Honor of Morimichi Waranabe*, Leiden/New York 1991, S. 45–56; *Echoes of Aquinas in Cusanus's Vision of Man*, New York/Toronto 2014.

Stephan Grotz: Prof. Dr.; Professor für Geschichte der Philosophie an der Katholischen Privatuniversität Linz.
Veröffentlichungen: *Negationen des Absoluten. Meister Eckhart – Cusanus – Hegel*, Hamburg 2009; Nur mit Vorsicht zu genießen. Die Lehre von der Ewigkeit der Welt bei Meister Eckhart und Nicolaus Cusanus, in: *Meister-Eckhart-Jahrbuch* 4 (2010), S. 83–106; Die Grenzen des Unendlichen. Universum und menschlicher Geist bei Nicolaus Cusanus, in: A. Dunshirn/ E. Nemeth/G. Unterthurner (Hg.), *Crossing Borders. Grenzen (über)denken*, Wien 2012, S. 855–865 (online abrufbar unter: https://fedora.phaidra.univie.ac.at/fedora/objects/o:128384/methods/bdef:Content/get).

Christian Kny: Dr. phil.; Forschungsstipendiat der Fritz Thyssen Stiftung an der Julius-Maximilians-Universität Würzburg.
Veröffentlichungen: *Kreative, asymptotische Assimilation. Menschliche Erkenntnis bei Nicolaus Cusanus*, Münster 2018; Messen ohne Maß? Nicolaus Cusanus und das Kriterium menschlicher Erkenntnis, in: I. Mandrella/K. Müller (Hg.), Maß und Maßlosigkeit (Das Mittelalter. Perspektiven mediävistischer Forschung. Zeitschrift des Mediävistenverbandes, Band 23, Heft 1), Berlin 2018, S. 92–108; Cusanus on Ideas and Aristotelianism, in: E. Vimercati/V. Zaffino, *Nicholas of Cusa and the Aristotelian Tradition. A Philosophical and Theological Survey*, Berlin 2020, S. 127–145.

Thomas Leinkauf: Prof. Dr.; Professor am Philosophischen Seminar der Westfälischen Wilhelms-Universität Münster.
Veröffentlichungen: *Nicolaus Cusanus. Eine Einführung*, Münster 2006; Renovatio und unitas. Nicolaus Cusanus zwischen Tradition und Innovation – die ‚Reformation' des Möglichkeitsbegriffs, in: Th. Frank/N. Winkler (Hg.), *Renovatio und unitas – Nikolaus von Kues als Reformer. Theorie und Praxis der reformatio im 15. Jahrhundert*, Göttingen 2012, S. 87–104; *Philosophie des Humanismus und der Renaissance (1350–1600)*, 2 Bände, Hamburg 2017.

Isabelle Mandrella: Prof. Dr.; Professorin für Philosophie und philosophische Grundfragen der Theologie an der Katholisch-Theologischen Fakultät der Ludwig-Maximilians-Universität München.
Veröffentlichungen: *Viva imago. Die praktische Philosophie des Nicolaus Cusanus*, Münster 2012; Hg.: *Nikolaus von Kues* (Das Mittelalter. Perspektiven mediävistischer Forschung. Zeitschrift des Mediävistenverbandes, Band 19, Heft 1), Berlin 2014; *„Amor liber est". Liebe und Freiheit bei Nicolaus Cusanus* (Trierer Cusanus Lecture 20), Trier 2016.

Arne Moritz: Dr. phil.; Lehrkraft für besondere Aufgaben am Seminar für Philosophie an der Martin-Luther-Universität Halle-Wittenberg.
Veröffentlichungen: *Explizite Komplikationen. Der radikale Holismus des Nikolaus von Kues*, Münster 2006; Hg.: *Ars imitatur naturam. Transformationen eines Paradigmas menschlicher Kreativität im Übergang vom Mittelalter zur Neuzeit*, Münster 2010; Was kann Cusanus dafür, dass wir ihn modern interpretieren?, in: T. Müller/M. Vollet (Hg.), *Die Modernitäten des Nikolaus von Kues. Debatten und Rezeptionen*, Bielefeld 2013, S. 467–483.

Gregor Nickel: Prof. Dr.; Professor für Philosophie und Geschichte der Mathematik an der Universität Siegen.
Veröffentlichungen: Nikolaus von Kues: Zur Möglichkeit von theologischer Mathematik und mathematischer Theologie, in: I. Bocken/H. Schwaetzer (Hg.), *Spiegel und Porträt. Zur Bedeutung zweier zentraler Bilder im Denken des Nicolaus Cusanus*, Maastricht 2005, S. 9–28; Kurzschlüsse oder fruchtbare wechselseitige Irritationen. Begegnungen von Mathematik und Theologie bei Nikolaus von Kues und Georg Cantor, in: G.M. Hoff/N. Korber (Hg.), *Interdisziplinäre Forschung?*, Freiburg 2017, S. 150–187; Nec finitum – nec infinitum. Überlegungen zur Rolle der Mathematik in der Kosmologie des Nicolaus Cusanus, in: *Siegener Beiträge zur Geschichte und Philosophie der Mathematik* 11 (2019), S. 171–189.

Maria Cecilia Rusconi: Prof. Dr.; Assoziierte Wissenschaftlerin beim Consejo Nacional de Investigaciones Científicas y Técnicas und Professorin für Philosophie des Mittelalters an der Universidad Nacional de Lanús, Argentinien.
Veröffentlichungen: *El uso simbólico de las figuras matemáticas en la metafísica de Nicolás de Cusa*, Buenos Aires 2012; Die Auffassung der Mathematik bei Cusanus und das daraus entstehende Gewissheitsproblem, in: H. Schwaetzer/M.-A. Vannier (Hg.), *Zum Intellektverständnis von Meister Eckhart und Nikolaus von Kues*, Münster 2012, S. 157–168; Die Verwandlung der *Necessitas Complexionis* von Thierry von Chartres zu Nikolaus von Kues. Ein Versuch zur Systematisierung der *modi essendi-Lehre*, in: *Mitteilungen und Forschungsbeiträge der Cusanus-Gesellschaft* 34 (2016), S. 239–258.

Harald Schwaetzer: Prof. Dr.; Professor für Philosophie an der Hochschule Biberach und am Philosophischen Seminar der Kueser Akademie für Europäische Geistesgeschichte, Bernkastel-Kues.
Veröffentlichungen: *Aequalitas. Erkenntnistheoretische und soziale Implikationen eines christologischen Begriffs bei Nikolaus von Kues. Eine Studie zu seiner Schrift* De aequalitate, Hildesheim/Zürich/New York 2004; Viva imago Dei. Überlegungen zum Ursprung eines anthropologischen Grundprinzips bei Nicolaus Cusanus, in: I. Bocken/H. Schwaetzer (Hg.), *Spiegel und Porträt. Zur Bedeutung zweier zentraler Bilder im Denken des Nicolaus Cusanus*, Maastricht 2005, S. 113–132; Selbst malende Bilder. Grundzüge einer Mythologie der Vernunft bei Nikolaus von Kues, in: T. Borsche/H. Schwaetzer (Hg.), *Bilder beweglich denken. Akten des Symposions zu Ehren von Kazuhiko Yamaki*, Münster 2019, S. 47–58.

Martin Thurner: Apl. Prof. Dr. Dr. h.c.; Akademischer Direktor am Martin-Grabmann-Institut der Katholisch-Theologischen Fakultät der Ludwig-Maximilians-Universität München.
Veröffentlichungen: *Gott als das offenbare Geheimnis nach Nikolaus von Kues*, Berlin 2001; Hg.: *Nicolaus Cusanus zwischen Deutschland und Italien. Beiträge eines deutsch-italienischen Symposiums in der Villa Vigoni*, Berlin 2002; Die Sinnlichkeit als Selbstdarstellung des Geis-

tes: die ‚Aenigmata' des Cusanus, in: *Recherches de théologie et philosophie médiévales* 71 (2004), S. 372–391.

Norbert Winkler: Dr. phil.; wissenschaftlicher DFG-Projekt-Mitarbeiter an der Freien Universität Berlin.
Veröffentlichungen: *Nikolaus von Kues zur Einführung*, Hamburg 2001; Hg. (gemeinsam mit T. Frank): *Renovatio et unitas – Nikolaus von Kues als Reformer. Theorie und Praxis der* reformatio *im 15. Jahrhundert*, Göttingen 2012; Fürstliche Laien von Cusanus spielerisch belehrt. Philosophische Begrifflichkeit und metaphorische Rede in *De ludo globi*, in: T. Borsche/ H. Schwaetzer (Hg.), *Können – Spielen – Loben. Cusanus 2014*, Münster 2016, S. 357–372.

Personenregister

Adorno, Theodor W. 132
Alain 11, 24, 28
Albert der Große / Albertus Magnus 4, 15, 17, 20, 61, 200, 221
Alberti, Leon Battista 218
Albertson, David 71, 82, 107, 129, 164, 175
Alkuin 16
Anders, Günther 104 f.
André, Joao Maria 105, 145, 217
Anselm von Canterbury 22, 204 f., 207, 210–212
Apel, Karl-Otto 35 f., 44
Aris, Marc-Aeilko 8
Aristoteles 7, 15, 24, 44 f., 59, 61, 78 f., 93, 128, 133, 148–152, 154, 159, 164, 177–181, 184, 191, 194 f., 197, 201, 203 f., 210, 213
Asmuth, Christoph 45
Augustinus 4, 7, 27, 73, 82, 125, 148, 159 f., 164 f., 188, 190 f., 196, 201, 206–208, 210, 212 f.
Averroes 15, 191

Bacher, Christiane M. 95, 105
Barth, Heinrich 87, 105
Bascour OSB, Hildebrand 8
Baur, Ludwig 7 f., 200, 212, 215
Becker, Oskar 110, 129
Beierwaltes, Werner 132, 144 f., 160 f., 169, 175, 188, 190, 217
Benz, Hubert 75, 82
Beutel, Albrecht 213
Bieler, Ludwig 105
Blumenberg, Hans 20, 25, 28, 101, 138
Bocken, Inigo 83, 85, 105, 130, 186, 190 f., 216 f., 222
Bodewig, Martin 8
Boethius 61, 71, 82, 109, 115, 125, 148, 153, 158, 164, 169, 175, 191
Bolzano, Bernard 129
Bombassaro, Luiz Carlos 212
Bonaventura 188
Bormann, Karl 7 f.

Borsche, Tilman 21, 28, 36, 44 f., 88, 105, 217 f., 222 f.
Brachtendorf, Johannes 188, 190
Bredow, Gerda von 73, 82, 218
Brösch, Marco 217
Bruyeron, Roger 215
Bucher, Alexius 213
Buridan, Johannes 145

Cantor, Georg 124, 130, 222
Casarella, Peter 36, 44
Cassirer, Ernst 5, 9, 11–13, 28, 218
Cathala, M.-R. 61
Christianson, Gerald 61, 217, 221
Correns, Paul 49, 61
Cranefield, Paul F. 79, 82
Cranz, F. Edward 61
Cristoforo Landino 213
Cuozzo, Gianluca 175

D'Amico, Claudia 45 f., 191, 216, 219
Dahm, Albert 208, 211
Dangelmayr, Siegfried 205, 212
Dante Alighieri 14, 19
Dautzenberg, Gerhard 45
Decker, Bruno 7
Denzinger, Heinrich 105
Descartes, René 11, 86, 117
Dionysius Areopagita 109, 200, 212
Donati, Silvia 8
Dondaine, Hyacinthe 61
Duclow, Donald F. 61
Dunshirn, Alfred 145, 221
Dupré, Dietlind 215
Dupré, Wilhelm 215
Dürer, Albrecht 218

Ebbinghaus, Heinz-Dieter 129 f.
Eisenkopf, Anke 107, 130, 186, 191, 218
Elpert, Jan Bernd 36, 44, 218
Erler, Michael 190
Eudoxos von Knidos 128
Euklid 110, 120, 122, 128, 152 f.

Personenregister

Euler, Walter Andreas 8, 82, 158, 209, 212, 218
Eyck, Jan van 102, 105

Feil, Ernst 209, 212
Fichte, Johann Gottlieb 97f., 104f.
Ficino, Marsilio 160, 213
Filippi, Elena 218
Flasch, Kurt 1, 3, 9, 14, 18, 28, 37, 44, 66, 75, 82, 134, 145, 149, 158, 160, 175, 177, 189, 191, 201, 208, 212f., 217f.
Frank, Thomas 28, 175, 218, 221
Franziskus 13
Führer, Markus L. V, 6, 47–61, 221

Gabriel, Leo 215
Glauner, Friedrich 45
Goethe, Johann Wolfgang 87, 103
Goldbach, Christian 122
González, Angel Luis 216
Graf, Christian 105
Groote, Geert 13, 22, 25
Grotz, Stephan V, 131–145, 221
Grundmann, Herbert 13, 28
Guldentops, Guy 105, 218
Gustafsson, Ylva 82, 158

Haase, Wolfgang 213
Hagemann, Ludwig 7
Hallauer, Hermann 28, 217
Hamm, Berndt 197, 213
Häring, Nikolaus M. 164, 175
Haubst, Rudolf 8
Haug, Walter 199, 213
Hegel, Georg Wilhelm Friedrich 145, 221
Hein, Heidi 8
Heinzmann, Richard 198, 206, 213
Helmrath, Johannes 217
Hermes Trismegistus 67, 148
Herold, Norbert 218
Hieronymus 96
Hindrichs, Gunnar 136, 145
Hoff, Gregor Maria 130, 222
Hoff, Johannes 107, 130
Hoffmann, Ernst 6, 8
Hoffmann, Fritz 37, 44
Honecker, Martin 215

Hopkins, Jasper 6, 9, 37, 45, 215, 217
Horn, Christoph 37, 45
Hüschen, Heinrich 127, 130

Imbach, Ruedi 13, 28
Izbicki, Thomas M. 61, 217, 221

Jacobi, Klaus 1, 9, 28, 45, 105, 217
James (Jakobus) 49
Jesus Christus 4, 14, 17, 45, 82, 102, 182, 208
Johannes (Apostel) 12, 14
Johannes (Evangelist) 182
Johannes Scottus Eriugena 16, 80, 90f., 105
Johannes XXIII. (Papst) 17

Kant, Immanuel 5, 86f., 135, 145
Kijewska, Agnieszka 79, 82, 149, 158, 216
Klibansky, Raymund 7f.
Kluxen, Wolfgang 133, 145
Kny, Christian V, 5, 9, 29–46, 218, 221
Kobusch, Theo 190
Koch, Joseph 7
Korber, Nikolaus 130, 222
Krämer, Werner 8
Krebs, Franz Joseph 28
Kremer, Klaus 37, 44f., 61, 75, 77, 79f., 82, 139, 145, 196, 207, 213, 218
Kreuzer, Johann 73, 82, 188, 191
Krieger, Gerhard 37, 45, 105, 138, 145, 217

Leibniz, Gottfried Wilhelm 113
Leinkauf, Thomas V, 1, 9, 30, 44f., 73–75, 82, 159–175, 186, 191, 217f., 221
Leonardo da Vinci 175
Leppin, Volker 213
Losev, Aleksej F. 216

Maaßen, Jens 36, 45
Machetta, Jorge M. 45f., 191, 216, 219
Maier, Anneliese 144f.
Mandrella, Isabelle V, 1–9, 40, 43–45, 65, 73, 78, 81–83, 88, 100, 105f., 177–191, 199, 213, 217f., 221
Meer, Matthieu van der 72, 83
Meier-Oeser, Stephan 218
Meinhardt, Helmut 36f., 45

Meister Eckhart 4, 16–19, 22, 28, 133, 145, 158, 213, 217, 219, 221 f.
Menzel-Rogner, Hildegund 215
Mesch, Walter 206, 213
Meuthen, Erich 21, 28, 217
Miller, Clyde Lee 66, 73, 78, 83, 215
Moffitt Watts, Pauline 65, 73, 78, 83, 217
Mojsisch, Burkhard 36, 40, 45
Moritz, Arne V, 30, 45, 63–83, 218, 222
Müller, Carl Werner 141, 145
Müller, Kathrin 45, 218, 221
Müller, Tom 46, 107, 130, 217 f., 222

Nagel, Fritz 12, 28, 97, 107, 119, 121, 130, 218
Narbonne, Jean-Marc 145
Nemeth, Elisabeth 145, 221
Neumann, John von 123 f.
Nickel, Gregor V, 107–130, 222

Oosthout, Henri 158
Oresme, Nicole 127, 130
Origenes 96

Parmenides 197
Pasqua, Hervé 215, 218
Pauli, Heinrich 8
Paulus 8, 12 f., 27
Peano, Giuseppe 111, 122 f.
Peroli, Enrico 216
Petrarca 12–14
Petrus (Apostel) 12, 14
Petrus Lombardus 44
Philo von Alexandrien 96
Piaia, Gregorio 216
Pindl-Büchel, Theodor 61
Platon 15, 24, 32, 35, 45, 81, 93, 117, 120, 128, 141, 148 f., 152, 159 f., 177–181, 184, 193–195, 197 f., 203 f., 206, 210 f., 213
Plisca, Claude V. 126, 130
Plotin 159 f., 164, 174 f., 213
Porphyrios 167
Proklos 14, 160
Pukelsheim, Friedrich 107, 130, 219
Pythagoras 107, 128, 130, 148

Radke, Gyburg 118, 120, 130
Ramon Lull / Raimundus Lullus 16, 20, 61, 194
Reckermann, Alfons 145
Reinhardt, Klaus 8, 30, 45 f., 82, 105, 191, 219
Riedel, Friedrich Wilhelm 130
Rieger, Reinhold 213
Riemann, Heide Dorothea 8
Rusconi, Cecilia Maria V, 37, 46, 147–158, 180, 191, 219, 222

Santi, Francesco 127, 130
Santinello, Giovanni 9, 198, 213, 215 f.
Schiller, Friedrich 103
Schilling, Johannes 158
Schmidt-Biggemann, Wilhelm 194, 213
Schmitt, Franciscus Salesius 212
Schnarr, Hermann 8, 37, 46, 163, 170, 175, 218
Schneider, Wolfgang Christian 102, 105
Schönberger, Rolf 137, 145
Schüffler, Karlheinz 125, 130
Schwaetzer, Harald V, 8, 28, 45, 73, 82 f., 85–106, 107, 130, 132, 145, 158, 186, 190 f., 217–219, 222 f.
Schwarz, Willi 203, 213
Senger, Hans Gerhard 7 f., 40 f., 46, 148, 158, 177, 191, 201, 213, 217, 219
Seuse, Heinrich 22
Sheldon-Williams, Inglis Patrick 105
Sokrates 11, 19, 21, 26, 35, 91
Southern, Richard W. 13, 28
Speer, Andreas 105, 218
Spiazzi, Raimondo M. 61
Stadler, Michael 36, 46
Stallmach, Josef 4, 9, 219
Stammkötter, Franz-Bernhard 8
Steer, Georg 219
Steiger, Renate 6–9, 22, 24, 28, 67, 71, 83, 158, 215
Ströbele, Christian 36, 46

Tarabochia Canavero, Alessandra 212 f.
Taschow, Ulrich 127, 130
Tauler, Johannes 22

Thierry von Chartres   46, 71–73, 82, 129, 158, 164, 169, 175, 179f., 191, 196, 203, 222
Thomas von Aquin   7, 15, 54, 59, 61, 164, 196, 198, 202, 211, 213
Thurner, Martin   VI, 86, 106, 130, 157f., 193–213, 219, 222
Tornau, Christian   212

Unterthurner, Gerhard   145, 222
Unverricht, Hubert   130

Vannier, Marie-Anne   105, 158, 217, 222
Vansteenberghe, Edmond   217
Velthoven, Theo van   35–37, 41, 44, 46, 219
Vimercati, Emmanuele   45, 219, 221
Vollet, Matthias   46, 218, 222

Watanabe, Morimichi   217
Wenck von Herrenberg, Johannes   21
Wikström, Iris   82, 158
Wilhelm von Ockham   145
Wilpert, Paul   8
Winkler, Norbert   V, 11–28, 175, 217f., 221, 223
Wirmer, David   179, 191
Woelki, Thomas   217

Yamaki, Kazuhiko   218f., 222

Zaffino, Valentina   45, 219, 221
Zermelo, Ernst   123, 130
Ziebart, K. Meredith   219
Zimmermann, Albert   158, 191, 219

Sachregister

Abbild s. Urbild
Abstraktion, abstrakt(iv) 45, 61, 82, 132, 139, 141, 145, 196, 199, 202
aenigma, aenigmatisch 86, 95, 103, 106, 112, 129, 157 f., 212 f., 223
Allmacht, allmächtig 163, 181, 183 f., 186, 188
Andersheit (*alteritas*) 86, 94, 113, 117, 161, 205
Angleichung/Assimilation (*assimilatio*) V, 5 f., 9, 29 – 45, 61, 69 f., 75, 80 – 82, 115, 131 – 145, 151, 156, 165 – 167, 197 – 199, 218, 221
– an Gott/das Urbild 45, 52 f., 188
Anregung (*excitatio*) 24, 80 f., 104, 189, 202
Anthropologie, anthropologisch 1, 3, 83, 105, 186, 218, 222
Apriori, Apriorismus 45, 61, 75, 82, 145, 206, 209
Aristotelismus, Aristoteliker, Peripatetiker 16, 18, 21, 29 f., 65, 78 – 82, 90, 137, 148 f., 155, 158, 181 f., 184, 191, 196, 219
Arithmetik, arithmetisch 71, 82, 108 – 115, 117, 119, 122, 124 – 126, 128, 153, 158, 201
Art s. Gattung
augustinisch 13, 16, 160
Ausfaltung s. Einfaltung
averroistisch 178

begrifflich (*notionaliter*) 2, 30, 35, 39, 42, 74, 80, 93, 166 f.
belehrte Unwissenheit (*docta ignorantia*) 1 – 3, 27, 85 – 88, 94
Beryll 103
Bewegung (*motus*) 13, 22, 73, 78, 112, 162, 184 f., 187 – 190
– des Verstandes/Geistes 30, 34, 51, 54 f., 66, 79, 91, 94, 102, 134, 138, 140 f., 166, 195, 200 – 204, 206
Bezeichnung 29 – 41, 64 f.
Bildung 11 f., 14, 19, 21, 23, 27, 105
boethianisch 16, 153

Christologie, christologisch 4, 28, 73, 83, 105, 112, 145, 222

Devotio moderna 13, 22, 102
Diamant 6, 57, 86, 89, 99 – 103
Dreieck, Dreieckigkeit 67 f., 107
Dreieckszahl 125
Dreieinigkeit s. Trinität
Dreiheit s. Einheit

Einfaltung (*complicatio*) – Ausfaltung (*explicatio*) 6, 30, 38, 71, 133, 148, 150, 153 – 155, 180, 201, 206
– Bild der göttlichen Einfaltung V, 5, 63 – 82, 132, 156, 186, 205
Einheit und Vielheit/Dreiheit 6, 72, 111 f., 115, 120, 124, 133, 160 – 164, 166, 168 f., 171 – 174, 182 – 184, 188, 205, 210
Engel 89 – 92
ens rationis 59
Erkenntnis 9, 22, 37, 41, 44 – 46, 67, 74 f., 79 – 83, 85 – 88, 94 – 96, 103 – 105, 109, 130, 134 f., 137 – 140, 144 f., 152, 155, 157, 197, 203, 217 – 219, 221
– Erkenntnisakt 70, 99, 132, 142, 163, 166
– Erkenntnisbewegung 138, 166, 201 f., 204
– Erkenntnisgegenstand/-objekt 4 f., 31, 41, 77, 115
– Erkenntnisoptimismus 3, 144
– Erkenntnisprozess 5, 37, 138, 196, 200 f.
– Erkenntnistheorie, erkenntnistheoretisch/ Epistemologie, epistemologisch 1 – 5, 29, 37, 44, 46, 61, 66, 83, 98, 114, 121, 145, 151, 165, 198, 222
– Erkenntnisvermögen/-kräfte/-stufen 2, 4 – 6, 77, 80, 132, 173
– Gotteserkenntnis 66, 76, 78, 160
– Selbsterkenntnis 5, 157, 175, 185
– Sinneserkenntnis s. Wahrnehmung

Form und Materie 31 – 33, 53, 55, 66, 86, 117 f., 140 f., 156, 166 – 170, 190, 196, 198

– unendliche Form   34, 36–38, 51f., 59f., 67f.
Freiheit   6, 35, 87, 91, 93, 119, 177f., 189, 191, 218, 221

Gattung (*genus*) – Art (*species*)   59, 66, 70, 101, 152, 161, 167–169
Geist/Hauch (*spiritus*)   91, 140, 164, 181–184
Genauigkeit (*praecisio*)   57, 64, 68f., 86, 94, 112, 116, 126, 137, 157
Geometrie, geometrisch   20f., 25, 68, 115, 117, 126–128, 147f., 151–155, 157, 198, 201
Gesetz   6, 100f., 105, 218
Gewissheit   2, 11f., 19, 22, 26, 28, 158, 194f., 209–211, 222
Glaube   14f., 17, 20, 22, 48, 72, 106, 184f., 208–211, 213, 219
Gleichheit (*aequalitas*)   72f., 75, 83, 110, 115, 131–137, 141–145, 160, 164f., 172f., 175, 210, 222
Gottähnlichkeit, gottähnlich/Gottebenbildlichkeit   2–6, 178, 185, 187, 195, 199f.
Gottesbeweis   204–208, 210f.
Gotteserkenntnis   s. Erkenntnis

Idee(n)/Urbilder   23, 30f., 33–46, 50–52, 66, 70, 79, 82, 86, 93, 95, 102, 117, 150, 171, 179f., 190f., 202f.
Illumination/Erleuchten   48f., 97–99, 101, 104
Individuum, Individualität, individuell, Individualisierung   9, 15, 28, 82, 91–93, 99–104, 111, 120, 167, 171–173, 218
iudicium concreatum   5, 81, 100, 188, 206f.

Kategorien   115, 168
Koinzidenz/Zusammenfall der Gegensätze (*coincidentia oppositorum*)   2, 111, 120, 124, 126, 143f., 191
Konjektur   s. Mutmaßung
Konkordanz   65, 79–81, 195
Können (*posse*)   28, 45, 105, 116, 162–171, 173f., 185, 189f., 218, 223
Körper/Leib   24, 79f., 89f., 92f., 98, 100, 104, 139f., 156, 189, 195, 197f., 213

Kraft   30, 65f., 81, 93–96, 105, 113, 115, 119, 121, 129, 165, 172–174, 185, 189f., 201f., 206
– anerschaffene Urteilskraft s. *iudicium concreatum*
– angleichende Kraft   V, 74f., 80, 131–144, 156, 166
– kreative Kraft (*vis creativa*)   92, 107, 184, 190
– seinsverleihende Kraft   4, 138, 162, 166
Kreativität   V, 2f., 5f., 29–46, 78, 82, 177, 181, 184, 186, 189, 199f., 202, 218f., 222
Kreis   141, 156, 180, 204
Kunst (*ars*)   20, 23–25, 33, 42f., 45, 47, 49–51, 53, 56f., 88, 92, 103–105, 113, 121, 181–190, 217

Lebendigkeit, lebendig   V, 3, 5f., 42, 52, 57, 73, 82, 85–92, 97, 100f., 105, 119, 132, 148, 155–157, 159, 165, 184, 186–191, 199, 202, 204, 207, 212, 218
Licht, Lichtmetaphysik   48–54, 86, 102
Linie   141, 147, 151–156, 173f.
Löffel, Löffelschnitzen   1f., 5, 21, 23–25, 32f., 37, 42f., 50f., 53, 66, 78, 86, 103, 107, 111f.

Maß, Maßstab   V, 6, 45, 56, 63, 70, 127, 135, 141–144, 147–157, 165, 180, 188, 200–202, 206f., 209, 218, 221
– Maß, Zahl und Gewicht   s. Zahl
Materie   91, 112–114, 121, 139, 153f., 167, 169–171, 173f.
– Materie und Form   s. Form
Mathematik, mathematisch   6, 23, 25, 41, 67, 71, 78, 107f., 111, 115, 117–125, 127–130, 137, 139, 141, 150–152, 155–158, 175, 180, 198f., 202, 219, 222
Messen (*mensurare*)   2f., 45, 52, 58, 115, 142–144, 153, 156f., 196, 201, 206, 218, 221
– Etymologie von *mens*   6, 30f., 47, 55, 63, 74, 147f., 165, 200
Metaphysik, metaphysisch   1, 3, 45f., 48, 52–54, 86, 117, 124f., 145, 160, 175, 190, 198

Mittelalter, mittelalterlich 1, 5, 9, 12f., 28, 45, 50, 59, 80, 82, 105f., 133, 145, 158, 184, 191, 194, 213, 217–219, 221f.
Möglichkeit 34, 45, 64, 71, 75, 93, 156, 161f., 168–171, 175, 179, 183f., 187–189, 202, 207, 218, 221
Mutmaßung (*coniectura*)/Konjektur, konjektural 3f., 45, 85–88, 94–97, 101f., 116, 121, 137, 140, 150, 165, 178, 189, 217
Mystik, mystisch 61, 98, 102, 105, 130, 197, 213, 217

Nachahmung, nachahmen 2, 21, 42f., 57, 138, 188
Name (*nomen*) 5, 30–35, 38, 44, 50–60, 66–68, 88, 116, 148
Natur (*natura*) 25, 43, 45, 49, 54, 60, 64, 78, 82, 89, 93, 96, 101, 110, 121, 144, 150, 168, 170, 172, 175, 177–182, 184f., 197, 204, 209, 218, 222
– Nachahmung der Natur 2, 21, 138
– Naturwissenschaft 3, 144f., 219
Neuplatonismus, Neuplatoniker 14, 60, 96, 118, 213
Notwendigkeit 16, 32, 51, 79, 120, 185
– der Verknüpfung, absolute Notwendigkeit 52, 148, 155f., 179f., 196, 200, 203

paulinisch 13, 26
Pflanze 76, 89, 93
Platonismus, Platoniker 16, 25, 29f., 45, 65, 78–82, 90, 93, 109, 115, 118, 120, 130, 137, 144, 148f., 155f., 158, 178, 182, 184, 191, 196, 204, 219
Potential(e) 2, 4, 6, 29, 43f., 170, 178, 185, 187, 189
Punkt V, 6, 102, 147–157
Proportion (*proportio*) 25, 51, 53, 55, 57, 66, 68, 110, 112f., 115, 117, 119, 150, 190, 199
Pythagorismus, Pythagoräer, pythagoräisch 45, 93, 108–110, 115, 122, 124–128, 130, 150–152

Religion 15, 22, 105, 190, 209, 211f.
Renaissance 9, 12, 28, 61, 79, 88, 130, 148, 194, 218, 221

Same 93, 199
Schau (*visio/theoria*) 46, 52, 54, 61, 86, 95, 103, 105, 119, 197, 219
Schöpfung 16, 18, 25, 42, 88, 103, 108f., 114, 125, 162, 170, 179, 181, 183f., 188f., 196, 203, 205, 208
Scholastik, scholastisch 15, 18, 22, 46, 55, 59, 87, 145, 194, 202
Sehnsucht (*desiderium*) 189, 207
Seinsweisen (*modi essendi*) 46, 155, 157f., 171, 175, 179f., 191, 222
Selbsterkenntnis s. Erkenntnis
similitudo 85, 87, 91, 94–97, 102f., 105, 138, 160, 164–166
Sinneserkenntnis s. Wahrnehmung
Sinnlichkeit, Sinnliches, sinnlich 22, 31, 33–36, 38–40, 42, 65f., 78, 80–82, 95, 98f., 103–106, 111, 116f., 120, 136, 139f., 152–154, 158, 161f., 202, 213, 222
Singularität 101, 172, 175
Skeptizismus, Skepsis 2, 27, 41, 143, 187
Spiegel 6, 53, 83, 85–87, 89, 103–105, 112f., 119, 130, 190f., 217, 222
Sprache 13, 22, 34, 41, 44–46, 116
Staunen 14f., 88, 101, 210f.
Substanz V, 6, 85–105, 108, 115, 132, 159, 164, 167, 171–173, 178, 187, 200
Symbol, symbolisch 24f., 102, 105, 108, 112, 117, 120, 150f., 157

Technik 20, 102, 104, 167
Ternar, ternarisch 164–169, 172, 183, 188
Theologie 18, 23, 44–46, 61, 66, 129f., 139, 159, 175, 182, 184, 194, 197, 207–209, 213, 222
Tier 89f., 95–98
Trinität(stheologie)/Dreieinigkeit V, 4, 61, 92, 115, 159–175, 182–184, 188f., 210

Unaussprechlichkeit, unaussprechlich (*ineffabilis*) 34, 36, 38, 48f., 52f., 60, 66f.
Unendlichkeit 18, 49, 57, 60, 71f., 75, 120, 130, 143f., 187, 207
Ungebildeter, ungebildet (*illiteratus*) 1, 12f., 22, 26–28
Unsterblichkeit VI, 6, 23, 177, 193–213

Urbild   109, 114, 118, 120, 134, 138, 150f., 157, 180, 189, 199f., 203
– Urbild – Abbild   3, 5, 70, 72, 100f., 108, 115, 143, 165f., 178, 185–188
– Urbilder   s. Ideen
Ursprung   2, 34–36, 64, 71–73, 76f., 83, 108–110, 118f., 135, 147, 150–154, 156, 159, 165, 184f., 195, 202, 209f., 213, 222

Verknüpfung (*conexio, nexus*)   6, 115, 161f., 164–166, 168, 172, 183, 188
– Notwendigkeit der Verknüpfung   s. Notwendigkeit
Vielheit   s. Einheit
vocabulum   30–38, 51, 65

Wahrnehmung, Sinneswahrnehmung/-erkenntnis   2, 12, 24, 64f., 68, 74, 77, 79f., 82, 94–96, 103–105, 131, 136f., 139, 173
Washeit (*quiditas*)   30, 56, 68, 112, 117

Weisheit   1, 3, 9, 12–14, 17–19, 26–28, 47, 57, 61, 97, 101, 115, 183f., 186, 188f., 195, 211–213, 219, 221
Weltseele   15, 177–182, 184, 203
Widerspruch(sprinzip)   2, 120, 124, 128, 169
widerleuchten/-strahlen/-scheinen   33, 36, 50–53, 60, 64, 68, 74–79, 100f., 125, 197, 207f.
Wille   V, 6, 16, 177–190, 208
Wissenschaft   3, 6, 20, 28, 94, 98, 106, 119, 121f., 130f., 139, 142, 157, 167, 201f., 218

Zahl (*numerus*)   V, 6, 71–73, 107–130, 136, 147, 149–155, 157, 187, 198–200, 205f., 218
– Zahl, Maß und Gewicht (*Weish* 11, 21)   21, 25, 58
Zeit   73, 89, 93, 162, 200–202, 206, 213
Zusammenfall der Gegensätze   s. Koinzidenz

www.ingramcontent.com/pod-product-compliance
Lightning Source LLC
Chambersburg PA
CBHW071817230426
43670CB00013B/2487